〖阳光财税房地产专题丛书〗

房地产企业税收筹划实战报告与涉税指南

蔡昌 主编

中国市场出版社
China Market Press

图书在版编目（CIP）数据

房地产企业税收筹划实战报告与涉税指南/蔡昌主编.
—北京：中国市场出版社，2010.9
ISBN 978-7-5092-0679-9

Ⅰ.①房… Ⅱ.①蔡… Ⅲ.①房地产业-税收筹划-中国-指南
Ⅳ.①F812.423-62

中国版本图书馆 CIP 数据核字（2010）第 164972 号

书　　名：	房地产企业税收筹划实战报告与涉税指南
主　　编：	蔡昌
责任编辑：	胡超平
出版发行：	中国市场出版社
地　　址：	北京市西城区月坛北小街 2 号院 3 号楼（100837）
电　　话：	编辑部（010）68012468　读者服务部（010）68022950
	发行部（010）68021338　68020340　68053489
	68024335　68033577　68033539
经　　销：	新华书店
印　　刷：	河北省高碑店市鑫宏源印刷包装有限责任公司
规　　格：	787×1 092 毫米　1/16　20.875 印张　410 千字
版　　本：	2010 年 9 月第 1 版
印　　次：	2010 年 9 月第 1 次印刷
书　　号：	ISBN 978-7-5092-0679-9
定　　价：	48.00 元

阳光财税房地产专题丛书编委会

顾　问：盖　地　汤贡亮
主　编：蔡　昌
编　委：张云华　段九利　朱鹏祖　兰　君
　　　　曹明星　陈　丹　樊玉洁　蔡少优
　　　　刘玉章　李梦娟　蔡承宇　牛鲁鹏
　　　　吕凤勇　郭志刚　林佳良

房地产企业
税收筹划与涉税问题系统解决方案

纳税——令房地产企业头疼又不能回避的问题

房地产业连续8年被国家税务局列为税务专项检查重点行业，每年被查处的偷税金额之巨大，令人触目惊心；房地产业涉及税种多达18个之多，税制颇为复杂，综合税负高达25%～30%。

房地产企业的纳税决不是一个简单的问题，复杂的流程、多元化的业务、密集的资金链条、冗长的开发周期使税收渗透进房地产开发的每一流程和环节。

这些年，随着新《企业所得税法》的颁布、《增值税暂行条例》、《营业税暂行条例》、《消费税暂行条例》的修订，我国的税收法规体系发生了很大的变化。与此同时，国家还出台了许多针对房地产企业的税收政策。

面对如此复杂的涉税环境，纳税成为房地产企业及其财务人员最为头疼的问题。

本书的目标——直击房地产企业最感兴趣的涉税问题，指导房地产企业正确纳税，合理节税

笔者长期从事房地产业税制研究、税务培训与税务顾问等工作，对房地产企业的纳税问题深有感触。我们在实践中发现，一方面，房地产企业通过各种手段偷逃税，从而存在较大的税务风险；另一方面，很多房地产企业对税收政策理解有误或根本不熟悉最新政策，又造成稀里糊涂地多缴税。多年来研究、咨询和顾问的经历表明，房地产企业最为关心的是如何实现科学纳税、合法节税，本书所探讨的最新税收政策、涉税处理及税收筹划技巧正是大家最为关注的核心问题。

本书的特色——用实战案例诠释税收筹划、科学纳税的秘籍

做实务的同志经常感叹,税收政策看着很明白,具体操作时却很茫然,税收筹划更是一筹莫展。本书力图通过实战案例来诠释税收筹划、科学纳税的方法与技巧,以实现理论与实务的融合和对接。

本书包括两部分重点内容。

第一部分(第一、第二章)是纳税筹划实战报告,这一部分针对房地产企业最为头疼又最感兴趣的税收筹划。第一章精选了十个税收筹划案例,第二章提供了三个房地产企业综合税收筹划实战方案。这部分内容源自国内多家大型房地产企业的税收筹划方案,真实,生动,原汁原味,是房地产企业进行税收筹划难得的范本。

第二部分(第三至第十四章)力求适用最新的税收政策讲解涉税处理技巧,内容涵盖房地产企业涉及的各个税种,囊括了房地产企业的纳税全程。本部分列举了大量鲜活的实例,对房地产企业涉税处理进行讲解,加深读者理解与掌握,增强了本书的可操作性。

本书附录部分汇集了房地产企业现行适用的重要税收政策法规,以及房地产开发流程、房地产企业36项税务风险等内容,供读者参考与查阅。

限于时间和作者的学识水平,书中不足之处在所难免,恳望广大读者朋友在阅读本书时将遇到的问题与改进意见及时反馈给我们,以便再版修正。

作者

2010年7月于北京

目录 CONTENTS

第一篇　房地产企业税收筹划实战报告

第一章　房地产企业税收筹划案例解析 ………………… 3
- 案例一　"土地先投资后转让"的税收筹划 ………… 3
- 案例二　盘活"烂尾楼"的税收筹划策略 …………… 4
  - 一、基本案情 ……………………………………… 4
  - 二、分析点评 ……………………………………… 5
  - 三、政策依据 ……………………………………… 7
- 案例三　售后回租的税收筹划 ……………………… 7
  - 一、售后回租的税务处理 ………………………… 7
  - 二、售后回租的税收筹划 ………………………… 8
- 案例四　企业租赁与承包经营的税收筹划方案 …… 9
  - 一、项目概况及其财税分析 ……………………… 9
  - 二、最优纳税方案设计 …………………………… 9
  - 三、纳税方案的操作说明与基本评价 …………… 10
- 案例五　转让在建项目的税收筹划方案 …………… 11
  - 一、背景情况 ……………………………………… 11
  - 二、税收筹划方案 ………………………………… 11
- 案例六　房产税的筹划空间：转租、转出和代销 …… 13
  - 一、改出租为转租 ………………………………… 13
  - 二、转出减值房产 ………………………………… 14
  - 三、房产出租改代销 ……………………………… 15
- 案例七　房地产出租与联营投资方式的税收筹划 …… 16
  - 一、采取出租方式应承担的税负 ………………… 16
  - 二、采取联营方式应承担的税负 ………………… 16
  - 三、寻求税负均衡点 ……………………………… 17

◎ 案例八　房产销售与股权转让的筹划方案对比 ……… 17
◎ 案例九　土地增值税与房地产销售价格税收筹划 …… 19
◎ 案例十　不同类型房产项目的税收筹划模式 ………… 22
　　一、精装公寓税收筹划建议 …………………………… 22
　　二、办公用房税收筹划建议 …………………………… 23
　　三、商业用房筹划建议 ………………………………… 25
　　四、停车场的税收筹划 ………………………………… 28

第二章　房地产企业综合税收筹划方案 ……………………… 29
◎ 方案一　北京恒隆置业公司税收筹划方案 …………… 29
　　一、恒隆置业开发项目概况及财税分析 ……………… 29
　　二、"铜锣湾"财税问题分析与筹划方案 …………… 30
　　三、企业所得税及土地增值税清算筹划方案 ………… 37
　　四、隆盛及物业公司的财税筹划方案 ………………… 42
◎ 方案二　欣源房地产项目转让税收筹划方案 ………… 46
　　一、欣源—逸美合作开发概况及约束条件 …………… 46
　　二、欣源—逸美目前面临的财税疑难问题 …………… 47
　　三、欣源—逸美公司合作开发
　　　　税收筹划方案 ……………………………………… 47
　　四、对其他筹划事宜的思考 …………………………… 52
◎ 方案三　天源置地集团税收筹划方案 ………………… 58
　　一、天源置地集团基本情况分析 ……………………… 58
　　二、天源集团财务战略构想与筹划 …………………… 58
　　三、天源集团财税难题解决方案 ……………………… 66
　　四、天源集团税务风险因素分析
　　　　与防范策略 ………………………………………… 67

第二篇　房地产企业涉税指南

第三章　房地产企业财税分析 …………………………………… 75
◎ 第一节　房地产开发经营的特点 ……………………… 75
　　一、房地产企业的类型与主要业务 …………………… 75
　　二、房地产开发的流程 ………………………………… 76
◎ 第二节　房地产企业的财税特征 ……………………… 77
　　一、房地产企业的财务特征分析 ……………………… 77

二、房地产企业涉税分析 ················· 78

第四章 营业税政策解析与涉税处理 ················· 81
◎ 第一节　营业税的基本规定 ················· 81
　　一、营业税的特点 ················· 81
　　二、营业税的纳税人 ················· 82
　　三、房地产业营业税的应税范围 ················· 83
　　四、营业税的计税依据与税款计算 ················· 84
　　五、营业税的纳税义务时间 ················· 88
　　六、营业税的纳税地点 ················· 89
◎ 第二节　营业税的特殊税务处理 ················· 91
　　一、价外费用的税务处理 ················· 91
　　二、代收费用的税务处理 ················· 91
　　三、代扣代缴的税务处理 ················· 92
　　四、"设备甲供"的税务处理 ················· 93
　　五、建筑装饰的税务处理 ················· 93
　　六、转让在建项目的税务处理 ················· 94

第五章 个人所得税政策解析与涉税处理 ················· 95
◎ 第一节　个人所得税的基本规定 ················· 95
　　一、个人所得税的纳税人 ················· 95
　　二、个人所得税的纳税范围与所得形式 ················· 97
◎ 第二节　个人所得税的计算与涉税处理 ················· 100
　　一、个人所得税应纳税所得额的基本内容 ················· 100
　　二、个人所得税应纳税所得额的减免项目 ················· 104
　　三、个人所得税的税率 ················· 106
　　四、工资、薪金所得应纳税额的计算 ················· 108
　　五、个人股票期权应纳税额的计算 ················· 110

第六章 增值税政策解析与涉税处理 ················· 114
◎ 第一节　增值税的基本规定 ················· 114
　　一、增值税的征税范围 ················· 114
　　二、建筑业、房地产业的相关规定 ················· 115
　　三、增值税纳税人的相关政策 ················· 117

四、增值税的税率 ································· 119
◎ 第二节　增值税的涉税处理 ··························· 121
　　一、销项税额的涉税处理 ··························· 121
　　二、进项税额的涉税处理 ··························· 123
◎ 第三节　增值税的税务管理 ··························· 125
　　一、增值税的纳税义务发生时间 ····················· 125
　　二、增值税的纳税期限 ····························· 126
　　三、增值税的纳税地点 ····························· 127

第七章　企业所得税政策解析与涉税处理 ················· 128
◎ 第一节　企业所得税的基本规定 ······················· 128
　　一、企业所得税的纳税人 ··························· 128
　　二、企业所得税的征税对象 ························· 130
　　三、企业所得税的税率 ····························· 131
◎ 第二节　收入的确认原则与涉税处理 ··················· 132
　　一、计税收入的税务处理 ··························· 132
　　二、不征税收入的税务处理 ························· 133
◎ 第三节　成本费用的扣除政策与
　　　　　涉税处理 ································· 136
　　一、成本对象的确定原则 ··························· 136
　　二、开发成本的构成 ······························· 137
　　三、开发成本的核算方法与技巧 ····················· 138
　　四、计税成本与成本费用的扣除 ····················· 141
◎ 第四节　资产的涉税处理 ····························· 141
　　一、存货的涉税处理 ······························· 141
　　二、固定资产的涉税处理 ··························· 142
　　三、无形资产的涉税处理 ··························· 146
　　四、投资资产的涉税处理 ··························· 147
◎ 第五节　企业重组的税务处理 ························· 149
　　一、企业重组的分类与一般涉税处理 ················· 149
　　二、企业重组的特殊性税务处理 ····················· 151
◎ 第六节　房地产企业所得税的特殊处理 ················· 156
　　一、公共配套设施的规定 ··························· 156
　　二、视同销售的规定 ······························· 156
　　三、利息支出的规定 ······························· 157

四、预提费用的扣除 …………………………………………… 158
　　五、预缴土地增值税的扣除 …………………………………… 159

第八章　土地增值税政策解析与涉税处理 …………………………… 160
◎ 第一节　土地增值税的基本规定 ……………………………… 160
　　一、土地增值税的征收目的 …………………………………… 160
　　二、土地增值税的纳税人与征税范围 ………………………… 161
　　三、土地增值税的税率 ………………………………………… 165
◎ 第二节　土地增值税应税收入和扣除项目的确定 …… 166
　　一、土地增值税应税收入的确定 ……………………………… 166
　　二、土地增值税扣除项目的确定 ……………………………… 167
◎ 第三节　土地增值税应纳税额的计算 ………………………… 171
　　一、土地增值税增值额的确定 ………………………………… 171
　　二、土地增值税应纳税额的计算方法 ………………………… 171
◎ 第四节　土地增值税的优惠政策 ……………………………… 174
　　一、普通标准住宅的税收优惠 ………………………………… 174
　　二、国家征用、收回房地产的税收优惠 ……………………… 176
　　三、个人转让房地产的税收优惠 ……………………………… 177
　　四、企业兼并、投资联营的税收优惠 ………………………… 178
　　五、合作建房的税收优惠 ……………………………………… 179
◎ 第五节　土地增值税的征收管理 ……………………………… 180
　　一、土地增值税的征管要求 …………………………………… 180
　　二、土地增值税的纳税地点 …………………………………… 180
　　三、土地增值税的纳税申报时间 ……………………………… 181
　　四、房地产开发企业土地增值税的清算 ……………………… 182
◎ 第六节　土地增值税的会计处理与纳税申报 ………… 187
　　一、土地增值税纳税申报表 …………………………………… 187
　　二、房地产开发企业土地增值税的
　　　　会计处理与纳税申报 ……………………………………… 192
　　三、非房地产开发企业土地增值税的
　　　　会计处理与纳税申报 ……………………………………… 194

第九章　房产税政策解析与涉税处理 …………………………………… 196
◎ 第一节　房产税的基本规定 …………………………………… 196

一、房产税的纳税人与征税范围 …………… 196
　　二、房产税的计税依据 …………………… 198
　　三、房产税的税率与应纳税额的计算 ……… 200
◎ 第二节　房产税的优惠政策与税收征管 …… 201
　　一、房产税的优惠政策 …………………… 201
　　二、房产税的征收管理 …………………… 203
◎ 第三节　房产税的会计处理与纳税申报 …… 204
　　一、房产税的会计处理 …………………… 204
　　二、房产税的纳税申报 …………………… 204

第十章　契税政策解析与涉税处理 …… 207
◎ 第一节　契税的征税对象与纳税人 ………… 207
　　一、契税的概念 …………………………… 207
　　二、契税的特点 …………………………… 207
　　三、契税的作用 …………………………… 208
　　四、契税的征税对象 ……………………… 208
　　五、契税的纳税人 ………………………… 209
◎ 第二节　契税的计算 ………………………… 210
　　一、契税的税率 …………………………… 210
　　二、契税应纳税额的计算 ………………… 210
◎ 第三节　契税的优惠政策 …………………… 212
　　一、一般税收优惠 ………………………… 212
　　二、特殊优惠规定 ………………………… 213
　　三、契税的征收管理 ……………………… 216

第十一章　城镇土地使用税政策解析与涉税处理 …… 219
◎ 第一节　城镇土地使用税概述 ……………… 219
　　一、城镇土地使用税的概念 ……………… 219
　　二、城镇土地使用税的纳税人 …………… 219
◎ 第二节　征税范围、计税依据及税率 ……… 220
　　一、城镇土地使用税的征税范围 ………… 220
　　二、城镇土地使用税的计税依据 ………… 220
　　三、城镇土地使用税的税率 ……………… 221
◎ 第三节　应纳税额与税收优惠 ……………… 222
　　一、城镇土地使用税应纳税额的计算 …… 222

二、城镇土地使用税税收优惠 ················· 223
◎ 第四节　城镇土地使用税征收管理 ················ 226
　　一、城镇土地使用税的纳税期限 ················· 226
　　二、城镇土地使用税的纳税时间 ················· 226
　　三、城镇土地使用税的纳税地点和征收机构······ 227
　　四、城镇土地使用税的纳税申报 ················· 227

第十二章　耕地占用税政策解析与涉税处理 ················ 229
◎ 第一节　耕地占用税概述 ······················· 229
　　一、耕地占用税的概念 ························ 229
　　二、耕地占用税的特点 ························ 229
◎ 第二节　纳税人、征税范围与应纳税额 ············ 230
　　一、耕地占用税的纳税人 ······················ 230
　　二、耕地占用税的征税范围 ···················· 230
　　三、耕地占用税应纳税额的计算 ················ 231
◎ 第四节　税收优惠与征收管理 ···················· 232
　　一、免征耕地占用税 ·························· 232
　　二、减征耕地占用税 ·························· 232
　　三、耕地占用税的征收管理 ···················· 233
　　四、耕地占用税的纳税申报 ···················· 233

第十三章　印花税政策解析与涉税处理 ···················· 235
◎ 第一节　印花税概述 ··························· 235
　　一、印花税的概念 ···························· 235
　　二、印花税的特点 ···························· 235
　　三、开征印花税的意义 ························ 236
◎ 第二节　印花税纳税人及税目税率 ················ 236
　　一、印花税的纳税人 ·························· 236
　　二、印花税的税目与税率 ······················ 237
◎ 第三节　印花税应纳税额的计算 ·················· 242
　　一、印花税计税依据的一般规定 ················ 242
　　二、印花税计税依据的特殊规定 ················ 243
　　三、印花税应纳税额的计算 ···················· 245
◎ 第四节　印花税的税收优惠与征收管理 ············ 247
　　一、印花税的税收优惠 ························ 247

二、印花税的征收管理 ·················· 250

第十四章 城建税与教育费附加政策解析与涉税处理 ·············· 255
◎ 第一节　城市维护建设税 ······················ 255
　　一、城建税概述 ························ 255
　　二、城建税的纳税义务人 ·················· 255
　　三、城建税的税率 ······················ 256
　　四、城建税的计税依据 ···················· 256
　　五、城建税应纳税额的计算 ················ 257
　　六、城建税的税收优惠 ···················· 257
　　七、城建税的征收管理与纳税申报 ············ 257
◎ 第二节　教育费附加 ························ 258
　　一、教育费附加概述 ······················ 258
　　二、教育费附加的征收范围及计征依据 ·········· 258
　　三、教育费附加的计征比率 ················ 259
　　四、教育费附加的计算 ···················· 259
　　五、教育费附加的减免规定 ················ 259
◎ 第三节　城建税与教育费附加的会计处理和申报 ······ 259
　　一、城建税、教育费附加的会计处理 ············ 259
　　二、城建税、教育费附加的申报 ·············· 260

附录 ·································· 263
◎ 附录1　房地产业重要税收政策 ················ 263
　　关于企业处置资产所得税处理问题的通知 ········ 263
　　关于印发《房地产开发经营业务企业所得税
　　　处理办法》的通知 ······················ 264
　　关于企业重组业务企业所得税处理
　　　若干问题的通知 ······················ 272
　　国家税务总局关于房地产开发企业土地
　　　增值税清算管理有关问题的通知 ············ 277
　　北京市地方税务局关于印发《房地产开发
　　　企业土地增值税清算管理办法》的通知 ········ 279
　　国家税务总局关于印发《土地增值税清算
　　　鉴证业务准则》的通知 ·················· 286

国家税务总局关于印发《土地增值税清算
　　管理规程》的通知 ………………………… 296
国家税务总局关于关于土地增值税清算有
　　关问题的通知 …………………………… 302
国家税务总局关于加强土地增值税
　　征管工作的通知 ………………………… 304
◎ 附录2　房地产开发流程八步曲与相关税费
　　　　一览表 …………………………… 307
◎ 附录3　房地产企业36项税务风险 …………… 313

第 1 篇

房地产企业税收筹划实战报告

| 第一章 | 房地产企业税收筹划案例解析 |
| 第二章 | 房地产企业综合税收筹划方案 |

第一章 房地产企业税收筹划案例解析

案例一 "土地先投资后转让"的税收筹划

中江实业公司是一家具有房地产开发资格的投资公司,2010年3月18日与一外国大型财团达成一笔业务,以26亿元的价格在长江三角洲一旅游城市开发一个带有高尔夫球场的高级度假村。公司已与地方政府取得联系,并签署了征地搞项目的投资意向书。其整个业务的操作流程是:先由中江公司购买土地并建成带有高尔夫球场的高级度假村,然后再以商定价格销售给该外国大型财团。通过有关权威机构的分析论证,开发成本18亿元(取得土地使用权的成本为6亿元,城市维护建设税7%,教育费附加3%)。

作为中江公司,如果按这个业务流程进行操作,按规定应缴纳如下税费:

其一,应缴纳营业税10 000万元[(260 000-60 000)×5%];

其二,应缴城建税、教育费附加合计1 000万元[10 000×(7%+3%)];

其三,应缴印花税78万元(260 000×0.03%);

其四,应缴土地增值税20 676.6万元[(260 000-180 000-10 000-1 000-78)×30%]。

以上四项合计应缴纳各种税费合计31 754.6万元。

在投资活动进入决策阶段,公司董事会聘请普利税务事务所的税务师为该项目进行论证。税务师通过测算后,对有关涉税事项进行了税收筹划,总体方案思路如下:先投资成立一个子公司,待该子公司的固定资产建成后,再将公司的股权全部转让给外国投资者,则可免除上述税款。具体操作过程如下:

第一步:与购买该度假村的财团协商,请他们先预付一部分资金作为投资款，与中江公司共同成立一个责任有限公司——东方"度假村"。东方度假村拥有法人资格，独立核算。

第二步：东方度假村进行固定资产建设，有关费用在东方度假村的"在建工程"账户核算，如果资金存在缺口，则由中江实业公司提供，东方度假村作应付款项处理。

第三步，东方度假村的高尔夫球场及其他固定资产建成以后，外国大型财团以兼并的方式取得东方度假村的实际控制权。通过兼并，中江实业公司将拥有东方度假村的股权全部转让给外国投资者。中江实业公司收回股权转让价款及度假村所有债权。

通过以上筹划，其效果如何呢？在东方度假村业务中，还涉及到企业所得税问题，按原业务流程，中江实业公司将东方度假村作为资产进行转让，其应缴纳企业所得税为：$(260\,000-180\,000-31\,754.6)\times 25\% = 12\,061.35$（万元）

所以，中江公司如果按资产转让业务流程进行操作，在该业务中获得税后的净利润为：$(260\,000-180\,000-31\,754.6-12\,061.35 = 36\,184.05$（万元）

而通过税收筹划运作，中江实业公司的税后净利润大为增加，税收筹划节税效果明显。

通过税收筹划中江实业公司虽然在股权转让过程中需增加企业所得税负担，但是由于不缴纳营业税、城建税、教育费附加和土地增值税，公司最终的净收益显著增加了。

案例二 盘活"烂尾楼"的税收筹划策略

一、基本案情

某市经委下属的企业——长江实业公司（以下简称 A 公司），2006 年 3 月在该市的繁华地段投资 4 500 万元兴建一座商业楼。当土建工程和外装饰进行完毕，进入内部设施安装的时候，企业的资金供应出现了重大问题，如果要将工程全部完工，还需要再追加投资额 1 000 万元，由于资金一时无法落实到位，造成工程停工，一拖就是两年多。由于 A 公司的投资款中有 2 500 万元是从当地建设银行借来的，在此期间，建行不断地向公司追索贷款。2008 年底经委要求 A 公司改制，企业改制首先就要对在建工程——"烂尾楼"进行处理。截止 2008 年末，账面已发生的土地开发和建安工程成本等成本费用共有 2 600 万元。公司请当地评估机构对该"烂尾楼"进行了评估后，确认其公允价值为 2 500 万元。当时，B 公司愿与 A 公司按 51∶49 的比例共同投资一个大型零售商场，A 公司以"烂尾楼"出资，房产作价 3 000 万元；同时，当地部分富商由于看好该楼所处的地段,也愿意以3 000万元的价格购买该楼盘。

对"烂尾楼"应该如何处理呢?A公司的负责人请来了多方专家组成智囊团,专家组综合各方面的情况提出了四个实施方案:

方案一:将"烂尾楼"转让给建设银行,以抵偿所欠的债务,如果以此方案操作,银行愿意以2 600万元的价格接受。

方案二:将"烂尾楼"按市场价3 000万元直接出售给当地富商。

方案三:将"烂尾楼"以3 000万元的价格作股份,与B公司共同投资一个大型零售商场。

方案四:以"烂尾楼"的资产注册一家公司,然后将这个公司以3 000万元的价格整体出售。

众多方案,众说纷纭,到底选择哪一个方案为最优?税务专家根据当前的税收政策,从税收的角度考虑,对各种方案的税收成本进行了分析。

二、分析点评

方案一:A公司以公允价格2 600万元转让给建设银行,以抵偿所欠的债务,实际上就是将该"烂尾楼"以2 600万元的价格出售给建设银行,则A公司应缴纳的各项税收如下(该企业适用税率为企业所得税25%,城建税7%,教育费附加3%):

1. 营业税为130万元(2 600×5%);
2. 城建税及教育附加费为13万元(130×10%)。

由于A企业土地开发成本为2 600万元,而转让价格也为2 600万元,没有产生土地增值,故不存在缴纳土地增值税问题。此外,如果企业转让不动产取得转让收益,应缴纳企业所得税,但本例的转让净收益为-143万元(2 600-2 600-130-13),所以也不存在缴纳企业所得税的问题。

在方案一条件下,A公司处理"烂尾楼"合计需缴纳各项税金143万元,实际亏损143万元。

方案二:将"烂尾楼"按市场价3 000万元直接出售给当地富商,A公司应缴纳如下税收:

1. 营业税为150万元(3 000×5%);
2. 城建税及教育附加费为15万元(150×10%);
3. 由于A公司所从事的房地产开发不是税法所规定的普通标准住宅建设,所以不享受"增值额未超过扣除项目金额20%的免征土地增值税"的规定,而应按"增值额未超过扣除项目金额50%的部分,税率为30%"的规定计算缴纳,土地增值税为70.5万元〔(3 000-2 600-150-15)×30%〕;
4. 公司转让"烂尾楼"取得的转让收益,应按规定计算缴纳企业所得税

41.125万元[(3 000－2 600－150－15－70.5)×25％]。

根据方案二，A公司在处理"烂尾楼"过程中，合计需缴纳各项税金为276.625万元，公司取得转让净收益为123.375万元（3 000－2 600－276.625）。

方案三：A公司将"烂尾楼"按市场价格3 000万元折合成51％的股权，与B公司共同投资开办大型综合性零售商场。由于《财政部、国家税务总局关于股权转让有关营业税问题的通知》（财税〔2002〕191号）第一款规定，以无形资产、不动产投资入股，与接受投资方利润分配，共同承担投资风险的行为，不征收营业税。《财政部、国家税务总局关于土地增值税一些具体问题规定的通知》（财税〔1995〕48号）第一条明确：对于以房地产进行投资、联营的，投资、联营的一方以土地（房地产）作价入股进行投资或作为联营条件，将房地产转让到所投资、联营的企业中时，暂免征收土地增值税。所以A公司在以"烂尾楼"作价出资与他人合作组建新企业时，不用缴纳产权变更环节的营业税、土地增值税以及城建税和教育费附加等费用。但是，按照《中华人民共和国企业所得税条例》及《国家税务总局关于企业股权投资业务若干所得税问题的通知》（国税发〔2000〕118号）第三条的规定，企业以经营活动的部分非货币性资产对外投资，应在投资交易发生时，将其分解为按公允价值销售有关非货币性资产和投资两项经济业务进行所得税处理，并按规定计算确认资产转让所得或损失。A公司在此环节应计算缴纳企业所得税为100万元[(3 000－2 600)×25％]。

根据方案三，A公司在处理"烂尾楼"过程中只需缴纳企业所得税100万元，A公司取得转让净收益300万元。

方案四：A公司可以将"烂尾楼"作为认缴注册资本的出资资产，注册一家公司，新公司成立后，再将这个公司整体出售给富商。《国家税务总局关于转让企业产权不征收营业税问题的批复》（国税函〔2002〕165号）明确：转让企业产权是整体转让企业资产、债权、债务及劳动力的行为，其转让价格不仅仅是由资产价值决定的，与企业销售不动产、转让无形资产的行为完全不同。因此，转让企业产权的行为不属于营业税征收范围，不应征收营业税。长江公司不需缴纳营业税。同时按照（财税〔1995〕48号）文第一条的规定，也不需要缴纳土地增值税。但是，根据国税发〔2000〕118号通知第四条第一款的规定，企业整体资产转让原则上应在交易发生时，将其分解为按公允价值销售全部资产和进行投资两项经济业务进行所得税处理，并按规定计算确认资产转让所得或损失。因此，A公司需要规定计算缴纳企业所得税100万元[(3 000－2 600)×25％]，A公司取得转让净收益300万元。

纵观以上方案，其中方案三和方案四企业获得的税后利润相同。但是考虑方案三的操作简便，环节少，相关费用较低，最终公司董事会决定采用方案三。

三、政策依据

《财政部、国家税务总局关于营业税若干政策问题的通知》(财税〔2003〕16号)就营业额问题作出了新的规定:自 2003 年 1 月 1 日起,单位和个人销售或转让其购置的不动产或受让的土地使用权,以全部收入减去不动产或土地使用权的购置或受让原价后的余额为营业额。单位和个人销售或转让抵债所得的不动产、土地使用权的,以全部收入减去抵债时该项不动产或土地使用权作价后的余额为营业额。同时对营业额减除项目凭证管理问题也作出了具体规定:自 2003 年 1 月 1 日起,营业额减除项目支付款项发生在境内的,该减除项目支付款项凭证必须是发票或合法有效凭证;支付给境外的,该减除项目支付款项凭证必须是外汇付汇凭证、外方公司的签收单据或出具的公证证明。

案例三 售后回租的税收筹划

某公司是经省政府批准设立的中德合资企业,主要从事房地产开发等业务,经省建设厅审定为二级房地产开发资质。2009 年 4 月,公司在市中心黄金地段开发的城市购物广场项目完工,对其中的临街商铺拟采用售后返租方式销售。商铺单位面积为 50 平方米,每平方米售价 2 万元,开发商与 60 个购房者同时签订了房地产买卖合同和租赁合同。合同约定,商铺售价 100 万元,需一次付清。开发商将所售出的商铺统一对外租赁,用于商业经营。购房者自买房后 12 年内每年可以得到商铺款 8% 的租金。开发商每年收取商户的租金 600 万元,需要支付给购房者的租金 480 万元。对售后回租方式销售商铺如何进行税务处理,有没有税收筹划空间?

一、售后回租的税务处理

售后回租业务,涉及开发商、购房者和商户。这里侧重从开发商的角度,说明售后回租业务的税务处理。在售后回租业务中,开发商同时以三种身份(售房人、承租人和出租人)出现。国家税务总局《关于从事房地产开发的外商投资企业售后回租业务所得税处理问题的批复》(国税函〔2007〕603 号)规定,从事房地产开发经营的外商投资企业以销售方式转让其生产、开发的房屋、建筑物等不动产,又通过租赁方式从买受人回租该资产,企业无论采取何种租赁方式,均应将售后回租业务分解为销售和租赁两项业务分别进行税务处理。企业销售或转让有关不动产所有权的收入与该被转让的不动产所有权相关的成本、费用的差额,应作为业务发生当期的损益,计入当期应纳税所得额。企业通过售后回租业务让渡了以下一项或几项资产权益或风险的,无论是否办理该不动产的法律权属变更（如产权登记或过户），均应认定企业已转让了全部或部分不动产所有权；获取资产增值收益的权益；承担发生的各种损害（包括物理损害和贬值）而形成的损失；占有资产的权益；在以后资产存续期内使用资产的权益；处置资产的权益。

按照上述规定，该房地产开发公司应将售后回租业务分解为销售和租赁两项业务分别进行税务处理。作为销售业务，应根据《营业税税目税率表》所列"销售不动产"税目，将销售建筑物及其土地附着物时从购买方取得的全部价款和价外费用（含货币、货物或其他经济利益）作为计税依据，按照5%的税率计算缴纳营业税。对代当地政府及有关部门收取的一些资金或费用（如代市政府收取的市政费，代邮政部门收取的邮政通信配套费等），不论其财务上如何核算，均应当全部作为销售不动产的营业额计征营业税。另外，在销售不动产时，如果将价款与折扣额在同一张发票上注明的，以折扣后的价款为营业额；如果将折扣额另开发票的，不论其财务上如何处理，均不得从营业额中减除。这样做的目的在于堵塞利用价外收费或开具发票分解计税依据的漏洞。作为租赁业务，开发商一般先向经商户收取租金，然后再按合同约定支付给购房者租金。对开发商收取的租金，应根据《营业税税目税率表》所列"服务业"税目，将从承租方所取得租金的全额收入作为计税依据，按照5%的税率计算缴纳营业税。需要注意的是，开发商按合同约定支付给购房者的租金不得抵减售房的计税收入。

二、售后回租的税收筹划

在上述租赁业务中，购房者是商铺产权所有人，出租房屋时，需要缴纳营业税、城市维护建设税、房产税、城镇土地使用税、个人所得税、印花税和教育费附加。开发商作为转租方，不是房屋产权所有人，在向商户转租房屋时，不需要缴纳房产税。售后回租合同如何签订，对开发商来说，存在着一定的筹划空间。

方案一：由开发商在与购房者签订售房合同的同时，与购房者签订房屋租赁合同。

开发商作为转租人，与商户签订房屋租赁合同，需要缴纳相关税费。开发商每年收到商户的租金600万元，应缴纳税费计算如下：

营业税＝6 000 000×5％＝300 000（元）；
城建税＝300 000×7％＝21 000（元）；
教育费附加＝300 000×3％＝9 000（元）；
税费合计330 000元（其他税费计算略）。

方案二：开发商成立物业管理公司，开发商在现房销售时，只与购房者签订房地产买卖合同，由物业管理公司与购房者另外签订委托代理租房合同。

财政部、国家税务总局《关于营业税若干政策问题的通知》（财税〔2003〕

16号)规定,从事物业管理的单位,以与物业管理有关的全部收入,减去代业主支付的水、电、燃气以及代承租者支付的水、电、燃气、房屋租金的价款后的余额为营业额,缴纳营业税。所以,物业公司就可以将代收代付租金的差额120万元作为计税依据,按照"服务业"税目5%的税率缴纳营业税金及附加;也可以按照"代理业"营业税计税依据的相关规定,将代收经商户的租金600万元,分解为代收租金480万元和代理手续费120万元,物业公司代收的租金480万元不用纳税,仅就代理手续费120万元缴纳相关税费。物业公司缴纳的税费计算如下:营业税=1 200 000×5%=60 000(元);城建税=60 000×7%=4 200(元);教育费附加=60 000×3%=1 800(元);税费合计66 000元。

对比两种方案可知,由物业管理公司与购房者签订委托代理租房合同比以开发商的名义与购房者签订房屋租赁合同节省税费264 000元(330 000-66 000)。

案例四　企业租赁与承包经营的税收筹划方案

一、项目概况及其财税分析

东方集团是国内知名品牌,集团位于中原腹地,不断整合和优化电机研发、制造、销售的价值链,在国内拥有多家生产销售子公司、分公司及办事处。

东方集团与沃马商贸公司就一座商务大楼的经营租赁达成合作协议草案。为了规避相关财税风险,更好地发挥资产的经营效益,集团聘请税务专家对该项目进行分析评价。

税务专家认为:(1)就东方集团与沃马商贸公司的关系而言,双方没有任何利益关联和资金关系,不属于关联方。所以,双方之间应严格按照市场规则签订交易合同。(2)以合同方式约定委托方——东方集团(甲方)与代理方——沃马商贸公司(乙方)的权利义务,尤其是涉及到维修费、管理费、物业费、水电费等费用项目,真正体现市场经济"谁受益谁付费"的原则。

二、最优纳税方案设计

经过细致分析和实地调研,税务专家为东方集团设计如下两个纳税方案:

方案一:资产租赁经营方案

签订资产租赁合同,在资产租赁经营合同中应严格界定双方的权利义务,具体条款安排如下:

(1)主体资产所涉及的合同价款为租赁收入[1],甲方按照租赁业务开具发票

---

[1] 该租赁为经营租赁形式,不要与融资租赁混淆,一定界定为经营租赁形式。

给乙方。

（2）为了保证经营过程中资产的完整性，甲方向乙方收取资产经营押金[1]，并约定所委托资产的维修费用（包括对房屋、电梯、供电设施定期安全检查，电梯、房屋主体结构、给排水设施等维修费用）由乙方负担，为了便利操作，甲乙双方就维修费设立定额制[2]。

（3）为了保证资产的合理使用，所委托经营资产的物业费应由乙方负担。乙方还须承担经营期内的水、电、空调、通讯及而产生的费用，并按单如期缴纳。

（4）出于管理的需要，甲方派驻管理人员协助乙方对委托经营资产进行管理，由乙方负担该派驻管理人员的办公费用及相关费用[3]。

（5）甲方拥有大楼顶部广告位所有权，但甲方对外出租大楼顶部部分广告位时，须征求乙方意见。乙方有权提出有偿使用该部分广告位，并享有优先权，所需费用双方协商确定。凡涉及该广告位有偿使用的，须另行签订独立协议约定。

（6）甲方人员对乙方在经营、销售、管理等方面为乙方提供劳务或其他帮助的，乙方应以劳务费或佣金的形式支付相关报酬。反之，乙方人员对甲方在经营、销售、管理等方面为甲方提供劳务或其他帮助的，甲方也应以劳务费或佣金的形式支付相关报酬。

（7）甲乙双方在资产委托经营中出现争议的，可以友好协商解决，并可通过调整交易价款和交易条件的办法予以解决。若确实无法协商解决的，可以诉诸法律。

方案二：内部承包经营模式

甲方在项目前期运作的基础上，对于不动产物业部分进行剥离，注册成立一家独立运作的商业公司，然后对该商业公司采取内部承包经营方式，即签订内部承包经营合同，并使出包方收取的承包费同时符合以下三个条件：（1）承包方以出包方名义对外经营，由出包方承担相关的法律责任；（2）承包方的经营收支全部纳入出包方的财务会计核算；（3）出包方与承包方的利益分配是以出包方的利润为基础。

按照《财政部、国家税务总局关于营业税若干政策问题的通知》（财税〔2003〕16号）的规定，承包方支付承包费属于企业内部分配行为，不征收营业税。

三、纳税方案的操作说明与基本评价

方案一采取的是租金分解的办法，此法操作简捷。

---

[1] 押金以后返还，但双方可以商议适当收取。
[2] 定额制指双方约定一个最大维修费用额，凡超过该定额，由甲方负担，以减少乙方的经营风险，使双方风险共担，合同较为合理。定额维修费用由甲方代收代管，维修时由甲方代为支付。
[3] 办公费及相关费用须提供给乙方合法凭证及票据。

方案二采取的是内部承包经营模式,当满足条件时可以享受税收优惠。

方案具体操作时要注意以下问题:《国家税务总局关于进一步明确房屋附属设备和配套设施计征房产税有关问题的通知》(国税发〔2005〕173号),该文件规定:

(1) 为了维持和增加房屋的使用功能或使房屋满足设计要求,凡以房屋为载体,不可随意移动的附属设备和配套设施,如给排水、采暖、消防、中央空调、电气及智能化楼宇设备等,无论在会计核算中是否单独记账与核算,都应计入房产原值,计征房产税。

(2) 对于更换房屋附属设备和配套设施的,在将其价值计入房产原值时,可扣减原来相应设备和设施的价值;对附属设备和配套设施中易损坏、需要经常更换的零配件,更新后不再计入房产原值。

案例五　转让在建项目的税收筹划方案

一、背景情况

某房地产开发企业A,欲转让该公司在建的写字楼项目,已累计发生在建工程成本为3 500万元,经与另一房地产公司B协商,A企业以6 000万元转让该项目。那么,A企业应如何进行税收筹划方案设计?

二、税收筹划方案

根据房地产企业纳税经常发生的情况,A、B企业均可以规划为以下两种方案:

(一) 出售方的选择

方案一:直接转让该项目

直接转让该项目需要缴纳的各种税为:

(1) 营业税:根据转让项目的金额征收营业税、城建和教育费附加等各种税费,A以6 000万元转让该项目,因此缴纳营业税及城建和教育费附加为6 000万元乘以5.5%的税率,即330万元营业税(税法规定,销售按税法规定,销售写字楼项目和工程的企业需要缴纳5%的营业税和0.5%的城建税和教育费附加)。

(2) 土地增值税:A取得转让收入6 000万元,减去3 500万元已发生的在建工程成本,减去开发成本的20%(加计扣除额),再减去330万元承担的营业税金及附加,得出土地增值额。根据税法规定,土地增值额适用税率为30%,因为该土地增值额占这个项目金额的比例超过20%但不足50%的情况下,适用30%的税率,最终结果为土地增值税应缴纳441万元〔(6 000-3 500-3 500×20%-330)×30%〕。

(3) 企业所得税：企业所得税的税率为25%，A转让该项目需要缴纳的企业所得税为：

企业所得税=(6 000-3 500-330-441)×25%=432.25(万元)
合计纳税额=330+441+432.25=1 203.25(万元)

方案二：转让该公司的全部股权，使股权差价与项目差价大致相等。在转让股权情况下，只存在公司控制权的转让而不直接涉及在建工程的转让，因此没有涉及到该项目的税收。

转让股权产生股权转让收益，根据税法规定，企业应缴纳企业所得税，若属于个人，则应当依法缴纳个人所得税。

案例中，假设A公司的股权属于法人投资，则投资企业应缴纳企业所得税为：(6 000-3 500)×25%=625(万元)

比较方案一和方案二，从A企业最终缴纳的税额可以看出，选择方案二才能够达到节税的最佳效果。

假设写字楼项目最终建成后，可以实现全部销售收入9 000万元，同时B企业接手该在建工程后，为完成写字楼项目又发生成本1 000万元。

(二) 收购方的选择

方案一：直接收购该在建项目

直接收购该项目需要缴纳的各项税收为：

(1) 营业税：按税法规定，销售写字楼项目和工程的企业需要缴纳5%的营业税和0.5%的城建税和教育费附加。

B企业应缴纳营业税及附加=9 000×5.5%=495(万元)

(2) 土地增值税：B企业实际收入为9 000万元，发生的在建工程成本为6 000万元的收购价格与完成工程发生的1 000万元成本之和，计7 000万元。

按税法规定，房地产开发公司在计算缴纳土地增值税时，允许加进扣除费用7 000万元乘以20%，B企业最终缴纳的土地增值税为31.5万元[(9 000-7 000-7 000×20%-495)×30%]。

(3) 企业所得税：

(9 000-7 000-495-31.5)×25%=368.375(万元)
合计纳税额=495+31.5+368.375=894.875(万元)

方案二：B企业按照A公司的意愿，收购A公司的股权，收购的前提是保证A公司的利益不变，即使股权差价与项目转让差价相等。

B企业收购股权需要缴纳的各种税收为：

(1) 营业税：与方案一相同。

(2) 土地增值税：由于B企业以购买股权的形式进行交易，与土地开发和收购等成本没有直接关联，因此，B企业发生的在建工程成本是A公司原来成本3 500万元与B企业后来发生的1 000万元之和，即4 500万元。在B企业发生的成本4 500万元加上国家允许扣除的20%，再加上所承担的税金495万元的情况下，B企业所适用的土地增值税税率超过50%，最终适用40%的税率，最终B企业缴纳土地增值税为947.25万元。

（3）企业所得税：B企业需要缴纳所得税金额为：

$$(9\,000-4\,500-495-947.25)\times 25\%=764.44(万元)$$
$$合计纳税额=495+947.25+764.44=2\,206.69(万元)$$

比较方案一和方案二，对于B企业来讲，选择方案一的直接购买项目将更利于节税。

从企业最终缴纳的税额可以看出：对于A企业来讲，选择方案二才能够达到效果最佳的节税目的；对于B企业来讲，选择方案一的直接购买项目将更利于节税。

案例六　房产税的筹划空间：转租、转出和代销

房产税在城市、县城、建制镇和工矿区征收。房产税由产权所有人缴纳，产权属于全民所有的，由经营管理的单位缴纳。产权出典的，由承典人缴纳。产权所有人、承典人不在房产所在地的，或者产权未确定及租典纠纷未解决的，由房产代管人或者使用人缴纳。房产税的税率，依照房产原值计算缴纳的，税率为1.2%，依照房产租金计算缴纳的，税率为12%。

一、改出租为转租

A公司的一处两层楼房位于城市闹市区，专门用于对外出租。因该房屋建于20世纪80年代，设施陈旧，每年只能收取租金60万元。2010年，该公司准备花500万元对房屋进行重新装修改造，预计装修改造后，每年可收取租金200万元。但是，该公司在测算中发现，装修改造前后对比，与租赁收入相关的税收负担也大大加重了。

装修改造前后税费负担对比如下（城市维护建设税税率为7%，教育费附加征收率为3%）：

装修改造前的税费负担情况：

　　应缴营业税：$60\times 5\%=3(万元)$

　　应缴城市维护建设税、教育费附加：$3\times(7\%+3\%)=0.3(万元)$

　　应缴房产税：$60\times 12\%=7.2(万元)$

合计税费负担：3+0.3+7.2=10.5(万元)

装修改造后的税费负担情况：

应缴营业税：200×5%=10(万元)

应缴城市维护建设税、教育费附加：10×(7%+3%)=1(万元)

应缴房产税：200×12%=24(万元)

合计税费负担：10+1+24=35(万元)

装修后比装修前增加税费负担：35-10.5=24.5(万元)

筹划方案：A公司可以先将装修改造前的房产出租给关联方B(B可以是个人，如公司股东；也可以是企业，如公司股东投资的其他公司)，并签订一个期限较长的房屋租赁合同(假设为30年)，每年收取租金60万元。然后由B出资500万元进行装修改造，并对外转租，假设每年仍然收取租金200万元。按此方案实施后的税费负担测算如下：

A公司应负担的税费仍为10.5万元。

B应负担营业税10万元，城市维护建设税1万元，B不是房产的产权所有人，不需要缴纳房产税，合计应纳税费11万元。

A公司和B的税费负担合计为：10.5+11=21.5(万元)

比筹划前可少负担税费：35-21.5=13.5(万元)

政策依据：《中华人民共和国房产税暂行条例》第二条规定，房产税由产权所有人缴纳，也就是说，不论是从价计征还是从租计征，其前提是对房产所有人征税。很显然，此例中产权所有人是A公司，B是房产转租人，而不是产权所有人，因此不存在房产税纳税义务。

但需要注意的是，本例A公司将房产出租给B应当按照正常交易价格收取租金，如果A公司为了降低税收负担，向B收取的租金明显偏低且无正当理由的，主管税务机关有权根据相关规定进行调整。

二、转出减值房产

C公司有一幢综合楼土建部分的价值为800万元，2006年，该公司花费2 000万元将综合楼装修为高档娱乐城，但是因经营管理不善，2010年该公司决定停止娱乐城的经营活动，将娱乐城内的一些设施拆除，并改作其他用途(自用)，该房产的实际价值也大幅度降低。该房产的计税原值为2 800万元，账面价值为2 000万元，公允价值下降为1 200万元。C公司每年应缴纳房产税(按政府规定房产税依照房产原值一次减除30%后的余值计算缴纳)为：

2 800×(1-30%)×1.2%=23.52(万元)

筹划方案：C公司可将上述房产对外投资成立新公司或者投资于关联方，假设被投资方为D公司。投资者投入的固定资产，按投资各方确认的价值，作为入账价值。则D公司接受C公司房产投资的入账价值应为公允价值1 200万元。《关于房产税若干具体问题的解释和暂行规定》（财税地字〔1986〕8号）规定："房产原值是指纳税人按照会计制度规定，在账簿'固定资产'科目中记载的房屋原价。"因此D公司每年应缴纳房产税为$1\,200 \times (1-30\%) \times 1.2\% = 10.08$（万元），由此可见，经过筹划后C公司每年可少负担房产税$23.52 - 10.08 = 13.44$（万元）。

在此筹划方案中需要注意的是，虽然税法规定以房产对外投资不需要负担营业税、土地增值税等相关税费，但是被投资方需要负担契税。因此，D公司接受房产投资应负担契税48万元（$1\,200 \times 4\%$，假定当地规定契税税率为4%）。

此外，《国家税务总局关于企业股权投资业务若干所得税问题的通知》（国税发〔2000〕118号）规定，企业以经营活动的部分非货币性资产对外投资，应在投资交易发生时，将其分解为按公允价值销售有关非货币性资产和投资两项经济业务进行所得税处理，并按规定计算确认资产转让所得或损失。因此，C公司应按税法规定确认资产转让损失800万元（$2\,000 - 1\,200$）。如果C公司是盈利企业，则可以起到推迟企业所得税纳税义务发生时间的作用。因此，纳税人应当进行精密的测算，并根据实际情况确定是否选择上述筹划方案。

三、房产出租改代销

某市的E公司将一处小型商场出租给F公司用于其销售自产产品，每年收取租金200万元，该房产的计税原值为1 000万元。E公司和F公司均为增值税一般纳税人。E公司取得的租赁收益应缴纳的相关税收情况如下（假设仅考虑营业税和房产税）：

E公司每年应当缴纳营业税：$200 \times 5\% = 10$（万元）

E公司每年应当缴纳房产税：$200 \times 12\% = 24$（万元）

筹划方案：E公司可考虑利用门面房为F公司代销产品，代销产品的品种、价格可由F公司确定，E公司只收取代销手续费。假设E公司每年收取的代销手续费仍为200万元，E公司应负担的相关税收为：

E公司每年应当缴纳营业税：$200 \times 5\% = 10$（万元）

E公司每年应当缴纳房产税：$1\,000 \times (1-30\%) \times 1.2\% = 8.4$（万元）

可见，筹划后E公司可少负担房产税$24 - 8.4 = 15.6$（万元）。

在此筹划安排中需要说明的是，《中华人民共和国增值税暂行条例实施细则》规定，将货物交付他人代销以及销售代销货物都应当视同销售缴纳增值税。当货物在一般纳税人之间销售时,增值税的总体税收负担一般不会因为增加纳税环节而增加。如果 E 公司是小规模纳税人或者是非增值税纳税人,则应当重新测算上述筹划方案是否可行。

案例七 房地产出租与联营投资方式的税收筹划

兴邦房地产公司在城市繁华地带有一处空置房产,该房产有两种不同的投资方式:出租取得租金收入;以房地产入股联营分得利润。这两种投资方式所涉税种及税负各不相同,存在着较大的筹划空间。假设房产原值为 800 万元,实际使用面积为 200 平方米,出租则每年可取得租金收入 180 万元,用于联营,则预期每年的联营企业利润中兴邦公司所占份额为 400 万元。

下面进行一般性分析。假设房产原值为 K,如果出租则每年可取得租金收入 X_1,用于联营,则预期每年的联营企业利润中兴邦公司所占份额为 X_2,出租和联营的税负分别为 Y_1、Y_2。

一、采取出租方式应承担的税负

营业税:房屋租赁属服务业,按租金收入的 5% 征税,则为 5%X_1;

房产税:房产税依照房产租金收入计算缴纳,税率为 12%,则房产税税负为 12%X_1;

城建税:兴邦公司处于市区,城建税税率为 7%,以其缴纳的营业税税额为计税依据,则城建税税负为 7%×5%X_1=0.35%X_1;

教育费附加:3%×5%X_1=0.15%X_1;

印花税:在订立合同时必须要缴纳印花税,《印花税暂行条例》第二条规定:"按租赁金额 1‰贴花",因此印花税税负为 0.1%X_1;

所得税:营业税、城建税、教育费附加可在税前扣除,租金收入应纳所得税,因此,所得税税负为:25%×(X_1-5%X_1-0.35%X_1-0.15%X_1)=23.625%X_1

总体税负 Y_1=营业税+房产税+城建税+印花税+所得税+教育费附加
=5%X_1+12%X_1+0.35%X_1+0.1%X_1+23.625%X_1+0.15%X_1
=41.2%X_1。

二、采取联营方式应承担的税负

房产税:房产税依照房产原值一次减除 10%~30% 的余值计税,税率为 1.2%。

减除30%，则房产税税负＝1.2%×(1－30%)K；

假设土地使用税单位税额为0.7元/平方米，假设该房产使用面积为L平方米，土地使用税税负＝0.7×L＝0.7L；

所得税：联营利润所得应缴所得税，所得税税负＝X_2×25%＝25%X_2

总体税负 Y_2＝房产税税负＋土地使用税税负＋所得税税负
　　　　　＝1.2%×(1－30%)K＋0.7L＋25%X_2
　　　　　＝0.84%K＋0.7L＋25%X_2

三、寻求税负均衡点

由于租金的收入相对固定，而且在出租之前往往可以商议确定，而联营的收入则因影响因素多，不可确定性要更大，所以可以用租金来预测联营收入。当二者税负相等时，有：

$$41.2\%X_1 = 0.84\%K + 0.7L + 25\%X_2$$
$$X_2 = (41.2X_1 - 0.84K - 70L)/25$$

在利用房地产进行投资时可以利用以上的函数公式进行测算，基本结论如下：

若预期联营的收入 X_2＞(41.2×租金收入－0.84×房产原值－70×实际使用面积)/25，该项房产采取联营方式税负轻于采取租赁方式，从税收的角度考虑宜采用联营方式；反之，则应采取租赁方式。

对于兴邦房地产公司，400＜(41.2×180－0.84×800＋70×200)/25，采取租赁方式可以节税。当然，这里仅仅考虑了税负因素，在具体财务决策时，还要考虑投资风险、合同约束等因素。

案例八　房产销售与股权转让的筹划方案对比

兴隆房地产公司原有一栋整体出租的楼房，为加快资金周转，准备出售其中的副楼，购买方所给出的价格为6 000万元，假设此副楼成本（含土地）为3 000万元。下面通过不同的销售方式来测算其税负情况。

方案一：直接销售

需缴纳的税款计算如下：

营业税＝6 000×5%＝300(万元)

印花税＝6 000×0.5‰＝3(万元)

土地增值税＝(6 000－3 000－300－3)×30%＝809.1(万元)

企业所得税=(6 000-3 000-300-809.1-3)×25%=471.975(万元)

合计需缴纳税款=1 584.075(万元)

方案二：先作投资再进行股权转让

即将房地产作为股权对外投资与关联方成立一家新公司，房地产评估后作价6 000万元作为股份投入新公司，在较短时间内，将股份转让给购买方。则此方案中营业税为0。

同时，根据《财政部国家税务总局关于土地增值税一些具体问题规定的通知》(财税字〔1995〕048号)：对于以房地产进行投资、联营的，投资、联营的一方以土地(房地产)作价入股进行投资或作为联营条件，将房地产转让到所投资、联营的企业中时，暂免征收土地增值税；对投资、联营企业将上述房地产再转让的，应征收土地增值税。此方案中土地增值税为0。

需要缴纳的企业所得税分析计算如下：

(1) 投资时：《国家税务总局关于企业股权投资业务若干问题的通知》(国税发〔2000〕118号)规定：企业以经营活动的部分非货币性资产对外投资，包括股份公司的法人股东以其经营活动的部分非货币性资产向股份公司配购股票，应在投资交易发生时，将其分解为按公允价值销售有关非货币性资产和投资两项经济业务进行所得税处理，并按规定计算确认资产转让所得或损失。上述资产转让所得如数额较大，在一个纳税年度确认缴纳企业所得税确有困难的，报经税务机关批准，可作为递延所得，在投资交易发生当期及随后不超过5个纳税年度内平均摊转到各年度的应税所得中。此时，应缴纳的所得税=(6 000-3 000)×25%=750(万元)，但可分5年进行缴纳即每年需缴纳：750÷5=150(万元)。

(2) 股权转让时：《国家税务总局关于企业股权投资业务若干问题的通知》(国税发〔2000〕118号)规定：企业股权投资转让所得或损失是指企业因收回、转让或清算处置股权投资的收入减除股权投资成本后的余额；企业股权投资转让所得应并入企业的应税所得，依法缴纳企业所得税。由于对外投资时，账务处理上股权投资成本需以房地产的公允价值作为投资成本，公允价值高于账面价值的部分作为资本公积处理，此时的长期股权投资成本为6 000万元，如进行股权转让，此时无投资收益，股权转让不需缴纳企业所得税。两项合计需缴纳税款750万元，当年需缴纳的税款为150万元。

此方案需缴纳的税款共计753万元。

综上所述，方案二比方案一少缴纳税款831.075万元，但该方案的实施需征得购买方的同意，并需支付成立经营公司的相关费用。

案例九　土地增值税与房地产销售价格税收筹划

华盛房地产开发公司从事普通标准住宅开发，2010年8月，出售一栋普通住宅楼，总面积为12 000平方米，平均单位售价为2 000元/平方米，销售收入总额为2 400万元，该楼支付土地出让金324万元，房屋开发成本为1 100万元，利息支出为100万元，但不能提供金融机构借款费用证明，城建税率7%，教育费附加率3%，印花税率0.5‰，当地政府规定房地产开发费用允许扣除比例为10%。

计算该公司应交土地增值税和获利金额。

(1) 转让房地产收入总额为2 400万元
(2) 扣除项目金额：
①取得土地使用权支付的金额：324万元
②房地产开发成本：1 100万元
③房地产开发费用：(324+1 100)×10%=142.4（万元）
④加计20%扣除数：(324+1 100)×20%=284.8（万元）
⑤允许扣除的税金，包括营业税、城建税、教育费附加：

　　2 400×5%×(1+7%+3%)=132(万元)

　　允许扣除项目合计：324+1 100+142.4+284.8+132=1 983.2(万元)

(3) 增值额：2 400－1 983.2=416.8（万元）
(4) 增值率：416.8÷1 983.2=21.02%
(5) 应纳土地增值税额：416.8×30%－0=125（万元）
(6) 获利金额＝收入－成本－费用－利息－税金
　　　　　　＝2 400－324－1 100－100－132－125
　　　　　　＝619（万元）

该公司建造的普通标准住宅之所以要交纳土地增值税，是因为增值率超过了20%，是否可以免交土地增值税呢？其方法就是降低增值率。假设该房地产公司把每平方面售价调低到1 975元，总售价2 370万元，其他情况不变，则纳税情况如下：

(1) 转让房地产扣除项目金额：1 981.6万元
(2) 增值额：2 370－1 981.6=388.4（万元）
(3) 增值率：388.4÷1 981.6=19.6%

该公司开发普通标准住宅出售，其增值额未超过扣除项目金额的20%，依据税法规定免征土地增值税。

(4) 获利金额：2 370－324－1 100－100－130.4＝715.6（万元）

降价之后，虽然销售收入减少了 30 万元，但是，由于免征土地增值税，获利金额反而增加了 96.6 万元。这就是我们平时讲的"只要税收筹划得当，低售价也可以高收益"。

那么，开发产品价格应该定在什么范围可以免征土地增值税呢？通过以上计算我们已发现关键在于控制增值率。对房地产开发企业进行涉税分析可知，土地成本和开发成本构成了房地产开发总成本。由于房地产行业是建造房产和构筑物，我们把它叫做"建造成本"。再进一步分析可以发现，允许扣除的房地产开发费用是"建造成本"的 10％，财政部规定的其他加计扣除项目是"建造成本"的 20％。《土地增值税实施细则》中规定允许扣除的印花税，是指在转让房地产时缴纳的印花税。房地产开发企业按照《企业会计准则》的有关规定，其缴纳的印花税已经列入管理费用，相应予以扣除，在此不能重复扣除。与转让房地产有关的税金只包括营业税、城市维护建设税和教育费附加，一般为销售收入总额的 5.5％。所以，土地增值税依附的会计核算方法是"制造成本法"，增值额等于销售收入总额减去 1.3 倍的建造成本，再减去营业税及附加。

设销售总额为 X，设建造成本为 Y，于是房地产开发费用为 0.1Y，加计的 20％扣除额为 0.2Y，则允许扣除的营业税、城市维护建设税、教育费附加为：$X \times 5\% \times (1+7\%+3\%) = 0.055X$。

求当增值率为 20％时，求售价与建造成本的关系，列方程如下：

$$\frac{X-(1.3Y+0.055X)}{1.3Y+0.055X} = 20\%$$

解得：X＝1.670 24Y

计算结果说明，当增值率为 20％时，售价与建造成本的比例为 1.670 24。可以这样设想，在建造普通标准住宅时，如果所定售价与建造成本的比值小于 1.670 24，就能使增值率小于 20％，可以不交土地增值税，这里称 1.670 24 为"免税临界点定价系数"。就是在销售普通标准住宅时，销售额如果小于取得土地使用权支付额与房地产开发成本之和的 1.670 24 倍，就可以免交土地增值税。在会计资料上能够取得土地使用权支付额、房地产开发成本，而建筑面积（或可售面积）是已知的，单位面积建造成本可以求得。如果想免交土地增值税，可以利用"免税临界点定价系数"控制售价。

假设某普通标准住宅开发项目单位建造成本为 1 500 元/平方米，那么其售价低于 2 505 元/平方米，就可以免交土地增值税。有了这个系数，也使我们在降低销售时有了标准，不会因为单纯追求免税而过多的减少了企业利润。

企业经营的目的在于追求效益，免税也是为了提高效益，所以，在市场看好的情况下，不能单纯为了节省税费而不提高商品售价，需要把握的原则是提高售价所带来的收益应当大于提高售价而增加的税费支出。

《土地增值税暂行条例》规定"增值额未超过扣除项目金额50%部分，税率为30%"，所以我们使提价所带来的收益大于30%就能获利。根据上述计算方法，我们得到高收益最低定价系数为1.820 14。就是把单位售价定在单位面积建造成本乘以1.820 14以上，企业虽然交纳土地增值税，但由于销售收入增加大于提价所带来的税费支出，企业仍然可以多获利。用图1-1表示如下：

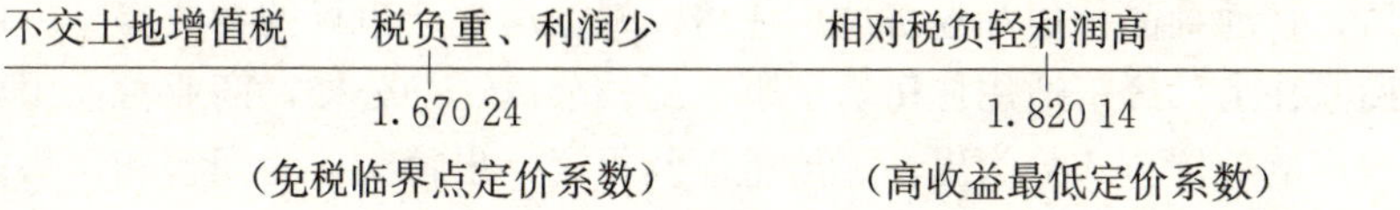

```
不交土地增值税    税负重、利润少      相对税负轻利润高
─────────────┼──────────────┼──────────────
              1.670 24         1.820 14
         （免税临界点定价系数） （高收益最低定价系数）
```

图 1-1

进一步分析，按照上面的案例，若转让房产总收入为2 400万元，建造总成本为1 424万元，单位建造成本为1 186元/平方米，则免税临界点定价＝1 186×1.670 24＝1 981（元/平方米）

高收益最低定价＝1 186×1.820 14＝21 579（元/平方米）

即建造普通标准住宅售价低于1 981元/平方米，可以免交土地增值税；如果售价高于2 159元/平方米，虽然交纳土地增值税，但是，由于提高售价所带来的销售收入大于所支付的税款，因此企业仍然获得净收益的增加。

计算验证两个定价系数：

（1）当定价不超过免税临界点定价时，是否可以免交土地增值税。假设定价为每平方米1 980元。

销售收入总额：2 376万元

允许扣除额：1 424×1.3＋2 376×5.5%＝1 981.88（万元）

增值额＝2 376－1 981.88＝394.12（万元）

增值率＝394.12÷1 981.88＝19.89%

增值率小于20%，免交土地增值税。

（2）当定价超过高收益最低定价时，是否可以确保企业增加净收益，下面验证一下：

假设定价为每平方米2 160元时，销售收入总额为2 592万元。

扣除项目金额＝1 424×1.3＋2 592×5.5%＝1 993.76（万元）

增值额＝2 592－1 993.76＝598.24（万元）

增值率＝598.24÷1 993.76＝30.01%

缴纳土地增值税金额＝598.24×30%＝179.5（万元）

销售收入总额增加192万元，应缴纳的土地增值税为179.5万元，企业增加净收益12.5万元。

案例十　不同类型房产项目的税收筹划模式

根据房屋的不同用途，一般可分为住宅房产和非住宅房产，前者一般包括高档商品住房、普通商品住房和经济适用住房。根据房地产市场的物业类型，可以将其分成商品住宅，经济适用住房，别墅、高档公寓，办公楼，商业营业用房五类。根据房产的处置方式分为出售、出租以及投资。出售又分为现售和预售；出租又分为融资租赁和经营性租赁。其中办公楼一般用于出租，商务用房多为出租，其他多为出售。

一、精装公寓税收筹划建议

公寓销售属于税收政策规定中的"销售不动产"，根据我国现行税收相关政策，销售房屋涉及的税费主要有营业税及其附加，税负率为5.5%；土地增值税税率为30%~60%；企业所得税税率为25%；印花税税率为0.5‰等。

（一）装修费的税收筹划

基本思路是分开签订售房合同。当住房初步完工但没有安装设备以及装潢、装饰时和购买者签订房地产转让合同，接着再和购买者签订设备安装及装潢、装饰合同，则纳税人只就第一份合同上注明的金额缴纳土地增值税，而第二份合同上注明的金额属于营业税征税范围，不用计征土地增值税，这样可以节约土地增值税。

（二）城市建设综合配套费问题

房地产企业在售房时按县级及县级以上人民政府要求代收的各项费用（如城市建设综合配套费、维修基金等费用），有以下两种收取方式：

(1) 将代收费用视为房产销售收入，并入房价向购买方一并收取；

(2) 在房价之外向购买方单独收取。

对于代收费用，无论财务上如何核算，均应当全部作为销售不动产的营业额计征营业税。而就土地增值税来说，如果代收费用未计入房价中，而是在房价之外单独收取的，可以不作为转让房地产的收入，在计算增值额时也不允许扣除代收费用；如果代收费用是计入房价中向购买方一并收取的，要作为转让房地产所取得的收入计税，在计算扣除项目金额时，可予以扣除，但不允许作为加计20%扣除的基数。

（三）土地增值税问题

根据税收学原理，在累进税率制度下，纳税筹划的原则是应尽量避免太高税率的出现，避免收入呈波峰与波谷的大幅变化，不均衡的状态实际会加重企业的税收负担，较均衡的收入能减轻税负。土地增值税政策给了纳税人选择不同开发项目是否单独核算的空间（最好与主管税务机关做事前沟通）。为了降低土地增值税税负，可以将价格不同的房地产销售收入合并申报，以适用较低的土地增值税率。实践证明，平均费用分摊是抵消增值额、减轻税负的比较好的选择。

由于土地增值税按照增值额征税，增值额为销售收入减去扣除项目的金额，因此，纳税人可推迟开发成本如建筑安装工程费、公共配套设施费等工程成本结算（决算）的时间，延迟增值额的确定，递延缴纳增值税。同时尽量在申报期届满前一日申报纳税，以便使纳税期递延。即使产权转移手续已经办理完毕，但若其配套设施建设尚未完工，或仍存在与开发项目的未决诉讼，就无法准确核算房地产开发项目的成本费用，从而延迟纳税。

若公司开发的项目既有免税项目，又有非免税项目，可利用共同项目的分摊来达到节税目的。尽量使非免税项目多分摊扣除项目，减少应税项目增值额。

二、办公用房税收筹划建议

（一）建房方式筹划

税法规定，房地产开发公司承办国家机关、企事业单位的统建房，如委托建房单位能提供土地使用权证书和有关部门的建设项目批准书以及基建计划，且房地产开发公司（即受托方）不垫付资金，同时受托方与委托方实行全额结算（原票转交），受托方只向委托方收取手续费，即符合"其他代理服务"条件的，对房地产开发公司按照取得的手续费收入按"服务业"税目计征营业税。也就是说，代建房业务是由用房单位提供土地和资金委托房地产开发企业替其建房的行为。代建房业务的税收负担比销售不动产业务的税收负担要低许多。同时，财务制度规定，代建的房屋工程，应在房屋和工程竣工验收，办妥财产交接手续，并已将代建的房屋和工程的工程价款结算账单提交委托单位时，作为销售实现。

基于上述分析，建议若符合代建房条件应优先选择此方式，然后再以购买方式从对方手中购入后再"进入市场"。

[案例] 某房地产开发公司拟代建项目占地12亩，地价款为600万元人民币（50万元/亩），销售价格约为5000万元（5000元×1万平方米），各种可扣除项目金额为2000万元（含地价款）。根据税收政策规定，纳税人无偿提供不动产，视同销售不动产纳税。

方案一：自建方式

应纳税额计算如下：

该房地产公司要根据办公楼销售价格5 000万元按销售不动产的5%税率缴纳营业税,按7%和3%的税率和费率缴纳城建税和教育费附加。

$$应纳营业税=5\,000×5\%=250(万元)$$
$$应纳城建税及教育费附加=250×(7\%+3\%)=25(万元)$$
$$土地增值额=5\,000-2000=3\,000(万元)$$
$$增值率=3\,000÷5\,000×100\%=60\%$$

适用40%的土地增值税率和5%的速算扣除系数。

$$应纳土地增值税=3\,000×40\%-2\,000×5\%=1\,100(万元)$$
$$营业税及其附加和土地增值税共纳税额=275+1\,100=1\,375(万元)$$

方案二:代建方式

签订代建合同,约定代建手续费1 000万元。这样,房地产开发公司只需根据手续费收入按代理业务5%的税率缴纳营业税及附加,不必缴纳土地增值税。

$$应纳营业税=1\,000×5\%=50(万元)$$
$$应纳城建税及教育费附加=50×(7\%+3\%)=5(万元)$$
$$营业税及其附加和土地增值税共纳税额=50+5=55(万元)$$

相比较而言,代建可以少缴纳税款1 320万元(1 375-55),节税效果明显。

(二)售后购回筹划

(1)售后购回再售。单位和个人销售或转让其购置的不动产或受让的土地使用权,以全部收入减去不动产或土地使用权的购置或受让原价后的余额作为营业额。因此,公司缴纳营业税的计税依据就是进销差价,而非营业全额。

假设房地产的账面价值为3 000万元(假设土地增值税的扣除项目金额为3 000万元),转让价为5 000万元,根据现行税法规定,房地产开发公司应缴纳的各税如下(暂不考虑企业所得税):

$$应缴纳的营业税及附加=(5\,000-3\,000)×5.5\%=110(万元)$$
$$应缴纳的印花税(产权转移书据)=5\,000×0.5‰=2.5(万元)$$
$$土地增值率=(5\,000-3\,000)÷3\,000×100\%=66.67\%$$
$$应缴纳的土地增值税=2\,000×40\%-3\,000×5\%=650(万元)$$
共应缴纳税款为762.5万元
$$对方应缴纳契税(税率按5\%计算)=5\,000×5\%=250(万元)$$

(2)直接投资。公司可以在有购买意向的买主中选择成长性较好、盈利空间大的企业,将房屋作为投资提供给对方使用。按照现行税法规定,如果将不动产投资入股,参与接受投资方利润分配,共同承担投资风险的行为,不征营业税,同时免掉了城建税和教育费附加。倘若接受投资方经济效益好,则房地产公司每年可以得到一笔稳定的利润分配额，不用缴纳双重营业税；同时购买方不用一次投入大量资金就可以使用现成的办公楼，实现双赢。

（3）投资转售。操作程序如下：房地产开发公司将办公楼作为投资和股东公司A公司合资成立M公司，A公司以较少的资金入股，房地产开发公司绝对控股。然后房地产开发公司将自己在M公司的全部股权以5 000万元的价格转让给买方。交易过程各方纳税情况如下：

营业税金及附加：《关于股权转让有关营业税问题的通知》（财税〔2002〕191号）规定：以无形资产、不动产投资入股，参与接受投资方利润分配，共同承担投资风险的行为，不征收营业税。未来转让股权也不征收营业税。所以，房地产开发公司、A公司和M公司应缴纳的营业税及附加为0。

土地增值税：《关于土地增值税一些具体问题规定的通知》（财税〔1995〕48号）规定：对于以房地产进行投资、联营的，投资、联营的一方以土地（房地产）作价入股进行投资或作为联营条件，将房地产转让到所投资、联营的企业中时，暂免征收土地增值税。对投资、联营企业将上述房地产再转让的，应征收土地增值税，由于再次转让并未发生增值，故M公司不需要缴纳土地增值税。所以，上述三公司应缴纳的土地增值税仍然为0。

按照这种投资方式，缴纳税金金额为0。

比较可知，采用此方案，房地产开发公司在整个房地产交易环节可节省税金762.5万元。

三、商业用房筹划建议

（一）出租方式与仓储方式的权衡

按现行的税收政策测算，房屋出租的综合税率高达24%左右。

税法规定：租赁业、仓储业均应缴纳营业税，适用税率相同，均为5%。但租赁业与仓储业对于房产税的计税方法不同：房产自用的，其房产税依照房产余值1.2%计算缴纳，即：应纳税额=房产原值×（1-30%）×1.2%；房产用于租赁的，其房产税依照租金收入的12%计算缴纳，即应纳税额=租金收入金额×12%。由于房产税计税公式不同，必然导致应纳税额的差异。

根据上述政策，税收筹划建议如下：

（1）仓储方式。如果项目具有天然仓储优势，可以考虑采用仓储租赁方式。我国对仓储安全十分重视，不仅要求备足防火沙、灭火器、消防池、消防栓及防洪防涝设备和物资，有条件的还要配备消防车。提供仓储服务须配备保管服务人员，有利于职工就业，产生社会效益。假设公司的商业裙房用于仓储，与客户签订仓储保管合同，假设其房产原值为1 000万元，提供仓储服务的收入为500万元，纳税情况如下：

$$应纳营业税 = 500 \times 5\% = 25（万元）$$
$$应纳房产税 = 1\,000 \times (1 - 30\%) \times 1.2\% = 8.4（万元）$$
$$应纳城建税、教育费附加 = 25 \times (7\% + 3\%) = 2.5（万元）$$
$$应纳印花税（仓储保管合同） = 500 \times 1‰ = 0.5（万元）$$

合计应纳税额为 36.4 万元。

（2）出租方式。

假设公司的商业裙房用于出租，年租金收入仍为 500 万元。纳税情况如下：

$$应纳营业税 = 500 \times 5\% = 25（万元）$$
$$应纳房产税 = 500 \times 12\% = 60（万元）$$
$$应纳城建税、教育费附加 = 25 \times (7\% + 3\%) = 2.5（万元）$$
$$应纳印花税（财产租赁合同） = 500 \times 1‰ = 0.5（万元）$$

合计应纳税额为 88 万元。

两项比较可知，仓储方式比租赁方式每年节税 51.6 万元（88－36.4）。

需要注意的是，提供仓储服务在一定程度上会增加费用支出，应坚持成本效益原则；收入性质的转化必须具有真实性、合法性，同时能够满足客户的利益要求。

若考虑企业所得税，方案结果仍呈正向变化。鉴于公司目标是为了使现金流充足，可暂不考虑企业所得税。

进一步提醒读者：若采用出租方式，在签订房屋租赁合同时，应注意营业税、房产税和增值税的筹划。

（二）销售、出租与投资的权衡

甲房地产开发公司先以该房产对乙商业经营企业投资，并参与接受投资方的利润分配，共同承担投资风险。《关于股权转让有关营业税问题的通知》（财税〔2002〕191 号）规定：以无形资产、不动产投资入股，参与接受投资方利润分配，共同承担投资风险的行为，不征收营业税，并且对股权转让不征收营业税。

《关于土地增值税一些具体问题规定的通知》（财税〔1995〕48 号）规定：对于以房地产进行投资、联营的投资联营的一方以土地（房地产）作价入股进行投资或作为联营条件，将房地产转让到所投资、联营的企业中时，暂免征收土地增值税。

但在实际中，企业往往不愿意为了节税而花费精力去承担经营风险，那么，怎么才能在不承担风险的条件下免税呢？这里提出两种操作方案。

（1）方案一：甲乙双方直接交易

操作步骤如下：

第一步，甲、乙双方签订投资协议。投资后，甲公司应纳印花税。这时，甲公司必须调增对外投资、资产转让所得所产生的应纳税所得额。

第二步，一定时期后（短时间内），甲公司将在乙公司拥有的股份按比例转让给乙公司原股东。若第二步与第一步不在一个纳税年度，此时甲公司应调减应纳税所得额。

这项筹划需要注意的是：甲公司对乙公司的投资一定要参与接受投资方利润分配，共同承担投资风险。如果甲公司投资后从乙公司获取固定利润，不承担投资风险，则在以不动产对外投资时就必须同销售不动产一样缴纳各种税款。

（2）方案二：成立子公司丙

甲成立了一个全资子公司丙，并由丙拥有要销售的房地产。待建成后，将该房地产的全部股权转让给乙。甲仅就转让收益缴纳所得税，不缴营业税等。

（三）分别核算的筹划

如果出租的房屋包括很多家具、家电以及其他代收费用，就应该考虑通过对这些费用分别核算进行税收筹划。

税法规定，用于非应税项目的购进货物或者应税劳务的进项税额不能抵扣，因此，如果对这些费用不分别核算和收取的话，这些费用所包含的进项税额是不能抵扣的，这样，无形中就加重了企业的税收负担，也增加了出租房屋的成本。分别核算和收取费用则可以将其中所包含的增值税进项税额予以抵扣。如果房地产开发企业进行税收筹划，房租租金包括房屋本身的使用费，将家具和家电的出租改为出售，将电话费和水电费改为代收。这样不仅自己可以节税，而且承租者也可以抵扣。

（四）融资租赁和经营性租赁的选择

融资租赁和经营性租赁的不同之处在于房产税的税负上，前者按照房产原值作为计税依据，后者按照租金作为计税依据，从而税率也是不同的。房地产开发企业应该尽量剔除房产原值中不属于配套设施范围的物品，比如中央空调等。

另外，税法规定：由当地的税务机关根据实际情况确定融资租赁的房产税纳税人是出租方还是承租方。也就是说，房地产公司也可能不用缴纳融资租赁的房产税。

在实际操作中，房地产企业应根据实际情况选择二者中税负较低者。

（五）开发产品先出租再出售的纳税选择

《国家税务总局关于印发〈房地产开发经营业务企业所得税处理办法〉的通知》（国税发〔2009〕31号）第十条规定：企业新建的开发产品在尚未完工或办理房地产初始登记、取得产权之前，与承租人签订租赁预约协议的，自开发产品交付承租人使用之日起，出租方取得的预租价款按租金确认收入的实现。

（六）出租涉及印花税的税收筹划

虽然在订立合同时，就要按规定贴花，但财产租赁合同签订时无法确定计税金额，如只是规定了月（天）租金标准却无租赁期限。对这类合同的征税问题，税法规定在签订时无法确定计税金额的合同，可在签订时先按定额 5 元贴花，以后结算时再按实际金额计税，补贴印花。这一规定，为纳税人递延缴纳印花税提供了筹划空间。

四、停车场的税收筹划

（一）停车场采用出租方式

由于租赁收入涉及营业税及其附加、房产税、印花税等，税负较重，而物业管理费只缴纳营业税及其附加，相比较而言，物业管理费税负较轻。因此，建议把租金收入合理划分为租赁收入和物业管理费收入，就能减轻税收负担。在程序上，应取得物业管理资质，认定权属归属，经主管税务机关批准后即可操作。

（二）以不动产投资物业管理公司

公司以停车场投资物业管理公司，并由物业管理公司经营管理停车场，分配相当于租金的投资收益，这样就会节约营业税金及其附加。

CHAPTER 2

第二章
房地产企业综合税收筹划方案

方案一　北京恒隆置业公司税收筹划方案

一、恒隆置业开发项目概况及财税分析

(一)"铜锣湾"地产项目概况

1. 恒隆置业及"铜锣湾"项目

北京恒隆置业房地产开发有限公司（以下简称"恒隆置业"）是一家房地产投资开发企业，自 2004 年注册成立以来，2005 年上半年进行土地一级开发，至 2009 年中期开发完成"铜锣湾商业中心"项目，该项目属于京西地区标志性、旗舰式商业地产项目，在项目规划、功能、业态及经营上都力求新意，成为京西地区国际性、现代化商业地产的典范，也成为核心商业圈的经典之作。

恒隆置业开发的项目名称为"铜锣湾商业中心"，是旗舰式的商业地产项目。该项目总占地面积为 49 422 平方米，建设用地面积为 42 819 平方米，规划总建筑面积为 87 172 平方米，其中地上建筑面积为 64 227 平方米，地下建筑面积为 22 945 平方米，共分为 A、B、C、D、E、F、G、H、J 及地下室 10 个分区，停车位多达 500 余处。

2. 地产业务的延伸：全资子公司及其经营

(1) 北京隆盛百货有限公司

由恒隆置业注册创办的全资子公司——北京隆盛百货有限公司（以下简称"隆盛百货"）是一家大型购物广场，总经营面积为 24 152 平方米，内设高中档百货、综合性娱乐场所、高档特色酒店、酒吧等，同时引进世界零售业巨头沃尔玛超市、苏宁电器等品牌店，能够满足各类不同消费群体的需要。

(2) 北京隆盛物业管理有限公司

恒隆置业创办的另一家全资子公司——北京隆盛物业管理有限公司（简称"隆盛物业"）是一家从事物业管理的配套服务公司。

（二）"铜锣湾"项目经营用途及商业结构

"铜锣湾"项目总投资 53 176 万元，总建筑面积为 87 172 平方米，具体经营用途及商业结构如表 2-1 所示：

表 2-1　　　　"铜锣湾"项目经营用途及商业结构一览表

用途及商业结构		建筑面积（m²）	备 注
回迁部分		7 224.07	B座一、二、三层，H座一层
回购部分		9 725.24	A座二层、三层（区商贸局）
出售部分		3 228.55	A座一层、C左一层
自持物业部分	沃尔玛店	13 051	年租金：4 228 524 元
	苏宁电器	5 500	年租金：2 910 875 元
	地下车库	3 476.54	
	办公用房	1 382.18	
	其他物业	42 385.11	
	合计	63 736.06	
供电局		1 199.32	
合计		87 172	

二、"铜锣湾"财税问题分析与筹划方案

（一）政府拨付款项的筹划方案

1. 疑难问题

项目涉及政府财政拨款 8 580 万元（系预算内资金，性质为基础设施、新能源、供热补贴、市政配套基础设施、冬季施工补贴、停车场建设等），已在账簿中记入"资本公积"科目。

财政局以财经建指〔2006〕70 号、财经建指〔2007〕27 号、财经建指〔2008〕54 号、财经建指〔2009〕49 号等文件，拨付财政建设资金 8 580 万元，该拨付的财政资金系预算内资金，并需恒隆置业专款专用，截至 2009 年底全部拨付完毕。《财政局单位明细指标通知单》凭证的基本格式及所载明的项目明细如下：

财政局单位明细指标通知单

单位名称：北京恒隆置业投资有限公司
现追加你单位200×年预算指标，请专款专用，并增列相关科目。
资金性质：预算内

序号	预算科目代	预算科目名称	经费类型名称	指标金额	备注
		城市维护费 城市建设支出 其他支出	项目支出		铜锣湾恒隆置业商业中心能源供热补贴、冬季施工补贴、市政基础设施建设、市政配套基础设施建设、停车场建设、工程款、土地一级开发费用补助。
合计（大写）					

2. 分析与筹划

从财政拨付资金性质来看，属于财政局预算内资金，专款专用，资金用途及使用范围为：土地的一级开发补助，市政基础设施建设、市政配套基础设施建设、工程款、项目建设能源供热补贴，冬季施工补贴等，其目的是为了促进城市建设，因此，属于财政拨款性质，按照《企业所得税法》及《企业所得税法实施条例》的规定，财政拨款属于不征税收入的范畴。《财政部、国家税务总局关于专项用途财政性资金有关企业所得税处理问题的通知》（财税〔2009〕87号）对企业取得的专项用途财政性资金有关企业所得税处理规定如下："对企业在2008年1月1日至2010年12月31日期间从县级以上各级人民政府财政部门及其他部门取得的应计入收入总额的财政性资金，凡同时符合以下条件的，可以作为不征税收入，在计算应纳税所得额时从收入总额中减除：（一）企业能够提供资金拨付文件，且文件中规定该资金的专项用途；（二）财政部门或其他拨付资金的政府部门对该资金有专门的资金管理办法或具体管理要求；（三）企业对该资金以及以该资金发生的支出单独进行核算。"

根据上述财税政策，"铜锣湾"项目所获得的财政拨付资金属于财政拨款，具体为"专项用途的财政资金"，完全符合不征税收入政策的要求，但恒隆置业目前缺少资金拨付文件，需要到财政部门获取原始文件或复印件，以作为预算内资金拨付证明。

（二）回迁房财税疑难及解决方案

土地征用费和拆迁补偿费构成房地产项目开发成本的重要组成部分，《房地产开发经营业务企业所得税处理办法》（国税发〔2009〕31号）第二十七条规定，土地征用及拆迁补偿费支出是指为取得土地开发使用权（或开发权）而发生的各项费用，主要包括土地买价或出让金、大市政配套费、契税、耕地占用税、土地使用费、土地闲置费、土地变更用途和超面积补交的地价及相关税费、拆迁补偿支出、安置及动迁支出、回迁房建造支出、农作物补偿费、危房补偿费等。其中，直接以货币形式支付的成本支出，会计和税务处理基本一致，而以非货币性形式支付的拆迁补偿支出、安置及动迁支出、回迁房建造支出，由于其行为的特殊性，会计和税务处理存在差异，会直接影响到开发产品的计税成本，分析如下：

1. 视同销售确认收入正常计税

若房地产企业以自己的开发产品换取被拆迁人的土地使用权，在企业所得税处理上一般情况作为非货币性交易处理，即"以物易物"处理。根据国税发〔2009〕31号文件第七条的规定，企业将开发产品用于捐赠、赞助、职工福利、奖励、对外投资、分配给股东或投资人、抵偿债务、换取其他企事业单位和个人的非货币性资产等行为，应视同销售，于开发产品所有权或使用权转移，或于实际取得利益权利时确认收入（或利润）的实现。确认收入（或利润）的方法和顺序为：

（1）按本企业近期或本年度最近月份同类开发产品市场销售价格确定。

（2）由主管税务机关参照当地同类开发产品市场公允价值确定。

（3）按开发产品的成本利润率确定。开发产品的成本利润率不得低于15%，具体比例由主管税务机关确定。

值得注意的是，回迁房必须视同销售处理，需要计征营业税、城建税及附加。

2. 计税成本的确认原则

国税发〔2009〕31号文件第三十一条规定，企业以非货币交易方式取得土地使用权的，按下列规定处理：换取的开发产品如为该项土地开发、建造的，接受投资的企业在接受土地使用权时暂不确认其成本，待首次分出开发产品时，再按应分出开发产品（包括首次分出的和以后应分出的）的市场公允价值和土地使用权转移过程中应支付的相关税费计算确认该项土地使用权的成本。如涉及补价，土地使用权的取得成本还应加上应支付的补价款或减除应收到的补价款。

因此，回迁房的成本应该按照回迁房的实际建安成本金额分配计入"开发成本——土地征用及拆迁补偿费"，具体账务处理为：

借：开发成本——土地征用及拆迁补偿费

贷：开发成本——建筑安装工程费

细致分析，其实回迁房并没有实现净所得，因为视同销售收入与确认的计税成本一致，因此也就没有增加所得不需要缴纳企业所得税。

（三）借款利息扣除问题及筹划方案

恒隆置业的借款总计29 166万元，工程余款为4 000万元，如表2-2所示。

表 2-2　　　　　　　　　项目长期借款一览表　　　　　　　　单位：万元

项目	贷款方/资金提供方	金额	备注
个人借款	股东	7 666	
金融机构借款	北京银行	9 500	(1) 2008～2009 年已还贷款 5 500 万元； (2) 2012 年 8 月到期。
	信达国有资产经营管理中心	12 000	(1) 2014 年 8 月到期，借款期间逐期还本付息。 (2) 2010 年 4 月 2 日再次把 2010 年第一季度贷款利息转为一年期贷款。
	鼎盛国有资产经营管理中心	1 500	2010 年 2 月借入，1 年期。

房地产企业因开发产品的特殊性，需要周期性地大量借款。而发生的借款利息支出不可避免地影响到企业所得税和土地增值税的税收负担。对于借款利息支出的处理，必须严格遵从利息费用的税务规定。恒隆置业如何才能合理合法地处理好借款利息问题，我们认为应关注以下几个重点：

1. 竣工前后的利息费用处理的差异

《国家税务总局关于房地产开发经营业务企业所得税处理办法》（国税发〔2009〕31 号）第二十一条规定，企业为建造开发产品借入资金而发生的符合税收规定的借款费用，可按企业会计准则的规定进行归集和分配，其中属于财务费用性质的借款费用，可直接在税前扣除。《〈企业会计准则第 17 号——借款费用〉应用指南》规定，符合借款费用资本化条件的存货，主要包括企业（房地产企业）开发的用于对外出售的房地产开发产品、企业制造的用于对外出售的大型机械设备等。这类存货通常需要经过相当长时间的建造或者生产过程，才能达到预定可销售状态。即从事房地产开发业务的企业为开发房地产而借入资金所发生的借款费用，在房地产完工前，应计入有关房地产的开发成本。在房地产完工后，应计入财务费用。信达国有资产经营管理中心与恒隆置业于 2009 年 8 月 6 日及 2010 年 4 月 2 日签订的《借款协议》，凡是在竣工后继续支付利息的，该利息不允许再资本化计入项目成本，而要计入财务费用当期扣除。

2. 完工前的利息支出不可在土地增值税前重复扣除

《土地增值税暂行条例实施细则》第七条规定，财务费用中的利息支出，凡能够按转让房地产项目计算分摊，并提供金融机构证明的，允许据实扣除，但最高不能超过按商业银行同类同期贷款利率计算的金额。而按照国税发〔2009〕31 号文件和《企业会计准则第 17 号———借款费用》规定，从事房地产开发业务的企业为开发房地产而借入资金所发生的借款费用，在房地产完工前，应计入有关房地产的开发成本。在房地产完工后,应计入财务费用。纳税人在计算土地增值税扣除项目时特别要注意,在房地产完工前已计入有关房地产开发成本的利息支出部分已经在"开发土地和新建房及配套设施的成本"中,因此,这里所说的能够按转让房地产项目计算分摊,并提供金融机构证明的财务费用中的利息支出,是指在房地产完工后计入财务费用的部分,不包括在房地产完工前已计入有关房地产开发成本的利息支出部分。

3. 土地增值税前不能扣除非金融机构的借款利息

《土地增值税暂行条例实施细则》第七条规定,财务费用中的利息支出,凡能够按转让房地产项目计算分摊,并提供金融机构证明的,允许据实扣除,但最高不能超过按商业银行同类同期贷款利率计算的金额。对于此款规定,还应特别注意财务费用中只有提供了金融机构证明的利息支出才允许在土地增值税前扣除。换言之,房地产开发企业从非金融机构取得的借款利息,如果不能提供金融机构证明的,即使能够按转让房地产项目计算分摊并按规定计入财务费用,也不能在土地增值税前扣除。但是,按照《企业所得税法实施条例》第三十八条(二)规定,非金融企业向非金融企业借款的利息支出,不超过按照金融企业同期同类贷款利率计算的数额的部分,企业所得税前允许扣除。

另外,《关于土地增值税一些具体问题规定的通知》(财税字〔1995〕第048号)第八条(二)规定,对于超过贷款期限的利息部分和加罚的利息不允许扣除。而《企业所得税法实施条例》第三十八条(一)规定:非金融企业向金融企业借款的利息支出、金融企业的各项存款利息支出和同业拆借利息支出、企业经批准发行债券的利息支出,准予扣除。换言之,从事房地产开发业务的纳税人向金融企业借款的利息支出,即使是超过贷款期限的利息部分和加罚的利息,也准予企业所得税前全额据实扣除。

(四) 开发成本的结转与分摊筹划

1. 开发成本与期间费用的划分

对于一些开发支出,在处理时能进成本的尽量不进期间费用。这样可以加大开发成本,减少企业所得税和土地增值税。比如,一些期间费用(如管理费用)等,能计入间接开发费用的就要计进去。

2. 各种类型房产的成本分摊筹划技巧

恒隆置业自持房产与回购房产、回迁房产在成本分摊时,考虑到自持房产需要每年按照房产余值缴纳房产税,因此,可尽量降低从开发产品结转来的相应成本,降低该资产的入账价值。自持房产部分在竣工时应结转为固定资产,其相应的账务处理为:

  借:固定资产——不动产
   贷:开发产品/开发成本

《国家税务总局关于企业处置资产所得税处理问题的通知》（国税函〔2008〕828号）规定：企业发生下列情形的处置资产，除将资产转移至境外以外，由于资产所有权属在形式和实质上均不发生改变，可作为内部处置资产，不视同销售确认收入，不需要交纳企业所得税，相关资产的计税基础延续计算。（1）将资产用于生产、制造、加工另一产品；（2）改变资产形状、结构或性能；（3）改变资产用途（如，自建商品房转为自用或经营）；（4）将资产在总机构及其分支机构之间转移；（5）上述两种或两种以上情形的混合；（6）其他不改变资产所有权属的用途。

依据《国家税务总局关于印发〈房地产开发经营业务企业所得税处理办法〉的通知》第七条的规定：自2008年1月1日后，企业将开发产品用于捐赠、赞助、职工福利、奖励、对外投资、分配给股东或投资人、抵偿债务、换取其他企事业单位和个人的非货币性资产等行为，应视同销售，于开发产品所有权或使用权转移，或于实际取得利益权利时确认收入（或利润）的实现。取消了国税发〔2006〕31号文件关于"将开发产品转作固定资产"视同销售的规定。因此，根据上述政策规定，自持房产部分在竣工时有开发产品或开发成本结转为固定资产时不视同销售，不缴纳企业所得税。

筹划思路如下：

（1）加大出售房产的成本分摊额，不仅可以降低自持房产的成本，还可以减少出售房产的企业所得税和土地增值税。

（2）出租房产的成本分摊也可以适当高一些，因为出租房产一般采取从租计税。

（3）中心环形穹顶：作为长期待摊费用处理，不构成房产价值。这样可以避免增加自持物业的入账成本，从而降低未来的房产税负担。

（4）停车场（地下车库）：根据产权的归属来确定成本的处理。国税发〔2009〕31号文件规定，企业单独建造的停车场所，应作为成本对象单独核算。利用地下基础设施形成的停车场，作为公共配套设施进行处理。恒隆置业的地下车库属于公共配套设施，因此可以将其成本全额扣除。

（五）隆盛为恒隆置业提供资金的税收筹划

隆盛百货给恒隆置业及"铜锣湾"项目提供资金，适当收取利息，借以增加"铜锣湾"项目的成本扣除。

（六）合同涉税疑难问题及解决方案

1. 利用广告位降低税负

恒隆置业与苏宁的《房屋租赁合同》第一部分第四条所载"本合同租赁物还包括附属的可免费使用的店招位、广告位（广告位为相对应的租赁区域的外立面及顶部的区域，双方确认的效果图为准），门前的共用的停车场、停车位"，此条款我们认为存在一定的误区,如果单独签订广告位租赁合同,则可以降低租赁的房产税,节约税金。

2. 代收款项的分解

上述合同的第一部分第八条所载"除租赁费外,甲方(恒隆置业)不另收取物业管理费、中央空调能源使用费及运行费、供暖费等其他任何费用",我们认为存在一定的误区,这些费用属于代收代付性质的款项,不应该包含在租赁费用中,应该由隆盛物业管理公司独立收取。

(七) 恒隆置业的物业提供给隆盛使用的处理

这一处理存在误区,因为双方属于不同的法人单位,产权划分不清,交易模式含糊,极易被视为"房产销售"或"房产租赁"来处理。我们认为,最好的处理模式是把双方的关系定位为"房产投资",这样可以名正言顺地由隆盛百货来经营该资产,而不必负担税收。

(八) 经营性自持房产的纳税筹划

1. 售后返租模式的筹划

在售后返租模式下,存在两种出租关系:

第一种出租关系:购房者将房屋出租给恒隆置业,购房者按租金收入的5%缴纳营业税和12%缴纳房产税。

第二种出租关系:恒隆置业再将房屋出租给商户,恒隆置业也要按租金收入的5%缴纳营业税和12%缴纳房产税。

筹划方法:恒隆置业作为中介代理人,直接让购房者和商户签订租赁合同。

筹划后纳税情况如下:购房者的税款状况不变,而恒隆置业不再需要缴纳房产税,只需对代理所获取的租金差价收入缴纳5%的营业税。

2. 变房产出租为承包经营

房产税的计算分为从价计征和从租计征两种方法。从租计征税负较重,从价计征税负较轻。具体规定如下:

从价计征:按照房产原值一次减除10%~至30%后的余值,乘以税率1.2%计算缴纳房产税。

从租计征:按照房产租金收入计算缴纳房产税,税率为12%。

筹划方法:恒隆置业以自己的名义领取营业执照和税务登记证,将房屋承租人招聘为经营者,将房屋的出租行为改变为自营行为再承包出去,并收取承包收入。则原有的房产就可以按从价计征方法征收房产税,避免导致较高的房产税负担,同时也合理规避了流转环节的营业税、城建税及附加。

3. 合理分解租金

恒隆置业与沃尔玛签订的《房屋租赁协议》中,关于租金的条款部分列明协议项上的租金包括租金、物业服务费、空调系统及其他设施系统使用费、设施年检费等。由于租金收入涉及营业税及其附加税费、房产税等，税负较重，而物业管理费只需缴纳营业税及其附加税费，相比较而言，物业管理费的税负较轻。

筹划方法：恒隆置业可以把租金收入合理分解一部分为物业管理费收入，并尽量加大物业管理费（低税负）的比例，降低租金收入（高税负）的比例，这样就可以有效降低租赁行为的税负。即改由恒隆置业收取租金，隆盛物业管理公司收取物业管理费。

三、企业所得税及土地增值税清算筹划方案

（一）清算前的准备工作

1. 补交营业税及附加

已经缴纳的营业税、城建税及附加，允许实现税前扣除和土地增值税清算扣除。因此，恒隆置业尽快实现结转收入，并按确认的收入总额缴纳营业税、城建税及附加，为项目清算作准备。

2. 妥善处理未取得发票的相关费用

项目开发所发生的费用中，有800万元没有发票。主要涉及工资、补贴（车补、餐补）、公关费用、股东借钱（只有白条）、股东分红（未缴纳个人所得税）。这些无票的费用，需要适当借助业务招待费、市场费用、广告费用、咨询费用、工程价款等补齐。

会计处理：通过"以前年度损益调整"或者"开发成本"等账户进行处理，调整计入房地产开发成本、开发费用或者期间费用。

3. 工程款及其发票处理

在土地增值税清算之前，必须取得合法的工程款发票以及其他费用发票。土地增值税清算对发票的要求更严格。

（二）土地增值税

1. 清算条件

国税发〔2006〕187号文件规定：土地增值税以国家有关部门审批的房地产开发项目为单位进行清算，对于分期开发的项目，以分期项目为单位清算。

《北京市地方税务局关于印发〈房地产开发企业土地增值税清算管理办法〉的通知》（京地税地〔2007〕134号）规定，下列房地产项目必须进行清算：

（1）全部竣工并销售完毕的房地产开发项目；

（2）整体转让未竣工的房地产开发项目；

（3）直接转让土地使用权的项目；

(4) 纳税人申请注销税务登记的房地产开发项目。

京地税地〔2007〕134号文件第六条进一步规定，符合下列情况之一的，主管地方税务机关可要求纳税人进行土地增值税清算：

(1) 纳税人开发的房地产开发项目已通过竣工验收，在整个预（销）售的房地产开发建筑面积达到可销售总建筑面积的比例85%（含）以上的；

(2) 取得销售（预售）许可证满三年仍未销售完毕的；

(3) 经主管地方税务机关进行纳税评估发现问题后，认为需要办理土地增值税清算的房地产开发项目。

国税发〔2006〕187号文件规定：如果将开发的部分房地产转为企业自用或用于出租等商业用途时，产权未发生转移，则不征收土地增值税。在税款清算时不列收入，不扣除相应的成本和费用。上述规定明确了企业自用开发产品在征收土地增值税时不作为视同销售处理，在土地增值税的税款清算时不列收入，也不扣除相应的成本和费用，即不需要填报《土地增值税纳税申报表》。

为了合理确定土地增值税的清算范围，可以编制土地增值税清算项目一览表（如表2-3所示）：

表2-3　　　　　　　　房地产公司清算项目基本情况一览

开发项目 （分期开发项目单列示）	项目性质	完工时间	销售情况	是否清算	增值率情况	备注

2. 清算时的账务检查与调整

(1) 账务检查。

在土地增值税清算时，对于已经核算记录的成本、费用项目，应进行细致检查。在土地增值税清算中，确定清算项目的扣除额时，发生的各项成本应按实际发生额确认扣除，对无法提供合法有效凭证的，不予扣除，对于各项预提费用也不得包括在扣除项目金额中。

开发过程中发生的土地征用费、耕地占用税、拆迁地上地下建筑物、附着物的拆迁费用、拆迁户的安置及补偿费等支出可以据实扣除。

对于开发土地和新建房及配套设施的成本中的前期工程费、建筑安装工程费、基础设施费、开发间接费用等，按实际发生额据实扣除。若无法按清算要求提供开发成本核算资料的、虚报开发成本的、成本费用发生额明显偏离工程造价标准的且无正当理由的，税务机关核定其工程造价成本，主要参照《分类房产单位面积建安造价表》。

对于成片开发分期清算项目的公共配套设施费用，在先期清算时应按实际发生的费用进行分摊。对于后期清算时实际支付的公共配套设施费用分摊比例大于前期的金额时，允许在整体项目全部清算时，按照整体项目重新进行调整分摊。

（2）账务调整。

对于已经核算记录的成本、费用项目，检查中发现记录有误或不妥的，可以适当调整，如间接费用的分摊，成本项目的重新划分，错账的更正等。这是清算过程中的一项基本工作，有助于正确计算扣除项目，合理进行土地增值税的筹划。

3. **房地产开发费用**

房地产开发费用指与房地产开发项目相关的销售费用、管理费用和财务费用。作为土地增值税扣除项目的房地产开发费用，不按纳税人房地产开发项目实际发生的费用进行扣除，而应按照《土地增值税暂行条例实施细则》的标准进行扣除。

《土地增值税暂行条例实施细则》规定，财务费用中的利息支出，凡能够按转让房地产项目计算分摊并提供金融机构证明的，允许据实扣除，但最高不超过按照商业银行同期同类贷款利率计算的金额。其他房地产开发费用按照《实施细则》第七条（一）、（二）项规定（即取得土地使用权所支付的金额和房地产开发成本，下同）计算金额之和的5%以内计算扣除。凡不能按转让房地产项目计算分摊的利息支出或不能提供金融机构证明的，房地产开发费用按《实施细则》第七条（一）、（二）项规定计算金额之和的10%以内计算扣除。

（1）"铜锣湾"项目建设过程中，建设期实际发生利息支出 25 970 825.06 元，其中，支付给金融机构的利息支出为 25 820 825.06 元，非金融机构借款的利息支出 150 000.00 元。该项目建设期间发生的利息支出已经资本化计入开发成本，未计入财务费用，因此该部分利息支出不需作调整。

（2）"铜锣湾"项目实际发生的与房地产开发相关的期间费用为 24 930 925.99 元。财务费用中未包含可按转让房地产项目分摊的利息支出；所发生的期间费用均与"铜锣湾"项目相关，且费用总额未超过《实施细则》第七条（一）、（二）项规定计算金额之和的10%（《实施细则》第七条（一）、（二）项规定计算金额之和的10%为 35 656 913.35 元），因而，可扣除的房地产开发费用金额应按照实际发生额予以扣除，可计入金额为 24 930 925.99 元。

4. **关于自持比例的说明**

恒隆置业的项目总面积为 87 470.36 平方米，其具体面积及比例如表 2-4 所示：

表 2-4　　　　　　　　　　项目类别划分面积及比例

项目	面积（m²）	比例
已售	3 228.55	3.69%
回购	9 725.24	11.12%
回迁	9 581.19	10.95%
自持房产	63 736.06	72.87%
供电局	1 199.32	1.37%

由表 2-4 可知，恒隆置业的项目自持比例较大，占到了整个项目总面积的 72.87%。

自持部分在清算中应以开发成本结转为固定资产，产权未发生转移，其成本不作为计算土地增值税的扣除项目。

企业将大量自建房地产自持，转作固定资产。企业在后期的经营过程中将承担较重的房产税和物业相关税费。企业自有的房产每年需要缴纳房产税，增加企业的税收负担；依据国家目前对房产保有阶段的政策及态度，自持房产的未来持有成本会不断增加。

针对这种情况，企业可以考虑房产产权调整或产权关系的变更，寻求企业综合税负的最小化。

（三）企业所得税

1. 人防设施的税务处理

关于"铜锣湾"的人防设施问题，借鉴《湖北省地方税务局关于房地产开发企业土地增值税清算工作若干政策问题的通知》的相关规定：对于房地产公司在开发产品中按政府规定建造的地下人防设施，其成本、费用可以扣除。对加以利用的地下人防设施，在扣除成本、费用的同时，对其取得的收入也应纳入核算增值额。《辽宁省大连市地方税务局关于进一步加强土地增值税清算工作的通知》也有相关规定：土地增值税扣除项目中的公共配套设施，是指根据政府或政府相关部门的要求，房地产开发项目中必须建造且无偿转让给相关单位或业主使用的、非营利性的公共事业设施。非营利性的公共事业设施主要是指：物业管理用房、人防设施、变电站、热力站、水厂、居委会、派出所、托儿所、幼儿园、学校、医院、邮电通讯、公共厕所，以及无偿供全体业主使用的车位、车库、会所等房产。

纳税人开发的、无偿供物业管理等部门使用的经营用房产、设施，如全体业主实际享有占有、使用、收益或处分该房产、设施权利的，允许计入公共配套设施；如房地产开发企业或物业管理部门实际享有占有、使用、收益或处分该房产、设施权利的，不允许计入公共配套设施，且在对整个项目进行土地增值税清算时，亦不得列入清算范围，其分摊的土地成本、各项开发成本、费用、税金等，不得在清算时扣除。

参照上述政策，在"铜锣湾"项目的清算过程中，也将人防设施作为公共配套设施处理，即未将其单独分离出来，其对应的开发成本已在税前全部扣除。进一步分析，"铜锣湾"项目的人防设施包含供电局使用和地下车库两部分，其中供电局使用部分的产权已转让，对这部分应视同销售计入销售收入，同时该部分的开发成本允许税前扣除。地下车库为非营利性质，可以作为公共配套设施，其开发成本可以税前扣除。

2. 回迁房开发成本的说明

《国家税务总局关于印发〈房地产开发经营业务企业所得税处理办法〉通知》（国税发〔2009〕31号）第三十一条第一项规定：企业、单位以换取开发产品为目的，将土地使用权投资企业的，其换取的开发产品如为该项土地开发、建造的，接受投资的企业在接受土地使用权时暂不确认其成本，待首次分出开发产品时，再按应分出开发产品（包括首次分出的和以后应分出的）的市场公允价值和土地使用权转移过程中应支付的相关税费计算确认该项土地使用权的成本。

因为本项目中回迁房是作为拆迁补偿转让给回迁户所有的，且不涉及差价，所以本项目转让回迁房的行为可定义为以非货币性资产交换取得土地使用权，可以适用上述规定，即可以根据上述规定确认回迁房的开发成本。因此本项目回迁房的开发成本应为该回迁房的市场公允价值，即回迁房开发成本为该回迁房确认的视同销售收入（52 936 266.37元）。继续分析可知，回迁房部分涉及的收入与成本相同，不产生增值额，不需计算企业所得税。

3. 停车场的税务政策及处理模式

国税发〔2009〕31号第十七条规定：企业在开发区内建造的会所、物业管理场所、电站、热力站、水厂、文体场馆、幼儿园等配套设施，按以下规定进行处理：

（1）属于非营利性且产权属于全体业主的，或无偿赠与地方政府、公用事业单位的。可将其视为公共配套设施，其建造费用按公共配套设施的有关规定进行处理。

（2）属于营利性的，或产权归企业所有的，或未明确产权归属的，或无偿赠与地方政府、公用事业单位以外其他单位的，应当单独核算其成本。除企业自用应按建造固定资产进行处理外，其他一律按建造开发产品进行处理。

国税发〔2009〕31号文件第三十三条规定：企业单独建造的停车场所，应作为成本对象单独核算。利用地下基础设施形成的停车场所，作为公共配套设施进行处理。

在本项目中，我们认为将地下停车场作为公共配套设施进行处理是最为恰当的。因为目前地下停车场的产权归属和用途未明确，如果以后的产权归属和用途满足国税发〔2009〕31号第十七条第一项的规定，则无需再进行税务调整；如果以后的产权归属和用途满足国税发〔2009〕31号第十七条第二项的规定，则面临纳税调整问题，即需要补缴相关税款。若能满足将来的营利性收入能弥补所需补缴的税款，对企业来说将其作为营利性停车场也是一个正确的选择。

4. 广告费、业务宣传费及业务招待费等期间费用的确认与纳税调整

我们在2006～2009年企业汇算清缴数据的基础上进行企业所得税匡算，根据汇算清缴报告，2010年以前年度的期间费用已经确认并进行了纳税调整，并且将在历年亏损弥补中体现。

需要注意的是，在以前年度汇算清缴时，由于企业在前几年没有确认收入，所以这些年份广告费、业务宣传费及业务招待费的抵扣限额为零，则企业发生的广告费、业务宣传费及业务招待费全部不允许抵扣，对企业十分不利，若能对其进行调整，列支可以扣除的广告费、业务宣传费及业务招待费，对企业将十分有利。

下面对企业广告费、业务宣传费及业务招待费的确认及纳税调整进行分析。国税发〔2009〕31号文第六条规定：企业通过签订《房地产销售合同》或《房地产预售合同》所取得的收入，应确认为销售收入的实现。按照《企业所得税法实施条例》规定，企业发生的与生产经营活动有关的业务招待费支出，按照发生额的60%扣除，但最高不得超过当年销售（营业）收入的5‰。企业每一纳税年度发生的符合条件的广告费和业务宣传费，除国务院财政、税务主管部门另有规定外，不超过当年销售（营业）收入15%的部分，准予扣除；超过部分，准予在以后纳税年度结转扣除。按照国税发〔2009〕31号文件有关规定，房地产企业只有取得的开发产品收入才可以确认为销售收入。

根据上述政策分析：恒隆置业发生的广告费和业务招待费支出在扣除限额之内，无需再进行纳税调整。

税法规定，业务招待费未超过扣除限额的可以结转至以后年度扣除，所以采用总的销售收入来计算可扣除限额。

5. 莫忘土地增值税额的扣除

"铜锣湾"项目所计算缴纳的"土地增值税"允许在企业所得税清算时税前扣除。因此，必须先行清算土地增值税，而后清算企业所得税。

四、隆盛及物业公司的财税筹划方案

（一）隆盛的经营模式与现存问题分析

隆盛百货有限公司（简称"隆盛百货"）成立于2009年6月，自2009年7

月起建账。隆盛百货主要存在以下三种经营模式：

1. 联营模式

隆盛百货依靠商业核心地位引入大型商家，采取联营形式进行合作，目前达100余家。基本运营模式及财务特征如下：

（1）由商家进货，不承担垫款和支付货款责任。消费者购买商品，由隆盛百货开具发票，一般为普通发票，特殊情况下只为个别大客户出具增值税专用发票；如果消费者不要发票，则视同销售处理，进行价税分解，计算应缴纳的增值税。

（2）根据每月销售情况，按照事前协商确定的扣点（分成）[1]计算需要返还商家的金额，一般此月由商家按此金额开具增值税专用发票，进行成本入账和冲抵增值税处理。

（3）隆盛百货替商家垫支一些水电费等费用，在结算时扣回。

（4）商家的售货员等雇员由隆盛招聘，进行培训和统一着装管理，但工资薪金由商家负担并支付。

（5）节假日期间搞促销活动，具体如何承担成本费用，最后通过调整扣点处理。

2. 租赁模式

隆盛百货以出租摊位的租赁模式引入一部分商家，有20～30家，基本运营模式及财务特征如下：

（1）替商家代收营业额，统一收款，但由商家为客户开具发票，销售税款由商家承担。

（2）隆盛百货与商家结算周期为一个月，进行结算时，确定一个以销售额为基础的扣点（分成），但以租金形式反映，并采取包低租金制，即如果扣点低于保底租金，则按保底租金计算。因此，这种模式的本质是：以营业额为基础的一种浮动租金制。

3. 固定租金制

还有一部分引进的商家，采取固定租金制，如干洗店、娱乐岛等，为数不多。基本运营模式及财务特征如下：

（1）隆盛百货不为商家代收营业额，商家独立经营。

（2）只向商家收取固定租金，按照租金收入缴纳营业税及附加。

（二）隆盛百货的财务与税收筹划操作要点

1. 隆盛百货与恒隆置业之间的资金拆借

隆盛百货为恒隆置业提供资金拆借，收取利息，这样可以加大恒隆置业的利

---

[1] 不同商家的扣点（分成）存有差异，主要取决于和商家的谈判。

息支付。

2. 隆盛的抽点分成模式

隆盛百货的收益按照与引入商家的净收益，采取收益分成制。这样可以不承担经营风险，而成本与进货由商家负责。

3. 联营代垫费用问题

代垫费用需要为商家开具普通发票，造成隆盛百货多支出营业税金及附加。

4. 无库存问题

隆盛百货与联营商家之间采取扣点分成制，只注重分成收益的获得，不考虑对库存的管理，联营商家的库存由商家自行管理，隆盛百货不负责，因此，隆盛百货账面并无库存金额，所有的结算反映为商家开具发票的购进成本，并被隆盛百货的管理者称为"以销定购模式"。税务曾对此问题提出质疑，财务部给予回复，但存在风险，建议采用备查簿记录进销存信息。

5. 出租的筹划方案：变出租为承包经营

如果企业以自己的名义领取营业执照和税务登记证，将房屋承租人招聘为经营人，将房屋出租行为变为自营再承包出去，获取承包收入，那么原有的自持房产就可以按从价计征方法征收房产税，规避较高的房产租金和较高的房产税，也合理避免了流转环节营业税及其附加，从而减轻了企业的税收负担。

（三）物业公司的税收筹划操作要点

物业公司收取物业费，主要负责日常卫生与管理工作，以及负责维修和购买零星配件业务。

基于目前恒隆置业的基本情况，可以利用物业公司进行出租屋业的租金筹划，操作原理为：合理分解租金。

具体操作方法如下：由于租赁收入涉及营业税及其附加、房产税、企业所得税等，税负较重，而物业管理费只缴纳营业税及其附加，相比较而言，物业管理费税负较轻。因此，隆盛百货可以把租金收入合理划分成租赁收入和物业管理费收入，尽量加大低税负收入（物业管理费）的比例，降低高税负收入（租赁收入）的比例。这样就可以有效降低企业房产租赁的实际税负。具体操作步骤如下：

（1）利用现有的物业管理公司，提供承租方更多的物业管理服务。

（2）该物业管理公司要取得尽可能高的物业管理资质，因为资质越高，允许收取的物业管理费的价格越高。

（3）由隆盛百货收取租金，由物业公司收取物业管理费。

附件

1. 合同及相关财税资料一览表

见表2-5

表 2-5

序号	名称	备注
1	市场升级改造项目开发协议书	
2	商铺租赁承包经营合同	
3	商铺买卖合同	
4	房屋销售合同	
5	审计报告 2007	
6	审计报告 2008	
7	审计报告 2009	
8	财政局单位明细指标通知单（2006~2009）	
9	公司组织架构	

2. 财税政策与法规

（1）国家税务总局关于企业处置资产所得税处理问题的通知（国税函〔2008〕828 号　2008-10-09）

（2）国家税务总局关于印发《房地产开发经营业务企业所得税处理办法》的通知（国税发〔2009〕31 号　2009-03-06）

（3）中华人民共和国土地增值税暂行条例（国务院令第 138 号发布　1993-12-13）

（4）中华人民共和国土地增值税暂行条例实施细则（财法字〔1995〕006 号）

（5）财政部、国家税务总局关于土地增值税若干问题的通知（财税〔2006〕21 号　2006-03-02）

（6）财政部、国家税务总局关于土地增值税一些具体问题规定的通知（财税字〔1995〕048 号　1995-05-25）

（7）国家税务总局关于房地产开发企业土地增值税清算管理有关问题的通知（国税发〔2006〕187 号　2006-12-28）

（8）北京市地方税务局关于印发《房地产开发企业土地增值税清算管理办法》的通知（京地税地〔2007〕134 号　2007-05-21）

（9）国家税务总局关于印发《土地增值税清算鉴证业务准则》的通知（国税发〔2007〕132 号　2007-12-29）

（10）国家税务总局关于印发《土地增值税清算管理规程》的通知（2009-05-12）

（11）国家税务总局关于关于土地增值税清算有关问题的通知（国税函〔2010〕220 号　2010-05-19）

（12）国家税务总局关于加强土地增值税征管工作的通知（国税发〔2010〕53 号　2010-05-25）

方案二 欣源房地产项目转让税收筹划方案

一、欣源—逸美合作开发概况及约束条件

（一）欣源公司与逸美公司概况

欣源房地产开发公司（下称欣源公司）成立于1998年12月，公司注册资本为5 000万元。其主要经营范围为：房地产开发经营，建筑材料、五金交电的批发、零售、代购代销等。欣源公司成立以来，主要从事房地产开发业务，曾开发项目有春安花园、潇湘岭秀一期等。2000—2006年间曾享受企业所得税两免三减半税收优惠政策。

逸美投资有限公司（下称逸美公司）成立于2005年10月，公司注册资本8 000万元，自成立之日起，享受军队转业干部办企业免征营业税优惠政策。其主要经营范围为：房地产开发经营；高科技产业、基础设施、文化艺术品、旅游产业、能源产业、文化餐饮娱乐业、医药业的投资；投资咨询；普通货物运输、仓储服务等。

（二）合作开发房地产项目的经营约束

1. 基本业务模式

潇湘岭秀二期由欣源公司和逸美公司合作开发，其中欣源公司出地，逸美公司出资金。潇湘岭秀二期项目报批，房地产开发所需的施工许可证、预售证等及商品房产权证、土地使用证等由欣源公司负责办理；房地产所需资金，房地产开发、销售房销售等由逸美公司负责（如图2-1所示）。

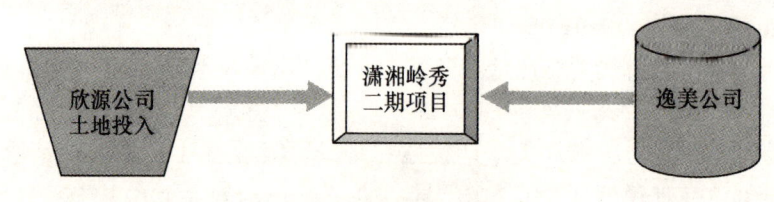

图2-1 房地产合作项目

2. 成本分摊

潇湘岭秀二期的成本由欣源公司和逸美公司共同投入，双方以其各自投入的成本作为衡量本项目总收益的依据。

潇湘岭秀二期的土地成本及前期各种费用支出是在双方合作前发生的投资，是欣源进行合作的基础，这部分界定为欣源公司的开发成本。

潇湘岭秀二期在开发中发生的各种成本费用，由逸美公司出资，这部分作为逸美公司的开发成本。

二、欣源—逸美目前面临的财税疑难问题

（一）税费负担的约定问题

欣源公司和逸美公司就整个合作项目的税费负担按照以下要求合理划分：营业税及所得税按照各自获取的收入按照税收政策的规定自行缴纳。土地增值税按照合作各方成本分摊比例负担。合作前发生的土地增值税、印花税由逸美公司负担，作为投资开发的成本项目[1]。

这一约定其实会对项目产生一定程度的影响，因为欣源公司是土地投入方，所以房地产开发项目的会计主体也相应为欣源公司。双方约定的税费缴纳可能只是一种理想。

（二）收入分配的约定问题

收入按双方确定的投资比例分配。商品房销售收入在销售收到房款时按比例分配，欣源与逸美按实收销售额开具收款专用发票，据此各自缴纳营业税和附加税。办理房屋产权证时由欣源公司负责开具销售不动产发票。

这一约定必须通过一定的运作模式才能达到，在现行操作模式下很难达到这一目的。由于欣源公司负责开具销售不动产发票，欣源公司应该全额缴纳房屋销售的营业税和附加税，而逸美公司只是作为投资者的身份参与开发，逸美公司只能以税后利润分配的形式获取投资收益回报。

（三）财税疑难问题剖析

通过综合观察和分析，我们认为欣源—逸美合作开发项目定位不妥，如果在投资前能够把土地使用权办理在逸美公司名下，可能不会遇到如此麻烦。也可以顺理成章地实现营业税、附加税及企业所得税在逸美公司，且享受营业税减免税优惠政策。

如果土地使用权在欣源公司一方，后期欣源公司在报批项目之前把土地使用权出让给逸美公司，也可以将营业税、附加税及企业所得税实现在逸美公司。只是比原来多缴纳一道土地使用权转让环节的营业税而已。

如果完全按照欣源公司内部的税费负担和收入分配的约定来操作，可能没有一个可藉运用的模式。针对目前状况，我们认为，应该对欣源—逸美的合作开发项目进行模式选择，寻找或创造适当的合作模式，实现合作开发项目财税优化的目的。

三、欣源—逸美公司合作开发税收筹划方案

（一）方案一：在建项目买断模式

双方签订合同，由逸美公司全部买断欣源—逸美的合作开发项目。双方签订

---

[1] 在欣源公司提供的《欣源与逸美合作方式》中，提及项目所涉及的主要税费及承担者。

一个整体项目转让合同。即欣源—逸美项目在投入建造期间，欣源公司将在建工程整体转让给逸美公司，逸美公司对合作开发项目的投入主要采取债权形式投资，欣源公司支付逸美公司利息费用，合理扩大欣源公司的借款费用，将一部分利润转移给逸美公司[1]。

在欣源—逸美合作开发项目在建进度不超过30%时，将在建项目[2]转让给逸美公司。根据财税〔2003〕16号文件规定，欣源公司需要作为不动产转让业务缴纳营业税和附加税。具体处理要求如下：单位和个人转让在建项目时，不管是否办理立项人和土地使用人的更名手续，其实质是发生了转让不动产所有权或土地使用权的行为。对于转让在建项目行为应按以下办法征收营业税：

（1）转让已完成土地前期开发或正在进行土地前期开发，但尚未进入施工阶段的在建项目，按"转让无形资产"税目中"转让土地使用权"项目征收营业税。

（2）转让已进入建筑物施工阶段的在建项目，按"销售不动产"税目征收营业税。

显然，当完工进度不超过30%时进行在建项目转移，可以实现70%营业税和企业所得税转移到逸美公司实现。

根据《国家税务总局关于企业股权投资业务若干所得税问题的通知》（国税发〔2000〕118号），在建项目整体资产转让的所得税按以下办法处理：企业整体资产转让原则上应在交易发生时，将其分解为按公允价值销售全部资产和进行投资两项经济业务进行所得税处理，并按规定计算确认资产转让所得或损失。特殊情况下的股权转让税务处理可参照国税发〔2000〕118号文件的其他条款执行。

总之，在建项目整体转让要视同按公允价值销售全部资产和投资两项业务进行所得税处理，交纳所得税和营业税。

需要注意的是，要办理相关转让手续和变更备案手续。按照《城市房地产转让管理规定》（中华人民共和国建设部令第96号）第十条规定：按照出让合同约定已经支付全部土地使用权出让金，并取得土地使用权证书；按照出让合同约定进行投资开发，属于房屋建设工程的，应完成开发投资总额的25%以上。按照城市房地产开发交易管理相关政策规定：房地产转让或者变更，应当向县或者市建设行政主管部门办理变更登记，并持变更后房屋所有权证书办理土地使用权变更登记，经同级土地主管部门核实，由同级人民政府变更土地使

---

[1] 加大债权投资力度，主要考虑到逸美公司在买断在建项目过程中，可以少支付资金，以抵债形式取得项目。

[2] 在建项目是指立项建设但尚未完工的房地产项目或其他建设项目。

用权证书。且转让房地产开发项目，转让人和受让人应当在土地使用权变更手续办理完毕之日起30日内，持转让合同及有关证明文件到建设行政主管部门办理备案手续。

（二）方案二：合作建房模式

欣源公司出地，逸美公司出资金，双方合作建房，房屋建成后，采取风险共担、利润共享方式分配收益。此种合作方式，因为核算及房地产相关手续均以欣源为主，发票的开具和产权的办理均没有问题。

根据《财政部、国家税务总局关于股权转让有关营业税问题的通知》（财税〔2002〕191号）规定：以无形资产、不动产投资入股，与接受投资方利润分配，共同承担投资风险的行为，不征收营业税，并且对股权转让不征收营业税。《财政部、国家税务总局关于土地增值税一些具体问题的通知》（财税〔1995〕48号）规定：对于以房地产进行投资、联营的投资联营的一方以土地（房地产）作价入股进行投资或作为联营条件，将房地产转让到所投资、联营的企业中时，暂免征收土地增值税。所以，对于欣源公司来说，土地使用权投资不视作转让无形资产，不征收营业税。合作建房按项目核算，双方分得的收益属于税后收益。在不变更相关手续的情况下，核算以欣源公司为主体。

考虑到逸美公司的税收优惠，可以有以下两种筹划考虑：

一是将逸美公司的投入资金以借贷方式给欣源公司使用，这样可以多实现欣源公司利息的扣除，而逸美公司的利息收入免征营业税。如果按照欣源公司提供的预计投资额1.45亿元的70%测算，按照6%的年利率计算，借款利息匡算如下：

$$借款利息 = 1.45 \times 70\% \times 6\% = 609（万元）$$
$$欣源企业所得税节约金额 = 609 \times 25\% = 152.25（万元）$$

二是逸美公司为欣源公司提供设计、咨询、人力等劳务服务，收取欣源公司的劳务费，以此加大扣除力度。

对于该合作建房项目，具体应缴纳的税负计算如下：

营业税：33 412.175×5.55%＝1 854.375 7（万元）
印花税：33 412.175×0.05%＝16.706 1（万元）
土地增值税：11 332.877×40%－22 079.298×5%＝3 429.185 9（万元）
扣除额：16 984.076×（1+30%）＝22 079.298 8（万元）
增值额：33 412.175－22 079.298 8＝11 332.876 2（万元）
增值比例：11 332.876 2/22 079.298 8＝51.33%
预交所得税：33 412.175×15%×25%＝1 252.956 6（万元）
所得税补缴额＝9 473.929×25%－1 252.956 6＝1 115.53（万元）

(三) 方案三：股权转让模式

欣源公司成立一家房地产合营企业，然后把项目全部移交该合营企业，独立核算。在房产建设完毕后销售之前，合营企业转让全部股权给逸美公司。逸美公司先投入的资金分别以借款方式和投资方式投入合营公司。则合营公司发生的股权转让行为，仅就转让收益缴纳所得税，不缴纳营业税。然后由逸美公司吸收合并该合营企业，并统一对外经营（基本操作流程如图2-2所示）。

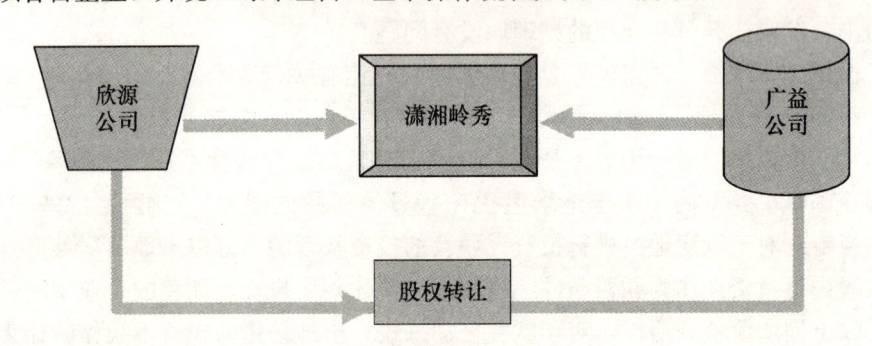

图2-2　股权转让操作模式

操作步骤：

第一步：欣源公司成立一家房地产合营企业，欣源公司以土地出资，逸美公司以资金投入。双方的股份划分比例根据投入情况确定。

欣源公司向合营企业转让土地，按"转让无形资产"缴纳营业税。土地成本为2 484.055 3万元，组成计税价格为 2 484.055 3×(1+15%)÷(1-5%) = 3 007.014 3（万元），则：

$$应缴纳的营业税及附加税 = 3 007.014 3 \times 5.55\% = 166.889 3（万元）$$

双方的股份比例按照分别投入的土地及资金比例划分：

$$欣源公司持股比例 = 土地公允价值/投资总额$$
$$逸美公司持股比例 = 资金投入金额/投资总额$$

第二步：逸美公司分别以股权和债权的形式投入。

先期签订的合同部分（见表1），以股权形式投入，相应的账务处理为：

借：长期股权投资——合营企业	193.73
贷：银行存款	64.80
应付账款	128.93

对于后期由逸美公司投入的资金部分，分别以股权投资形式和债权投资形式[1]投入合营公司（包括前期预付给建筑公司的建设资金由逸美支付），相应的

---

[1] 逸美公司反映为债权投资的数额不宜过大，要控制欣源公司和逸美公司对合营公司的投资比例。

账务处理分别为：
　　借：长期股权投资——合营公司
　　　　长期债权投资——合营公司
　　贷：银行存款
第三步：欣源公司转让股权给逸美公司，逸美公司购并欣源公司。相应的会计处理为：
（1）欣源公司：
　　借：银行存款
　　　　其他应收款——合营公司
　　贷：长期股权投资
此处可能产生一定的投资转让损益，进行控制，一般不宜产生损失。
对于欣源公司转让股权行为，不涉及营业税和增值税等流转税及附加税。只对股权转让所得并入应纳税所得额，缴纳所得税。
（2）逸美公司：
　　借：长期股权投资
　　贷：银行存款
　　　　其他应收款——合营公司
逸美公司对合营公司进行合并，并办理相关项目变更手续。
第四步：逸美公司拥有该房地产项目，并进一步经营。
按照正常企业经营模式开展经营，并按规定进行会计处理和依法纳税。
其中对外业务中，与建筑公司签订工程施工合同，前期可由逸美公司预付建设资金，与房产销售公司签订代售房合同，仅收取手续费0.6%，按代理业5%的税率缴纳营业税。

（四）方案四：整体收购模式
对于欣源—逸美的合作开发项目，我们认为，不论采取什么方式，其最终要解决的是土地项目主体的变更问题。如果主体不变更，经营以欣源为主，逸美只是资金的来源渠道；如果要以逸美为主，房地产业的开发首先要有土地，因此，就存在土地的变更或土地项目的变更。

在此理念下，我们提出如下大手笔税收筹划方案，采取资本运作模式，即采取逸美整体收购欣源的资本运作模式，这样土地项目的变更就可以顺理成章，而且还可以享受逸美相关税收减免优惠政策。

下面我们分析逸美整体收购欣源的可行性：
（1）此次合作开发项目，正常运作税负达到上千万元之多。
（2）关于欣源公司的品牌，可能也是决策需要考虑的一个重要因素。我们认为，等该合作项目运作完毕，可以继续考虑欣源公司的注册登记及利用问题。

(3) 采纳该方案，有必要对欣源公司的财务状况进行分析，尤其是往来账款、长期负债状况以及公司决策层采纳收购方案的可能性与决策意向。

四、对其他筹划事宜的思考

除上述财税优化方案中提到的运作模式外，根据欣源公司、逸美公司的现状和合作项目，还可采取以下税收筹划方法：

1. 成本的合理规划与安排

欣源公司可以合理调节公司成本，选取适宜的成本计算方法、核算程序、存货发出计价方法等，因为这些因素都会对开发成本产生影响，并最终影响企业损益及税金，应引起管理层及财务部的高度重视，因为在企业财税操作中，合理的会计成本几乎都可以作为计税基础。

像方案中提到的有双方相互拆借资金，逸美公司以债权投资方式让渡资金使用权，并收取合理利息，调节房地产开发成本。

2. 提供劳务服务

由于欣源公司与逸美公司有着多方面的密切联系，可以考虑一些逸美公司为欣源公司提供劳务服务（包括技术服务、技术咨询等），收取一定的价款，适当采取转让定价策略。

3. 合理设计薪酬方案

对于特殊的人员，还可以以兼职形式，相互提供服务。对于发放的劳务报酬，按照劳务报酬所得计算缴纳个人所得税。从税负角度考虑，兼职劳务可以到税务机关代开发票，合理实现税前扣除。对于年终奖金，也可以合理实现筹划节税，具体操作可参照国税发〔2005〕9号、国税函〔2005〕382号文件。

附件1

欣源—逸美项目转让方案比较及操作细则[1]

方案一：在建项目买断模式

1. 基本思路

逸美公司买断欣源—逸美的合作开发项目，双方需要签订一个在建项目整体

---

[1] 本税收筹划操作方案比较及操作细则是在上述主题方案基础上，根据实务操作要求所拟定的更为详细的税收筹划运作步骤及操作要点。这里仅比较方案一和方案四。

转让合同。即在欣源—逸美合作开发项目投入建造期间，欣源公司将在建工程整体转让给逸美公司，由逸美公司全盘接管。

2. 操作细则及税收测算

对于在建项目买断模式，具体操作步骤如下：

第一步：合作开发项目前期投入期间，逸美公司主要以债权形式投资。

欣源—逸美双方签订合作开发合同，明确双方的投资合作方式。对于欣源公司的土地使用权投入，以及已由逸美公司支付的合同款，分别计入项目开发成本中。

借：开发成本——在建项目　　　　　　　　　1 841.49 万
　　贷：无形资产——土地使用权　　　　　　1 647.76 万[1]
　　　　长期应付款　　　　　　　　　　　　193.73 万

逸美公司的账务处理为：

借：长期债权投资——欣源公司　　　　　　　193.73 万
　　贷：银行存款　　　　　　　　　　　　　64.80 万
　　　　应付账款　　　　　　　　　　　　　128.93 万

第二步：逸美公司继续对合作项目投资。

房屋建设工程出让的，按《城市房地产转让管理规定》（中华人民共和国建设部令第96号）规定，在建项目转让时，应完成开发投资总额的25%以上。欣源—逸美该合作项目总预计投资总额为1.45亿元，则在建项目转让时，最小投资额为：14 500×25%＝3 625（万元）。

逸美公司的账务处理为：

借：长期债权投资——欣源公司　　　　　　　3 625 万
　　贷：银行存款（各种应付款等）　　　　　3 625 万

第三步：转让在建项目，并实现相关转让环节税金。

转让时的土地评估单位价值为458元/平方米，则土地评估价值为：

$$458×36 616.985＝1 677.06（万元）$$

转让时评估项目总价值，估测应该比前期投入的持平或略有增加。设定增值率为5%，则在建项目转让时的评估价值为：

$$(1 677.06＋193.73＋3 625)×(1＋5\%)＝5 770.58（万元）$$

欣源公司的账务处理为：

---

[1] 欣源公司投入土地时，土地价格为450元/平方米。土地开发面积为36 616.985平方米，则土地使用权投资价值为：450×36 616.985＝1 647.76（万元）。转让时暂估价值为458元/平方米。

借：银行存款　　　　　　　　　　　　　　　　　1 951.85 万
　　　长期应付款　　　　　　　　　　　　　　　　3 818.73 万
　　贷：开发成本——在建项目　　　　　　　　　　　5 466.49 万
　　　　营业外收入　　　　　　　　　　　　　　　　 304.09 万

相关转让环节税收计算如下：

营业税及其附加税＝5 770.58×5.55％＝320.27（万元）
企业所得税＝ 304.09×25％＝76.22（万元）
相关总税负＝320.27＋ 76.22＝396.49（万元）

第四步：逸美公司后期投入，最后实现房产销售，收回投资。

该环节利用逸美公司的税收优惠政策，享受营业税减免，收益全部实现在逸美公司，若所得税也享受优惠政策，则该环节总税负为 0。

方案二：整体收购模式

1. 基本思路

采取逸美整体收购欣源公司的操作模式，则这样土地项目的变更就可以顺理成章，而且还可以享受相关税收减免优惠政策。

2. 操作细则及税收测算

对于整体收购模式，具体操作步骤如下：

第一步：通过企业分立进行资产剥离。

欣源公司剥离一部分优良资产，进行企业分立，成立一家房地产开发公司——新欣源房地产开发公司。资产剥离过程中，若资产评估增值，需要就增值部分缴纳企业所得税[1]。

第二步：逸美公司整体收购欣源公司。

按照期末的资产负债表进行测算，欣源公司的资产负债率为 52.20％，超过50％，可以实现整体收购方案。

企业合并过程中，若被并企业的净资产没有实现增值，则仅对增值部分征收所得税。

这里设定净资产增值率为 10％～20％，则相应的税负计算如下：

欣源公司期末净资产为 3 011.72 万元，增值率 10％的情况下，净资产增值额为：3 011.72×10％＝301.17（万元），则应纳企业所得税为：301.17×

---

[1] 在第二步中综合反映增值所形成的企业所得税负担。因为不论在企业分立中，还是在企业合并中，凡是涉及净资产增值都要计算缴纳企业所得税。

25%＝75.29（万元）。

若增值率为20%，则应纳企业所得税为：3 011.72×20%×25%＝150.59（万元）。

第三步：逸美公司后期投入，最后实现房产销售，收回投资。

该环节利用逸美公司的税收优惠政策，享受营业税减免，收益全部实现在逸美公司，若所得税也享受优惠政策，则该环节总税负为0。

两个方案的风险剖析与评价

1. 从税负角度评价

从上述两个方案的分析比较来看，在建项目买断模式和整体收购模式各有优劣，前者总税负为396.5万元，而后者在净资产增值率为20%的情况下，税负也仅为150.59万元。从税负角度评价，后者更为节税。

但是，后者存在较多非税成本，即企业分立、合并需要经过工商手续，也存在评估成本和操作成本。而前者相对比较简单，易于操作。

按照正常情况经营，欣源应该缴纳营业税1 854.38万元，在建项目买断模式下缴纳营业税320.27万元，节约率为：(1 854.38－320.27)/1 854.38＝82.73%。对于整体收购方案，由于不存在欣源公司和逸美公司的中间交易环节，没有营业税支出。两种操作模式下，所得税基本都实现在逸美公司。

2. 从风险角度评价

对于在建项目买断模式，存在一定的风险。尤其是在建项目需要投入25%以上才可以实现转让，转让时要经过资产评估，转让后需要变更手续，但这些都是正常业务，可以谨慎操作也很容易成功。但项目买断模式一定要在双方项目转让合同中严格界定交易前提及交易条件，增强项目交易的实践操作性。

对于整体收购模式，财税及经营风险较小，因为企业并购是经常发生的事情，且并购之后不存在两个法律主体，所以许多后期的运作是理所当然、水到渠成的事情。但整体收购模式的操作较为复杂，时间跨度大，涉及的环节多。

3. 从后期发展角度评价

在建项目买断模式几乎不会对后期两个企业的发展产生重大影响。而整体收购模式可能会使欣源公司丧失品牌价值。如采用后者，我们建议先行资产剥离，成立新欣源公司，不仅能够降低并购资产的数额，并能使企业知名度和品牌价值得以一定程度的延续。

附件 2

国家税务总局关于印发
《营业税问题解答（之一）的通知》（节选）

（国税函〔1995〕156号）

十七、问：对合作建房行为应如何征收营业税？

答：合作建房，是指由一方（以下简称甲方）提供土地使用权，另一方（以下简称乙方）提供资金，合作建房。合作建房的方式一般有两种：

第一种方式是纯粹的"以物易物"，即双方以各自拥有的土地使用权和房屋所有权相互交换。具体的交换方式也有以下两种：

（一）土地使用权和房屋所有权相互交换，双方都取得了拥有部分房屋的所有权。在这一合作过程中，甲方以转让部分土地使用权为代价，换取部分房屋的所有权，发生了转让土地使用权的行为；乙方则以转让部分房屋的所有权为代价，换取部分土地的使用权，发生了销售不动产的行为。因而合作建房的双方都发生了营业税的应税行为。对甲方应按"转让无形资产"税目中的"转让土地使用权"子目征税；对乙方应按"销售不动产"税目征税。由于双方没有进行货币结算，因此应当按照实施细则第十五条的规定分别核定双方各自的营业额。如果合作建房的双方（或任何一方）将分得的房屋销售出去，则又发生了销售不动产行为，应对其销售收入再按"销售不动产"税目征收营业税。

（二）以出租土地使用权为代价换取房屋所有权。例如，甲方将土地使用权出租给乙方若干年，乙方投资在该土地上建造建筑物并使用，租赁期满后，乙方将土地使用权连同所建的建筑物归还甲方。在这一经营过程中，乙方是以建筑物为代价换得若干年的土地使用权，甲方是以出租土地使用权为代价换取建筑物。甲方发生了出租土地使用权的行为，对其按"服务业——租赁业"征营业税；乙方发生了销售不动产的行为，对其按"销售不动产"税目征营业税。对双方分别征税时，其营业额也按税暂行条例实施细则第十五条的规定核定。

第二种方式是甲方以土地使用权乙方以货币资金合股，成立合营企业，合作建房。对此种形式的合作建房，则要视具体情况确定如何征税。

（一）房屋建成后如果双方采取风险共担，利润共享的分配方式，按照营业税"以无形资产投资入股，参与接受投资方的利润分配，共同承担投资风险的行为，不征营业税"的规定，对甲方向合营企业提供的土地使用权，视为投资入股，对其不征营业税；只对合营企业销售房屋取得的收入按销售不动产征税；对双方分得的利润不征营业税。

（二）房屋建成后甲方如果采取按销售收入的一定比例提成的方式参与分配，或提取固定利润，则不属营业税所称的投资入股不征营业税的行为，而属于甲方将土地使用权转让给合营企业的行为，那么，对甲方取得的固定利润或从销售收入按比例提取的收入按"转让无形资产"征税；对合营企业按全部房屋的销售收入依"销售不动产"税目征收营业税。

（三）如果房屋建成后双方按一定比例分配房屋，则此种经营行为，也未构成营业税所称的以无形资产投资入股，共同承担风险的不征营业税的行为。因此，首先对甲方向合营企业转让的土地，按"转让无形资产"征税，其营业额按实施细则第十五条的规定核定。因此，对合营企业的房屋，在分配给甲乙方后，如果各自销售，则再按"销售不动产"征税。

附件3

财政部、国家税务总局关于土地增值税一些具体问题规定的通知（节选）

（财税〔1995〕48号）

对于以房地产进行投资、联营的，投资、联营的一方以土地（房地产）作价入股进行投资或作为联营条件，将房地产转让到所投资、联营的企业中时，暂免征收土地增值税。对投资、联营企业将上述房地产再转让的，应征收土地增值税。

附件4

财政部、国家税务总局关于股权转让有关营业税问题的通知

（财税〔2002〕191号）

各省、自治区、直辖市、计划单列市财政厅（局）、国家税务局、地方税务局、新疆生产建设兵团财务局：

近来，部分地区反映对股权转让中涉及的无形资产、不动产转让如何征收营

业税问题不够清楚，要求明确。经研究，现对股权转让的营业税问题通知如下：

一、以无形资产、不动产投资入股，与接受投资方利润分配，共同承担投资风险的行为，不征收营业税。

二、对股权转让不征收营业税。

三、《营业税税目注释（试行稿）》（国税发〔1993〕149号）第八、九条中与本通知内容不符的规定废止。

方案三　天源置地集团税收筹划方案

一、天源置地集团基本情况分析

天源置地集团（以下简称"天源集团"）从建筑工程施工起步，经过二十余年发展，逐步形成了集住宅、商业和写字楼开发于一体的颇具行业影响的企业集团。目前，集团下辖八家子公司和两家参股公司。天源集团以超前的发展战略，在不断创新中前进，发展成为一家以奉献精品地产、具有核心竞争力的现代化企业。

天源集团的税务政策及纳税状况如下：集团开发的地产项目缴纳5.5%的营业税及附加、25%的企业所得税，以及预缴1%的土地增值税。其他如印花税、土地使用税、房产税等按照正常情况缴纳。根据《天源集团各公司2009年度纳税统计表》分析可知，2009年度天源集团缴纳税收总额为3.25亿元，其中营业税及附加为2.18亿元，占67.08%；企业所得税为0.64亿元，占19.69%；土地增值税为0.36亿元，占11.08%。这三大税占集团纳税总额的97.85%。对比中国房地产业税负结构比率，未来天源集团项目清算期间需缴纳更多的企业所得税和土地增值税。

面对激烈的资源竞争、繁重的税收负担和不确定的环境，天源集团亟须规划其财务战略，开展税收筹划，以全新的思维应对宏观经济之变局。

二、天源集团财务战略构想与筹划

（一）天源集团的收益规划

天源集团作为母公司，全资控股或者参股其他项目公司，是典型的以投资为核心业务的控股公司。利润的分配依赖项目运作的效果，有时甚至需要等待很长时间才能分回投资利润。由于天源集团没有直接投资项目，形成无收入或无持续收入的局面，因此无法实现其所耗成本费用的抵税效应。出于这种考虑，天源集团后期再征用土地，宜直接投资开发项目，或者享有近期的利润分配或及时的分红额，以实现成本与收益的配比。

（二）土地战略规划

从税收的角度分析，天源集团购买土地进行开发经营涉及税种的多寡及税负率的大小受其经营环节、开发项目增值率等因素的影响。因此，天源集团应根据旗下子公司的控股情况、业务状况以及未来发展趋势，充分考虑税收因素的影响，进行周密的土地战略规划，具体建议如下：

1. 控制集团购买土地数量，减少土地流转环节

土地流转的环节越多，所需缴纳的税收就越多。因此，天源集团总部征地开发所形成的收入只要能将集团的成本费用消化掉即可，并不必要大量购地与频繁的开发活动，而保证集团仅行使控股母公司职能即可。反之，如果以天源集团名义征地太多，可能会因各种因素而不能实现全面开发，就会形成一定的土地闲置和浪费，而如果再将土地转让给其旗下的任一子公司完成后期开发，都会形成土地流转环节的税收。

2. 征地主体的确定及"多点布局"战略

根据土地的具体用途决定征地主体，这是防止未来土地流转引致税务风险的一项重要举措，具体战略建议如下：

（1）预计各子公司存在的收益差异，考虑确定征地主体，决策的基本原则是盈亏互抵、实现收益均衡。

（2）土地的摆放最大程度地遵循"多点布局"原则，即同时设置多个开发基地，根据税负差异的区位状况，采取合作开发或兼并收购等模式多点运作，联合开发。

（3）天源集团上市后，可以充分发挥资本运营技术，在母公司和各子公司之间探索"合作开发"、"联合持股"、"债权投资"等方式构建"资金渗透—股份增补转退"联动机制，充分发挥资本运营的效能。

（三）房产销售与自营模式的战略选择

1. 自营房产与销售房产的税收负担比较与分析

表 2-6　　　　　　　自营房产与销售房产的税收负担比较

项目	房产自营（以出租为代表）	房产销售
营业税	5%（按照租金收入缴纳）	5%（按照销售价款缴纳）
城建税及附加	7%+3%（以营业税额为基数计算）	7%+3%（以营业税额为基数计算）
土地增值税	/	根据增值率划分，税率分别为30%、40%、50%、60%。
印花税	0.1%（租赁时财产租赁合同的千分之一计算）	0.05%（转让时按照产权转移书据所列金额的万分之五计算）

续表

项目	房产自营（以出租为代表）	房产销售
城镇土地使用税	北京市纳税等级划分六级，每平方米的年税额分别为：一级土地30元；二级土地24元；三级土地18元；四级土地12元；五级土地3元；六级土地1.5元。	/
房产税	12%（以房产租金收入作为税基计算）	/
企业所得税	25%	25%

开发房产的目的主要有：一是通过转让或销售而获取开发利润；二是为了持有房地产而用于赚取租金或增值。以下进行销售房产与自营房产的优劣比较分析：

(1) 销售房产的优势分析。

其一，减少印花税的支出。销售行为的印花税税率为万分之五，大大低于自营行为的千分之一。

其二，在利润率较低的情况下，有利于实现集团总体税负的下降。若项目利润低，选择销售行为，虽然要缴纳土地增值税，但税负很低。同时，企业所得税的支出也会很少。而在这种情况下，若选择自营行为，虽然不需缴纳土地增值税，但需缴纳房产税和城镇土地使用税，特别是出租业务，房产税为出租收入的12%。因此，在利润较低的情况下，应选择销售行为。

(2) 自营房产的优势分析。

其一，延迟营业税的缴纳及相关现金流出。虽然销售与自营产生的营业税涉及的税目不同，但从较长的期间来看，销售取得的销售收入与自营取得的自营收入是一致的，只不过这个期间有长有短，可能是20年，也可能是30年。因此，相应的营业税支出，销售行为是在销售时一次性缴纳，而自营行为是在较长期间内分次缴纳的。从这一点上看，自营有利于延迟营业税的缴纳和控制现金流。

其二，在利润率较高的情况下，自营行为有利于降低总体税负。若项目的利润率很高，选择销售行为不可避免会产生大量的土地增值税和企业所得税支出。在这种情况下，若选择自营行为，不需缴纳土地增值税，同时也不会形成销售收入而缴纳大量的企业所得税。自营房产（出租业务）会取得一定的利润，但这部分利润一般长期均衡流入企业，企业所得税自然会分期递延。

2. 房产自营与房产销售模式选择的决策建议

(1) 对于销售还是自营的选择，关键取决于开发项目的利润率状况。基本决策规律是：利润高的选择自营模式，利润低的选择销售模式。但对于具体项目，还需要经过相应的严密的税负测算结果来决策。这里根据收益折现原理，构建销售与自营的NPV决策模型如下：

销售房产的价格为P，数量为Q。房产的单位建造成本为C，开发期间的费用总额为 F，房产销售缴纳的土地增值税为 M，房产自营预计每年的收益额为 L，销售不动产营业税税率为 T_1，企业所得税税率为 T_2，r 为折现率，n 为年数。则有：

$$NPV_{销售} = PQ(1-T_1) - [PQ(1-T_1) - CQ - F]T_2 - M - (CQ+F)$$

$$NPV_{自营} = \sum [L(1-T_2)(1+r)^{-n}] - (CQ+F)$$

（2）在销售与自营模式的选择时，除考虑税负因素之外，还要考虑宏观政策的变动趋势、现金流状况、市场风险等因素。我们经过细致测算，目前房地产行业平均来看，自营模式所负担的税收相对于销售模式所负担的税收要低一些。但是，我国目前房产税制改革如箭在弦，未来的改革趋势必然会增加持有房产环节的税收，如物业税、房产税等。因此，在确定自营房产比例时应将这一因素考虑进去，未雨绸缪，以防未来风险。

（四）自持物业框架下的经营战略规划

1. 提升自持物业的商业运营价值与战略转型

自持物业随着时代的发展，出现更多的经营形态，如写字楼、豪华酒店、购物中心、娱乐中心、大型会所、餐饮中心、工业厂房、仓库等。自持物业体现着地产公司的增值潜力和可持续发展能力。

长期持有物业是商业地产发展的战略方向。目前，房地产业尤其是商业地产领域，逐渐意识到开发项目"卖掉就走"战略的弊端，开始实施"长期自持物业"的战略转型，并快速发展物业管理公司，延长价值链，不断提升利润空间。但需要注意的是：对于自持物业，最忌急功近利，不要幻想在短期内实现大额利润。

2. 减少出租方式：亟须调整业态结构比重

现行房产税制规定，企业自用的房产按房产原值扣除 10%～30% 后的房产余值，每年按 1.2% 的税率计征房产税；出租房产则按照租金收入的 12% 计征房产税。房屋的租金一般是根据租赁市场的行情予以确认，因此，与历史成本基础的从价计征相比，从租计征的税负明显偏高。且房产出租除缴纳房产税外，还要缴纳营业税、印花税、城镇土地使用税等其他税费，使得房产出租行为的综合税负非常高。因此，建议自持物业在现行房产税制下进行经营模式的整合与调整，适当减少出租经营结构总量，增加联营或者自营形式的业态结构总量。总之，合理调整业态结构比重极为关键、极为重要。

3. 变出租为承包经营

如果企业以自己的名义领取营业执照和税务登记证，将房屋承租人招聘为经营人，将房屋出租行为变为自营再承包出去，获取承包收入，那么原有的自持房产就可以按从价计征方法征收房产税，规避较高的房产租金和较高的房产税，也合理避免了流转环节营业税及其附加，从而减轻了企业的税收负担。

4. 合理分解租金

由于租赁收入涉及营业税及其附加、房产税、企业所得税等，税负较重，而物业管理费只缴纳营业税及其附加，相比较而言，物业管理费税负较轻。因此，房地产企业可以把租金收入合理划分成租赁收入和物业管理费收入，尽量加大低税负收入（物业管理费）的比例，降低高税负收入（租赁收入）的比例。这样就可以有效降低企业房产租赁的实际税负。具体操作步骤如下：

（1）房地产企业投资成立一物业管理公司。

（2）该物业管理公司要取得尽可能高的物业管理资质，因为资质越高，允许收取的物业管理费的价格越高。

（3）由房地产企业收取租金，由物业公司收取物业管理费。

5. 售后返租模式选择的筹划

在售后返租模式中，房地产企业将其开发的商铺或商务楼、宾馆、度假村等物业划小面积，分散出售给投资者（购买者）。随后，房地产企业再与投资者（购买者）签订返租合同，交由房地产企业统一经营或统一招租，租赁期限 3 至 10 年不等。在返租期内，投资者可获得房地产企业每年以购房总价款的 8% 至 10% 甚至更高利率支付的租金。返租期满后，投资者可自由处理所购物业：或转租，或转卖，或自主经营，或要求房地产企业原价回购。

在售后返租模式下，存在两种操作方式。

方式一：转租方式。

首先，投资者（购房者）将房产出租给房地产企业。投资者（购房者）需要缴纳营业税和房产税，分别按租金收入（购房者购房价格的 8%）的 5% 和 12% 计算缴纳。

其次，房地产企业再将房产出租给使用者。房地产企业同时也需要缴纳营业税和房产税，也是分别按租金收入的 5% 和 12% 计算。

同样是将房产出租给使用者，售后返租模式存在两个出租关系，也就需要缴纳两遍营业税和房产税。因此，降低购房者和房地产企业总体税负的关键是简化出租关系。房地产企业应采取合理的筹划，将两个出租关系转变为一个出租关系。

最有效的方法是将购房者与房地产企业的出租关系转变为代理关系，同时将房地产企业与使用者的出租关系转变为购房者与使用者的出租关系。房地产企业采取的这一方式，具体操作与纳税情况如方式二。

方式二：购房者需要按出租收入（购房者购房价格的 8%）计算缴纳营业税和房产税，税率分别为 5% 和 12%。

房地产企业需要按超过购房价格 8% 以外的租金收入计算缴纳营业税，税率为 5%。

这样一来，不仅规避了按返租价格计征的房产税，而且将按返租价格计征的营业税转变为按照超过返租价格以外的租金收入计算缴纳的营业税。购房者和房地产企业的总体税负将得到很大幅度的降低。

6. **多经营模式并举：实现最优资产组合**

在宏观经济调控之下，房地产业的可持续经营能力面临挑战，依靠内生资金提升业绩、扩展规模的企业更容易得到投资者的青睐。而内生资金主要来源于自持物业产生的源源不断的收益。自持物业不同经营模式的最优资产组合将成为房地产企业现金流的"稳定器"。比如，天源集团可以开展酒店经营、超市经营等不同业态营运模式，兼顾现金流均衡、税收负担及资产增值的多重效应。

7. **房产金融产品化是未来房地产业发展的长远趋势**

实现房产金融产品化，将会降低房产的经营风险，增加收益及其稳定性，实现房地产业的长远发展。通过发行公司债券、通过股票市场融资，通过房地产信托完成房地产业的金融产品化，是未来的战略发展之路。

（五）销售方式选择的纳税战略筹划

1. **销售方式的税务及风险情况比较**

房地产业开发产品完成后，对外销售方式主要有三种：直接销售方式、向购买者投资方式和转让子公司股权方式。三种方式涉及的税种和税负情况比较如表2-7所示。

表 2-7　　　　　　　　不同销售方式下的税负与风险比较

销售方式	征税情况	税负状况	适用范围	操作过程与风险
直接销售	营业税、城建税及教育费附加、土地增值税、印花税、企业所得税	较高	所有情况均适用	操作简便，无操作风险。
向购买方投资	1. 企业所得税 ——财产转让收入 ——对外投资视同销售收入 2. 土地增值税 ——对外投资视同销售收入 3. 印花税	最高	开发产品为商业地产。可在开发后确定购买者，但购买者为法人企业。开发产品可分割转让。	操作复杂，操作风险较高。
转让子公司股权	1. 印花税 2. 企业所得税	最低	开发产品为商业地产。开发前必须确定购买者。开发产品须整体转让。	操作简便，有一定操作风险。

三种销售方式的纳税情况、优劣状况分析如下：

（1）直接销售方式。

直接销售方式涉及的税种较多，税负较重，但是它适用于所有情况。

(2) 向购买方投资方式。

向购买方投资方式,即房地产企业将开发完成的产品以实物资产的形式投入到购买方(企业),取得购买方(企业)的股权后,再将所持有的股权按照双方确定的售价转让给购买方(企业)的股东,同时收回资金的运作方式。

该方式选择范围受限,一般不适用于自然人购买的住宅产品,而比较适合于企业购买的商业地产,如写字楼、商务用房、酒店等。从税收角度考虑,通过向购买方投资方式进行销售,需要缴纳土地增值税、企业所得税和股权转让环节的企业所得税,但不需要缴纳营业税[1]。

这种方式下,虽然房地产企业不用缴纳营业税,但视同销售产生的企业所得税和股权转让产生的企业所得税存在双重纳税问题,多征的企业所得税有可能大于少缴的营业税。因此,一般情况下,房地产企业不宜采用向购买方投资方式进行销售。

(3) 转让子公司股权方式。

即房地产企业先投资成立子公司,通过子公司完成项目的开发,然后再将子公司的股权转让给购买方(企业),同时收回资金。开发产品一般不能为住宅物业,适合于商业地产的运作,如写字楼、商务用房、酒店等。这种开发产品适合于整体转让。

从税收角度分析,通过转让子公司股权方式进行销售,只需要缴纳股权转让环节的企业所得税,而不需要缴纳营业税和土地增值税。而作为房地产企业来讲,营业税和土地增值税是其面临的负担最重的两个税种。因此,采用转让子公司股权方式比直接销售方式要减少大量的税款支出,从而能为企业带来大量额外的收益。

2. 销售方式选择的筹划策略

对于直接销售方式、向购买方投资方式以及转让子公司股权方式,在其适用范围、税负情况以及操作过程等方面均有很大的不同。天源集团应根据项目的实际情况,选择合理方式进行操作,既要追求税负的最低化,又要保证操作环节的安全性。

(六) 上市运作的涉税规划

"买壳上市"是一种周期短、成本低、收益大的资本运作手法,有利于企业成功获得法律上市资格,并通过资本市场融资,为企业的长远发展提供资金保障。企业上市带来资产的增值收益,但高收益必然伴随着高风险,"买壳上市"必须规避运作中的相关涉税风险。

---

[1] 现行税法规定,以不动产投资入股,参与接受投资方利润分配,共同承担风险的行为,不征收营业税。在投资后转让其股权的行为也不征收营业税。具体参见《财政部、国家税务总局关于股权转让有关营业税问题的通知》(财税〔2002〕191号)。

1. 买壳的税负控制

买壳上市可分为"买壳—借壳"两步走，即先收购控股一家上市公司，然后利用这家上市公司，将买壳者的资产和业务通过配股、收购等方式注入上市公司。"买壳上市"必须先买壳，买壳涉及印花税、投资溢价所得税等税负。

2. "买壳上市"的反收购涉税控制

天源集团"买壳上市"运作过程中，先买壳，买壳后再借壳上市，即将自身的业务和资产并入上市公司，一般采取反向收购的方式来完成。资产重组过程中，一般会涉及并购重组的税务问题。按照财税〔2009〕9号文件规定，采取股权置换方式实现并购重组一般免征所得税。

3. 上市后确定最佳资本结构

（1）企业要想提高权益资本的收益水平，就应当提高负债比率。而负债比率的提高是以息税前投资收益率大于债务利息率为前提的；

（2）随着负债比率提高，企业的财务风险也随之增加。企业在利用债务融资时需要综合考虑，既要最大可能地减轻税负，又要使资金成本最低，寻求一个负债最佳规模，从而达到最优资本结构。

（七）节税模式下的薪酬战略设计

现代公司竞争与发展的关键是人才。公司应该建立相对健全的薪酬体系以激励员工、吸引优秀人才。由于收入存在明显的税收调节效应，因此，天源集团在制定自己的薪酬激励方案时，必须考虑税收问题，即将薪酬激励与税收筹划加以综合权衡，实现薪酬效能最大化。

1. 为职工提供福利性支出

采用非货币福利办法，提高职工福利待遇，如免费为职工提供宿舍（公寓）；免费提供交通便利；定期提供教育福利、外出学习考察机会等。上述开支由企业替个人支付，且实现税前扣除，以加大企业所得税的扣除力度，同时减少个人所得税。

2. 车辆使用模式

（1）公车私用。

公司拥有车辆的产权，车辆的使用权让渡给高管或员工。与车辆花费有关的全部费用，均可进入公司的账务。这种处理方法从节税角度分析，对公司和个人都比较合适。

（2）私车公用。

私车公用，允许单位以现金、报销等形式向职工个人支付的收入，均视为个人取得公务用车补贴收入。《国家税务总局关于个人所得税有关政策问题的通知》（国税发〔1999〕58号）规定：个人因公务用车制度改革而取得的公务用车补贴收入，扣除一定标准的公务费用后，按照"工资、薪金所得"项目缴纳个人所得税。公务费用扣除标准由当地政府制定,如当地政府未制定公务费用扣除标准,按交通补贴全额的 30% 作为个人收入扣缴个人所得税[具体参见《关于个人因公用车制度改革取得补贴收入征收个人所得税问题的通知》(国税函〔2006〕245号)]。

3. 成立工会以外的群团组织

集团铸造企业文化,营造沟通氛围,成立工会以外的群团组织,开展活动,增加期间费用。比如摄影协会、企业文化与体育协会等。

4. 加大股东及持股高管人员工资薪金额度,减少分红额

由于工资薪金与分红额的税收待遇存在极大差异,酌情转化部分分红额,增加股东及持股高管人员的工资薪金额度,降低企业所得税和个人所得税的联合税负。

三、天源集团财税难题解决方案

(一)投资溢价问题的处理

天源集团以购买股权的形式对外投资,存在典型的投资溢价问题。例如,丽山秀水、盛世地产等项目,都存在不同程度的投资溢价。投资溢价的弊端在于虽然集团投资额能够予以反映,但在项目清算时不能将投资额反映在项目的投入成本中,对项目清算起不到任何增加成本费用抵减企业所得税和土地增值税的效果。因此,我们认为,未来再进行股权投资时,可以考虑多支付些后期合作费用,避免溢价收购项目股权,即通过投资费用化模式增加项目的成本费用,不仅可以实现费用抵减所得税,而且控制项目增值率降低土地增值税。

(二)两方合同,三方付款问题

天源集团在购买材料交易中,存在典型的"两方合同—三方付款"问题。譬如,天源集团把工程项目承包给施工方,但施工方把其中的材料转包给另外一家材料供应商,并由该供应商开具材料价款发票,而施工方只按施工价款开具建筑业发票。发票开具与传递没有问题,但发票与合同却存在明显矛盾。因此,购买交易存在较大的税务风险,必须根治这种现象。

例证:北京建瑞天源房地产开发有限公司(委托方)在海淀区建造的"财富国际中心发展项目西塔标段"的高档写字楼项目就委托北京京源建筑装饰工程有限公司(受托方)实施精装修工程,受托方与康利工艺石材有限公司(供应商)签订工程石材采购合同(具体合同文本见《北京市建筑工程材料采购合同》,合同编号:CY—008),委托方、受托方以及供应商还就此石材供应签订三方结算协议(具体合同文本为《限定单价材料——石材供应货款直接支付三方协议》)。但我们认为,由于仅由三方合同约定三方结算事宜,而不顾原来的工程施工合同和采购合同的条款,势必造成合同与结算的脱节导致业务活动、财务程序与合同

严重不符。因此，存在较大的财务结算风险与税务风险。

处理方法：签订彻底的三方合同，即把工程合同、采购合同、结算合同统一签订在一个相对清晰完整的合同之中，明确每一方当事人的权力、责任和义务。这样，就可以实现各收各的款，各做各的事，各开各的票，各交各的税，彻底厘清责权利关系。因此，当天源集团存在工程项目"转包"、"分包"现象，第三方材料供应，以及结算代收代付款项时，就容易产生重复纳税问题。三方（或多方）合同的作用就在于减少业务活动、财务程序与合同严重脱节的问题，彻底规避财税风险，合理消除重复纳税问题。

四、天源集团税务风险因素分析与防范策略

（一）房地产业税务风险涉及的主要方面

天源集团属于房地产行业，是一个税务风险偏高的特殊行业，其特点是生产周期长，投资数额大，市场风险不确定，它的开发经营活动不同于一般的建设单位或施工企业，也不同于一般的工商企业，它集房地产开发建设、经营管理和服务为一体。因此，在财税运作过程中税务风险偏高，面临的税务风险主要涉及以下几个方面。

1. 偷逃隐匿应税收入的税务风险

（1）销售收入（包括预收收入）长期挂往来账，或隐匿收入，或不作/不及时作账务处理，或直接冲减开发成本。

（2）分解售房款收入，将部分款项开具收款收据，隐匿收入。

（3）在境外销售境内房产，隐匿销售收入。

（4）私建违建阁楼、车库、仓库，对外销售使用权开具收款收据，隐匿收入。

（5）价外收费等按合同约定应计入房产总值的未按规定合并收入。多以代收费用的形式挂往来账户；或者在代建工程、提供劳务过程中节约的材料、报废工程和产品的材料等留归企业所有，不确认实现收入。

（6）无正当理由，以明显偏低价格将商品房销售给本公司股东及相关联企业及个人。

（7）产品已完工或者已经投入使用，预收款不及时结转销售，不按完工产品进行税务处理，仍按预征率缴纳所得税。

（8）将开发产品用于捐赠、赞助、职工福利、奖励、对外投资、分配给股东或投资入股、以房抵偿债务、换取其他单位和个人的非货币性资产等。在开发产品所有权或使用权转移时，未按视同销售申报纳税。

（9）开发的会所等产权不明确，就转给物业，不按开发产品进行税务处理，或者将不需要办理房地产证的停车位、地下室等公共配套设施对外出售不计

收入。

（10）整体转让"楼花"不作收入。即开发商将部分楼的开发权整体转让给其他具有开发资质的企业，按照约定收取转让费，却不按规定作收入，而是挂往来账，甚至私设账外账。

（11）按揭销售，首付款实际收到时或余款在银行按揭贷款办理转账后不及时入账，形成账外收入，或将收到的按揭款项记入"短期借款"等科目。

（12）售后返租业务，以冲减租金后实际收取的款项计收入。

（13）旧城改造中，房地产企业拆除居民住房后，补偿给搬迁户的新房，对偿还面积与拆迁面积相等的部分、超面积部分以及差价收入没有合并收入计算缴纳所得税。

（14）以房抵工程款、以房抵广告费、以房抵银行贷款本息、以动迁补偿费抵顶购房款等业务，不记收入。

（15）以房换地、以地换房业务未按非货币交易准则进行处理。

（16）与部队、村委会等单位联建商品房，隐匿收入。

（17）采取包销方式，未按包销合同约定的收款时间、金额确认收入。检查发现，一些开发企业与包销商签订包销合同，约定一定的包销金额，包销商负责销售，开发商负责开票。有的包销商在销售过程中，采取部分房款由开发商开具发票、其余房款直接以现金收取或开具收款凭据，隐瞒销售收入。这一行为，不仅造成开发企业和包销商双方偷逃了税款，也减少了购房者在办理房产权属证件时缴纳的有关税费。

（18）签订精装修商品房购销合同，对装修部分的房款开具建筑业发票，少缴营业税。

2. 虚列多列成本费用的税务风险

（1）发生销售退回业务，只冲记收入，不冲回已结转成本。

（2）从外地虚开材料采购发票，或到税负较低的地区申请代开发票，或者使用假发票入账。

（3）多预提施工费用，虚列开发成本。

（4）在结转经营成本时，无依据低估销售单价，虚增销售面积，多摊经营成本。

（5）滚动开发项目，故意混淆前后项目之间的成本，提前列支成本支出。如有的企业将正在开发的未完工项目应负担的成本费用记入已经决算或即将结算的项目，造成已完工项目成本费用增大，减少当期利润。

（6）向关联企业支付高于银行同期利率的利息费用；或向关联企业支付借款金额超过其注册资金50%部分的利息费用，未按规定调增应纳税所得额。

（7）将开发期间财务费用列入期间费用，多转当期经营成本。

（8）有的开发企业将拥有土地使用权的土地进行评估，按增值巨大的评估价作为土地成本入账。

（9）巧立名目虚列成本。如利用非拆迁人员的身份证，列支拆迁补偿费；虚构施工合同，骗开建安发票；白条列支成本现象比较严重。

3. 其他存在税务风险的情形

（1）故意拖延项目竣工决算和完工时间，少缴土地增值税。由于房地产企业利润率高，而土地增值税预征率相应较低，故意拖延项目竣工决算时间，躲避土地增值税结算，延迟纳税。

（2）少计商业网点、公建收入，或错用预征率，少缴、不缴土地增值税。

（3）虚列劳务用工人数，偷逃个人所得税。

（4）未按规定缴纳开发期间土地使用税。

（5）将未出售的商品房转为自用、出租、出借，未缴纳房产税。

（6）未按规定申报缴纳契税。

（7）联建、集资建房、委托建房业务，不按相应政策规定缴纳营业税。

（二）天源集团三大税种的税务风险因素分析与防范

1. 营业税纳税风险分析

营业税是对房地产企业有偿转让不动产而征收的一种税。对于房地产企业来说，影响营业税纳税风险的主要因素有以下几种：

（1）开发产品的处理方式。

房地产企业对开发产品有两种不同的处理方式，一种是对外销售，一种是长期持有。营业税是对有偿转让行为进行征税，因此，如果企业选择对外销售则应缴纳营业税，而持有开发产品，则无需缴纳开发环节的营业税。

（2）开发产品的销售价格。

营业税是按销售收入作为计税依据，因此，企业确定的销售价格越高，企业缴纳的营业税也就越多。

（3）开发产品的转让方式。

开发产品的转让方式一般有三种：

一是有偿转让方式，需按转让所得计算缴纳营业税；

二是受托代建方式，即房地产企业受购买者的委托而建设项目，建设完成后移交给购买者，这种方式需按收取的代建费计算缴纳营业税；

三是投资入股方式，即房地产企业将开发完成的产品以实物资产的形式投入到购买企业。根据规定，以不动产投资入股，参与接受投资方利润分配，共同承担风险的行为，不征营业税。

以上这三个因素是决定房地产企业营业税税负的关键因素，因此也是税务风险控制的关键环节，必须进行税负测算和方案选择以降低税收负担及纳税风险。

2. 土地增值税纳税风险分析

土地增值税是对房地产企业转让房地产所取得的增值额征收的一种税。对于房地产企业来说，影响土地增值税纳税风险的主要因素有以下几种：

(1) 开发产品的处理方式。

根据土地增值税政策的规定，对外销售需计算缴纳土地增值税，而如果房地产企业对开发产品长期持有，则无需缴纳土地增值税。

(2) 开发产品的销售价格。

土地增值税是按房地产增值额作为计税依据，而开发产品的销售价格直接决定了增值额的大小，因此，企业确定的销售价格越高，缴纳的土地增值税也就越多。

(3) 开发产品的转让方式。

对于在营业税中涉及的三种不同的转让方式，土地增值税政策的规定是：有偿转让方式和投资入股方式需计算缴纳土地增值税，而受托代建方式无需缴纳土地增值税。

(4) 开发产品的成本。

开发产品的成本越低，企业取得的增值额就越大，缴纳的土地增值税也就越多。

(5) 共同成本的分摊方法。

对于企业同时拥有销售物业和经营性物业的情况下，共同成本的分摊方法则决定了销售物业成本的大小，从而决定了销售物业土地增值额以及土地增值税的大小。

3. 企业所得税纳税风险分析

企业所得税是对房地产企业经营所得和其他所得而征收的一种税。对于房地产企业来说，无论是销售还是持有，无论是有偿转让还是受托代建或投资入股，均需计算缴纳企业所得税。因此，开发产品的处理方式和转让方式都不会对企业所得税税负产生影响。

由于企业所得税是对企业经营所得征收的，因此，影响经营所得的收入以及成本水平就是影响企业所得税的关键因素。另外，由于房地产企业在经营过程中是按照预计毛利额计算缴纳企业所得税，因此，影响预计毛利额的因素也将影响企业最终企业所得税纳税总额的大小。总之，企业所得税纳税风险影响因素主要有以下几种：

(1) 开发产品的销售价格。

企业确定的销售价格越高，企业的经营所得就越大，缴纳的企业所得税也就越多。

(2) 开发产品的成本。

企业开发产品的成本越大，企业的经营所得就越小，缴纳的企业所得税也就越少。

(3) 开发产品的预售时间和进度。

开发产品预售时间越早，按预售收入预缴企业所得税的时间就越早。同样，开发产品预售收入越大，预缴的企业所得税也就越多。

(4) 开发产品的竣工时间。

税法规定，开发产品竣工后，企业应对预缴的企业所得税进行清算，一般情况下，企业在清算时要补交很大一笔企业所得税。因此，开发产品竣工的时间越早，清算补交税款的时间也就越早。

对于房地产企业而言，营业税、土地增值税以及企业所得税是最主要的纳税支出项目，因此，这三大税种的税务风险即是房地产企业总体税务风险的深刻反映。

三大税种的纳税风险因素分析如图 2-3 所示。

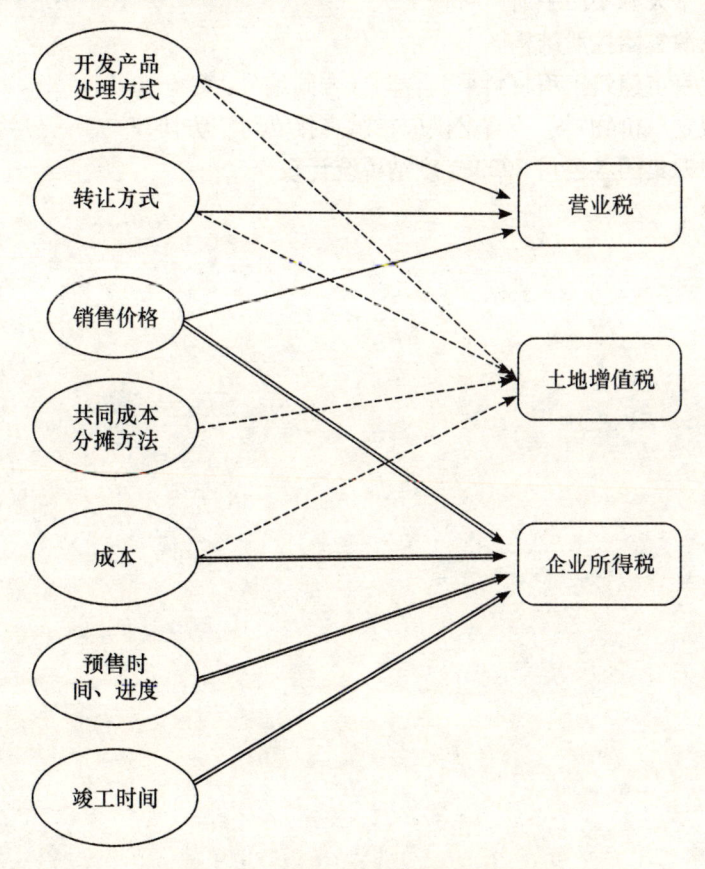

图 2-3　三大税种的纳税风险因素分析

从图 2-3 可以看出，图中的七个因素是影响房地产企业纳税风险及纳税结果的关键因素。这七个因素是天源集团在开发项目过程中必须予以重点关注的。天源集团纳税风险的降低与税收筹划的关键和重要内容就是对这些因素的内容进行具体的选择，确定一个最优的组合，以达到实现综合税负最小化的目的。

附　件　相关财税法规与数据资料

1. 财税法规

（1）财政部 国家税务总局关于企业资产损失税前扣除政策的通知（财税〔2009〕57 号　2009-04-16）

（2）国家税务总局关于调整个人取得全年一次性奖金等计算征收个人所得税方法问题的通知（国税发〔2005〕9 号　2005-01-26）

（3）国家税务总局关于个人因公用车制度改革取得补贴收入征收个人所得税问题的通知（国税函〔2006〕245 号　2006-03-06）

2. 数据资料

（1）北京天源集团手册

（2）天源集团控股结构图

（3）北京市建筑工程材料采购合同（合同编号：CY—008）

（4）限定单价物料——石材供应货款直接支付三方协议

（5）天源集团各公司 2009 年度纳税统计表

第二篇

房地产企业涉税指南

第三章　　房地产企业财税分析
第四章　　营业税政策解析与涉税处理
第五章　　个人所得税政策解析与涉税处理
第六章　　增值税政策解析与涉税处理
第七章　　企业所得税政策解析与涉税处理
第八章　　土地增值税政策解析与涉税处理
第九章　　房产税政策解析与涉税处理
第十章　　契税政策解析与涉税处理
第十一章　城镇土地使用税政策解析与涉税处理
第十二章　耕地占用税政策解析与涉税处理
第十三章　印花税政策解析与涉税处理
第十四章　城建税与教育费附加政策解析与涉税处理

CHAPTER 3

第三章
房地产企业财税分析

第一节 房地产开发经营的特点

一、房地产企业的类型与主要业务

(一) 房地产企业的类型

房地产企业是指依法设立、从事房地产开发和经营、具有企业法人资格的经济实体。不同的房地产企业具有不同的经营理念和经营模式，但总体上可以概括为以下两类：

1. 销售物业模式

通过土地购买、规划设计、组织施工、竣工验收、产品销售等五个阶段，将开发完成的房地产移交给购买者，并一次性取得销售收入。房地产企业销售开发产品是为了回收资金、实现盈利。

2. 自持物业模式

将开发完成的房地产留作自用，通过出租、联营、自营等方式分期取得经营收入。房地产企业持有房地产的目的在于获取长期的租金或增值收益。进入21世纪以来，越来越多的房地产企业选择了自持物业模式，并完成了从开发商向不动产商的转变。

(二) 房地产开发企业的主要业务

房地产企业可以将土地和房屋合在一起开发，也可以将土地和房屋分开开发。它既是房地产产品的开发者，又是房地产商品的经营者。

1. 土地的开发与经营

企业将有偿获得的土地开发完成后，既可有偿转让给其他单位使用，也可自行组织建造房屋和其他设施，然后作为商品作价出售，还可以开展土地出租业务。

2. 房屋的开发与经营

房屋的开发指房屋的建造，房屋的经营指房屋的销售与出租。企业可以在开发完成的土地上继续开发房屋，开发完成后，可作为商品作价出售或出租。企业开发的房屋，按用途可分为商品房、出租房、安置房和代建房等。

3. 城市的开发和建设

房地产企业开发有偿转让的城市配套设施，也开发建设不能有偿转让的、为开发产品服务的公共配套设施。总之，房地产企业越来越多地为城市开发和建设服务。

4. 代建工程的开发

代建工程的开发是企业接受政府和其他单位委托，代为开发的工程项目。

二、房地产开发的流程

房地产企业将自有资金投资于具体的房地产项目，包括立项、规划、土地出让或转让、建设、销售或自营等一系列的经济行为，其运作流程主要包括以下几个阶段：

（一）前期准备阶段

前期的准备工作主要包括房地产项目的立项及可行性分析，项目设计等。同时，房地产企业要根据具体情况对投资来源、建设方式、经营模式等方面进行详细的规划和战略决策。战略决定成败，前期准备阶段是项目运作的首要环节，也是房地产开发项目成功与否的关键。

（二）建设施工阶段

在该阶段，房地产企业要根据已经确定的规划和设计方案，通过自建、委托代建、发包等方式完成开发产品的建设过程，并使其达到验收标准。该阶段是房地产项目开发的中心环节。

（三）销售或自持阶段

对于销售物业模式，房地产企业通过出售房地产，回笼资金、实现利润。而对于自持物业模式，房地产企业通过招商、招租、开办企业等方式，取得租金或经营收入。

房地产开发流程及系统功能划分如图 3-1 所示：

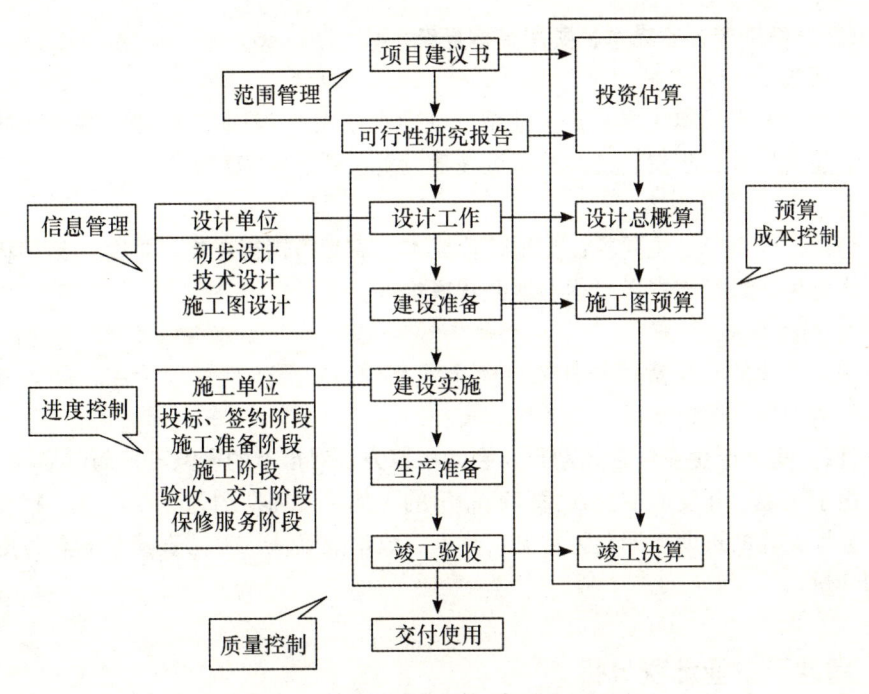

图 3-1　房地产开发流程及系统功能划分

第二节　房地产企业的财税特征

一、房地产企业的财务特征分析

（一）房地产企业复杂的多元化业务需要精细的财税管理

房地产企业的主要开发、经营活动包括：规划设计、征地拆迁、房产建造、工程验收、经营销售、物业管理、维修服务等。房地产业横跨生产和流通两个领域，其经营内容广泛，经营业务多元化，投资主体复杂，需要复杂而精细的管理流程和财税管理模式与之相适应。

（二）房地产企业资金筹集的多源性，房地产业现金流转复杂化

房地产业筹集资金的主要渠道：
(1) 预收购房定金或预收建设资金；
(2) 预收代建工程款；
(3) 土地开发及商品房贷款；
(4) 发行企业债券；
(5) 其他经济实体联合开发的投资；
(6) 通过资本市场发行股票，筹集资金。

（三）房地产企业成本、费用结构复杂

1. 房地产开发成本

房地产开发成本主要有：土地费（征地拆迁费）、前期工程费、基础设施建设费、建筑安装工程费、公共配套设施建设费、开发间接费等。

2. 房地产经营成本

房地产经营成本主要有：土地转让成本、商品房销售成本、配套设施销售成本、出租房产经营成本、出租土地经营成本等。

3. 期间费用

房地产业的期间费用与其他行业企业相同，主要包括三项费用，即管理费用、财务费用、销售费用。

（四）房地产企业经营周期长，会计核算方法对损益的影响直接而明显

由于房地产开发周期长，我国商品房的平均经营周期约为4年，这一特点决定了会计核算的跨期摊配较为常见，收入、成本的确认、摊销直接影响着各期损益的计量。

二、房地产企业涉税分析

房地产企业涉及多个纳税环节，与其他行业企业相比，税负较重。房地产业涉及的主要税种如下表所示：

表3-1　　　　　　　　房地产业涉及的主要税种

征税环节	税种	计税依据	税率
房地产开发	营业税（建筑业）	销售收入	3%
	印花税	交易合同价	0.5‰或0.3‰
	耕地占用税	耕地面积	1～10元/平方米
房地产交易	营业税（房地产转让、租赁）	销售收入	5%
	土地增值税	增值额	四级超率累进税率
	契税	交易合同价	2%或4%
	印花税	交易合同价	0.5‰
	城镇土地使用税	土地面积	0.5～10元/平方米
房地产占用	房产税	房产原值或租金收入	1.2%或12%
	城市房地产税	房产原值	1.2%
房地产所得	企业所得税	企业收入	25%
	个人所得税	个人收入	20%等

（1）房地产业的税金除上述按纳税环节所列税种外，还要缴纳城市建设维护税和教育费附加，以营业税等流转税为计税依据，依所在地区分别适用7%（城区）、5%（县城、镇）、1%（城区或者镇以外的地区）征城市建设维护税，依3%计缴教育费附加。

(2) 城镇土地使用税按年计算,分期向土地所在地税务机关缴纳。根据《国家税务总局关于房产税城镇土地使用税有关政策规定的通知》(国税发〔2003〕89号)文件规定,房地产开发企业自用、出租、出借本企业建造的商品房,自房屋使用或交付之次月起计缴城镇土地使用税和房产税。

(3) 土地增值税采用四级超率累进税率,计算公式为:

应纳土地增值税=土地增值额×适用税率-速算扣除额×速算扣除率

其中,土地增值额=转让房地产总收入-扣除项目金额

表3-2

级次	增值额占扣除项目金额的比例	税率	速算扣除率
1	50%以下部分	30%	0
2	超过50%,未超过100%部分	40%	5%
3	超过100%,未超过200%部分	50%	15%
4	超过200%部分	60%	35%

[案例] 中州房地产公司通过竞拍获了位于市郊的一块土地,土地面积200 000平方米,交纳土地出让金6亿元,并于2009年2月1日办理了国有土地使用权证。计划建设400 000平方米的住宅,该方案通过了政府部门的用地及规划审批,项目于2009年5月1日开工建设。整个项目的建安成本7亿元,管理费用(不含各项税金)、营销费用等其他费用共1亿元。项目于2010年8月1日竣工并实现销售总收入为20亿元。各项税费计算如下:

解析:(1) 土地出让阶段,缴纳契税额计算如下:

契税按土地出让金总额的4%缴纳。

契税=60 000×4%=2 400(万元)

(2) 建设施工阶段,缴纳土地使用税和印花税,相关税额计算如下:

在取得国有土地使用权至项目竣工销售完毕期间按每年3元/平方米缴纳土地使用税。

土地使用税=20×3×1.5=90(万元)

按建筑安装合同计载金额的万分之三缴纳印花税。

印花税=70 000×0.03%=21(万元)

(3) 销售阶段

按销售收入的5%缴纳营业税。

营业税=200 000×5%=10 000(万元)

分别按营业税额的7%和3%缴纳城市维护建设税及教育费附加。

城市维护建设税及教育费附加＝10 000×10％＝1 000(万元)

按销售总收入的万分之五缴纳印花税。

印花税＝200 000×0.05％＝100(万元)

(4) 清算阶段

按总销售收入减除扣除项目金额后的增值额计算土地增值税。

扣除项目总额为 180 000 万元，其中：土地出让金为 60 000 万元；房地产开发成本为建安成本 70 000 万元；房地产开发费用为土地出让金和房地产开发成本的 10％，即：(60 000＋70 000)×10％＝13 000（万元）。

与转让房地产有关的税金为 11 000 万元，其中：营业税为 10 000 万元，城市维护建设税及教育费附加为 1 000 万元。

加计扣除额为土地出让金和房地产开发成本的 20％，即：(60 000＋70 000)×20％＝26 000（万元）。

土地增值额＝200 000－180 000＝20 000(万元)

增值额占扣除项目金额的比例为 11％（20 000÷180 000×100％），未超过 50％，税率为 30％。

土地增值税＝20 000×30％＝6 000(万元)

按销售收入减除准予扣除项目金额的应纳税所得额计算缴纳企业所得税（本例不考虑其他纳税调整事项），税率为 25％。

准予扣除项目金额为：159 611 万元，其中：

土地出让金为 60 000 万元；建安成本 70 000 万元；管理费用及营销费用等各项费用 10 000 万元；各项税金为 19 611 万元（2 400＋90＋21＋10 000＋1 000＋100＋6 000）。

应纳税所得额＝200 000－159 611＝40 389(万元)
企业所得税＝40 389×25％＝10 097.25(万元)

第四章
营业税政策解析与涉税处理

第一节 营业税的基本规定

一、营业税的特点

我国现行营业税是对在我国境内提供应税劳务、转让无形资产或者销售不动产的单位和个人就其取得的营业额而征收的一种税。

现行营业税政策是根据 2008 年 11 月 10 日国务院发布的《中华人民共和国营业税暂行条例》(以下简称《营业税暂行条例》)征收的一种流转税,其征税范围包括有偿提供应税劳务、转让无形资产或者销售不动产所取得的营业收入,具有征税面广、税源广泛的特点。除此之外,营业税还有以下不同于流转税其他税种的特点:

(一) 以提供劳务和转让不动产的营业额为征税对象

流转税的课税对象是从事生产经营活动的纳税人所取得的销售额,包括商品销售额和非商品销售额。与增值税、消费税以对商品销售额征税为主不同,我国现行营业税的课税对象主要是提供劳务和转让不动产的营业额。这一特点与营业税的征税范围以第三产业为主有关,即除了对货物销售,加工、修理修配劳务和货物进口征收增值税,对税法规定的应税消费品的生产、委托加工和进口征收消费税外,对于包括交通运输业、建筑业、金融保险业、邮电通信业、文化体育业、娱乐业、服务业在内的各类劳务(以上统称应税劳务),以及转让无形资产和销售不动产都属于营业税的征税范围。增值税、消费税和营业税在征收范围上这种分工与衔接,就使我国形成了对商品销售额、非商品营业额并行课税的格局。既可以避免出现流转税课税领域上的空白和漏洞,又可以为政府从生产经营的各个环节取得财政收入,促进各个产业平衡、协调地发展。

(二）按行业设计税目税率

一般而言，各国的营业税都是按行业设计税目、税率。我国现行营业税也是按不同的行业设置相应的税目和税率，即对同一个行业实行统一税率，对不同行业实行差别税率。与此形成对照的是，增值税、消费税则按照商品设计相应的税目和税率。营业税之所以具有这一特点，主要原因在于第三产业的各个行业大多属于专业性经营业务，彼此之间的自然分工历来较为明确，加之行业之间的盈利水平存在差异，客观上要求通过征税对不同行业的盈利率进行相应的调节，以体现国家的产业政策。不难看出，按行业大类设计税目和税率的方式征收营业税，不仅可以适当简化税收征管，而且有利于各个不同行业之间的税负保持大体平衡。

（三）计算简便，征收成本较低

在通常情况下，各国的营业税都以提供劳务和转让不动产取得的营业收入全额作为税基，我国也是如此。实际上，在我国现行营业税的征税项目中，除少部分应税项目外，大多数应税项目是以纳税人取得的营业收入全额作为计税依据，不需要扣除相应的成本、费用。加之营业税的征税范围较为清楚，实行比例税率并且税率档次较少，这就使得营业税应纳税额的计算方法相对简单，便于纳税人缴纳，也有利于税务机关节省征税成本。

二、营业税的纳税人

《中华人民共和国营业税暂行条例》（以下简称《营业税暂行条例》）规定，在中华人民共和国境内提供本条例规定的劳务、转让无形资产或者销售不动产的单位和个人，为营业税的纳税人，应当依照本条例缴纳营业税。

在中华人民共和国境内是指税收行政管辖权的区域。具体情况为：
(1) 提供或者接受条例规定劳务的单位或者个人在境内；
(2) 所转让的无形资产（不含土地使用权）的接受单位或者个人在境内；
(3) 所转让或者出租土地使用权的土地在境内；
(4) 所销售或者出租的不动产在境内。

上述应税劳务是指属于交通运输业、建筑业、金融保险业、邮电通信业、文化体育业、娱乐业、服务业税目征收范围的劳务。加工和修理修配劳务属于增值税的征税范围，因此，不属于营业税的应税劳务。单位和个体经营者聘用的员工为本单位或雇主提供的劳务，也不属于营业税的应税劳务。

提供应税劳务、转让无形资产或者销售不动产是指有偿提供应税劳务、有偿转让无形资产或者有偿销售不动产的行为。有偿是指通过提供、转让或销售行为取得货币、货物或其他经济利益。

单位，是指企业、行政单位、事业单位、军事单位、社会团体及其他单位。

个人,是指个体工商户和其他个人。

三、房地产业营业税的应税范围

根据《营业税暂行条例》及其实施细则的规定,与房地产开发企业相关的营业税应税劳务主要涉及以下几个方面:

(一) 建筑安装工程作业

建筑安装工程作业包括建筑、安装、修缮、装饰和其他工程作业等项内容。

(1) 建筑是指新建、改建、扩建各种建筑物、构筑物的工程作业,包括与建筑物相连的各种设备或支柱、操作平台的安装或装设的工程作业,以及各种窑炉和金属结构工程作业在内。但自建自用建筑物,其自建行为不是建筑业税目的征税范围。出租或投资入股的自建建筑物,也不是建筑业的征税范围。

(2) 安装是指生产设备、动力设备、起重设备、运输设备、传动设备、医疗实验设备及其他各种设备的装配、安置工程作业,包括与设备相连的工作台、梯子、栏杆的装设工程作业和被安装设备的绝缘、防腐、保温、油漆等工程作业。

(3) 修缮是指对建筑物、构筑物进行修补、加固、养护、改善,使之恢复原来的使用价值或延长其使用期限的工程作业。

(4) 装饰是指对建筑物、构筑物进行修饰,使之美观或具有特定用途的工程作业。

(5) 其他工程作业是指除建筑、安装、修缮、装饰工程作业以外的各种工程作业,如代办电信工程、水利工程、道路修建、疏浚、钻井(打井)、拆除建筑物、平整土地、搭脚手架、爆破等工程作业。

(6) 管道煤气集资费(初装费)业务。管道煤气集资费(初装费),是用于管道煤气工程建设和技术改造,在报装环节一次性向用户收取的费用。

> **小贴士**
>
> 宁波天瑞建设开发有限公司受政府委托办理土地前期开发,包括项目修建规划、土地使用、拆迁补偿、安置及土地平整等工作事项,应按"服务业——代理业"税目计征营业税。其计征营业税的营业额,按照国家税务总局《关于营业税若干问题的通知》有关"代理业的营业额为纳税人从事代理业务向委托方实际收取的报酬"的规定办理。

(二) 转让土地使用权

转让土地使用权是指土地使用者转让土地使用权的行为,土地所有者出让土地使用权和土地使用者将土地使用权归还给土地所有者的行为,不征收营业税。土地租赁,按"服务业——租赁业"税目征税。

(三) 销售不动产

销售不动产是指有偿转让不动产所有权的行为。不动产,是指不能移动,移动后会引起性质、形状改变的财产。本税目的征收范围包括：销售建筑物或构筑物、销售其他土地附着物。

销售建筑物或构筑物是指有偿转让建筑物或构筑物的所有权的行为。以转让有限产权或永久使用权方式销售建筑物，视同销售建筑物。

销售其他土地附着物是指有偿转让其他土地附着物的所有权的行为。其他土地附着物，是指建筑物或构筑物以外的其他附着于土地的不动产。

在销售不动产时连同不动产所占土地的使用权一并转让的行为，比照销售不动产征税。

（四）出租不动产

按照税法规定，房地产企业在将开发产品转为出租物业时，不缴纳营业税。但在出租物业时，应按照租金计算缴纳营业税。

（五）其他应税行为

（1）单位将不动产或者土地使用权无偿赠予其他单位或个人，视同销售不动产。

（2）单位或者个人自己新建（以下简称自建）建筑物后销售，其所发生的自建行为视同建筑业应税行为。

（3）以不动产投资入股，参与接受投资方利润分配、共同承担投资风险的行为，不征营业税。在投资后转让其股权的也不征收营业税。

[案例] 2010年8月上海某房地产开发公司销售了价值1 000万元的商品房。该公司虽然为房地产开发公司，但其下属有自己的施工队伍，该施工队伍不独立核算。因此该房地产开发公司所销售的房地产具有自建自售的特征。

该公司在向税务局申报纳税时，只就出售商品房的收入1 000万元，按销售不动产税目申报营业税。税务机关在认真研究之后，认为该公司还应就自建商品房，按建筑业税目申报营业税。

解析：一些房地产企业在建房时，将工程交给自己的施工队伍进行施工，具体模式有两种：一种是施工队伍对内独立核算，作为其自营施工单位；另一种是施工队伍不独立核算。对于第一种类型征收建筑业营业税，房地产公司一般都能接受。那么，为什么对第二种类型也要征收建筑业营业税呢？

这是因为，同是进行房地产开发，如果对发包给建筑企业的房地产工程征收建筑业营业税，而对自建的不征收建筑业营业税，就会造成税负不公，不利于在同等条件下展开竞争。因此，税法规定：单位或个人自己新建建筑物并销售的，其自建行为视同提供应税劳务，一律征收建筑业营业税。

四、营业税的计税依据与税款计算

（一）建筑安装工程作业的营业税计税依据

（1）纳税人将建筑工程分包给其他单位的，以其取得的全部价款和价外费用扣除其支付给其他单位的分包款后的余额为营业额。

（2）除提供建筑业劳务的同时销售自产货物的混合销售行为外，纳税人提供建筑业劳务（不含装饰劳务）的，其营业额应当包括工程所用原材料、设备及其他物资和动力价款在内，但不包括建设方提供的设备的价款。

（3）自建行为和单位或者个人将不动产或者土地使用权无偿赠送其他单位或者个人，由主管税务机关按照公允价值核定营业额。

自建行为是指纳税人自己建造房屋的行为。纳税人自建自用的房屋不纳税；如纳税人（不包括个人自建自用住房销售）将自建的房屋对外销售，其自建行为应按建筑业缴纳营业税，再按销售不动产征收营业税。

[案例]　某房地产开发公司2009年新建一座办公楼自用，建筑安装成本为1 500万元。2010年6月将办公楼对外销售，销售价款2 000万元。已知本省税务机关规定建筑安装工程的成本利润率为10%，计算营业税应纳税额。

房地产开发公司自建建筑物后销售，其自建行为应当视同提供建筑劳务缴纳营业税；销售不动产还应当缴纳营业税，所以，应当缴纳两道营业税。

解析：建筑安装应纳税额=1 500×(1+10%)÷(1-3%)×3%
　　　　　　　　　　=51.03（万元）

销售不动产应纳税额=2 000×5%=100（万元）

营业税应纳税额=51.03+100=151.03（万元）

借：营业税金及附加　　　　　　　　　　　　　　　1 510 300
　　贷：应交税费——应交营业税　　　　　　　　　　1 510 300

（4）纳税人采用清包工形式提供的装饰劳务，按照其向客户实际收取的人工费、管理费和辅助材料费等收入（不含客户自行采购的材料价款和设备价款）确认计税营业额。

清包工形式提供的装饰劳务是指，工程所需的主要原材料和设备由客户自行采购，纳税人只向客户收取人工费、管理费及辅助材料费等费用的装饰劳务。

[案例]　某房地产公司自建同一规格和标准的楼房3栋，建筑安装成本为6 000万元，成本利润率10%，房屋建成后，该公司将其中1栋留作自用，1栋对外出租，取得租金收入200万元，另1栋对外销售，取得销售收入3 500万元。

解析：用于对外出租的房屋应纳营业税=200×5%=10（万元）

用于销售的房屋应纳营业税=[6 000×1/3×(1+10%)]÷(1-3%)×3%
　　　　　　　　　　　　　+3 500×5%=243.04（万元）

应纳营业税总额=10+243.04=253.04（万元）

借：营业税金及附加　　　　　　　　　　　　　　　2 530 400
　　贷：应交税费——应交营业税　　　　　　　　　　2 530 400

[案例] 某建筑工程的工程承包总收入 2 000 000 元,其中支付给某工程队分包工程价款 100 000 元,对方(甲方)提供材料 200 000 元;另外,取得机械作业收入 150 000 元。计算应缴营业税并做会计分录如下:

(1) 确认收入实现时:

借:银行存款	2 150 000
贷:主营业务收入	1 900 000
应付账款——应付分包款	100 000
其他业务收入	150 000

(2) 公司应缴营业税时:

$$(2\,000\,000 - 100\,000 + 200\,000) \times 3\% = 63\,000(元)$$

$$150\,000 \times 3\% = 4\,500(元)$$

借:营业税金及附加	63 000
其他业务支出	4 500
贷:应交税费——应交营业税	67 500

(3) 代扣营业税时:

$$100\,000 \times 3\% = 3\,000(元)$$

借:应付账款——应付分包款	3 000
贷:应交税费——应交营业税	3 000

(4) 将扣除代扣代缴营业税后的分包款划给工程队:

借:应付账款——应付分包款	97 000
贷:银行存款	97 000

(二) 转让土地使用权的营业税计税依据

根据《营业税暂行条例实施细则》的规定:纳税人的营业额为纳税人销售不动产向对方收取的全部价款和价外费用。因此,房地产企业转让土地使用权营业税的计税依据为房地产企业转让土地使用权向对方收取的全部价款和价外费用。

(三) 销售不动产的营业税计税依据

根据《营业税暂行条例实施细则》的规定:纳税人的营业额为纳税人销售不动产向对方收取的全部价款和价外费用。

纳税人发生应税行为,如果将价款与折扣额在同一张发票上注明的,以折扣后的价款为营业额;如果将折扣额另开发票的,不论其在财务上如何处理,均不得从营业额中扣除。

纳税人的营业额计算缴纳营业税后因发生退款减除营业额的,应当退还已缴纳营业税税款或者从纳税人以后的应缴纳营业税税额中减除。

[案例] 某房地产开发公司2010年8月发生下列经济业务：

(1) 以本公司的一栋房产对外投资，参与接受投资方利润分配、共同承担投资风险。房产原值1 000万元，评估价1 200万元，两年后该公司转让该项股权，取得转让收入1 300万元；

(2) 该公司将新建的一栋房屋无偿捐献给附近一所小学，该房屋由其他单位施工，账面成本为50万元（成本利润率为10%）。

解析：(1) 根据《财政部、国家税务总局关于股权转让有关营业税问题的通知》（财税〔2002〕191号），以不动产投资入股，参与接受投资方的利润分配、共同承担投资风险的行为，不征收营业税；对股权转让不征收营业税。

(2) 单位或者个人将不动产或者土地使用权无偿赠送其他单位或者个人视同发生应税行为，征收营业税。其营业额由主管税务机关核定：

营业额＝营业成本或者工程成本×(1＋成本利润率)÷(1－营业税税率)

应纳营业税＝50×(1＋10%)÷(1－5%)×5%＝2.894 7(万元)

借：营业税金及附加　　　　　　　　　　　　　　　28 947
　　贷：应交税费——应交营业税　　　　　　　　　　28 947

(四) 出租不动产的营业税计税依据

纳税人的营业额为纳税人出租不动产向对方收取的全部价款和价外费用。

(五) 其他应税行为的营业税计税依据

房地产企业将不动产或者土地使用权无偿赠其他单位或个人，按下列顺序确定其营业额：

(1) 按纳税人最近时期发生同类应税行为的平均价格核定；

(2) 按其他纳税人最近时期发生同类应税行为的平均价格核定；

(3) 按下列公式核定：营业额＝营业成本或者工程成本×(1＋成本利润率)÷(1－营业税税率)，公式中的成本利润率，由省、自治区、直辖市税务局确定。

[案例] 无偿赠送的税务处理。

某税务机关在一次纳税检查中发现，香河房地产公司作为奖励，将其自行开发的商品房赠送给优秀员工，但没有计征营业税，财务人员认为，企业无偿赠送房屋，无收入不需纳税。但税务机关认为，香河房地产公司的无偿赠送行为应当计缴营业税。

解析：根据税法规定，单位将不动产无偿赠与他人，视同销售不动产，应该依法缴纳营业税。房地产开发企业将商品房无偿赠与他人，应比照同等同类商品房的销售价格计算缴纳营业税。因此，房地产开发企业在房屋销售中无偿赠送的房屋，无收入也要缴纳营业税。

五、营业税的纳税义务时间

营业税纳税义务发生时间为纳税人提供应税劳务、转让无形资产或者销售不动产并收讫营业收入款项或者取得索取营业收入款项凭据的当天。营业税扣缴义务发生时间为纳税人营业税纳税义务发生的当天。

上述所称收讫营业收入款项，是指纳税人应税行为发生过程中或者完成后收取的款项。所称取得索取营业收入款项凭据的当天，为书面合同确定的付款日期的当天；未签订书面合同或者书面合同未确定付款日期的，为应税行为完成的当天。

对一些具体项目进一步明确如下：

（1）纳税人转让土地使用权或者销售不动产，采取预收款方式的，其纳税义务发生时间为收到预收款的当天。

（2）纳税人提供建筑业或者租赁业劳务，采取预收款方式的，其纳税义务发生时间为收到预收款的当天。

（3）单位或者个人将不动产或者土地使用权无偿赠送其他单位或者个人的，其纳税义务发生时间为不动产所有权、土地使用权转移的当天。

（4）单位或者个人自己新建（以下简称自建）建筑物后销售，其所发生的自建行为视同发生纳税义务发生时间为销售自建建筑物的纳税义务发生时间。

（5）会员费、席位费和资格保证金纳税义务发生时间为会员组织收讫会员费、席位费、资格保证金和其他类似费用款项或取得索取这些款项凭据的当天。

（6）建筑业纳税人及扣缴义务人自 2007 年 1 月 1 日起，应按照下列规定确定建筑业营业税的纳税义务发生时间和扣缴义务发生时间：

其一，纳税人提供建筑业应税劳务，施工单位与发包单位签订书面合同，如合同明确规定付款（包括提供原料、动力及其他物资，含预售工程款）日期的，按合同规定的付款日期为纳税义务发生时间；合同未明确付款日期的，其纳税义务发生时间为纳税人收讫营业收入款项或者取得索取营业收入款项凭据的当天。

其二，纳税人提供建筑业应税劳务，施工单位与发包单位未签订书面合同的，其纳税义务发生时间为纳税人收讫预收款项、营业收入款项或者取得索取营业收入款项凭据的当天。

其三，纳税人自建建筑物，其建筑业应税劳务的纳税义务发生时间为纳税人销售自建建筑物并收讫营业收入款项或取得索取营业收入款项凭据的当天。

纳税人将自建建筑物对外赠与，其建筑业应税劳务的纳税义务发生时间为该建筑物产权转移的当天。

建设方为扣缴义务人的，其扣缴义务发生时间为扣缴义务人支付工程款的当天；总承包人为扣缴义务人的，其扣缴义务发生时间为扣缴义务人代纳税人收讫营业收入款项或者取得索取营业收入款项凭据的当天。

六、营业税的纳税地点

纳税人提供应税劳务应当向其应税劳务发生地的主管税务机关申报纳税。但是建筑业、转让土地使用权、销售或者出租不动产的另有规定。

扣缴义务人应当向其机构所在地或者居住地的主管税务机关申报缴纳其扣缴的税款。纳税地点的基本规定如下表 4-1 所示：

表 4-1　　　　　　　　营业税纳税地点的一般规定

经济行为	纳税地点
纳税人提供应税劳务	应当向其应税劳务发生地的主管税务机关申报纳税
纳税人转让、出租土地使用权	应当向其土地所在地的主管税务机关申报纳税
纳税人转让无形资产	应当向其机构所在地或者居住地的主管税务机关申报纳税
纳税人销售、出租不动产	应当向不动产所在地的主管税务机关申报纳税
纳税人提供的应税劳务发生在外县（市）	应向应税劳务所在地主管税务机关申报纳税而未申报纳税的，由其机构所在地或者居住地主管税务机关补征税款
纳税人提供建筑业劳务	在建筑业应税劳务发生地纳税
纳税人承包的工程跨省工程的	应当向其机构所在地的主管税务机关申报纳税
纳税人在本省、自治区、直辖市范围内提供建筑业劳务	其纳税地点需要调整的，由省、自治区、直辖市人民政府所属税务机关确定
扣缴义务人代扣建筑业营业税	解缴地点为该工程建筑业应税劳务发生地
扣缴义务人代扣代缴跨省工程的营业税	解缴地点为被扣缴义务人的机构所在地

营业税纳税人提供应税劳务的纳税地点由劳务发生地原则上调整为纳税人机构所在地原则。具体规定如下：

（1）纳税人提供应税劳务应当向其机构所在地或者居住地的主管税务机关申报纳税。但是，纳税人提供的建筑业劳务以及国务院财政、税务主管部门规定的其他应税劳务，应当向应税劳务发生地的主管税务机关申报纳税。

（2）纳税人转让无形资产应当向其机构所在地或者居住地的主管税务机关申报纳税。但是，纳税人转让、出租土地使用权，应当向土地所在地的主管税务机关申报纳税。

（3）纳税人销售、出租不动产应当向不动产所在地的主管税务机关申报纳税。

（4）纳税人应当向应税劳务发生地、土地或者不动产所在地的主管税务机关申报纳税而自应当申报纳税之月起超过6个月没有申报纳税的,由其机构所在地或者居住地的主管税务机关补征税款。

(5)扣缴义务人应当向其机构所在地或者居住地的主管税务机关申报缴纳其扣缴的税款。

(6)纳税人承包的工程跨省、自治区、直辖市的,向其机构所在地主管税务机关申报纳税。纳税人在本省、自治区、直辖市范围内发生应税行为,其纳税地点需要调整的,由省、自治区、直辖市人民政府所属税务机关确定。

(7)建筑业纳税人及扣缴义务人应按照下列规定确定建筑业营业税的纳税地点:

其一,纳税人提供建筑业应税劳务,其营业税纳税地点为建筑业应税劳务的发生地。

其二,纳税人从事跨省工程的,应向其机构所在地主管地方税务机关申报纳税。

其三,纳税人在本省、自治区、直辖市和计划单列市范围内提供建筑业应税劳务的,其营业税纳税地点需要调整的,由省、自治区、直辖市和计划单列市税务机关确定。

其四,扣缴义务人代扣代缴的建筑业营业税税款的解缴地点为该工程建筑业应税劳务发生地。

其五,扣缴义务人代扣代缴跨省工程的,其建筑业营业税税款的解缴地点为被扣缴纳税人的机构所在地。

其六,纳税人提供建筑业劳务,应按月就其本地和异地提供建筑业应税劳务取得的全部收入向其机构所在地主管税务机关进行纳税申报,就其本地提供建筑业应税劳务取得的收入缴纳营业税;同时,自应申报之月(含当月)起6个月内向机构所在地主管税务机关提供其异地建筑业应税劳务收入的完税凭证,否则,应就其异地提供建筑业应税劳务取得的收入向其机构所在地主管税务机关缴纳营业税。

上述本地提供的建筑业应税劳务是指独立核算纳税人在其机构所在地主管税务机关税收管辖范围内提供的建筑业应税劳务;上述异地提供的建筑业应税劳务是指独立核算纳税人在其机构所在地主管税务机关税收管辖范围以外提供的建筑业应税劳务。

其七,在中华人民共和国境内的单位提供的设计(包括在开展设计时进行的勘探、测量等业务)、工程监理、调试和咨询等应税劳务的,其营业税纳税地点为单位机构所在地。

其八,在中华人民共和国境内的单位通过网络为其他单位和个人提供培训、信息和远程调试、检测等服务的,其营业税纳税地点为单位机构所在地。

第二节 营业税的特殊税务处理

一、价外费用的税务处理

根据《营业税暂行条例实施细则》的规定，房地产企业的价外费用包括"补贴、返还利润、奖励费、违约金、滞纳金、延期付款利息、赔偿金、罚息"等。

因此，房地产开发企业销售不动产向购房者收取的定金、违约金、赔偿金、延期付款利息等价外费用，均应该按照规定缴纳营业税，自觉履行营业税纳税义务，否则存在涉税风险。

[案例] 某房地产开发公司于2010年5月出售给中江公司商品房6套，价值180万元，后因中江公司超出合同约定时间付款，取得中江公司违约金5万元。

该公司将该项违约金收入列入"营业外收入"，未缴纳营业税。

解析：根据《营业税暂行条例实施细则》的规定："价外费用，包括收取的手续费、补贴、基金、集资费、返还利润、奖励费、违约金、滞纳金、延期付款利息、赔偿金、代收款项、代垫款项、罚息及其他各种性质的价外收费"。单位和个人提供应税劳务、转让无形资产和销售不动产时，因受让方违约而从受让方取得的赔偿金收入，应并入营业额中征收营业税。因此，该公司收取的违约金要缴纳营业税。

二、代收费用的税务处理

房地产开发企业在收取销售房款时，往往会存在代相关政府部门收取费用的情况，代收费用在满足一定条件的情况下是不需要缴纳营业税的。

《营业税暂行条例实施细则》第十三条规定，价外费用不包括同时符合以下条件代为收取的政府性基金或者行政事业性收费：

（1）由国务院或者财政部批准设立的政府性基金，由国务院或者省级人民政府及其财政、价格主管部门批准设立的行政事业性收费；

（2）收取时开具省级以上财政部门印制的财政票据；

（3）所收款项全额上缴财政。

由此可见，房地产开发企业的"代收费用"如果同时符合上述三个条件的，是不需要缴纳营业税的，否则应该作为"价外费用"缴纳营业税。

[案例] 某地税局对兴华房地产开发公司进行纳税检查时发现，该公司出售商品房时，向购房者收取的水电增容费未申报缴纳营业税。该地税局认为，以上收取的费用属于价外费用，应补缴营业税。

解析：通过了解，水电增容费是财政部门批准设立的收费项目，该公司收取的水电增容费全额上缴了财政部门，且取得了财政部门开具的财政票据。因此，根据税法规定，该公司收取的水电增容费属于代收费用，不需要缴纳营业税。而该地税局要求补税的作法是错误的。

三、代扣代缴的税务处理

（一）支付境外劳务费用

我国的房地产开发企业，为了提高开发产品的质量、品质与档次等，出现了愈来愈多的与国际化团队的合作趋势，支付境外劳务费（工程设计费、营销策划费、销售代理费等）的情况时有发生。

《营业税暂行条例》（国务院令第540号）第一条规定：在中华人民共和国境内提供本条例规定的劳务、转让无形资产或者销售不动产的单位和个人，为营业税的纳税人，应当依照本条例缴纳营业税。《营业税暂行条例实施细则》第四条规定："条例第一条所称在中华人民共和国境内（以下简称境内）提供条例规定的劳务、转让无形资产或者销售不动产，是指：（一）提供或者接受条例规定劳务的单位或者个人在境内；……"《营业税暂行条例》第十一条规定："营业税扣缴义务人：（一）中华人民共和国境外的单位或者个人在境内提供应税劳务、转让无形资产或者销售不动产，在境内未设有经营机构的，以其境内代理人为扣缴义务人；在境内没有代理人的，以受让方或者购买方为扣缴义务人。"

从上述规定可知，提供或者接受条例规定劳务的单位或者个人在境内均应该缴纳营业税，支付境外劳务费应该由支付方代扣代缴营业税。因此，从2009年1月1日开始，房地产开发企业支付境外劳务费时，不论劳务是否发生在境内，均应该代扣代缴这一部分的营业税。

（二）建设单位为代扣代缴义务人

财政部、国家税务总局联合下发的《关于建筑业营业税若干政策问题的通知》（财税〔2006〕177号）对建筑业扣缴义务人作出了如下规定：

纳税人提供建筑业应税劳务时应按照下列规定确定营业税扣缴义务人：

其一，建筑业工程实行总承包、分包方式的，以总承包人为扣缴义务人。

其二，纳税人提供建筑业应税劳务，符合以下情形之一的，无论工程是否实行分包，税务机关可以建设单位和个人作为营业税的扣缴义务人：

（1）纳税人从事跨地区（包括省、市、县，下同）工程提供建筑业应税劳务的；

（2）纳税人在劳务发生地没有办理税务登记或临时税务登记的。

可见，财税〔2006〕177号文关于"建设单位作为营业税扣缴义务人"的规定，与《营业税暂行条例》第十一条规定的"国务院财政、税务主管部门规定的其他扣缴义务人"的精神并不矛盾。因此，建设单位作为代扣代缴义务人是有法规依据的。

作为房地产开发企业，按照新条例及财税〔2006〕177号文的规定，积极配合工程项目所在地的主管税务机关，按照要求代扣代缴施工企业的建筑工程营业税金及附加。

四、"设备甲供"的税务处理

《营业税暂行条例实施细则》规定，建设方提供设备的价款，不需要缴纳营业税。但是施工单位自行采购的设备价款需要缴纳营业税。因此，房地产开发企业必须高度重视，充分利用"建设方提供的建筑工程设备不缴纳营业税"的政策。

［案例］　某施工企业为一开发项目建设完成了一大型会馆，其总造价为5 000万元，其中空调、消防等设备价值为1 000万元，该设备由施工单位自行采购。该企业在缴纳营业税时，准备按总造价5 000万元的3‰缴纳税款，但该企业聘请的税务顾问了解情况后认为，缴纳营业税时应该按总造价扣除设备价值后的余额作为计算营业税的基数。那么，到底应该如何缴纳营业税呢？

解析：按照新修订的《营业税暂行条例实施细则》的规定，建设单位提供的设备价款不需要缴纳营业税，但施工单位自行采购的设备价款是需要缴纳营业税的。

本案例中的设备是由施工单位自行采购的，因此，该企业的税务顾问的看法是错误的。正确的作法是，应按总造价5 000万元计算缴纳营业税，不能扣除设备价款。

五、建筑装饰的税务处理

《营业税暂行条例实施细则》第十六条规定：除本细则第七条规定外，纳税人提供建筑业劳务（不含装饰劳务）的，其营业额应当包括工程所用原材料、设备及其他物资和动力价款在内，但不包括建设方提供的设备的价款。

房地产开发企业应该充分利用新细则关于建筑装饰劳务征税的特殊规定，筹划这一部分营业税的缴纳，以降低工程成本支出。

首先，房地产开发公司在进行建筑工程招标时，可以将装饰工程单独进行。

其次，与施工单位签订《装饰工程合同》时，应该明确约定"甲供部分装饰材料及设备"，装饰公司仅仅是收取装饰工程劳务费（即人工费、管理费及辅助材料费等费用），并注明装饰工程劳务费总金额；同时合同中应明确，甲供装饰材料、设备价款不再与施工单位结算。

[案例] A建筑公司2009年12月中标W单位写字楼装饰工程，工程标的3 000万元，其中含工程用料款500万元，另外W单位自行采购材料款1 000万元，如何计算应纳税款？

解析：原《营业税暂行条例实施细则》第十八条规定，纳税人从事建筑、修缮、装饰工程作业，无论与对方如何结算，其营业额均应包括工程所用原材料及其他物资和动力的价款在内。现行《营业税暂行案例实施细则》第十六条规定与原细则的第十八条看似相近，但是对于"建筑装饰劳务"的征税问题发生了较大的变化。将建筑装饰劳务的营业额作了"例外"的处理，即客户提供的原材料和设备，可以不计入缴纳营业税的范围。财政部、国家税务总局《关于纳税人以清包工形式提供装饰劳务征收营业税问题的通知》（财税〔2006〕114号）文件明确了纳税人采用清包工形式提供的装饰劳务，按照其向客户实际收取的人工费、管理费和辅助材料费等收入（不含客户自行采购的材料价款和设备价款）确认计税营业额。所以建筑安装企业在与建设方签订《装饰工程合同》时应力求符合这一形式，合同相应条款中注明甲供装饰材料及设备，工程仅是收取装饰工程劳务费（即人工费、管理费及辅助材料费等费用）并在合同中注明装饰工程劳务费总金额。

(1) 按照财税〔2006〕114号和《营业税暂行条例实施细则》规定，对于客户自行采购的材料款A公司不需要计算缴纳营业税。

A公司应纳营业税＝3 000×3‰＝90(万元)

(2) 如果该工程材料全部由客户W单位供应，工程纯劳务标的为2 500万元。

A公司应纳营业税＝2 500×3‰＝75(万元)

六、转让在建项目的税务处理

在建项目是指立项建设但尚未完工的房地产项目或其他建设项目。对于转让在建项目，税法的规定如下：《营业税若干政策问题的通知》规定，单位和个人转让在建项目时，不管是否办理立项人和土地使用人的更名手续，其实质是发生了转让不动产所有权或土地使用权的行为。对于转让在建项目行为应按以下办法征收营业税：

(1) 转让已完成土地前期开发或正在进行土地前期开发，但尚未进入施工阶段的在建项目，按"转让无形资产"税目中"转让土地使用权"项目征收营业税。

(2) 转让已进入建筑物施工阶段的在建项目，按"销售不动产"税目征收营业税。

第五章
个人所得税政策解析与涉税处理

第一节 个人所得税的基本规定

一、个人所得税的纳税人

个人所得税的纳税义务人是指在中国境内有住所，或者虽无住所但在境内居住满1年，以及无住所又不居住或居住不满1年但有从中国境内取得所得的个人。包括中国公民、个体工商户、在中国有所得的外籍人员（包括无国籍人员）以及香港、澳门、台湾同胞。自2001年1月1日起，个人独资企业和合伙企业投资者也为个人所得税的纳税人。

上述纳税义务人依据住所和居住时间两个标准，区分为居民纳税义务人和非居民纳税义务人，分别承担不同的纳税义务。

（一）居民纳税义务人

居民纳税义务人是指在中国境内有住所，或者无住所而在中国境内居住满1年的个人。所谓在中国境内有住所的个人，是指因户籍、家庭、经济利益关系，而在中国境内习惯性居住的个人。所谓在境内居住满1年，是指在一个纳税年度（即公历1月1日起至12月31日止，下同）内，在中国境内居住满365日。在计算居住天数时，对临时离境应视同在华居住，不扣减其在华居住的天数。这里所说的临时离境，是指在一个纳税年度内，一次不超过30日或者多次累计不超过90日的离境。

现行税法中关于"中国境内"的概念，是指中国大陆地区，目前还不包括香港、澳门和台湾地区。

居民纳税义务人负有无限纳税义务。其所取得的应纳税所得，无论是来源于中国境内还是中国境外，都要在中国缴纳个人所得税。

(二) 非居民纳税义务人

非居民纳税义务人，是指不符合居民纳税义务人判定标准（条件）的纳税义务人。个人所得税法规定，非居民纳税义务人是"在中国境内无住所又不居住，或无住所且居住不满一年的个人"。也就是说，非居民纳税义务人，是指习惯性居住地不在中国境内，而且不在中国居住，或者在一个纳税年度内，在中国境内居住不满一年的个人。

非居民纳税义务人承担有限纳税义务，即仅就其来源于中国境内的所得，向中国政府缴纳个人所得税。

表 5-1　　　　　　　　　居民纳税人和非居民纳税人比较

纳税人类别	承担的纳税义务	判定标准
居民纳税人	负有无限纳税义务。其所取得的应纳税所得，无论来源于中国境内还是中国境外任何地方，都要在中国境内缴纳个人所得税。	住所标准和居住时间标准只要具备一个就成为居民纳税人：①住所标准："在中国境内有住所"是指因户籍、家庭、经济利益关系而在中国境内习惯性居住。②居住时间标准："在中国境内居住满一年"是指在一个纳税年度（即公历1月1日起至12月31日止）内，在中国境内居住满365日。在计算居住天数时，对临时离境应视同在华居住，不扣减其在华居住的天数。"临时离境"是指在一个纳税年度内，一次不超过30日或多次累计不超过90日的离境。
非居民纳税人	承担有限纳税义务，只就其来源于中国境内的所得，向中国缴纳个人所得税。	在我国境内无住所又不居住或者无住所而在境内居住不满1年的人。所以，非居民纳税人的判定条件是以下两条件必须同时具备：①在我国无住所；②在一个纳税年度内，在我国不居住或居住不满1年。

[案例]　约翰、怀特和哈利三位均系美国纽约人，而且都是美国林森房地产公司高级雇员。因工作需要，约翰和怀特于2009年12月8日被美国总公司派往中国的分公司，在北京业务区工作。紧接着2010年2月10日哈利也被派往中国，在杭州业务区工作。其间，各自因工作需要，三人均回国述职一段时间。约翰于2009年7—8月回国两个月，怀特和哈利于2010年9月回国20天。

2010年12月20日，发放年终工资、薪金。约翰领得中国分公司支付的工资、薪金10万元人民币，美国总公司支付的工资、薪金1万美元。怀特和哈利均领得中国分公司的12万元人民币和美国总公司的1万美元。

公司财务人员负责代扣代缴个人所得税，其中约翰和哈利两人仅就中国分公司支付的所得缴税，而怀特则两项所得均要缴税。怀特不明白，便问财务人员。财务人员的答复是怀特为居民纳税人，而约翰和哈利两是非居民纳税人。请问财务人员的说法是否正确?

解析:在本案例中,约翰等三人均习惯性居住在美国,而且其户籍和主要经济利益地也为美国,中国只不过是临时工作地,因而均不能被认定为在中国境内有住所。

这里的"居住满一年",根据《个人所得税法实施条例》第三条的规定,是指在中国境内居住365日。临时离境的,不扣除天数。所谓临时离境是指在一个纳税年度一次不超过30日或多次累计不超过90日的离境。这里的纳税年度是指从公历1月1日到12月31日的期间。即如果一个纳税人在中国境内实际居住时间已超过365天,但从每一纳税年度看都没有居住满一年,则该个人不能被认定为中国的居民纳税人。

本案例中,约翰一次性出境两个月,明显超过30天的标准,因而应定为居住不满一年,为非居民纳税人;哈利于2010年2月10日才来中国,在一个纳税年度内(1月1日到12月31日)没居住满一年,因而也不是居民纳税人;只有怀特在2010年纳税年度1月1日至12月31日期间,除临时离境20天外,其余时间全在中国,居住满一年,因而属于居民纳税人,其全部所得均应缴纳个人所得税。所以财务人员的处理是正确的。

二、个人所得税的纳税范围与所得形式

(一)个人所得税的纳税范围

税法规定的个人所得包括:

(1)工资、薪金所得。是指个人因任职或者受雇而取得的工资、薪金、奖金、年终加薪、劳动分红、津贴、补贴以及与任职或者受雇有关的其他所得。对于不属于工资、薪金性质的补贴、津贴或者不属于纳税人本人工资、薪金所得项目的收入,不应计入该项所得。

(2)个体工商户的生产、经营所得。具体包括:

①个体工商户从事工业、手工业、建筑业、交通运输业、商业、饮食业、服务业、修理业以及其他行业生产、经营取得的所得;

②个人经政府有关部门批准,取得执照,从事办学、医疗、咨询以及其他有偿服务活动取得的所得;

③上述个体工商户和个人取得的与生产、经营有关的各项应纳税所得;

④个人因从事彩票代销业务而取得所得,应按照"个体工商户的生产、经营所得"项目计征个人所得税;

⑤其他个人从事个体工商业生产、经营取得的所得。

需要指出的是:个人从事生产、经营活动,不论是否经工商行政管理部门批准,在税收上对其取得的生产、经营收入,都适用个体工商户的生产、经营所得

项目，计算征收个人所得税。个体工商户户主取得的与自身生产、经营活动无关的其他各项所得，不得计入个体工商户的生产、经营所得，应分别按照其他应税项目的有关规定，计算征收个人所得税。

(3) 对企事业单位的承包经营、承租经营所得，是指个人承包经营、承租经营以及转包、转租取得的所得，包括个人按月或者按次取得的工资、薪金性质的所得。

企业实行个人承包、承租经营后，凡工商登记仍为企业的，不管其分配形式如何，均应先按照企业所得税的有关规定缴纳企业所得税。承包、承租经营者按照承包、承租经营合同（协议）规定取得的所得，再按照个人所得税税法的有关规定缴纳个人所得税。在适用应税所得项目时，具体可分为三类：

①承包、承租人对经营成果不拥有所有权，仅是按合同（协议）规定取得一定的所得，其所得应按工资、薪金所得项目征税。

②承包、承租人按合同（协议）的规定只向发包、出租方交纳一定费用后，企业经营成果归其所有的，承包、承租人取得的所得，按对企事业单位的承包、承租经营所得项目征税。

③企业实行个人承包、承租经营后，如工商登记改变为个体工商户的，应依照个体工商户的生产经营项目征收个人所得税，不再征收企业所得税。

(4) 劳务报酬所得，是指个人从事设计、装潢、安装、制图、化验、测试、医疗、法律、会计、咨询、讲学、新闻、广播、翻译、审稿、书画、雕刻、影视、录音、录像、演出、表演、广告、展览、技术服务、介绍服务、经纪服务、代办服务以及其他劳务取得的所得。

(5) 稿酬所得，是指个人因其作品以图书、报刊形式出版、发表而取得的所得。稿酬所得严格来讲应属于特许权使用费所得范畴，我国个人所得税法将其独立出来，单独作为一个应税所得项目，兼顾对这一所得项目的纳税人在个人所得税方面给予一定的税收优惠。

(6) 特许权使用费所得，是指个人提供专利权、商标权、著作权、非专利技术以及其他特许权的使用权取得的所得；提供著作权的使用权取得的所得，不包括稿酬所得。

(7) 利息、股息、红利所得，是指个人拥有债权、股权而取得的利息、股息、红利所得。

(8) 财产租赁所得，是指个人出租建筑物、土地使用权、机器设备、车船以及其他财产取得的所得。

(9) 财产转让所得，是指个人转让有价证券、股权、建筑物、土地使用权、机器设备、车船以及其他财产取得的所得。

> **知识链接**
>
> ### 股权转让政策解读
>
> 国家税务总局于 2009 年正式下发国税函〔2009〕285 号文件，明确个人股权转让个人所得税征缴相关问题，主要是为了堵塞税收管理中的漏洞。
>
> 个人股权转让完成交易以后，负有纳税义务的转让方或有代扣代缴义务的受让方，应到税务机关办理纳税申报个人所得税，并取得完税证明，再到工商行政管理部门办理变更手续。近年来，随着市场经济的发展，个人投资行为在我国越来越普遍，与此同时，个人的股权转让也日渐增多。目前，我国对个人转让非上市公司股权按"转让财产所得"征收 20%的个人所得税。但是，由于大多数纳税人和扣缴义务人对个人股权转让的税收政策还比较陌生，不依法履行纳税义务和扣缴义务的现象比较常见。"而个人股权转让具有偶发性和隐蔽性，转让价格又带有主观性，税务机关在税收管理中存在一定难度。"为了堵塞税收管理中的漏洞，税务总局下发了这份关于加强股权转让所得征收个人所得税管理的通知，对个人股权转让过程中的涉税问题作了原则性规定。
>
> 股权转让交易各方签订股权转让协议，但没有完成股权转让交易的，企业在向工商行政管理部门申请股权变更登记时，应填写《个人股东变动情况报告表》，并向主管税务机关申报；完成股权转让交易以后，负有纳税义务或代扣代缴义务的转让方或受让方，应到主管税务机关办理纳税申报，并持税务机关开具的股权转让所得缴纳个人所得税完税凭证或免税、不征税证明，到工商行政管理部门办理股权变更登记手续。
>
> 文件要求各地税务机关要高度重视股权转让个人所得税征收管理，主动加强与工商部门的协作，获取个人股权转让信息；进一步规范股权转让所得个人所得税征管流程，建立完整的管理链条和内部控管机制；对申报的计税依据明显偏低且无正当理由的，可参照每股净资产或个人股东享有的股权比例所对应的净资产份额核定。

（10）偶然所得，是指个人得奖、中奖、中彩以及其他偶然性质的所得。

> **知识链接**
>
> ### 个人获奖税收政策解读
>
> 国税函〔2009〕169 号关于第五届中华宝钢环境奖和中华宝钢环境优秀奖奖金免征个人所得税问题的通知：中华环境奖属于国务院部、委颁发的环境保护方面的奖项，根据《中华人民共和国个人所得税法》第四条第一项关于国务院部、委颁发的环境保护方面的奖金免征个人所得税的规定，对第五届中华宝钢环境奖和中华宝钢环境优秀奖获奖者个人所获奖金，免予征收个人所得税。
>
> 国税函〔2010〕78 号《关于全国职工职业技能大赛奖金免征个人所得税的通知》：根据《中华人民共和国个人所得税法》第四条有关国务院部委颁发的技术方面奖金免征个人所得税的规定对第三届全国职工职业技能大赛获奖者取得的奖金免征个人所得税。

（11）经国务院财政部门确定征税的其他所得。除上述列举的各项个人应税所得外，其他确有必要征税的个人所得，由国务院财政部门确定。个人取得的所得，难以界定应纳税所得项目的，由主管税务机关确定。

对股票转让所得征收个人所得税的办法，由国务院财政部门另行制定。财税〔2008〕140号规定，自2008年10月9日起，对证券市场个人投资者取得的证券交易结算资金利息所得，暂免征收个人所得税，即证券市场个人投资者的证券交易结算资金在2008年10月9日后（含10月9日）孳生的利息所得，暂免征收个人所得税。

(二) 个人所得税的所得形式

个人所得的形式，包括现金、实物、有价证券和其他形式的经济利益。所得为实物的，应当按照取得的凭证上所注明的价格计算应纳税所得额；无凭证的实物或者凭证上所注明的价格明显偏低的，由主管税务机关参照市场价格核定应纳税所得额。所得为有价证券的，由主管税务机关根据票面价格和市场价格核定应纳税所得额。所得为其他形式的经济利益的，由主管税务机关参照市场价格核定应纳税所得额。

第二节 个人所得税的计算与涉税处理

一、个人所得税应纳税所得额的基本内容

(一) 工资、薪金所得

工资、薪金所得以每月收入额减除费用2 000元后的余额，为应纳税所得额。

对在中国境内无住所而在中国境内取得工资、薪金所得的纳税义务人和在中国境内有住所而在中国境外取得工资、薪金所得的纳税义务人，可以根据其平均收入水平、生活水平以及汇率变化情况，增列了附加减除费用的规定。即每月在减除2 000元费用的基础上，再减除2 800元的附加减除费用标准。

在中国境外取得工资、薪金所得，是指在中国境外任职或者受雇而取得的工资、薪金所得。

附加减除费用适用的范围，是指：

(1) 在中国境内的外商投资企业和外国企业中工作的外籍人员；

(2) 应聘在中国境内的企业、事业单位、社会团体、国家机关中工作的外籍专家；

(3) 在中国境内有住所而在中国境外任职或者受雇取得工资、薪金所得的个人；

(4) 国务院财政、税务主管部门确定的其他人员。

附加减除费用还适用于华侨和香港、澳门、台湾同胞。

（二）劳务报酬所得、稿酬所得、特许权使用费所得、财产租赁所得

每次收入不超过 4 000 元的，减除费用 800 元；4 000 元以上的，减除 20% 的费用，其余额为应纳税所得额。

（三）财产转让所得

以转让财产的收入额减除财产原值和合理费用后的余额，为应纳税所得额。

其中，财产原值，是指：

（1）有价证券，为买入价以及买入时按照规定交纳的有关费用；

（2）建筑物，为建造费或者购进价格以及其他有关费用；

（3）土地使用权，为取得土地使用权所支付的金额、开发土地的费用以及其他有关费用；

（4）机器设备、车船，为购进价格、运输费、安装费以及其他有关费用；

（5）其他财产，参照以上方法确定。

纳税义务人未提供完整、准确的财产原值凭证，不能正确计算财产原值的，由主管税务机关核定其财产原值。

（四）利息、股息、红利所得，偶然所得和其他所得

以每次收入额为应纳税所得额。

自 2005 年 6 月 13 日起，个人从上市公司取得的股息、红利所得按以下规定处理：

（1）对个人投资者从上市公司取得的股息、红利所得，自 2005 年 6 月 13 日起暂减按 50% 计入个人应纳所得税额，依照现行税法规定计征个人所得税。

（2）对证券投资基金从上市公司分配取得的股息、红利所得，按照《财政部国家税务总局关于股息红利个人所得税有关政策的通知》财税〔2005〕102 号文件规定，扣缴义务人在代扣代缴个人所得税时，减按 50% 计算应纳税所得额。

对储蓄存款利息所得开征、减征、停征个人所得税及其具体办法，由国务院规定。

（五）股票期权所得

实施股票期权计划企业授予该企业员工的股票期权所得，应按《个人所得税法》及其实施条例有关规定征收个人所得税。

企业员工股票期权（简称股票期权）是指上市公司按照规定的程序授予本公司及其控股企业员工的一项权利，该权利允许被授权员工在未来时间内以某一特定价格购买本公司一定数量的股票。"某一特定价格"被称为"授予价"或"施权价"，即根据股票期权计划可以购买股票的价格，一般为股票期权授予日的市场价格或该价格的折扣价格，也可以是按照事先设定的计算方法约定的价格。"授予日"，也称"授权日"，是指公司授予员工股票期权的日期；"行权"，也称

"执行",是指员工根据股票期权计划选择购买股票的过程;员工行使股票期权的当日为"行权日",也称"购买日"。

(1) 员工接受实施股票期权计划雇主(含上市公司和非上市公司)授予的股票期权,凡该股票期权指定的股票为上市公司(含境内、外上市公司)股票的,一般不作为应税所得征税。

但是部分股票期权在授权时即约定可以转让,且在境内或境外存在公开市场及挂牌价格(以下称可公开交易的股票期权)。员工接受该可公开交易的股票期权时,应按以下规定进行税务处理:

第一,员工取得可公开交易的股票期权,属于员工已实际取得有确定价值的财产,应按授权日股票期权的市场价格,作为员工授权日所在月份的工资薪金所得,并按规定计算缴纳个人所得税。如果员工以折价购入方式取得股票期权的,可以授权日股票期权的市场价格扣除折价购入股票期权时实际支付的价款后的余额,作为授权日所在月份的工资薪金所得。

第二,员工取得可公开交易的股票期权后,转让该股票期权所取得的所得,属于财产转让所得,并按规定进行税务处理。

第三,员工取得可公开交易的股票期权后,实际行使该股票期权购买股票时,不再计算缴纳个人所得税。

(2) 员工行权时,其从企业取得股票的实际购买价(施权价)低于购买日公平市场价(指该股票当日的收盘价)的差额,是因员工在企业的表现和业绩情况而取得的与任职、受雇有关的所得,应按"工资、薪金所得"适用的规定计算缴纳个人所得税。员工取得该股票期权支付的每股施权价,一般是指员工行使股票期权购买股票实际支付的每股价格。如果员工以折价购入方式取得股票期权的,施权价可包括员工折价购入股票期权时实际支付的价格。

对因特殊情况,员工在行权日之前将股票期权转让的,以股票期权的转让净收入,作为工资薪金所得征收个人所得税。股票期权的转让净收入,一般是指股票期权转让收入。如果员工以折价购入方式取得股票期权的,可以股票期权转让收入扣除折价购入股票期权时实际支付的价款后的余额,作为股票期权的转让净收入。

员工行权日所在期间的工资薪金所得,应按下列公式计算工资薪金应纳税所得额:

$$\text{股票期权形式的工资薪金应纳税所得额} = \left(\text{行权股票的每股市场价} - \text{员工取得该股票期权支付的每股施权价}\right) \times \text{股票数量}$$

(3) 员工将行权后的股票再转让时获得的高于购买日公平市场价的差额,是因个人在证券二级市场上转让股票等有价证券而获得的所得,应按照"财产转让所得"适用的征免规定计算缴纳个人所得税。

(4) 员工因拥有股权而参与企业税后利润分配取得的所得，应按照"利息、股息、红利所得"适用的规定计算缴纳个人所得税。

(5) 凡取得股票期权的员工在行权日不实际买卖股票，而按行权日股票期权所指定股票的市场价与施权价之间的差额，直接从授权企业取得价差收益的，该项价差收益应作为员工取得的股票期权形式的工资薪金所得，按照规定计算缴纳个人所得税。

(6) 关于限制性股票应纳税所得额的确定，按照个人所得税法及其实施条例等有关规定，原则上应在限制性股票所有权归属于被激励对象时确认其限制性股票所得的应纳税所得额。即：上市公司实施限制性股票计划时，应以被激励对象限制性股票在中国证券登记结算公司（境外为证券登记托管机构）进行股票登记日期的股票市价（指当日收盘价，下同）和本批次解禁股票当日市价（指当日收盘价，下同）的平均价格乘以本批次解禁股票份数，减去被激励对象本批次解禁股份数所对应的为获取限制性股票实际支付资金数额，其差额为应纳税所得额。被激励对象限制性股票应纳税所得额计算公式为：

$$应纳税所得额 = \left(\frac{股票登记日股票市价 + 本批次解禁股票当日市价}{}\right) \div 2 \times 本批次解禁股票份数 - 被激励对象实际支付的资金总额 \times \left(本批次解禁股票份数 \div 被激励对象获取的限制性股票总份数\right)$$

（六）个人将其所得对教育事业和其他公益事业的捐赠部分

捐赠额未超过纳税义务人申报的应纳税所得额 30% 的部分，可以从其应纳税所得额中扣除。个人将其所得对教育事业和其他公益事业的捐赠，是指个人将其所得通过中国境内的社会团体、国家机关向教育和其他社会公益事业以及遭受严重自然灾害地区、贫困地区的捐赠。

个人通过非营利的社会团体和国家机关向农村义务教育的捐赠，准予在缴纳个人所得税前的所得额中全额扣除。

个人所得（不含偶然所得和经国务院财政部门确定征税的其他所得）用于资助非关联的科研机构和高等学校研究开发新产品、新技术、新工艺所发生的研究开发经费，经主管税务机关确定，可以全额在下月（工资、薪金所得）或下次（按次计征的所得）或当年（按年计征的所得）计征个人所得税时，从应纳税所得额中扣除，不足抵扣的，不得结转抵扣。

（七）纳税义务人从中国境外取得的所得，准予其在应纳税额中扣除已在境外缴纳的个人所得税税额

此部分扣除额不得超过该纳税义务人境外所得依照《个人所得税法》计算的应纳税额。

税法所说的已在境外缴纳的个人所得税税额是指纳税人从中国境外取得的

所得，依照该所得来源国家或者地区的法律应当缴纳并且实际已经缴纳的税额。

税法所说的依照本法规定计算的应纳税额，是指纳税义务人从中国境外取得的所得，区别不同国家或者地区和不同应税项目，依照我国税法规定的费用减除标准和适用税率计算的应纳税额；同一个国家或者地区内不同应税项目，依照我国税法计算的应纳税额之和，为该国家或者地区的扣除限额。

纳税义务人在中国境外的一个国家或者地区实际已经缴纳的个人所得税额，低于依照上述规定计算出的该国家或者地区扣除限额的，应当在中国缴纳差额部分的税款；超过该国家或者地区扣除限额的，其超过部分不得在本纳税年度的应纳税额中扣除，但是可以在以后纳税年度的该国家或者地区扣除限额的余额中补扣，补扣期限最长不得超过5年。

二、个人所得税应纳税所得额的减免项目

（一）免税的各项个人所得

（1）企事业单位按照国家或省（自治区、直辖市）人民政府规定的缴费比例或办法实际缴付的基本养老保险费、基本医疗保险费和失业保险费，免征个人所得税；个人按照国家或省（自治区、直辖市）人民政府规定的缴费比例或办法实际缴付的基本养老保险费、基本医疗保险费和失业保险费，允许在个人应纳税所得额中扣除。

企事业单位和个人超过规定的比例和标准缴付的基本养老保险费、基本医疗保险费和失业保险费，应将超过部分并入个人当期的工资、薪金收入，计征个人所得税。

（2）单位和个人分别在不超过职工本人上一年度月平均工资12%的幅度内，其实际缴存的住房公积金，允许在个人应纳税所得额中扣除。单位和职工个人缴存住房公积金的月平均工资不得超过职工工作地所在市区城市上一年度职工月平均工资的3倍，具体标准按照各地有关规定执行。单位和个人超过上述规定比例和标准缴付的住房公积金，应将超过部分并入个人当期的工资、薪金收入，计征个人所得税。

个人实际领（支）取原提存的基本养老保险金、基本医疗保险金、失业保险金和住房公积金时，免征个人所得税。

（3）省级人民政府、国务院部委和中国人民解放军军以上单位，以及外国组织、国际组织颁发的科学、教育、技术、文化、卫生、体育、环境保护等方面的奖金。

（4）国债和国家发行的金融债券利息。国债利息，是指个人持有中华人民共和国财政部发行的债券而取得的利息；国家发行的金融债券利息，是指个人持有

经国务院批准发行的金融债券而取得的利息。

(5) 按照国家统一规定发给的补贴、津贴。按照国家统一规定发给的补贴、津贴，是指按照国务院规定发给的政府特殊津贴、院士津贴、资深院士津贴，以及国务院规定免纳个人所得税的其他补贴、津贴。

(6) 福利费、抚恤金、救济金。福利费，是指根据国家有关规定，从企业、事业单位、国家机关、社会团体提留的福利费或者工会经费中支付给个人的生活补助费；救济金，是指各级人民政府民政部门支付给个人的生活困难补助费。

(7) 保险赔款。

(8) 军人的转业费、复员费。

(9) 按照国家统一规定发给干部、职工的安家费、退职费、退休工资、离休工资、离休生活补助费。

(10) 以下情形的房屋产权无偿赠与，对当事双方不征收个人所得税：

第一，房屋产权所有人将房屋产权无偿赠与配偶、父母、子女、祖父母、外祖父母、孙子女、外孙子女、兄弟姐妹；

第二，房屋产权所有人将房屋产权无偿赠与对其承担直接抚养或者赡养义务的抚养人或者赡养人；

第三，房屋产权所有人死亡，依法取得房屋产权的法定继承人、遗嘱继承人或者受遗赠人。

> **知识链接**
>
> **个人无偿受赠房屋**
>
> 《关于个人无偿受赠房屋有关个人所得税问题的通知》（财税〔2009〕78号）明确规定免征个人所得税的三种房屋产权无偿赠与情况，并强调除此以外受赠人因无偿受赠房屋取得的受赠所得，要按20%的税率缴纳个人所得税。
>
> 房屋产权无偿赠与的当事双方免征个人所得税的三种情况主要包括：房屋产权所有人将房屋产权无偿赠与配偶、父母、子女、祖父母、外祖父母、孙子女、外孙子女、兄弟姐妹；房屋产权所有人将房屋产权无偿赠与对其承担直接抚养或者赡养义务的抚养人或者赡养人；房屋产权所有人死亡，依法取得房屋产权的法定继承人、遗嘱继承人或者受遗赠人。通知指出，除规定的上述三种情形外，房屋产权所有人将房屋产权无偿赠与他人的，受赠人因无偿受赠房屋取得的受赠所得，按照"经国务院财政部门确定征税的其他所得"项目缴纳个人所得税，税率为20%。对受赠人无偿受赠房屋计征个人所得税时，其应纳税所得额为房地产赠与合同上标明的赠与房屋价值减除赠与过程中受赠人支付的相关税费后的余额。赠与合同标明的房屋价值明显低于市场价格或房地产赠与合同未标明赠与房屋价值的，税务机关可依据受赠房屋的市场评估价格或采取其他合理方式确定受赠人的应纳税所得额。

> 此外，受赠人转让受赠房屋的，以其转让受赠房屋的收入减除原捐赠人取得该房屋的实际购置成本以及赠与和转让过程中受赠人支付的相关税费后的余额，为受赠人的应纳税所得额，依法计征个人所得税。受赠人转让受赠房屋价格明显偏低且无正当理由的，税务机关可以依据该房屋的市场评估价格或其他合理方式确定的价格核定其转让收入。

（11）依照我国有关法律规定应予免税的各国驻华使馆、领事馆的外交代表、领事官员和其他人员的所得。依照我国法律规定应予免税的各国驻华使馆、领事馆的外交代表、领事官员和其他人员的所得，是指依照《中华人民共和国外交特权与豁免条例》和《中华人民共和国领事特权与豁免条例》规定免税的所得。

（12）中国政府参加的国际公约、签订的协议中规定免税的所得。

（13）经国务院财政部门批准免税的所得。

（二）减征个人所得税的各项所得

（1）残疾、孤老人员和烈属的所得；

（2）因严重自然灾害造成重大损失的；

（3）其他经国务院财政部门批准减税的。

个人所得税减征的幅度和期限由省、自治区、直辖市人民政府规定。

三、个人所得税的税率

（一）工资、薪金所得适用的税率

工资、薪金所得（含公务用车补贴收入），适用 5%～45%的超额累进税率，税率表如表 5-1 所示。

表 5-1　　　　　　　　　　工资、薪金所得适用税率表

级数	月含税应纳税所得额	月不含税应税所得额	税率（%）	速算扣除数
1	不超过 500 元的	不超过 475 元的	5	0
2	超过 500 元至 2 000 元的部分	超过 475 元至 1 825 元的部分	10	25
3	超过 2 000 元至 5 000 元的部分	超过 1 825 元至 4 375 元的部分	15	125
4	超过 5 000 元至 20 000 元的部分	超过 4 375 元至 16 375 元的部分	20	375
5	超过 20 000 元至 40 000 元的部分	超过 16 375 元至 31 375 元的部分	25	1 375
6	超过 40 000 元至 60 000 元的部分	超过 31 375 元至 45 375 元的部分	30	3 375
7	超过 60 000 元至 80 000 元的部分	超过 45 375 元至 58 375 元的部分	35	6 375

续表

级数	月含税应纳税所得额	月不含税应税所得额	税率（％）	速算扣除数
8	超过 80 000 元至 100 000 元的部分	超过 58 375 元至 70 375 元的部分	40	10 375
9	超过 100 000 元的部分	超过 70 375 元的部分	45	15 375

注：①表中含税级距和不含税级距，均为按照税法规定月收入额减去免征额 2 000 元（如是境外人员和赴境外工作人员，再减去附加减除费用 2 800 元）后的余额。

②含税级距适用于纳税人负担税款的工资、薪金所得；不含税级距适用于有他人（单位）代付税款的工资、薪金所得。

（二）稿酬所得适用的税率

稿酬所得适用比例税率，税率为 20％，并按应纳税额减征 30％。

（三）劳务报酬所得适用的税率

劳务报酬所得适用比例税率，税率为 20％。对劳务报酬所得一次收入畸高的，可以实行加成征收。劳务报酬所得一次收入畸高，是指个人一次取得劳务报酬，其应纳税所得额超过 2 万元。对应纳税所得额超过 2 万元至 5 万元的部分，依照税法规定计算应纳税额后再按照应纳税额加征五成；超过 5 万元的部分，加征十成。劳务报酬税率表如表 5-2 所示。

表 5-2　　　　　　　　劳务报酬所得适用税率表

级数	每次应纳税所得额	税率（％）	速算扣除数
1	不超过 20 000 元的部分	20	0
2	超过 20 000 元至 50 000 元的部分	30	2 000
3	超过 50 000 元的部分	40	7 000

注：①表中的含税级距、不含税级距，均为按照税法规定减除有关费用后的所得额。

②含税级距适用于由纳税人负担税款的劳务报酬所得；不含税级距适用于由他人（单位）代付税款的劳务报酬所得。

（四）其他所得适用的税率

特许权使用费所得，利息、股息、红利所得，财产租赁所得，财产转让所得，偶然所得和其他所得，适用比例税率，税率为 20％。

其中，储蓄存款利息所得自 2008 年 10 月 9 日起暂免征收个人所得税。即储蓄存款在 1999 年 10 月 31 日前孳生的利息所得，不征收个人所得税；储蓄存款在 1999 年 11 月 1 日至 2007 年 8 月 14 日孳生的利息所得，按照 20％的比例税率征收个人所得税；储蓄存款在 2007 年 8 月 15 日至 2008 年 10 月 8 日孳生的利息所得，按照 5％的比例税率征收个人所得税；储蓄存款在 2008 年 10 月 9 日后（含 10 月 9 日）孳生的利息所得，暂免征收个人所得税。证券市场个人投资者取得的证券交易结算资金利息所得，自 2008 年 10 月 9 日起暂免征收个人所得税，即证券市场个人投资者的证券交易结算资金在 2008 年 10 月 9 日后（含 10 月 9 日）孳生的利息所得，暂免征收个人所得税。

四、工资、薪金所得应纳税额的计算

$$\begin{aligned}\text{工资、薪金所得} \atop \text{应纳税额的计算} &= \text{应纳税} \atop \text{所得额} \times \text{适用} \atop \text{税率} - \text{速算扣} \atop \text{除数} \\ &= \left(\text{每月收} \atop \text{入额} - {2\,000 \text{ 或} \atop 4\,800}\right) \times \text{适用} \atop \text{税率} - \text{速算} \atop \text{扣除数}\end{aligned}$$

工资、薪金所得,是指个人因任职或者受雇而取得的工资、薪金、奖金、年终加薪、劳动分红、津贴、补贴以及与任职或者受雇有关的其他所得。

(一) 关于工资薪金所得范围的其他规定

(1) 个人内退,在没有达到法定退休年龄之前从原任职单位取得的一次性补偿收入和工资薪金收入都应按照规定征税,不能享受正式退休人员工资的免税待遇。个人在办理内部退养手续后从原任职单位取得的一次性收入,应按办理内部退养手续后至法定离退休年龄之间的所属月份进行平均,并与领取当月的"工资、薪金"所得合并后减除当月费用扣除标准,以余额为基数确定适用税率,再将当月工资、薪金加上取得的一次性收入,减去费用扣除标准,按使用税率计征个人所得税。

(2) 单位对营销业绩突出的雇员以培训班、研讨会、工作考察等名义组织旅游活动,通过免收差旅费、旅游费对个人实行的营销业绩奖励(包括实物、有价证券等),应当与当期的工资薪金合并,按照"工资、薪金所得"项目征收个人所得税。

(3) 个人因公务用车和通信制度改革而取得的公务用车、通信补贴收入,扣除一定标准的公务费用后,按照"工资、薪金"所得项目计征个人所得税。按月发放的,并入当月"工资、薪金"所得计征个人所得税;不按月发放的,分解到所属月份并与该月份"工资、薪金"所得合并后计征个人所得税。

(4) 城镇企事业单位及其职工个人按照《失业保险条例》规定的比例,实际缴付的事业保险费,均不计入个人当期工资、薪金收入,免予征收个人所得税;超过《失业保险条例》规定的比例缴付失业保险费的,应将其超过规定比例缴付的部分计入职工个人当期的工资、薪金收入,依法计征个人所得税。

(5) 对企业为员工支付各项免税之外的保险金,应在企业向保险公司缴付时并入员工当期的工资收入,按"工资、薪金"所得项目计征个人所得税,税款由企业负责代扣代缴。

(6) 单位为职工个人购买商业性补充养老保险等,在办理投保手续时应作为个人所得税的"工资、薪金所得"项目,按税法有关规定缴纳个人所得税;因各种原因退保,个人未取得实际收入的,已缴纳的个人所得税应予以退回。

(7) 退休人员再任职取得的收入,在减除按《个人所得税法》规定的费用扣除标准后,按"工资、薪金所得"应税项目缴纳个人所得税。

(8) 住房制度改革期间,按照县以上人民政府规定的房改成本价向职工售房,免征个人所得税。除上述符合规定的情形外,单位按照低于购置或建造成本价格出售住房给职工,职工因此实际支付购房款低于该房屋的购置或建造成本,此项少支出的差价部分,按"工资、薪金所得"项目征税。

(二) 关于个人取得全年一次性奖金的征税问题

全年一次性奖金是指行政机关、企事业单位等扣缴义务人根据其全年经济效益和对雇员全年工作业绩的综合考核情况,向雇员发放的一次性奖金。全年一次性奖金也包括年终一次性奖金、年终加薪、实行年薪制和绩效工资办法的单位根据考核情况兑现的年薪和绩效工资。

对雇员以非上市公司股票期权形式取得的工资薪金所得,因一次收入较多,可比照全年一次性奖金征税办法计算征收个人所得税。

(1) 基本计税规则:纳税人取得全年一次性奖金,单独作为一个月工资、薪金所得计税纳税,并按规定计税办法,由扣缴义务人发放时代扣代缴:

①先将雇员当月内取得的全年一次性奖金,除以12个月,按其商数确定适用税率和速算扣除数。

如果在发放年终一次性奖金的当月,雇员当月工资薪金所得低于税法规定的费用扣除额,应将全年一次性奖金减除"雇员当月工资薪金所得与费用扣除额的差额"后的余额,按上述办法确定全年一次性奖金的适用税率和速算扣除数。

②将雇员个人当月内取得的全年一次性奖金,按上述第1条确定的适用税率和速算扣除数计算征税,计算公式如下:

如果雇员当月工资薪金所得高于(或等于)税法规定的费用扣除额的,适用公式为:

应纳税额 = 雇员当月取得全年一次性奖金 × 适用税率 − 速算扣除数

如果雇员当月工资薪金所得低于税法规定的费用扣除额的,适用公式为:

应纳税额 = (雇员当月取得全年一次性奖金 − 雇员当月工资薪金所得与费用扣除额的差额) × 适用税率 − 速算扣除数

(2) 限制性要求:①在一个纳税年度内,对每一个纳税人,该计税办法只允许采用一次。

②雇员取得除全年一次性奖金以外的其他各种名目奖金,如半年奖、季度奖、加班奖、先进奖、考勤奖等,一律与当月工资、薪金收入合并,按税法规定缴纳个人所得税。

[案例] 中国公民王某的2010年5月份工资1 800元,当月一次性取得上年奖金6 000元,王某全年应缴多少个人所得税?

解析：首先，判断适用税率和速算扣除数：[6 000－(2 000－1 800)]÷12＝483.33（元）；税率5%。

其次，计算应纳税额＝(6 000－2 000＋1 800)×5%＝290（元）。

[案例] 中国公民肖某2010年3月份取得当月工薪收入3 200元和2009年的年终奖金3 600元。肖某3月份应纳多少个人所得税？

解析：当月工薪3 200元扣除生计费后（2 000）依规定税率（10%）和速算扣除数（25）计税95元；3 600元一次性奖金除12算出月平均奖金300元，不扣费用直接对应税率5%，3 600×5%＝180（元），再将两者税额相加。

(3 200－2 000)×10%－25＋3 600×5%＝95＋180＝275(元)

五、个人股票期权应纳税额的计算

实施股票期权计划企业授予该企业员工的股票期权所得，应按《个人所得税法》及其实施条例有关规定征收个人所得税。

企业员工股票期权（以下简称股票期权）是指上市公司按照规定的程序授予本公司及其控股企业员工的一项权利，该权利允许被授权员工在未来时间内以某一特定价格购买本公司一定数量的股票。

对于股权激励计划的涉税情况图示如下：

第一种情况，如果取得非公开交易的期权。主要涉税情况如图5-1所示：

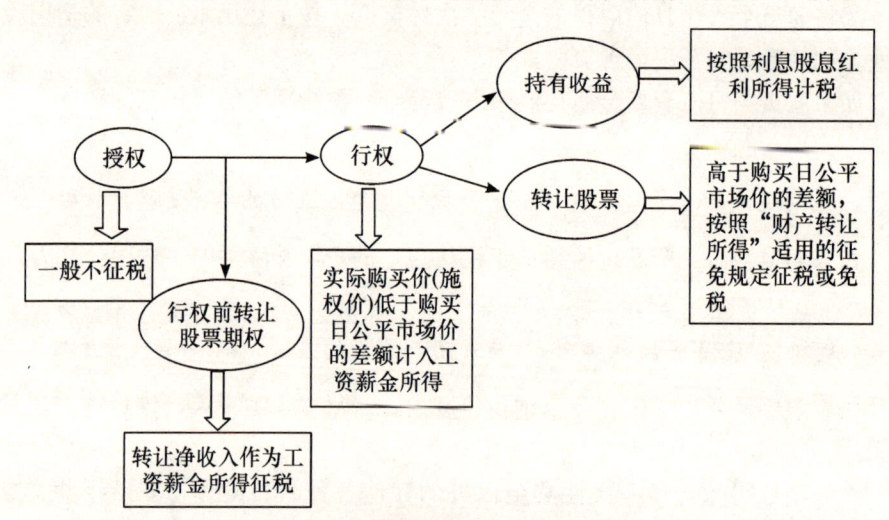

图5-1 非公开交易期权涉税情况

第二种情况，如果取得公开交易期权，主要涉税情况如图5-2所示：

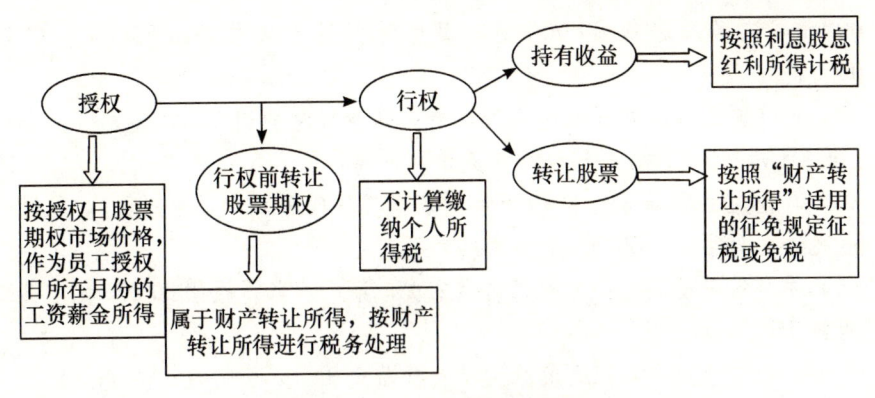

```
         授权 ─────────→ 行权 ─────→ 持有收益 ══→ 按照利息股息
          │               │                        红利所得计税
          │               │
          ↓               ↓         转让股票 ══→ 按照"财产转
  按授权日股票    行权前转让  不计算缴              让所得"适用
  期权市场价格,  股票期权    纳个人所              的征免规定征
  作为员工授权                得税                 税或免税
  日所在月份的    ⇓
  工资薪金所得   属于财产转让所得,按财产
                 转让所得进行税务处理
```

图 5-2　公开交易期权涉税情况

政策解析：第一，对于公司雇员取得不可公开交易的股票期权与可公开交易的股票期权的计税规定不同。第二，取得股票期权形式的工资薪金所得可与当月取得的工资收入分别缴税。也就是说，纳税人取得股票期权形式的工资薪金所得不用并入当月取得的工资收入一并计算税款，而是分别按规定计算个人所得税。第三，单独计算税额公式的规定月份数是指员工取得来源于中国境内的股票期权形式的工资薪金所得的境内工作期间月份数，长于 12 个月的，按 12 个月计算。上述境内工作期间月份数，包括为取得和行使股票期权而在中国境内工作期间的月份数。即在可行权以前必须履行工作义务的月份数。

[案例]　某企业员工小李月薪 5 000 元，公司按照股权激励计划授予其股票期权（该期权不可公开交易），承诺小李在企业工作自 2008 年 8 月至 2009 年 3 月须履行工作义务 8 个月，则以每股 1 元的面值购买该企业股票 20 000 股。2008 年 8 月小李得到期权时不对此行为纳税；2009 年 3 月小李行权时，该股票市价每股 2.5 元，小李月薪和行权所得都各自按照工资薪金纳税：

小李 5 000 元月薪应纳税额 =（5 000－2 000）×15%－125 = 325（元）
小李股票行权应税所得 = 20 000×(2.5－1) = 30 000（元）
小李股票行权应纳税额 =（30 000/8×15%－125）×8 = 3 500（元）
小李当月共缴纳个人所得税额 = 325＋3 500 = 3 825（元）

[案例]　公民李某提供了下列纳税资料，确认 3 月取得以下几笔收入：

(1) 为一房地产开发企业的董事会成员，本月实际取得工资收入 2 328 元（已扣除按国家规定比例提取上缴的住房公积金 72 元），独生子女补贴 100 元，年终奖金 3 000 元，又取得董事费收入 2 000 元。

(2) 因投保财产遭受损失，取得保险赔款 5 000 元；另外，本月还取得国库券利息收入 200 元，集资利息 1 800 元。

(3) 共有 2 套住房，本月将另一城市的 1 套住房出售，取得转让收入

150 000元,该房屋原值80 000元,卖房时支付有关税费8 500元,广告费1 500元。

(4) 因在国外某公司投资,本月取得该国净股息所得3 000美元(折合人民币24 600元),已被扣缴所得税700美元(折合人民币5 637.50元)。

(5) 与他人共同编写一本30万字的著作《现代房地产企业管理》,取得稿酬20 000元,各分得10 000元。

(6) 本月接受邀请给一个单位讲学2次,第一次取得报酬20 000元,第二次取得报酬15 000元。

解析:(1) 李某本月取得的独生子女补贴免征个人所得税;住房公积金应在工资薪金收入中扣除,由于当月工资薪金收入超过800元,因此,对年终奖金直接作为应纳税所得额征税。

$$工资收入应纳税额=(2\,328-2\,000)\times 5\%=16.40(元)$$

$$年终奖金应纳税额=3\,000\times 15\%-125=325(元)$$

个人由于担任董事职务所取得的董事费收入,应按劳务报酬所得项目征税。

$$董事费收入应纳税额=(2\,000-800)\times 20\%=240(元)$$

(2) 国库券利息收入及保险赔款收入免征个人所得税。

(3) 利息收入应纳个人所得税$=1\,800\times 20\%=360$(元)

$$应纳税所得额=150\,000-80\,000-8\,500-1\,500=60\,000(元)$$

$$应纳个人所得税额=60\,000\times 20\%=12\,000(元)$$

(4) 来自该国所得的抵免限额$=(24\,600+5\,637.50)\times 20\%=6\,047.50$(元)

由于李某在该国已被扣缴的所得税额不超过抵免限额,故来自该国所得的允许抵免额为5 637.50元。应纳税额$=6\,047.50-5\,637.50=410$(元)

(5) 二人或二人以上的个人共同取得同一项目收入的,按照"先分、后扣、再税"的办法计征个人所得税。

$$李某应纳所得税=10\,000\times(1-20\%)\times 20\%\times(1-30\%)=1\,120(元)$$

(6) 李某本月给同一单位讲学,属于同一连续性收入,以一月内取得的收入为一次。

$$应纳税所得额=(20\,000+15\,000)\times(1-20\%)=28\,000(元)$$

对个人一次取得劳务报酬,其应纳税所得额超过20 000元的,实行加成征收的办法。

$$应纳个人所得税额=28\,000\times 30\%-2\,000=6\,400(元)$$

综上，李某应纳个人所得税额＝16.40＋325＋240＋360＋12 000＋410＋1 120＋6 400＝20 871.40（元）

对于两个或者两个以上的个人共同取得同一项目收入的，应当对每个人取得的收入分别按照税法规定减除费用后计算纳税。

第六章 增值税政策解析与涉税处理

第一节 增值税的基本规定

增值税是以销售货物、提供加工、修理修配劳务以及进口货物取得的增值额为征税对象的一种流转税。按照我国增值税法规定,增值税是对我国境内销售货物或者提供加工、修理修配劳务以及进口货物的企业单位和个人,就其货物销售或提供劳务的增值额和货物进口金额为计税依据而课征的一种流转税。

一、增值税的征税范围

增值税的征税范围包括三个:(1)销售货物;(2)提供加工、修理修配劳务;(3)进口货物。我国对货物和劳务不统一征收增值税,而是分别征收增值税和营业税。当然,在劳务中,加工、修理修配劳务是例外,征收增值税而非营业税。

关于征税范围,应注意以下解释:货物,是指有形动产,包括电力、热力、气体在内。加工,是指受托加工货物,即委托方提供原料与主要材料,受托方按照委托方的要求制造货物并收取加工费的业务。修理修配,是指受托对损伤和丧失功能的货物进行修复,使其恢复原状和功能的业务。销售货物,是指有偿转让货物的所有权。提供加工、修理修配劳务,是指有偿提供加工、修理修配劳务。但单位或个体经营者聘用的员工为本单位或者雇主提供加工、修理修配劳务,不包括在内。有偿,包括从购买方取得货币、货物或其他经济利益。在中华人民共和国境内(以下简称境内)销售货物,是指所销售的货物的起运地或所在地在境内。单位,是指国有企业、集体企业、私有企业、股份制企业、其他企业和行政单位、事业单位、军事单位、社会团体及其他单位。个人，是指个体经营者及其他个人。

纳税人的有些行为虽然从民法上看不属于销售货物行为，但在税法上仍然将其视为销售货物的行为，应当征收增值税。根据现行税法的规定，单位或个体经营者的下列行为，视同销售货物：（1）将货物交付他人代销；（2）销售代销货物；（3）设有两个以上机构并实行统一核算的纳税人，将货物从一个机构移送其他机构用于销售，但相关机构设在同一县（市）的除外；（4）将自产或委托加工的货物用于非应税项目；（5）将自产、委托加工或购买的货物作为投资，提供给其他单位或个体经营者；（6）将自产、委托加工或购买的货物分配给股东或投资者；（7）将自产、委托加工的货物用于集体福利或个人消费；（8）将自产、委托加工或购买的货物无偿赠送他人。

由于我国对货物和劳务分别征税，而现代经济中出现了大量既有货物因素，也有劳务因素的销售行为，对此，我国税法将其界定为"混合销售行为"。根据现行税法的规定，一项销售行为如果既涉及货物又涉及非应税劳务，为混合销售行为。从事货物的生产、批发或零售的企业、企业性单位及个体经营者的混合销售行为，视为销售货物，应当征收增值税；其他单位和个人的混合销售行为，视为销售非应税劳务，不征收增值税。纳税人的销售行为是否属于混合销售行为，由国家税务总局所属征收机关确定。非应税劳务，是指属于应缴营业税的交通运输业、建筑业、金融保险业、邮电通信业、文化体育业、娱乐业、服务业等征收范围的劳务。从事货物的生产、批发或零售的企业、企业性单位及个体经营者，包括以从事货物的生产、批发或零售为主，并兼营非应税劳务的企业、企业性单位及个体经营者在内。

由于法律允许纳税人从事多种经营项目，因此，很多纳税人兼有销售货物和提供劳务两种经营，对此，税法将其界定为"兼营行为"。根据现行税法的规定，纳税人兼营非应税劳务的，应分别核算货物或应税劳务和非应税劳务的销售额。不分别核算或者不能准备核算的，其非应税劳务应与货物或应税劳务一并征收增值税。纳税人兼营的非应税劳务是否应当一并征收增值税，由国家税务总局所属征收机关确定。

二、建筑业、房地产业的相关规定

国税发〔1993〕154号文规定，基本建设单位和从事建筑安装业务的企业附设的工厂、车间生产的水泥预制构件、其他构件或建筑材料，用于本单位或本企业的建筑工程的，应在移送使用时征收增值税。但对其在建筑现场制造的预制构件，凡直接用于本单位或本企业建筑工程的，征收营业税，不征收增值税。

[案例] A建筑工程公司（具备建筑行政部门批准的建筑业施工资质）下辖4个施工队、1个金属结构件工场、1个招待所（均为非独立核算单位），2010年经营业务如下：

(1) 承包某建筑工程项目，并与建设方签订建筑工程施工总包合同，总包合同明确工程总造价3 000万元，其中：建筑业劳务费价款1 000万元；由A建筑工程公司提供、并按市场价确定的金属结构件金额为500万元（购进金属结构件时取得相关的增值税专用发票，支付价款300万元）；建设方采购建筑材料等1 500万元。工程当年完工并进行了价款结算。

(2) A建筑工程公司将其中200万元的建筑工程项目分包给B建筑工程公司（B建筑工程公司为只提供建筑业劳务的单位）。

请分析A公司所应缴纳的营业税和增值税。

解析：对于A公司，其工程的全部造价减去金属结构件的材料消耗和外包给B公司的份额后的余额为营业额；金属结构件由于是本公司制造的，在移送时缴纳增值税；分包给B公司的业务由B公司自行缴纳营业税。所以计算结果如下：

A公司总承包建筑工程应缴纳的营业税＝(3 000－500－200)×3％＝69(万元)

A公司应缴纳增值税＝500/(1＋17％)×17％－300×17％＝21.65(万元)

一项销售行为如果既涉及货物又涉及非增值税应税劳务，为混合销售行为。除本细则第六条的规定外，从事货物的生产、批发或者零售的企业、企业性单位和个体工商户的混合销售行为，视为销售货物，应当缴纳增值税；其他单位和个人的混合销售行为，视为销售非增值税应税劳务，不缴纳增值税。

上述所称非增值税应税劳务，是指属于应缴营业税的交通运输业、建筑业、金融保险业、邮电通信业、文化体育业、娱乐业、服务业税目征收范围的劳务；所称从事货物的生产、批发或者零售的企业、企业性单位和个体工商户，包括以从事货物的生产、批发或者零售为主，并兼营非增值税应税劳务的单位和个体工商户在内。

《增值税暂行条例实施细则》第六条规定：纳税人的下列混合销售行为，应当分别核算货物的销售额和非增值税应税劳务的营业额，并根据其销售货物的销售额计算缴纳增值税，非增值税应税劳务的营业额不缴纳增值税；未分别核算的，由主管税务机关核定其货物的销售额：

(1) 销售自产货物并同时提供建筑业劳务的行为；

(2) 财政部、国家税务总局规定的其他情形。

在实际经济活动中，建筑业混合销售行为较为常见，与其他行业的混合销售行为相比，具有一定特殊性，容易出现重复征收增值税、营业税问题。为解决建筑业混合销售行为划分征收界限问题，现行政策规定，销售自产货物同时提供应税劳务的纳税人如果具有建筑业资质，并将合同价款分别列明，就可以分别征收增值税和营业税。此次细则修订，将该特殊税收规定的法律地位由规范性文件上升到部门规章。

[案例] 具备钢结构生产安装资质的A建筑公司2009年中标×单位写字楼工程，工程标的3 000万元，其中投资测算钢结构安装价款为500万元，合同总价款并未区分工程劳务价款和材料价款，A公司是增值税一般纳税人，其当期进项税额400万元。如何计算应纳税款。

解析：由于国税发〔2002〕117号文第一条中"不征收营业税"的规定自2009年1月1日起失效，建筑安装企业今后在提供建筑业应税劳务的同时销售自产货物就需要在合同中分别明确注明工程劳务价款和自产货物销售价款，并分别开具建筑业发票和货物销售发票。如果建筑安装企业未分别核算应税劳务的营业额和货物的销售额，主管地方税务机关可以核定其应税劳务的营业额，根据《增值税暂行条例实施细则》主管国家税务机关也可以核定其货物的销售额，纳税人难免陷入非常被动的局面。同时，国税发〔2002〕117号文第四条规定依然有效，即纳税人销售自产货物、提供增值税应税劳务并同时提供建筑业劳务，应向营业税应税劳务发生地的地方税务局提供其机构所在地主管国家税务局出具的纳税人属于从事货物生产的单位或个人的证明，营业税应税劳务发生地的地方税务局根据纳税人持有的证明按本通知的有关规定征收营业税，这也需要建筑安装企业予以重视。

在本案例中：

（1）按照原政策规定，A公司取得的全部收入征收增值税，不征收营业税。

A公司应纳增值税＝3 000/(1+17%)×17%－400＝35.90(万元)

（2）按照新政策规定，由于A公司未分别核算应税劳务的营业额和货物的销售额，主管税务机关可以核定其应税劳务的营业额。

A公司应纳营业税＝500×3%＝15(万元)

A公司应纳增值税＝(3 000－500)/(1+17%)×17%－400＝－36.75（万元），当月为留抵税额。

三、增值税纳税人的相关政策

《增值税暂行条例》第一条规定：在中华人民共和国境内销售货物或提供加工、修理修配劳务以及进口货物的单位和个人为增值税的纳税人。从条例的规定来看，成为增值税纳税人必须同时具备以下几个条件：

（1）销售货物、提供劳务或进口货物的行为已经发生。

（2）销售、进口的货物以及提供的劳务属于增值税的征税范围。

（3）销售货物或提供应税劳务行为发生在我国境内。境内销售货物，是指货物的起运地或所在地在境内；境内销售应税劳务，是指所销售的应税劳务发生在境内。

《增值税暂行条例实施细则》第九条规定：条例第一条所称单位是指企业、行政单位、事业单位、军事单位、社会团体及其他单位。条例第一条所称个人，是指个体工商户及其他个人。

《增值税暂行条例实施细则》第十条规定：企业租赁或承包给其他人经营的，承租人或承包人为纳税人。

根据增值税纳税人的生产经营规模，又可将增值税纳税人分为增值税一般纳税人（以下简称一般纳税人）和增值税小规模纳税人。一般纳税人和小规模纳税人的认定标准规定如下：

一般纳税人是指年应征增值税销售额（以下简称年应税销售额，包括一个公历年度内的全部应税销售额）超过财政部规定的小规模纳税人标准的企业和企业性单位。原则上要求从事货物生产或者提供应税劳务的纳税人，以及以从事货物生产或者提供应税劳务为主，并兼营货物批发或者零售的纳税人，年应征增值税销售额在50万元以上（不含）的，可以认定为一般纳税人。反之，则一律认定为小规模纳税人。除上述规定以外的纳税人，年应税销售额在80万元以上的可以认定为一般纳税人。反之，则一律认定为小规模纳税人。

小规模纳税人是指年销售额在规定标准以下，并且会计核算不健全，不能按规定报送会计资料，实行简易办法征收增值税的纳税人。《增值税暂行条例实施细则》第二十八条对小规模纳税人的标准作出了明确规定。规定如下：从事货物生产或者提供应税劳务的纳税人，以及以从事货物生产或者提供应税劳务为主，并兼营货物批发或者零售的纳税人，年应征增值税销售额（以下简称应税销售额）在50万元以下（含本数，下同）的；除本条第一款第（一）项规定以外的纳税人，年应税销售额在80万元以下的。本条第一款所称以从事货物生产或者提供应税劳务为主，是指纳税人的年货物生产或者提供应税劳务的销售额占年应税销售额的比重在50%以上。

从上述规定看出，新规定对小规模纳税人的限定标准进行降低处理，由原规定的180万元、100万元降低为80万和50万元。具体如表6-1所示：

表6-1　　　　　　一般纳税人和小规模纳税人的认定标准

认定标准 纳税人	生产货物或提供应税劳务的纳税人，或以其为主，并兼营货物批发或零售的纳税人	批发或零售货物的纳税人
一般纳税人	年应税销售额在50万元以上	年应税销售额在80万元以上
小规模纳税人	年应税销售额在50万元以下	年应税销售额在80万元以下

四、增值税的税率

（一）增值税的税率的一般规定

一般纳税人与小规模纳税人的税率如表 6-2 所示：

表 6-2　　　　　　　　　　　　增值税税率

按纳税人划分	税率或征收率	适用范围
一般纳税人	基本税率 17%	销售或进出口货物、提供应税劳务
	低税率 13%	销售或进出口税法列举的五类货物
	简易征收	适用 4% 或 6% 的征收率
小规模纳税人	征收率 3%	属于小规模纳税人的所有企业

（二）增值税税率的特殊规定

根据《财政部、国家税务总局关于部分货物适用增值税低税率和简易办法征收增值税政策的通知》（财税〔2009〕9 号）的规定，下列按简易办法征收增值税的优惠政策继续执行，不得抵扣进项税额：

（1）纳税人销售自己使用过的物品，按下列政策执行：

第一，一般纳税人销售自己使用过的属于条例第十条规定不得抵扣且未抵扣进项税额的固定资产，按简易办法依 4% 征收率减半征收增值税。

一般纳税人销售自己使用过的其他固定资产，应区分不同情形征收增值税：

销售自己使用过的 2009 年 1 月 1 日以后购进或者自制的固定资产，按照适用税率征收增值税；

2008 年 12 月 31 日以前未纳入扩大增值税抵扣范围试点的纳税人，销售自己适用过的 2008 年 12 月 31 日以前购进或者自制的固定资产，按照 4% 征收率减半征收增值税；

2008 年 12 月 31 日以前已纳入增值税扩大抵扣范围试点的纳税人，销售自己使用过的在本地区扩大增值税抵扣范围试点以前购进或自制的固定资产，按照 4% 征收率减半征收增值税；销售自己使用过的在本地区扩大增值税抵扣范围试点以后购进或者自制的固定资产，按照适用税率征收增值税。

一般纳税人销售自己使用过的除固定资产以外的物品，应当按照适用税率征收增值税。

《国家税务总局关于增值税简易征收政策有关管理问题的通知》（国税函〔2009〕90 号）文件进一步明确，一般纳税人销售自己使用过的固定资产，凡根据《财政部国家税务总局关于全国实施增值税转型改革若干问题的通知》（财税〔2008〕170 号）和财税〔2009〕9 号文件等规定，适用按简易办法依 4% 征收率减半征收增值税政策的，应开具普通发票，不得开具增值税专用发票。并按下列公式确定销售额和应纳税额：

销售额＝含税销售额÷(1＋4%)

应纳税额＝销售额×4%÷2

第二，小规模纳税人（除其他个人外）销售自己使用过的固定资产，减按2%征收率征收增值税。小规模纳税人销售自己使用过的固定资产，应开具普通发票，不得由税务机关代开增值税专用发票。

小规模纳税人销售自己使用过的除固定资产以外的物品，应按3%征收率征收增值税。按下列公式确定销售额和应纳税额：

销售额＝含税销售额÷(1＋3%)

应纳税额＝销售额×2%

(2) 纳税人销售旧货，按照建议办法依照4%征收率减半征收增值税。

所称旧货，是指进入二次流通的具有部分使用价值的货物（含旧汽车、旧摩托车和旧游艇），但不包括自己使用过的物品。

纳税人销售旧货，应开具普通发票，不得自行开具或者由税务机关代开增值税专用发票。

(3) 建筑业一般纳税人销售自产的下列货物，可选择按照简易办法依照6%征收率计算缴纳增值税：

第一，建筑用和生产建筑材料所用的砂、土、石料。

第二，以自己采掘的砂、土、石料或者其他矿物连续生产的砖、瓦、石灰（不含粘土实心砖、瓦）。

第三，商品混凝土（仅限于以水泥为原料生产的水泥混凝土）。

一般纳税人选择简易办法计算缴纳增值税后，36个月内不得变更。

[案例] 某公司是一家房地产开发企业，刚完成某项目建设任务，项目经理清理现场后，发现工地上还剩余了两方沙子，因为距离公司和其他施工现场较远，单独运输成本不经济，所以项目经理决定处理卖掉这两方沙子。经联系，这两方沙子卖给了在此施工的另一家建筑公司。这两方沙子如何交税？是交营业税还是交增值税？税率是多少？如何开具发票？

解析：根据《营业税暂行条例实施细则》第八条规定："兼营应税行为和货物或者非应税劳务的，应当分别核算应税行为的营业额和货物或者非应税劳务的销售额，其应税行为营业额缴纳营业税，货物或者非应税劳务销售额不缴纳营业税；未分别核算的，由主管税务机关核定其应税行为营业额。"

该公司销售沙子的业务属于增值税应税劳务，应按规定缴纳增值税。若该公司属于小规模纳税人，小规模纳税人的征收率为3%，该公司可以向主管国税部门申请代为开具增值税发票。

第二节 增值税的涉税处理

增值税是以增值额为课税对象征收的一种税,应纳税增值额等于增值税乘以适用税率。即以纳税人在纳税期内销售应税货物或劳务的销售额乘以适用税率,求出销售应税货物或劳务的整体税金(销项税额),然后扣除非增值项目,即企业购进货物或者应税劳务已缴纳的税额(进项税额)的方法,其余额为纳税人应纳的增值税额。

其计算公式为:

$$当期应纳税额=当期销项税额-当期进项税额$$
$$=当期销售额\times 适用税率-当期进项税额$$

当期销项税额小于当期进项税额不足抵扣时,其不足部分可以结转下期继续抵扣。在实际征收中,采用凭增值税专用发票或其他合法凭证注明税款进行抵扣的办法。

一、销项税额的涉税处理

销项税额是销售方根据纳税期内的销售额计算出来的,并向购买方收取的增值税税额。这里包含两层意思:第一,销项税额是计算出来的,该税额是销售货物或应税劳务的整体税负;第二,销项税额是销售货物并随同货物价格一起向购买方收取的。销项税额不是本环节纳税人的应纳税额。纳税人销售货物或者应税劳务,按照销售额和条例规定的税率计算并向购买方收取的增值税额,为销项税额。

销项税额的计算公式为:

$$销项税额=销售额\times 税率$$

销售额,是指纳税人销售货物或者提供应税劳务,从购买方或承受应税劳务方收取的全部价款和一切价外费用。因向购买方收取的销项税额属于价外税,所以增值税销售额中不包括向购买方收取的销项税额。

价外费用,是指价外向购买方收取的手续费、补贴、基金、集资费、返还利润、奖励费、违约金(延期付款利息)、包装费、包装物租金、储备费、优质费、运输装卸费、代收款项、代垫款项及其他各种性质的价外收费。

但下列项目不包括在内:
(1) 向购买方收取的销项税额;
(2) 受托加工应征消费税的消费品所代收代缴的消费税;
(3) 同时符合以下条件的代垫运费:承运部门的运费发票开具给购货方的;

纳税人将该项发票转交给购货方的。

凡价外费用，无论其会计制度如何核算，均应并入销售额计算应纳税额。

纳税人销售货物或者提供应税劳务，采用销售额和销项税额合并定价方法的，按以下公式计算销售额：

$$销售额＝含税销售额÷(1＋税率或征收率)$$

因增值税属于价外税，纳税人向购买方销售货物或应税劳务所收取的价款中不包含增值税税款，价款和增值税税款在增值税专用发票上也是分别注明的。但在经济业务活动中，有的一般纳税人，如商品零售企业，将货物或应税劳务直接销售给消费者、小规模纳税人，则只能开具普通发票，而不能开具增值税专用发票。另外，小规模纳税人发生销售货物或应税劳务，除通过税务所代开增值税专用发票外，也只能开具普通发票，将销售货物或应税劳务的价款和增值税税款合并定价并合并收取。这样，在计算应纳增值税税额时，应将含增值税的销售额换算成不含增值税的销售额。

混合销售行为且按规定应当征收增值税的，其销售额为货物与非应税劳务的销售额的合计；兼营非应税劳务且按规定应当征收增值税的，其销售额为货物或者应税劳务与非应税劳务的销售额合计。

纳税人销售货物或者提供应税劳务的价格明显偏低无正当理由的，或者视同销售行为而无销售额的，由主管税务机关核定其销售额。税务机关可按下列顺序确定销售额：

（1）按纳税人当月同类货物的平均销售价格确定；
（2）按纳税人最近时期同类货物的平均销售价格确定；
（3）按组成计税价格确定。其计算公式为：

$$组成计税价格＝成本×(1＋成本利润率)$$

纳税人为销售货物而出租、出借包装物收取的押金，单独记账核算的，不并入销售额，税法另有规定除外。但对逾期（一般以1年为限）未收回包装物而不再退还的押金，应并入销售额，并按所包装货物的适用税率计算销项税额。

以折扣方式销售货物。纳税人以折扣方式销售货物分为两种：一种是商业折扣，又称价格折扣，是指销货方为鼓励购买者多买而给予的价格折让，即购买越多，价格折扣越多。商业折扣一般都从销售价格中直接折算，即购买方所付的价款和销售方所收的货款，都是按打折以后的实际售价来计算的。另一种是现金折扣，是指销货方为鼓励买方在一定期限内早日付款，而给予的一种折让优惠。对商业折扣，应作如下处理：

（1）销售额和折扣额在同一张发票上分别注明的，按冲减折扣额后的销售额征收增值税；

(2) 将折扣额另开发票的，不论财务会计上如何处理，在征收增值税时，折扣额不得冲减销售额。

纳税人采取以旧换新方式销售货物，应按新货物的同期销售价格确定销售额。所谓以旧换新销售，是指纳税人在销售过程中，折价收回同类旧货物，并以折价款的部分冲减货物价款的一种销售方式。但税法规定，对金银首饰以旧换新业务，可以按照销售方实际收取的不含增值税的全部价款征收增值税。

采取以物易物方式销售货物。以物易物是一种较为特殊的购销活动，是指购销双方不是以货币结算，而是以同等价款的货物相互结算，实现货物购销的一种方式。以物易物的双方都应作购销处理，以各自发出的货物核算销售额并计算销项税额，以各自收到的货物按规定核算购货额并计算进项税额。应注意的是，在以物易物活动中，应分别开具合法的票据，如收到的货物不能取得相应的增值税专用发票或其他合法票据的，不能抵扣进项税额。

[案例] 建筑材料公司其业务以生产建筑材料为主体，同时具有建筑安装资质，2009年12月对外销售建材产品的收入额为400万元（不含税），对外提供增值税应税劳务作业的收入额为100万元（不含税）。由于该产品销路好，还从购买方收取了包装费10万元，运输装卸费20万元，包装物租金10万元，包装物押金40万元（单独记账且未逾期）。所有款项已交开户银行。该公司的产品、劳务均按17%的税率计算销项税额。

解析：税法规定，对增值税一般纳税人向购买方收取的价外费用，应视为含税销售额，在征税时换算成不含税收入再并入销售额。对纳税人为销售货物而出租出借包装物收取的押金，单独记账核算的，时间在1年内，又未过期的，不并入销售额征税。

该公司当月的销售额＝400＋100＋(10＋20＋10)/(1＋17%)＝534.19(万元)

其他业务收入＝(10＋20＋10)/(1＋17%)＝34.19(万元)

销项税额＝534.19×17%＝90.81(万元)

二、进项税额的涉税处理

进项税额是指纳税人购进货物或应税劳务所支付或者承担的增值税税额。所说购进货物或应税劳务包括外购（含进口）货物或应税劳务、以物易物换入的货物、抵偿债务收入的货物、接受投资转入的货物、接受捐赠转入的货物以及在购销货物过程当中支付的运费。在确定进项税额抵扣时，必须按税法规定严格审核。

(一) 准予从销项税额当中抵扣的进项税额

根据税法规定，准予从销项税额当中抵扣的进项税额限于下列增值税扣税凭证上注明的增值税税款和按规定的扣除率计算的进项税额：

（1）纳税人购进货物或应税劳务，从销货方取得增值税专用发票抵扣联上注明的增值税税款。

（2）纳税人进口货物从海关取得的完税凭证上注明和增值税税款。

（3）纳税人购进免税农产品所支付给农业生产者或小规模纳税人的价款，取得经税务机关批准使用的收购凭证上注明的价款按13％抵扣进项税额。

（4）纳税人外购货物和销售货物所支付的运费，按运费结算单据（普通发票）所列运费和基金金额按7％抵扣进项税额。

（5）企业购置增值税防伪税控系统专用设备和通用设备，可凭借购货所取得的专用发票所注明的税额从增值税销项税额中抵扣。

（二）不得从销项税额中抵扣的进项税额

下列项目的进项税额不得从销项税额中抵扣：

（1）用于非增值税应税项目、免征增值税项目、集体福利或者个人消费的固定资产进项税额不得抵扣。

非增值税应税项目，是指提供非增值税应税劳务、转让无形资产、销售不动产和不动产在建工程。个人消费包括交际应酬费。机器、机械、运输工具等固定资产经常混用于生产应税和免税货物，如果无法按照销售额划分，则可以抵扣进项税额。也就是说，只有专门用于非应税项目、免税项目等的固定资产进项税额才不得抵扣，其他混用的固定资产均可抵扣。所以对既用于增值税应税项目（不包括免征增值税项目）也用于非增值税应税项目、免征增值税项目、集体福利或者个人消费的固定资产，准予抵扣进项税额。

需要注意的是，2009年增值税转型改革后，在计算应缴增值税时，允许扣除购入固定资产所含的增值税。

允许抵扣的范围和税额由于增值税征税范围中的固定资产，主要是机器、机械、运输工具以及其他与生产经营有关的设备、工具、器具，因此，增值税转型改革后允许抵扣的固定资产也是上述范围。准予抵扣的固定资产使用期限须超过12个月。

自2009年1月1日起，增值税一般纳税人购进（包括接受捐赠、实物投资）或者自制（包括改扩建、安装）固定资产发生的进项税额，可凭增值税专用发票、海关进口增值税专用缴款书和运输费用结算单据从销项税额中抵扣。纳税人允许抵扣的固定资产进项税额，是指纳税人2009年1月1日以后（含）实际发生，并取得2009年1月1日以后开具的增值税扣税凭证上注明的或者依据增值税扣税凭证计算的增值税额。

必须注意的是，房屋、建筑物以及用于不动产的固定资产在建工程不得抵扣进项税额。一是房屋、建筑物不得抵扣进项税额，不管是否与生产经营有关的房屋、建筑物，均不得抵扣。二是用于不动产的固定资产在建工程不允许抵扣进项税额。转型后，购进货物或者劳务用于机器设备类固定资产的在建工程允许抵扣，只有用于不动产在建工程的不允许抵扣。不动产是指不能移动或者移动后会引起性质、形状改变的财产，包括建筑物、构筑物和其他土地附着物。纳税人新建、改建、扩建、修缮、装饰不动产，均属于不动产在建工程，不能抵扣进项税额。

（2）非正常损失的购进固定资产进项税额不得抵扣。

非正常损失，是指因管理不善造成被盗、丢失、霉烂变质的损失。

（3）非正常损失的在产品、产成品所耗用的购进固定资产进项税额不得抵扣。

（4）国务院财政、税务主管部门规定的纳税人自用消费品进项税额不得抵扣。

个人拥有的应征消费税的游艇、汽车和摩托车等物品与企业技术改进、生产设备更新无关，且容易混入生产经营用品计算抵扣进项税额。为堵塞税收漏洞，借鉴国际惯例，对纳税人自用的应征消费税的摩托车、汽车、游艇进项税额不得抵扣。但如果是外购后销售的，属于普通货物，仍可以抵扣进项税额。

（5）上述4项固定资产的运输费用和销售免税固定资产的运输费用，进项税额不得从销项税额中抵扣。

（三）改变用途或非正常损失已抵扣税额的处理

纳税人已抵扣进项税额的固定资产，用于非应税项目、免税项目、集体福利或者个人消费，以及非正常损失、非正常损失的在产品和产成品所耗用的固定资产，应在当月按下列公式计算不得抵扣的进项税额：

$$不得抵扣的进项税额 = 固定资产净值 \times 适用税率$$

固定资产净值，是指纳税人按照财务会计制度计提折旧后计算的固定资产净值。不得从销项税额中抵扣进项税额的非正常损失仅指因管理不善造成被盗、丢失、霉烂变质的损失。也就是说，因自然灾害发生固定资产损失的进项税额准予抵扣，已经抵扣的不必做进项税额转出。

第三节 增值税的税务管理

一、增值税的纳税义务发生时间

《增值税暂行条例》明确规定了增值税纳税义务的发生时间。纳税义务发生时间，是纳税人发生应税行为应当承担纳税义务的起始时间。销售货物或者应税

劳务的纳税义务发生时间,按销售结算方式的不同,具体确定为:

(1) 采取直接收款方式销售货物,不论货物是否发出,均为收到销售额或取得索取销售额的凭据,并将提货单交给买方的当天。

(2) 采取托收承付和委托银行收款方式销售货物,为发出货物并办妥托收手续的当天。

(3) 采取赊销和分期收款方式销售货物,为按合同约定的收款日期的当天。

(4) 采取预收货款方式销售货物,为货物发出的当天。

(5) 委托其他纳税人代销货物,为收到代销单位销售的代销清单的当天;纳税人以代销方式销售货物,在收到代销清单前已收到全部或部分货款的,其纳税义务发生时间为收到全部或部分货款的当天;对于发出代销商品超过180天仍未收到代销清单及货款的,视同销售实现,一律征收增值税,其纳税义务发生时间为发出代销商品满180天的当天。

(6) 销售应税劳务,为提供劳务同时收讫销售额或取得索取销售额的凭据的当天。

(7) 发生视同销售货物行为,为货物移送的当天。

[案例] 某房地产企业5月1日与一家建筑设备生产企业签订设备购进合同,合同约定签订合同之日预付30%价款,6月1日设备到厂后付30%,7月1日安装完毕双方验收合格后付30%,剩下10%作为质量保证金,一年后如无质量问题付清。

请问:(1) 该销售方式在增值税上应为何种销售方式?

(2) 销售企业的纳税义务发生时间应如何确定?

解析:《增值税暂行条例》第十九条关于增值税纳税义务发生时间的规定,(1) 销售货物或者应税劳务,为收讫销售款项或者取得索取销售款项凭据的当天;先开具发票的,为开具发票的当天。《增值税暂行条例实施细则》(财政部、国家税务总局令2008年第50号)第三十八条规定,条例第十九条第一款第(一)项规定的收讫销售款项或者取得索取销售款项凭据的当天,按销售结算方式的不同,当采取赊销和分期收款方式销售货物时,为书面合同约定的收款日期的当天,无书面合同的或者书面合同没有约定收款日期的,为货物发出的当天;采取预收货款方式销售货物,为货物发出的当天,但生产销售生产工期超过12个月的大型机械设备、船舶、飞机等货物,为收到预收款或者书面合同约定的收款日期的当天;按照该企业的描述,应属于分期付款的销售方式,根据上述规定,其增值税纳税义务发生时间为书面合同约定的收款日期的当天,无书面合同的或者书面合同没有约定收款日期的,为货物发出的当天。

二、增值税的纳税期限

根据《增值税暂行条例》第二十三条规定,增值税的纳税期限分别为1日、

3日、5日、10日、15日、1个月或者1个季度。纳税人的具体纳税期限,由主管税务机关根据纳税人应纳税额的大小分别核定;不能按照固定期限纳税的,可以按次纳税。

纳税人以1个月或者1个季度为1个纳税期的,自期满之日起15日内申报纳税;以1日、3日、5日、10日或者15日为1个纳税期的,自期满之日起5日内预缴税款,于次月1日起15日内申报纳税并结清上月应纳税款。

相对于旧的《增值税暂行条例》而言,新《增值税暂行条例》在纳税期间制度上进行了较大改革:一是增加了季度纳税的期限,对于增值税应税活动比较少的纳税人而言,可以选择按照季度缴纳增值税,这样就将企业每年12次的纳税申报与税款缴纳义务缩减为4次,大大减轻了企业的纳税成本。二是将纳税人纳税申报和缴纳税款的期限从10天延长到15天。这样也可以为企业提供更加充足的时间来准备纳税申报和缴纳税款,减轻了企业的纳税成本。

三、增值税的纳税地点

根据《增值税暂行条例》第二十二条规定,增值税纳税地点为:

(1) 固定业户应当向其机构所在地的主管税务机关申报纳税。总机构和分支机构不在同一县(市)的,应当分别向各自所在地的主管税务机关申报纳税;经国务院财政、税务主管部门或授权的财政、税务机关批准,可以由总机构汇总向总机构所在地的主管税务机关申报纳税。

(2) 固定业户到外县(市)销售货物或者应税劳务,应当向其机构所在地的主管税务机关申请开具外出经营活动税收管理,并向其机构所在地的主管税务机关申报纳税;未开具证明的,应当向销售地或者劳务发生地的主管税务机关申报纳税。未向销售地或者劳务发生地的主管税务机关申报纳税的,由其机构所在地的主管税务机关补征税款。

(3) 非固定业户销售货物或者应税劳务,应当向销售地或者劳务发生地的主管税务机关申报纳税;未向销售地或者劳务发生地的主管税务机关申报纳税的,由其机构所在地或者居住地的主管税务机关补征税款。

(4) 进口货物,应当向报关地海关申报纳税。

扣缴义务人应当向其机构所在地或者居住地的主管税务机关申报缴纳其扣缴的税款。

CHAPTER 7

第七章
企业所得税政策解析与涉税处理

第一节 企业所得税的基本规定

一、企业所得税的纳税人

(一) 纳税人的一般规定

企业所得税的纳税人,是指在中华人民共和国境内的企业和其他取得收入的组织。《中华人民共和国企业所得税法》第一条规定,除个人独资企业、合伙企业不适用企业所得税外,凡在我国境内,企业和其他取得收入的组织(以下统称企业)为企业所得税的纳税人,依照本法规定缴纳企业所得税。

企业所得税的纳税人必须是法人单位。《中华人民共和国公司法》规定,公司是企业法人,有独立的法人财产,享有法人财产权。《中华人民共和国民法通则》规定:"法人是具有民事权利能力和民事行为能力,依法独立享有民事权利和承担民事义务的组织。"这里的民事义务当然包括法人的纳税义务。在国际上,对企业征收所得税一般采用公司法人所得税的形式,有利于合理规范企业所得税的纳税人,也有利于在个人所得税和企业所得税之间划定合理界限。

(二) 纳税人的类别划分

1. 居民企业

居民企业,是指依法在中国境内成立,或者依照外国(地区)法律成立但实际管理机构在中国境内的企业。

企业所得税纳税人的纳税义务与该国实行的税收管辖权密切相关。由于税收管辖权是国家主权的重要组成部分,而国家主权的行使一般要遵从属地原则和属人原则,因此一国的税收管辖权在征税范围上也必须服从属地原则和属人原则。具体到企业所得税的征收,根据属地原则,一国有权对企业来源于本国境内的一切所得征税，而不论取得这笔所得的是本国企业还是外国企业；根据属人原则，一国有权对本国企业的一切所得征税，而不论这笔所得来源于本国境内还是境外。

根据我国的实际情况，借鉴国际通行做法，《企业所得税法》采用了"登记注册地标准"和"实际管辖控制地标准"相结合的办法，规定为依法在中国境内成立，或者依照外国（地区）法律成立但实际管理机构在中国境内的企业为居民企业。这里所讲的依法在中国境内成立的企业，包括依照中国法律、行政法规在中国境内成立的企业、事业单位、社会团体以及其他取得收入的组织。依照外国（地区）法律成立的企业，包括依照外国（地区）法律成立的企业和其他取得收入的组织。所称实际管理机构，是指对企业的生产经营、人员、账务、财产等实施实质性全面管理和控制的机构。

2. 非居民企业

非居民企业，是指依照外国（地区）法律成立且实际管理机构不在中国境内，但在中国境内设立机构、场所的，或者在中国境内未设立机构、场所，但有来源于中国境内所得的企业。

《企业所得税法》按照"登记注册地标准"和"实际管辖控制地标准"相结合的双重标准，明确了非居民企业的判断标准，即实际管理机构不在中国境内的外国企业，只要具备以下两个条件之一，即属于非居民企业：一是在中国境内设立机构、场所；二是在中国境内未设立机构、场所，但有来源于中国境内所得。

这里所称机构、场所，是指在中国境内从事生产经营活动的机构、场所，包括：

第一，管理机构、营业机构、办事机构；

第二，工厂、农场、开采自然资源的场所；

第三，提供劳务的场所；

第四，从事建筑、安装、装配、修理、勘探等工程作业的场所；

第五，其他从事生产经营活动的机构、场所；

第六，非居民企业委托营业代理人在中国境内从事生产经营活动的，包括委托单位或者个人经常代其签订合同，或者储存、交付货物等，该营业代理人视为非居民企业在中国境内设立的机构、场所。

《企业所得税法》明确规定，虽然外国企业不在我国设立机构、场所，但通过其在中国境内的代理人从事上述活动，可根据实际情况视同设立机构、场所处理。视同的条件包括以下三个方面，且必须同时具备：

第一，接受外国企业委托的主体，既可以是中国境内的单位，也可以是中国境内的个人；

第二，代理活动必须是经常的，而非偶然发生的；

第三，代理的具体行为，包括代理签订合同，或者储存、交付货物等。

二、企业所得税的征税对象

《企业所得税法》第三条所称的所得，包括销售货物所得、提供劳务所得、转让财产所得、股息红利等权益性投资所得、利息所得、租金所得、特许权使用费所得、接受捐赠所得和其他所得。具体是指：

（一）销售货物所得

该项所得是指企业销售商品、产品、原材料、包装物、低值易耗品以及其他存货取得的所得，按照交易活动发生地确定。

（二）提供劳务所得

该项所得是指企业从事建筑安装、修理修配、交通运输、仓储租赁、金融保险、邮电通信、咨询经纪、文化体育、科学研究、技术服务、教育培训、餐饮住宿、中介代理、卫生保健、社区服务、旅游、娱乐、加工以及其他劳务服务活动取得的所得。按照劳务发生地确定。

（三）转让财产所得

该项所得是指企业转让固定资产、生物资产、无形资产、股权、债权等财产取得的所得。不动产转让所得按照不动产所在地确定；动产转让所得按照转让动产的企业或者机构、场所所在地确定；权益性投资资产转让所得按照被投资企业所在地确定。

（四）股息、红利等权益性投资收益

该项所得是指企业因权益性投资从被投资方取得的所得，按照分配所得的企业所在地确定。

（五）利息所得

该项所得是指企业将资金提供他人使用但不构成权益性投资，或者他人占用本企业资金取得的所得，包括存款利息、贷款利息、债券利息、欠款利息等所得，按照负担、支付所得的企业或者机构、场所所在地确定，或者按照负担、支付所得的个人的住所地确定。

（六）租金所得

该项所得是指企业提供固定资产、包装物或者其他资产的使用权取得的所得，按照负担、支付所得的企业或者机构、场所所在地确定，或者按照负担、支付所得的个人的住所地确定。

（七）特许权使用费所得

该项所得是指企业提供专利权、非专利技术、商标权、著作权以及其他特许权的使用权取得的所得，按照负担、支付所得的企业或者机构、场所所在地确定，或者按照负担、支付所得的个人的住所地确定。

(八) 接受捐赠所得

该项所得是指企业接受的来自其他企业、组织或者个人无偿给予的货币性资产、非货币性资产。

(九) 其他所得

该项所得是指除以上列举外的也应当缴纳企业所得税的其他所得，包括企业资产溢价所得、逾期未退包装物押金所得、确实无法偿付的应付款项、已作坏账损失处理后又收回的应收款项、债务重组所得、补贴所得、违约金所得、汇兑收益等。

三、企业所得税的税率

(一) 基本税率为25%

适用于居民企业和在中国境内设有机构、场所且所得与机构、场所有关联的非居民企业。新企业所得税法对在我国境内设立机构、场所的外国企业所从事的生产经营业务作进一步的界定，规定该种类型的非居民企业适用税率为25%，同时不能享受对小型微利企业的优惠性税率。

(二) 低税率为20%

适用于在中国境内未设立机构、场所的，或者虽设立机构、场所但取得的所得与其所设机构、场所没有实际联系的非居民企业。但实际征税时适用10%的税率。

知识链接

企业所得税的基本税率调整为25%，这是我国降低企业所得税负担的重要体现。25%的企业所得税率，与个人所得税率的平均数持平，这在一定程度上保持了税收的公平性。

从国际比较角度分析，我国对于企业所得税基本税率的选择，顺应了世界税制改革的趋势。据统计，世界159个开征企业所得税的国家（地区），其所得税的平均税率为28.6%，我国周边18个国家（地区）的企业所得税的平均税率为26.7%，如表7-1所示。我国企业所得税的基本税率为25%，在国际上处于中等偏低水平。这有助于提升我国企业的竞争力，在吸引外资上，仍然具有一定的优势。

表 7-1　　　　亚太主要国家或地区公司所得税税率一览表

国家或地区	税率	备注
日本	法人税税率30%，还有其他地方税，居民税6.21%，企业地方税7.56%；其法定税率达到43.77%	有效税率降至40.69%
印度	国内公司：33.66%（包括附加税） 外国公司：41.82%	另有最低替代税率：国内公司为11.22%；外国公司为10.455%

续表

国家或地区	税率	备注
韩国	14.3%（对第一个1亿韩元应税所得），27.5%（超过1亿韩元，包括10%的居民附加费）	
菲律宾	35%（主业务净所得）；从经营的第四年度起，毛所得适用2%的最低公司所得税	
新加坡	18%	自2008年起税率由20%调整为18%
泰国	30%（符合特定条件可以降低税率）	
印度尼西亚	10%～30%	
斯里兰卡	35%	15%的低税率，适用于非传统出口、农业、旅游推广、建筑业等
澳大利亚	30%	
越南	28%	
马来西亚	28%	
新西兰	33%	
中国香港	16.5%	税率较低，体现国际避税地的优势

注：表7-1提供了亚太主要国家和地区的企业（公司）所得税税率。新企业所得税法所规定的25%的税率在亚太地区是有较强竞争力的，但是，我们也要意识到，国际上出现的减税趋势对我国可能造成巨大影响，例如，新加坡从2008年起，税率将从20%降为18%。中国香港作为国际税收优惠地区，其所得税税率仅为16.5%。

第二节 收入的确认原则与涉税处理

一、计税收入的税务处理

开发产品销售收入的范围为销售开发产品过程中取得的全部价款，包括现金、现金等价物及其他经济利益。企业代有关部门、单位和企业收取的各种基金、费用和附加等，凡纳入开发产品价内或由企业开具发票的，应按规定全部确认为销售收入；未纳入开发产品价内并由企业之外的其他收取部门、单位开具发票的，可作为代收代缴款项进行管理。

（一）销售收入的确认

企业通过正式签订《房地产销售合同》或《房地产预售合同》所取得的收

入，应确认为销售收入的实现，具体按以下规定确认：

采取一次性全额收款方式销售开发产品的，应于实际收讫价款或取得索取价款凭据（权利）之日，确认收入的实现。

采取分期收款方式销售开发产品的，应按销售合同或协议约定的价款和付款日确认收入的实现。付款方提前付款的，在实际付款日确认收入的实现。

采取银行按揭方式销售开发产品的，应按销售合同或协议约定的价款确定收入额，其首付款应于实际收到日确认收入的实现，余款在银行按揭贷款办理转账之日确认收入的实现。

企业将开发产品用于捐赠、赞助、职工福利、奖励、对外投资、分配给股东或投资人、抵偿债务、换取其他企事业单位和个人的非货币性资产等行为，应视同销售，于开发产品所有权或使用权转移，或于实际取得利益权利时确认收入（或利润）的实现。

（二）预售收入的税务处理

企业销售未完工开发产品的计税毛利率由各省、自治区、直辖市国家税务局、地方税务局按下列规定进行确定：

开发项目位于省、自治区、直辖市和计划单列市人民政府所在地城市城区和郊区的，不得低于15%。

开发项目位于地及地级市城区及郊区的，不得低于10%。

开发项目位于其他地区的，不得低于5%。

属于经济适用房、限价房和危改房的，不得低于3%。

企业销售未完工开发产品取得的收入，应先按预计计税毛利率分季（或月）计算出预计毛利额，计入当期应纳税所得额。开发产品完工后，企业应及时结算其计税成本并计算此前销售收入的实际毛利额，同时将其实际毛利额与其对应的预计毛利额之间的差额，计入当年度企业本项目与其他项目合并计算的应纳税所得额。

企业房地产开发经营业务包括土地的开发，建造、销售住宅、商业用房以及其他建筑物、附着物、配套设施等开发产品。除土地开发之外，其他开发产品符合下列条件之一的，应视为已经完工：

（1）开发产品竣工证明材料已报房地产管理部门备案。

（2）开发产品已开始投入使用。

（3）开发产品已取得了初始产权证明。

二、不征税收入的税务处理

"不征税收入"是指从性质和根源上不属于企业经营性活动带来的经济利益、不负有纳税义务并不作为应纳税所得额组成部分的收入范畴。

(一) 财政拨款

财政拨款是指各级人民政府对纳入预算管理的事业单位、社会团体等组织拨付的财政资金，但国务院和国务院财政、税务主管部门另有规定的除外。企业实际收到的财政拨款中的财政补贴和税收返还等，按照现行会计准则的规定，属于政府补助的范畴，计入企业的"营业外收入"科目，除企业取得的所得税返还（退税）和出口退税的增值税进项外，一般作为应税收入征收企业所得税。

> **小贴士**
>
> 　　界定财政拨款的条件有三个：一是财政拨款的主体为各级人民政府，即负有公共管理职责的各级国家行政管理机关；二是拨款对象是纳入预算管理的事业单位、社会团体等组织；三是拨款为列入预算支出的财政资金。考虑到财政拨款界定标准的复杂性，授权国务院和国务院财政、税务主管部门对特殊情况另作规定。

《企业会计准则第 16 号——政府补助》规定：政府补助，是指企业从政府无偿取得货币性资产或非货币性资产，但不包括政府作为企业所有者投入的资本。政府补助的特征是：无偿性的、直接取得资产，政府补助通常附有一定的条件，政府补助不属于资本性投入。政府补助的主要形式有：

(1) 财政拨款。财政拨款是政府无偿拨付给企业的资金，通常在拨款时明确规定了资金用途。

(2) 财政贴息。财政贴息是政府为支持特定领域或区域发展，根据国家宏观经济形势和政策目标，对承贷企业的银行贷款利息给予的补贴。财政贴息主要有两种方式：一是财政将贴息资金直接拨付给受益企业；二是财政将贴息资金拨付给贷款银行。

(3) 税收返还。税收返还是政府按照国家有关规定采取先征后返（退）、即征即退等办法向企业返还的税款，属于以税收优惠形式给予的一种政府补助。增值税出口退税（进项税额）不属于政府补助。

(4) 无偿划拨非货币性资产。如行政无偿划拨土地使用权、天然林等。

> **知识链接**
>
> 　　税法把企业实际收到的财政补贴和税费返还排除在"财政拨款"之外，其原因有三：
> 　　一是企业从政府取得的补贴收入导致经济利益的流入和企业净资产增加，符合收入总额的立法精神。
> 　　二是为了规范财政补贴和加强减免税的管理。自 1994 年分税制财政体制改革以来，中央集中管理税权，各地不得自行或擅自减免税，个别地区为了促进地方经济发展采取各种"财政补贴"变相减免税，造成对中央税权的侵蚀，对企业从政府取得的财政补贴征税，有利于加强对财政补贴收入和减免税的管理。

三是出于尽量减少税法与财务会计制度的差异，会计准则已经把政府补助计入了"营业外收入"，税法也没有必要在此问题上保持差异，这有利于降低纳税遵从成本和征收管理成本。

（二）依法收取并纳入财政管理的行政事业性收费

依法收取并纳入财政管理的行政事业性收费是指国家机关、事业单位、代行政府职能的社会团体及其他组织根据法律法规等有关规定，依照国务院规定程序批准，在实施社会公共管理，以及在向公民、法人提供特定公共服务过程中，向特定对象收取的费用。行政事业性收费主要具备以下条件：

第一，依照法律法规等有关规定，并按照国务院规定程序报经批准的；

第二，以实施社会公共管理为目的而收取的；

第三，收取对象只限于直接从该公共服务中受益的特定群体；

第四，执行收支两条线，收费上缴国库，纳入财政管理的。

小贴士

《企业所得税法》规定行政事业性收费和政府性基金为不征税收入，主要基于以下考虑：一是行政事业性收费和政府性基金的组织或机构一般是承担行政性职能或从事公共事务的，不以营利为目的，一般不作为应税收入的主体；二是行政事业性收费和政府性基金一般通过财政的"收支两条线"管理，封闭运行，对其征税没有实际意义。

（三）依法收取并纳入财政管理的政府性基金

依法收取并纳入财政管理的政府性基金是指企业依照法律、行政法规等有关规定，代政府收取的具有专项用途的财政资金。政府性基金应具备以下条件：

（1）有法律、行政法规等有关规定为依据；

（2）企业代政府收取的；

（3）具有专项用途，政府性基金通常是国家为对某一领域进行支持而征收的，必须专款专用；

（4）属于上缴国库，纳入预算管理的财政资金。

综上所述，财政拨款和行政事业性收费和政府性基金属于不征税收入，而不是免税收入。"不征税收入"是不应当征税的收入项目，而"免税收入"属于应税收入性质，只是国家出于特定政策意图的考虑对其予以暂免征税，所以免税收入属于税收优惠政策的一部分。

（四）国务院规定的其他不征税收入

是指企业取得的，由国务院财政、税务主管部门规定专项用途并经国务院批准的财政性资金。

第三节 成本费用的扣除政策与涉税处理

一、成本对象的确定原则

房地产开发企业的开发总成本由各个成本对象的成本组成，而每个成本对象又由各个具体的成本项目组成。如图 7-1 所示：

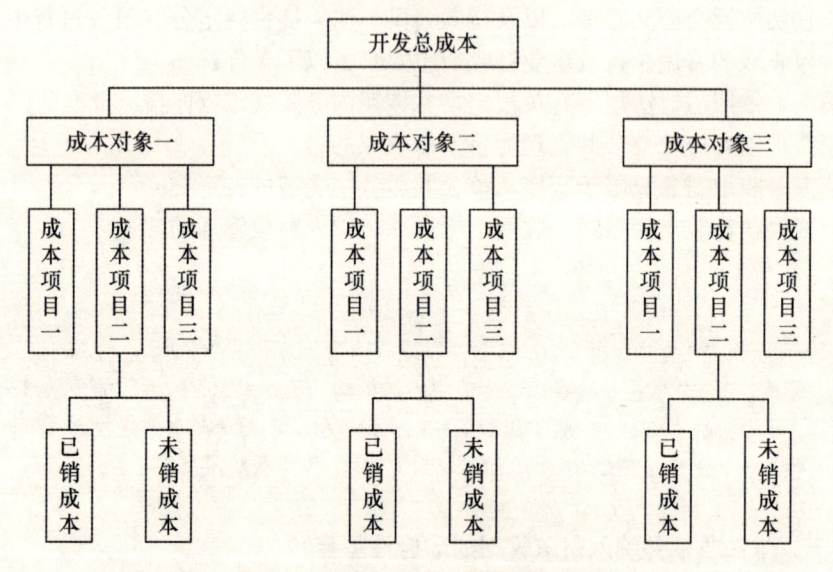

图 7-1 房地产企业开发成本的组成

（一）会计核算中成本对象的确定原则

（1）单体开发项目，一般以每一独立编制设计概算或施工图预算所列的单项开发工程为成本核算对象。

（2）在同一开发地点、结构类型相同、开竣工时间相近、由同一施工单位施工或总包的群体开发项目，可以合并为一个成本核算对象。

（3）成片分期（区）开发的项目，以各期（区）为成本核算对象。

（4）同一项目有裙房、公寓、写字楼等不同功能的，在按期（区）划分成本核算对象的基础上，还应按功能划分成本核算对象。

（5）同一小区、同一期有高层、多层、复式等不同结构的，还应按结构划分成本核算对象。

（6）根据核算和管理需要，对独立的设计概算或施工图预算的配套设施，不论其支出是否摊入房屋等开发产品成本，均应单独作为成本核算对象。

（二）税法规定的成本对象确定原则

《关于印发〈房地产开发经营业务企业所得税处理办法〉的通知》（国税发

〔2009〕31号）规定：计税成本对象的确定原则如下：

（1）可否销售原则。开发产品能够对外经营销售的，应作为独立的计税成本对象进行成本核算；不能对外经营销售的，可先作为过渡性成本对象进行归集，然后再将其相关成本摊入能够对外经营销售的成本对象。

（2）分类归集原则。对同一开发地点、竣工时间相近、产品结构类型没有明显差异的群体开发的项目，可作为一个成本对象进行核算。

（3）功能区分原则。开发项目某组成部分相对独立，且具有不同使用功能时，可以作为独立的成本对象进行核算。

（4）定价差异原则。开发产品因其产品类型或功能不同等而导致其预期售价存在较大差异的，应分别作为成本对象进行核算。

（5）成本差异原则。开发产品因建筑上存在明显差异可能导致其建造成本出现较大差异的，要分别作为成本对象进行核算。

（6）权益区分原则。开发项目属于受托代建的或多方合作开发的，应结合上述原则分别划分成本对象进行核算。

成本对象由企业在开工之前合理确定，并报主管税务机关备案。成本对象一经确定，不能随意更改或相互混淆，如确需改变成本对象的，应征得主管税务机关同意。

二、开发成本的构成

（一）土地征用费及拆迁补偿费

指为取得土地开发使用权（或开发权）而发生的各项费用，主要包括土地买价或出让金、大市政配套费、契税、耕地占用税、土地使用费、土地闲置费、土地变更用途和超面积补交的地价及相关税费、拆迁补偿支出、安置及动迁支出、回迁房建造支出、农作物补偿费、危房补偿费等。

> **知识链接**
>
> **土地闲置费政策与操作技巧**
>
> 房地产企业以出让方式取得土地使用权进行房地产开发的，必须按照土地使用权出让合同约定的土地用途、动工开发期限开发土地。因超过合同约定的动工开发日期而缴纳的土地闲置费，计入成本对象的施工成本。
>
> 《国务院办公厅转发建设部等部门关于调整住房供应结构稳定住房价格意见的通知》(国办发〔2006〕37号）规定："加大对闲置土地的处置力度，土地、规划等有关部门要加强对房地产开发用地的监管。对超出合同约定动工开发日期满1年未动工开发的，依法从高征收土地闲置费，并责令限期开工、竣工；满2年未动工开发的，无偿收回土地使用权。对虽按合同约定日期动工建设，但开发建设面积不足1/3或已投资额不足1/4，且未经批准中止开发建设连续满1年的，按闲置土地处置。"

> 《房地产开发企业会计制度》规定土地闲置费计入管理费用。《国家税务总局关于印发〈房地产开发经营业务企业所得税处理办法〉的通知》规定，土地闲置费计入"土地征用费及拆迁补偿费"。

（二）前期工程费

指项目开发前期发生的水文地质勘察、测绘、规划、设计、可行性研究、筹建、场地通平等前期费用。

（三）建筑安装工程费

指开发项目开发过程中发生的各项建筑安装费用。主要包括开发项目建筑工程费和开发项目安装工程费等。

（四）基础设施建设费

指开发项目在开发过程中所发生的各项基础设施支出，主要包括开发项目内道路、供水、供电、供气、排污、排洪、通讯、照明等社区管网工程费和环境卫生、园林绿化等园林环境工程费。

（五）公共配套设施费

指开发项目内发生的、独立的、非营利性的，且产权属于全体业主的，或无偿赠与地方政府、政府公用事业单位的公共配套设施支出。

（六）开发间接费

指企业为直接组织和管理开发项目所发生的，且不能将其归属于特定成本对象的成本费用性支出。主要包括管理人员工资、职工福利费、折旧费、修理费、办公费、水电费、劳动保护费、工程管理费、周转房摊销以及项目营销设施建造费等。

三、开发成本的核算方法与技巧

（一）会计核算制度对如何计入成本对象和成本项目的规定

（1）企业应当以权责发生制为基础进行会计确认、计量和报告。

（2）对于房地产企业所发生的成本支出，能够分清成本核算对象的，可直接计入成本核算对象的相应成本项目；应由两个或两个以上的成本核算对象负担的费用，可通过相应明细科目进行归集，再按一定标准分配计入各成本核算对象。

（二）税法中对如何计入成本对象和成本项目的规定

（1）企业在进行成本、费用的核算与扣除时，必须按规定区分期间费用和开发产品计税成本、已销开发产品计税成本与未销开发产品计税成本。

（2）企业发生的期间费用、已销开发产品计税成本、营业税金及附加、土地增值税准予当期按规定扣除。

（3）已销开发产品的计税成本，按当期已实现销售的可售面积和可售面积单位工程成本确认。可售面积单位工程成本和已销开发产品的计税成本按下列公式计算确定：

$$可售面积单位工程成本＝成本对象总成本÷成本对象总可售面积$$

$$已销开发产品的计税成本＝已实现销售的可售面积×可售面积单位工程成本$$

（4）企业在开发区内建造的会所、物业管理场所、电站、热力站、水厂、文体场馆、幼儿园等配套设施，按以下规定进行处理：

其一，属于非营利性且产权属于全体业主的，或无偿赠与地方政府、公用事业单位的，可将其视为公共配套设施，其建造费用按公共配套设施费的有关规定进行处理。

其二，属于营利性的，或产权归企业所有的，或未明确产权归属的，或无偿赠与地方政府、公用事业单位以外其他单位的，应当单独核算其成本。除企业自用应按建造固定资产进行处理外，其他一律按建造开发产品进行处理。

其三，企业在开发区内建造的邮电通讯、学校、医疗设施应单独核算成本，其中，由企业与国家有关业务管理部门、单位合资建设，完工后有偿移交的，国家有关业务管理部门、单位给予的经济补偿可直接抵扣该项目的建造成本，抵扣后的差额应调整当期应纳税所得额。

（三）开发产品计税成本的核算程序

计税成本是指企业在开发、建造开发产品（包括固定资产，下同）过程中所发生的按照税收规定进行核算与计量的应归入某项成本对象的各项费用。

开发产品计税成本支出的内容包括土地征用费及拆迁补偿费、前期工程费、建筑安装工程费、基础设施建设费、公共配套设施费、开发间接费。

（1）对当期实际发生的各项支出，按其性质、经济用途及发生的地点、时间区进行整理、归类，并将其区分为应计入成本对象的成本和应在当期税前扣除的期间费用。同时还应按规定对在有关预提费用和待摊费用进行计量与确认。

（2）对应计入成本对象中的各项实际支出、预提费用、待摊费用等合理的划分为直接成本、间接成本和共同成本，并按规定将其合理的归集、分配至已完工成本对象、在建成本对象和未建成本对象。

（3）对期前已完工成本对象应负担的成本费用按已销开发产品、未销开发产品和固定资产进行分配，其中应由已销开发产品负担的部分，在当期纳税申报时进行扣除，未销开发产品应负担的成本费用待其实际销售时再予扣除。

（4）对本期已完工成本对象分类为开发产品和固定资产并对其计税成本进行结算。其中属于开发产品的，应按可售面积计算其单位工程成本，据此再计算已销开发产品计税成本和未销开发产品计税成本。对本期已销开发产品的计税成本，准予在当期扣除，未销开发产品计税成本待其实际销售时再予扣除。

(5) 对本期未完工和尚未建造的成本对象应当负担的成本费用,应按分别建立明细台账,待开发产品完工后再予结算。

(四) 开发产品核算的制造成本法

企业开发、建造的开发产品应按制造成本法进行计量与核算。其中,应计入开发产品成本中的费用属于直接成本和能够分清成本对象的间接成本,直接计入成本对象,共同成本和不能分清负担对象的间接成本,应按受益的原则和配比的原则分配至各成本对象,具体分配方法可按以下规定选择其一:

(1) 占地面积法。按已动工开发成本对象占地面积占开发用地总面积的比例进行分配。

一次性开发的,按某一成本对象占地面积占全部成本对象占地总面积的比例进行分配。

分期开发的,首先按本期全部成本对象占地面积占开发用地总面积的比例进行分配,然后再按某一成本对象占地面积占期内全部成本对象占地总面积的比例进行分配。

期内全部成本对象应负担的占地面积为期内开发用地占地面积减除应由各期成本对象共同负担的占地面积。

(2) 建筑面积法。按已动工开发成本对象建筑面积占开发用地总建筑面积的比例进行分配。

一次性开发的,按某一成本对象建筑面积占全部成本对象建筑面积的比例进行分配。

分期开发的,首先按期内成本对象建筑面积占开发用地计划建筑面积的比例进行分配,然后再按某一成本对象建筑面积占期内成本对象总建筑面积的比例进行分配。

(3) 直接成本法。按期内某一成本对象的直接开发成本占期内全部成本对象直接开发成本的比例进行分配。

(4) 预算造价法。按期内某一成本对象预算造价占期内全部成本对象预算造价的比例进行分配。

(五) 成本的分配方法

(1) 土地成本的分配。土地成本,一般按占地面积法进行分配。如果确需结合其他方法进行分配的,应商税务机关同意。

土地开发同时连结房地产开发的,属于一次性取得土地分期开发房地产的情况,其土地开发成本经商税务机关同意后可先按土地整体预算成本进行分配,待土地整体开发完毕再行调整。

(2) 公共配套设施开发成本。单独作为过渡性成本对象核算的公共配套设施开发成本,应按建筑面积法进行分配。

（3）借款费用属于不同成本对象共同负担的，按直接成本法或按预算造价法进行分配。

（4）其他成本项目的分配法由企业自行确定。

（六）非货币交易方式下取得的土地使用权的成本

（1）企业、单位以换取开发产品为目的，将土地使用权投资企业的，按下列规定进行处理：

其一，换取的开发产品如为该项土地开发、建造的，接受投资的企业在接受土地使用权时暂不确认其成本，待首次分出开发产品时，再按应分出开发产品（包括首次分出的和以后应分出的）的市场公允价值和土地使用权转移过程中应支付的相关税费计算确认该项土地使用权的成本。如涉及补价，土地使用权的取得成本还应加上应支付的补价款或减除应收到的补价款。

其二，换取的开发产品如为其他土地开发、建造的，接受投资的企业在投资交易发生时，按应付出开发产品市场公允价值和土地使用权转移过程中应支付的相关税费计算确认该项土地使用权的成本。如涉及补价，土地使用权的取得成本还应加上应支付的补价款或减除应收到的补价款。

（2）企业、单位以股权的形式，将土地使用权投资企业的，接受投资的企业应在投资交易发生时，按该项土地使用权的市场公允价值和土地使用权转移过程中应支付的相关税费计算确认该项土地使用权的取得成本。如涉及补价，土地使用权的取得成本还应加上应支付的补价款或减除应收到的补价款。

（七）停车场的成本问题

企业单独建造的停车场所，应作为成本对象单独核算。利用地下基础设施形成的停车场所，作为公共配套设施进行处理。

四、计税成本与成本费用的扣除

企业在进行成本、费用的核算与扣除时，必须按规定区分期间费用和开发产品计税成本、已销开发产品计税成本与未销开发产品计税成本。

企业发生的期间费用、已销开发产品计税成本、营业税金及附加、土地增值税准予当期按规定扣除。

第四节 资产的涉税处理

一、存货的涉税处理

存货，是指企业持有以备出售的产品或者商品、处在生产过程中的在产品、在生产或者提供劳务过程中耗用的材料和物料等。

（一）存货的界定

《企业所得税法》对存货的界定采用了《企业会计准则》关于存货的界定。存货，是指企业在日常活动中持有以备出售的产成品或商品、处在生产过程中的在产品、在生产过程或提供劳务过程中耗用的材料和物料等。存货具体包括原材料、在产品、半成品、产成品、商品、周转材料（含包装物、低值易耗品）。

（二）存货成本的确定方法

(1) 通过支付现金方式取得的存货，以购买价款和支付的相关税费为成本；

(2) 通过支付现金以外的方式取得的存货，以该存货的公允价值和支付的相关税费为成本；

(3) 生产性生物资产收获的农产品，以产出或者采收过程中发生的材料费、人工费和分摊的间接费用等必要支出为成本。

按照《企业会计准则第1号——存货》第十四条的规定，企业应当采用先进先出法、加权平均法或者个别计价法确定发出存货的实际成本。对于性质和用途相似的存货，应当采用相同的成本计算方法确定发出存货的成本。对于不能替代使用的存货、为特定项目专门购入或制造的存货以及提供劳务的成本，通常采用个别计价法确定发出存货的成本。对于已售存货，应当将其成本结转为当期损益，相应的存货跌价准备也应当予以结转。

企业使用或者销售存货的成本计算方法，可以在先进先出法、加权平均法、个别计价法中选用一种。计价方法一经选用，不得随意变更。

税法允许企业按照先进先出法、加权平均法或者个别计价法确定发出存货的实际成本，并在税前扣除，但不允许企业采用后进先出法结转已售存货的成本，即防止企业通过存货计价方法规避税收。

二、固定资产的涉税处理

固定资产，是指企业为生产产品、提供劳务、出租或者经营管理而持有的、使用时间超过12个月的非货币性资产，包括房屋、建筑物、机器、机械、运输工具以及其他与生产经营活动有关的设备、器具、工具等。税法关于固定资产的定义与企业会计准则是一致的。

（一）固定资产的计税基础

(1) 外购的固定资产，以购买价款和支付的相关税费以及直接归属于使该资产达到预定用途发生的其他支出为计税基础。

(2) 自行建造的固定资产，以竣工结算前发生的支出为计税基础；包括建造固定资产所需要的原材料费用、人工费、管理费、缴纳的相关税费、应予资本化的借款费用等。

(3) 融资租入的固定资产，以租赁合同约定的付款总额和承租人在签订租赁合同过程中发生的相关费用为计税基础，租赁合同未约定付款总额的，以该资产的公允价值和承租人在签订租赁合同过程中发生的相关费用为计税基础。

企业会计准则规定，按照租赁开始日租赁资产公允价值与最低租赁付款额现值两者中较低者作为租入固定资产的入账价值，将最低租赁付款额作为长期应付款的入账价值，其差额作为未确认融资费用，在租赁期内按实际利率法摊入财务费用。《企业所得税法实施条例》采用相对简化的方式，比《企业会计准则》的规定更直观、更简单，而且，二者扣除的总金额是一致的。

（4）盘盈的固定资产，以同类固定资产的重置完全价值为计税基础。具体来说，如果同类或类似固定资产存在活跃市场的，按同类或类似固定资产的市场价格，减去按该项资产的新旧程度估计的价值损耗后的余额，作为入账价值；如果同类或类似固定资产不存在活跃市场的，按该项资产的预计未来现金流量的现值，作为入账价值。

（5）通过捐赠、投资、非货币性资产交换、债务重组等方式取得的固定资产，以该资产的公允价值和支付的相关税费为计税基础。之所以以资产的公允价值和支付的相关税费为固定资产的计税基础，是因为新税法规定，企业以固定资产进行捐赠、投资、非货币性资产交换、债务重组等应视同销售，即应当视为先按照公允价销售固定资产，再对外捐赠、对外投资、对外进行非货币性资产交换、对外偿还债务等两项业务进行所得税处理。因而作为固定资产的受让方，也应当按照该项资产的公允价加上受让过程中发生的相关税费作为固定资产的计税基础。

（6）改建的固定资产，以改建过程中发生的改建支出增加计税基础。本规定是指除了已提足折旧的固定资产和租入的固定资产以外，其他固定资产的改扩建支出，包括材料费、人工费、相关税费等应当增加固定资产的计税基础。

（二）固定资产的折旧

1. 固定资产折旧的处理规定

《企业所得税法》规定：在计算应纳税所得额时，企业按照规定计算的固定资产折旧，准予扣除。

下列固定资产不得计算折旧扣除：

（1）房屋、建筑物以外未投入使用的固定资产；
（2）以经营租赁方式租入的固定资产；
（3）以融资租赁方式租出的固定资产；
（4）已足额提取折旧仍继续使用的固定资产；
（5）与经营活动无关的固定资产；
（6）单独估价作为固定资产入账的土地；
（7）其他不得计算折旧扣除的固定资产。

2. 计提折旧的依据和方法

(1) 企业应当自固定资产投入使用月份的次月起计算折旧；停止使用的固定资产，应当自停止使用月份的次月起停止计算折旧。

(2) 企业应当根据固定资产的性质和使用情况，合理确定固定资产的预计净残值。固定资产的预计净残值一经确定，不得变更。这样规定，一方面考虑税法与会计准则的趋同，另一方面不规定净残值率的下限，有利于满足企业及时、足额补偿成本消耗，对财政收入影响不大。但是，企业不得把净残值作为调节税负的手段，预计净残值一经确定，不得变更。

(3) 固定资产按照直线法计算的折旧，准予扣除。但是，此项规定并不意味着企业不可以采用其他折旧方法。

(4) 除国务院财政、税务主管部门另有规定外，固定资产计算折旧的最低年限如下：

——房屋、建筑物，为20年。

——飞机、火车、轮船、机器、机械和其他生产设备，为10年。

——与生产经营活动有关的器具、工具、家具等，为5年。

——飞机、火车、轮船以外的运输工具，为4年；包括汽车、电车、拖拉机、摩托车（艇）、机帆船、帆船以及其他运输工具。

——电子设备，为3年。电子设备是指由集成电路、晶体管、电子管等电子元器件组成的，应用电子技术（包括软件）发挥作用的设备，包括电子计算机以及由电子计算机控制的机器人、数控或者程控系统等。

新税法实施前已投入使用的固定资产，企业已按原税法规定预计净残值并计提的折旧，不做调整。新税法实施后，对此类继续使用的固定资产，可以重新确定其残值，并就其尚未计提折旧的余额，按照新税法规定的折旧年限减去已经计提折旧的年限后的剩余年限，按照新税法规定的折旧方法计算折旧。新税法实施后，固定资产原确定的折旧年限不违背新税法规定原则的，也可以继续执行。

[案例] 某房地产公司2007年1月1日购买一辆货车，购入价为400 000元（不考虑残值），购入当年按5年计提折旧，2007年、2008年已提取两年折旧，折旧额为160 000元。2009年实施新企业所得税法后，该公司根据新法规定，在2008年将折旧年限调整为4年，2009年应提折旧计算如下：

尚未计提折旧余额＝400 000－160 000＝240 000(元)

折旧年限＝4－2＝2(年)

年折旧额＝240 000/2＝120 000(元)

因此，2009年实际提取折旧额120 000元。

(三) 固定资产改建和大修理支出

《企业所得税法》第十三条规定：企业发生的下列支出，作为长期待摊费用，按照规定摊销的,准予扣除。

(1) 已足额提取折旧的固定资产的改建支出,是指改变已足额提取折旧的房屋或者建筑物结构、延长使用年限等发生的支出,按照房屋或者建筑物预计尚可使用年限分期摊销。

(2) 租入固定资产的改建支出,是指改变经营租赁房屋或者建筑物结构的支出,按照合同约定的剩余租赁期限分期摊销。

改建的固定资产延长使用年限的,除上述第1项和第2项的规定外,还应当适当延长折旧年限。

(3) 固定资产的大修理支出,是指同时符合下列条件的支出,按照固定资产尚可使用年限分期摊销。

①修理支出达到取得固定资产时的计税基础50%以上;

②修理后固定资产的使用年限延长2年以上。

(四) 资产处置的所得税政策

《关于企业处置资产所得税处理问题的通知》(国税函〔2008〕828号)规定:

1. 内部处置资产

企业发生下列情形的处置资产,除将资产转移至境外以外,由于资产所有权属在形式和实质上均不发生改变,可作为内部处置资产,不视同销售确认收入,相关资产的计税基础延续计算。

第一,将资产用于生产、制造、加工另一产品;

第二,改变资产形状、结构或性能;

第三,改变资产用途(如自建商品房转为自用或经营);

第四,将资产在总机构及其分支机构之间转移;

第五,上述两种或两种以上情形的混合;

第六,其他不改变资产所有权属的用途。

2. 视同销售行为

企业将资产移送他人的下列情形,因资产所有权属已发生改变而不属于内部处置资产,应按规定视同销售确定收入。

第一,用于市场推广或销售;

第二,用于交际应酬;

第三,用于职工奖励或福利;

第四,用于股息分配;

第五,用于对外捐赠;

第六,其他改变资产所有权属的用途。

如果资产属于企业自制的资产,应按企业同类资产同期对外销售价格确定销售收入；属于外购的资产，可按购入时的价格确定销售收入。

三、无形资产的涉税处理

无形资产，是指企业为生产产品、提供劳务、出租或者经营管理而持有的、没有实物形态的非货币性长期资产，包括专利权、商标权、著作权、土地使用权、非专利技术、商誉等。

(一) 无形资产的计税基础

（1）外购的无形资产，以购买价款和支付的相关税费以及直接归属于使该资产达到预定用途发生的其他支出为计税基础。

（2）自行开发的无形资产，以开发过程中该资产符合资本化条件后至达到预定用途前发生的支出为计税基础。

《企业会计准则第6号——无形资产》规定：企业内部研究开发项目的支出，应当区分研究阶段支出与开发阶段支出。研究是指为获取并理解新的科学或技术知识而进行的独创性的有计划调查。开发是指在进行商业性生产或使用前，将研究成果或其他知识应用于某项计划或设计，以生产出新的或具有实质性改进的材料、装置、产品等。

企业内部研究开发项目研究阶段的支出，应当于发生时计入当期损益。

企业内部研究开发项目开发阶段的支出，同时满足下列条件的，才能确认为无形资产：

①完成该无形资产以使其能够使用或出售在技术上具有可行性；

②具有完成该无形资产并使用或出售的意图；

③无形资产产生经济利益的方式，包括能够证明运用该无形资产生产的产品存在市场或无形资产自身存在市场，无形资产将在内部使用的，应当证明其有用性；

④有足够的技术、财务资源和其他资源支持，以完成该无形资产的开发，并有能力使用或出售该无形资产；

⑤归属于该无形资产开发阶段的支出能够可靠地计量。

在企业的开发活动同时符合上述五个条件后，开发对象形成无形资产，开发活动发生的支出就可以计入无形资产的计税基础。

（3）通过捐赠、投资、非货币性资产交换、债务重组等方式取得的无形资产，以该资产的公允价值和支付的相关税费为计税基础。

(二) 无形资产的摊销

无形资产按照直线法计算的摊销费用，准予扣除。

（1）无形资产的摊销年限不得低于10年。

（2）作为投资或者受让的无形资产，有关法律规定或者合同约定了使用年限的，可以按照规定或者约定的使用年限分期摊销。

（3）无形资产的摊销采用直线法，不留净残值。

（4）外购商誉的支出，在企业整体转让或者清算时，准予扣除。

外购商誉是企业采用购买法兼并时，购买价与卖方可辨认资产公允价值的差额。考虑到商誉的价值很不确定，且不能单独存在和变现，形成商誉的因素难以控制，商誉的价值难以计算损耗等因素，税法规定自创商誉不得计算摊销费用扣除。《企业所得税法实施条例》规定，外购商誉也不计算摊销，其价值在企业整体转让或者清算时，准予扣除。

小贴士

税法和财务制度对无形资产摊销期限均赋予企业一定的选择空间。这样企业也就可以根据自己的具体情况，选择对自己有利的摊销期限将无形资产价值摊入成本费用中。与选择固定资产折旧年限的道理相同，在企业创办初期且享有减免税优惠待遇时，企业可通过延长无形资产摊销期限，将资产摊销额递延到减免税期满后计入企业成本费用中，从而获取节税收益。而对处于正常生产经营期的一般性企业，则宜选择较短的摊销期限。这样做，不仅可以加速无形资产的成本的回收，降低企业未来的不确定性风险，还可以使企业后期成本、费用前移，前期利润后移，从而获得递延纳税的好处。

四、投资资产的涉税处理

投资资产，是指企业对外进行权益性投资和债权性投资形成的资产。具体包括会计准则中的交易性金融资产、持有至到期投资和长期股权投资。

（一）投资资产的分类

（1）权益性投资：该项投资是指以购买被投资单位股票、股份、股权等类似形式进行的投资，投资方拥有被投资单位的产权，是被投资单位的所有者之一，有权参加被投资单位的经营管理和利润分配、承担投资风险。

（2）债权性投资：该项投资主要是指购买债权、债券的投资，双方以契约形式规定还本付息的期限和金额，投资方对被投资企业只有投资本金和利息的索偿权，没有参加被投资单位的经营管理权和利润分配权，也不承担投资风险。

（3）混合性投资：该项投资通常以购买混合型证券为标志。混合型证券是指同时兼有债务性和权益性的证券，如企业发行的优先股股票和可转换证券等。混合型投资兼有权益性投资和债权性投资的特性，可归入权益性投资，也可归入债权性投资。

（二）投资资产的成本确定原则

（1）通过支付现金方式取得的投资资产，以购买价款为成本；

（2）通过支付现金以外的方式取得的投资资产，以该资产的公允价值和支付的相关税费为成本。

(三) 投资资产的税前扣除

《企业所得税法》第十四条规定：企业对外投资期间，投资资产的成本在计算应纳税所得额时不得扣除。这主要是因为：第一，企业对外投资资产对投资方来讲只是一种权益，资产的使用和耗损已经离开投资方，所以投资资产的折旧或摊销不得在投资企业扣除；第二，根据企业所得税税前扣除的相关性原则，税前扣除的成本、费用必须与取得的应纳税收入相关。当投资方从被投资企业分回的股息红利等投资收益，因为分回的是税后净利润，被投资企业已经完税，投资方不再缴税，属于免税所得，投资成本也不得税前扣除。由于所得税是对资产转让净所得征税，因此，《企业所得税法实施条例》规定：企业在转让或者处置投资资产时，投资资产的成本，准予扣除。第三，对外投资，特别是长期投资，一般具有数额大、长期受益的特点，其支出的效益体现于几个会计年度（或几个营业周期），按照企业应纳税所得额计算的收入支出配比原则，应作为资本性支出，而不是当期费用一次性扣除。

[案例] A公司2009年度利润表中利润总额为3 000万元，该公司适用的所得税税率为25%。递延所得税资产及递延所得税负债不存在期初余额。

与所得税核算有关的情况如下：

2009年发生的有关交易和事项中，会计处理与税收处理存在差别的有：

（1）2009年1月开始计提折旧的一项固定资产，成本为1 500万元，使用年限为10年，净残值为0，会计处理按双倍余额递减法计提折旧，税收处理按直线法计提折旧。假定税法规定的使用年限及净残值与会计规定相同。

（2）向关联企业捐赠现金500万元。假定按照税法规定，企业向关联方的捐赠不允许税前扣除。

（3）当期取得作为交易性金融资产核算的股票投资成本为800万元，2009年12月31日的公允价值为1 200万元。税法规定，以公允价值计量的金融资产持有期间市价变动不计入应纳税所得额。

（4）违反环保法规定应支付罚款250万元。

（5）期末对持有的存货计提了75万元的存货跌价准备。

解析：

（1）2009年度当期应交所得税

应纳税所得额=3 000+150+500-400+250+75=3 575（万元）

应交所得税=3 575×25%=893.75（万元）

（2）2009年度递延所得税

递延所得税资产=225×25%=56.25（万元）

递延所得税负债＝400×25%＝100（万元）
递延所得税＝100－56.25＝43.75（万元）

该公司2009年资产负债表相关项目金额及其计税基础如表7-3所示：

表7-3 单位：万元

项目	账面价值	计税基础	应纳税暂时性差异	可抵扣暂时性差异
存货	2 000	2 075		75
固定资产：				
固定资产原价	1 500	1 500		
减：累计折旧	300	150		
减：固定资产减值准备	0	0		
固定资产账面价值	1 200	1 350		150
交易性金融资产	1 200	800	400	
其他应付款	250	250		
总计			400	225

（3）利润表中应确认的所得税费用

所得税费用＝893.75＋43.75＝937.50（万元），确认所得税费用的账务处理如下：

借：所得税费用　　　　　　　　　　　　　　　　9 375 000
　　递延所得税资产　　　　　　　　　　　　　　　　562 500
　贷：应交税费——应交所得税　　　　　　　　　　8 937 500
　　　递延所得税负债　　　　　　　　　　　　　　1 000 000

第五节　企业重组的税务处理

一、企业重组的分类与一般涉税处理

企业重组是指企业在日常经营活动以外发生的法律结构或经济结构重大改变的交易，包括企业法律形式改变、债务重组、股权收购、资产收购、合并、分立等。从经济实质分析，企业重组业务由当事各方之间的一系列资产转让、股份交换和资产置换业务构成。普通的资产买卖是单项资产的交易，企业重组实质上是大规模资产交易的组合。

《财政部、国家税务总局关于企业重组业务企业所得税处理若干问题的通知》

（财税〔2009〕59号）对企业重组业务的所得税处理作出规定。

（一）企业法律形式改变的重组

是指企业注册名称、住所以及企业组织形式等的简单改变。企业法律形式改变的重组主要包括以下两种情况：

（1）企业由法人转变为个人独资企业、合伙企业等非法人组织，或将登记注册地转移至中华人民共和国境外（包括港澳台地区），应视同企业进行清算、分配，股东重新投资成立新企业。企业的全部资产以及股东投资的计税基础均应以公允价值为基础确定。

（2）企业发生其他法律形式简单改变的，可直接变更税务登记，除另有规定外，有关企业所得税纳税事项（包括亏损结转、税收优惠等权益和义务）由变更后企业承继，但因住所发生变化而不符合税收优惠条件的除外。

（二）债务重组

在债务人发生财务困难的情况下，债权人按照其与债务人达成的书面协议或者法院裁定书，就其债务人的债务作出让步的事项。

债务重组交易应按以下规定处理：

（1）以非货币资产清偿债务，应当分解为转让相关非货币性资产、按非货币性资产公允价值清偿债务两项业务，确认相关资产的所得或损失。

（2）发生债权转股权的，应当分解为债务清偿和股权投资两项业务，确认有关债务清偿所得或损失。

（3）债务人应当按照支付的债务清偿额低于债务计税基础的差额，确认债务重组所得；债权人应当按照收到的债务清偿额低于债权计税基础的差额，确认债务重组损失。

（4）债务人的相关所得税纳税事项原则上保持不变。

（三）股权收购

一家企业（以下称为收购企业）购买另一家企业（以下称为被收购企业）的股权，以实现对被收购企业控制的交易。收购企业支付对价的形式包括股权支付、非股权支付或两者的组合。

相关交易应按以下规定处理：

（1）被收购方应确认股权、资产转让所得或损失。

（2）收购方取得股权或资产的计税基础应以公允价值为基础确定。

（3）被收购企业的相关所得税事项原则上保持不变。

（四）资产收购

一家企业（以下称为受让企业）购买另一家企业（以下称为转让企业）实质经营性资产的交易。受让企业支付对价的形式包括股权支付、非股权支付或两者的组合。

相关交易应按以下规定处理：
（1）被收购方应确认股权、资产转让所得或损失。
（2）收购方取得股权或资产的计税基础应以公允价值为基础确定。
（3）被收购企业的相关所得税事项原则上保持不变。

（五）合并

一家或多家企业（以下称为被合并企业）将其全部资产和负债转让给另一家现存或新设企业（以下称为合并企业），被合并企业股东换取合并企业的股权或非股权支付，实现两个或两个以上企业的依法合并。当事各方应按下列规定处理：
（1）合并企业应按公允价值确定接受被合并企业各项资产和负债的计税基础。
（2）被合并企业及其股东都应按清算进行所得税处理。
（3）被合并企业的亏损不得在合并企业结转弥补。

（六）分立

一家企业（以下称为被分立企业）将部分或全部资产分离转让给现存或新设的企业（以下称为分立企业），被分立企业股东换取分立企业的股权或非股权支付，实现企业的依法分立。

当事各方应按下列规定处理：
（1）被分立企业对分立出去资产应按公允价值确认资产转让所得或损失。
（2）分立企业应按公允价值确认接受资产的计税基础。
（3）被分立企业继续存在时，其股东取得的对价应视同被分立企业分配进行处理。
（4）被分立企业不再继续存在时，被分立企业及其股东都应按清算进行所得税处理。
（5）企业分立相关企业的亏损不得相互结转弥补。

二、企业重组的特殊性税务处理

适用特殊性税务处理的条件为：
（1）具有合理的商业目的，且不以减少、免除或者推迟缴纳税款为主要目的。
（2）被收购、合并或分立部分的资产或股权比例符合本通知规定的比例。
（3）企业重组后的连续12个月内不改变重组资产原来的实质性经营活动。
（4）重组交易对价中涉及股权支付金额符合本通知规定比例。
（5）企业重组中取得股权支付的原主要股东，在重组后连续12个月内，不得转让所取得的股权。

企业重组符合上述规定条件的，交易各方对其交易中的股权支付部分，可以按以下规定进行特殊性税务处理：

（1）企业债务重组确认的应纳税所得额占该企业当年应纳税所得额50%以上，可以在5个纳税年度的期间内，均匀计入各年度的应纳税所得额。

企业发生债权转股权业务，对债务清偿和股权投资两项业务暂不确认有关债务清偿所得或损失，股权投资的计税基础以原债权的计税基础确定。企业的其他相关所得税事项保持不变。

（2）股权收购，收购企业购买的股权不低于被收购企业全部股权的75%，且收购企业在该股权收购发生时的股权支付金额不低于其交易支付总额的85%，可以选择按以下规定处理：

第一，被收购企业的股东取得收购企业股权的计税基础，以被收购股权的原有计税基础确定。

第二，收购企业取得被收购企业股权的计税基础，以被收购股权的原有计税基础确定。

第三，收购企业、被收购企业的原有各项资产和负债的计税基础和其他相关所得税事项保持不变。

（3）资产收购，受让企业收购的资产不低于转让企业全部资产的75%，且受让企业在该资产收购发生时的股权支付金额不低于其交易支付总额的85%，可以选择按以下规定处理：

第一，转让企业取得受让企业股权的计税基础，以被转让资产的原有计税基础确定。

第二，受让企业取得转让企业资产的计税基础，以被转让资产的原有计税基础确定。

（4）企业合并，企业股东在该企业合并发生时取得的股权支付金额不低于其交易支付总额的85%，以及同一控制下且不需要支付对价的企业合并，可以选择按以下规定处理：

第一，合并企业接受被合并企业资产和负债的计税基础，以被合并企业的原有计税基础确定；

第二，被合并企业合并前的相关所得税事项由合并企业承继；

第三，可由合并企业弥补的被合并企业亏损的限额＝被合并企业净资产公允价值×截至合并业务发生当年年末国家发行的最长期限的国债利率；

第四，被合并企业股东取得合并企业股权的计税基础，以其原持有的被合并企业股权的计税基础确定。

（5）企业分立，被分立企业所有股东按原持股比例取得分立企业的股权，分立企业和被分立企业均不改变原来的实质经营活动，且被分立企业股东在该企业分立发生时取得的股权支付金额不低于其交易支付总额的85%，可以选择按以下规定处理：

第一，分立企业接受被分立企业资产和负债的计税基础，以被分立企业的原有计税基础确定；

第二，被分立企业已分立出去资产相应的所得税事项由分立企业承继；

第三，被分立企业未超过法定弥补期限的亏损额可按分立资产占全部资产的比例进行分配，由分立企业继续弥补；

第四，被分立企业的股东取得分立企业的股权（以下简称"新股"），如需部分或全部放弃原持有的被分立企业的股权（以下简称"旧股"），"新股"的计税基础应以放弃"旧股"的计税基础确定。如不需放弃"旧股"，则其取得"新股"的计税基础可从以下两种方法中选择确定：直接将"新股"的计税基础确定为零；或者以被分立企业分立出去的净资产占被分立企业全部净资产的比例先调减原持有的"旧股"的计税基础，再将调减的计税基础平均分配到"新股"上。

[案例] 甲公司（股东A公司、B公司）吸收合并乙公司（股东C公司、D公司），乙公司注册资本1 000万元，C公司、D公司对乙公司投资的计税基础分别为700万元、300万元，股权比例分别为70%、30%。合并日乙公司有关数据如下：

会计要素	账面价值	公允价值	计税价值	备注
资产	8 000万元（其中现金1 000万元，非现金资产7 000万元）	10 000万元（现金100万元，非现金资产9 000万元）	非现金资产计税基础7 500万元	(1) 因合并乙公司支付评估费10万元，无其他费用，合并基准日资产总额已剔除评估费。(2) 乙公司计算清算所得无其他纳税调整项目。(3) 乙公司缴纳清算所得税后实际留存收益为4 627.5万元。
长期负债	2 000万元	2 000万元	2 000万元	
实收资本	1 000万元			
留存收益	5 000万元			

甲公司拟向C、D支付甲公司20%的股权（公允价值3 000万元），其余用现金支付。乙公司应纳清算所得税：(9 000－7 500－10)×25%＝372.5（万元）。乙公司缴纳清算所得税后，将导致资产总额减少372.5万元，甲公司实际取得资产总额9 627.5万元，承担负债2 000万元，乙公司商誉作价1 500万元，应向C、D支付对价总额为9 127.5万元（9 627.5－2 000＋1 500），其中，股权支付额3 000万元，现金6 127.5万元。（注：非现金资产中存货价值300万元、固定资产价值6 000万元）

若甲公司原实收资本为4 000万元，甲公司按照非同一控制下的公司合并作账务处理如下：

借：银行存款　　　　　　　　　　　　　　　　627.5万
　　存货　　　　　　　　　　　　　　　　　　3 000万
　　固定资产　　　　　　　　　　　　　　　　6 000万
　　商誉　　　　　　　　　　　　　　　　　　1 500万
　贷：长期负债　　　　　　　　　　　　　　　　2 000万
　　　实收资本——C公司　　　700万（4 000/80%×20%×70%）
　　　　　　　——D公司　　　300万（4 000/80%×20%×30%）
　　　资本公积——资本溢价　　　　　　　　　　2 000万
　　　银行存款　　　　　　　　　　　　　　　6 127.5万

由于乙公司已计算清算所得，甲公司取得现金资产的计税基础为9 000万元，该计税基础应按照每项资产公允价值占全部资产公允价值的比例分配至各项资产。商誉资产的计税基础按1 500万元确定，商誉不得摊销，但可以计提减值准备。根据《企业所得税法实施条例》第六十七条规定，外购的商誉计算公司清算所得时一次性扣除。

合并基准日，乙公司留存收益4 627.5万元，该金额应由C、D公司作为股息所得处理，并享受免征企业所得税优惠。

其中：

C公司应确认股息所得：4 627.5×70%＝3 239.25（万元）

D公司应确认股息所得：4 627.5×30%＝1 388.25（万元）

C公司应确认股权转让所得：股权支付额＋非股权支付额－股息所得－投资计税基础：（3 000＋6 127.5）×70%－3 239.5－700＝2 449.75（万元）

D公司应确认股权转让所得：股权支付额＋非股权支付额－股息所得－投资计税基础：（3 000＋6 127.5）×30%－1 388.25－300＝1 050（万元）

C公司取得甲公司股权比例为14%（20%×70%），投资计税基础为420万元（3 000×14%），D公司取得甲公司股权比例为6%（20%×30%），投资计税基础为180万元（3 000×60%）

[案例]　沿用上述资料，甲公司取得乙公司资产10 000万元、负债2 000万元，乙公司商誉1 500万元，甲公司应向C、D支付对价总额为9 500万元。拟以甲公司60%的股权（公允价值9 000万元）和现金500万元（实际支付额应扣除非股权支付额应纳的所得税）作为对价，股权支付额占交易总额的比例＝9 000/9 500×100%＝94.74%＞85%，符合特殊重组条件，则乙公司不计算清算所得，但必须确认非股权支付额所含的应纳税所得额，并相应调整有关资产的计税基础。

非股权支付额所含的应纳税所得额：（9 000－7 500）×（500/9 000）＝83.33(万元)

由于特殊重组下，乙公司以前年度的亏损由甲公司继续弥补，因此乙公司取得的非股权支付额所含的应税所得应当单独计算所得税，不得弥补亏损，也不作其他纳税调整。

应纳所得税额＝83.33×25％＝20.83（万元）

甲公司取得的资产总额应剔除20.83万元，甲公司作账务处理如下：

借：银行存款	979.17万
存货	3 000万
固定资产	6 000万
商誉	1 500万
贷：长期负债	2 000万
实收资本——C公司	4 200万
	（4 000/40％×60％×70％）
——D公司	1 800万
	（4 000/40％×60％×30％）
资本公积——资本溢价	3 000万
银行存款	479.17万

甲公司取得非现金资产的计税基础：原计税基础＋非股权支付额所含的应税所得＝7 500＋83.33＝7 583.33（万元）。甲公司取得的商誉属于合并成本的一部分，虽然乙公司暂不确认清算所得，但乙公司的股东C、D在未来处置甲公司股权时，商誉的价值会体现在股权转让收入之中，因此甲公司应确认商誉的计税基础1 500万元。

乙公司以前年度的亏损可以在税法规定的剩余年限内由甲公司弥补，但不得超过税法规定的弥补限额。乙公司账面留存收益并入中公司后，由全体股东享有，C、D公司未来从甲公司取得的税后分配，仍然享受免征企业所得税优惠。

乙公司的股东C、D，不确认股权转让所得或损失，但C、D对甲公司投资资产的计税基础，只能对原计税基础（而不是合并日公允价值）进行调整后确定。

C公司取得甲公司股权比例为42％（60％×70％），投资计税基础：原计税基础－收到的非股权支付额＋非股权支付额所含的应纳税所得＝700－449.17×70％＋20.83×70％＝400.16（万元）。

D公司取得甲公司股权比例为18％（60％×30％），投资计税基础为：原计税基础－收到的非股权支付额＋非股权支付额所含的应纳税所得＝300－449.17×30％＋20.83×30％＝171.50（万元）。

第六节　房地产企业所得税的特殊处理

一、公共配套设施的规定

企业在开发区内建造的会所、物业管理场所、电站、热力站、水厂、文体场馆、幼儿园等配套设施，按以下规定进行处理：

属于非营利性且产权属于全体业主的，或无偿赠与地方政府、公用事业单位的，可将其视为公共配套设施，其建造费用按公共配套设施费的有关规定进行处理。可以作为税前扣除。

属于营利性的，或产权归企业所有的，或未明确产权归属的，或无偿赠与地方政府、公用事业单位以外其他单位的，应当单独核算其成本。除企业自用应按建造固定资产进行处理外，其他一律按建造开发产品进行处理。

企业在开发区内建造的邮电通讯、学校、医疗设施应单独核算成本，其中，由企业与国家有关业务管理部门、单位合资建设，完工后有偿移交的，国家有关业务管理部门、单位给予的经济补偿可直接抵扣该项目的建造成本，抵扣后的差额应调整当期应纳税所得额。

单独作为过渡性成本对象核算的公共配套设施开发成本，应按建筑面积法进行分配。

企业单独建造的停车场所，应作为成本对象单独核算。利用地下基础设施形成的停车场所，作为公共配套设施进行处理。

二、视同销售的规定

企业将开发产品用于捐赠、赞助、职工福利、奖励、对外投资、分配给股东或投资人、抵偿债务、换取其他企事业单位和个人的非货币性资产等行为，应视同销售，于开发产品所有权或使用权转移，或于实际取得利益权利时确认收入（或利润）的实现。确认收入（或利润）的方法和顺序为：

按本企业近期或本年度最近月份同类开发产品市场销售价格确定；

由主管税务机关参照当地同类开发产品市场公允价值确定；

按开发产品的成本利润率确定。开发产品的成本利润率不得低于15%，具体比例由主管税务机关确定。

[案例]　以房抵债的税务处理。

2010年4月，某地税局进行纳税检查时发现，某企业2009年8月份为了偿还所欠的工程款100万元，将其开发的商品房转让给某施工单位，该商品房的市场售价为100万元。该企业除了进行账务处理外,未缴纳任何税款。

解析:通过分析,该企业上述行为属于有开发产品抵偿债务的行为,根据税法规定,该企业以房抵债行为应作为视同销售进行处理,应及时确认收入并计算缴纳企业所得税。因此,该企业对该行为只进行账务处理而未缴纳企业所得税的作法是错误的。

三、利息支出的规定

企业为建造开发产品借入资金而发生的符合税收规定的借款费用,可按企业会计准则的规定进行归集和分配,其中属于财务费用性质的借款费用,可直接在税前扣除。

企业集团或其成员企业统一向金融机构借款分摊集团内部其他成员企业使用的,借入方凡能出具从金融机构取得借款的证明文件,可以在使用借款的企业间合理的分摊利息费用,使用借款的企业分摊的合理利息准予在税前扣除。

(一) 资本化期间的确定

根据会计准则的要求,结合房地产企业实际业务情况,房地产企业因借入开发贷款而发生的利息应按如下原则处理:

从贷款取得至开发项目竣工验收期间发生的利息,应当资本化,计入相关资产成本。

开发项目竣工验收后发生的利息,应当费用化,计入当期损益。

新会计准则规定:购建或者生产的符合资本化条件的资产的各部分分别完工,且每部分在其他部分继续建造过程中可供使用或者可对外销售,且为使该部分资产达到预定可使用或可销售状态所必要的购建或者生产活动实质上已经完成的,应当停止与该部分资产相关的借款费用的资本化。购建或者生产的资产的各部分分别完工,但必须等到整体完工后才可使用或者可对外销售的,应当在该资产整体完工时停止借款费用的资本化。

(二) 借款费用的分摊

《房地产开发经营业务企业所得税处理办法》(国税发〔2009〕31号)规定:借款费用属于不同成本对象共同负担的,按直接成本法或按预算造价法进行分配。

一般情况下,房地产企业取得的开发贷款不可能在借款合同中具体指向开发项目中的成本对象,因此,开发贷款的贷款利息无法直接计入成本对象。

开发贷款的贷款利息只能先在一个科目中归集,然后再按照一定的分摊方法分摊,并计入不同的成本对象。贷款利息的分摊方法有以下两种:

直接成本法:指按期内某一成本对象的直接开发成本占期内全部成本对象直接开发成本的比例进行分配。

预算造价法：指按期内某一成本对象预算造价占期内全部成本对象预算造价的比例进行分配。

（1）如果成本对象的竣工时间相同，也就是我们所说的期内开发的成本对象。在按照直接成本法或预算造价法进行分摊时，可以在利息发生时直接将其分摊并计入各成本对象。计算公式如下：

$$\text{成本对象应分摊资本化利息} = \text{本期发生的资本化利息} \times \text{成本对象直接成本或预算造价} \div \text{全部成本对象直接成本或预算造价}$$

也可以先在过渡科目中归集资本化利息，在竣工时再将其一次性分摊并计入各成本对象。计算公式如下：

$$\text{成本对象应分摊资本化利息} = \text{已归集资本化利息} \times \text{成本对象直接成本或预算造价} \div \text{全部成本对象直接成本或预算造价}$$

（2）如果成本对象的竣工时间不相同，也就是我们所说分期开发的成本对象。在按照直接成本法或预算造价法进行分摊时，可以在利息发生时直接将其分摊并计入各成本对象。计算公式如下：

$$\text{已竣工成本对象应分摊资本化利息} = \text{本期发生的资本化利息} \times \text{已竣工成本对象本期实际完成的直接成本或预算造价} \div \text{全部成本对象本期实际完成的直接成本或预算造价}$$

也可以先在过渡科目中归集资本化利息，在竣工时再将其分摊并计入已竣工成本对象。计算公式如下：

$$\text{已竣工成本对象应分摊资本化利息} = \text{已归集资本化利息} \times \text{已竣工成本对象直接成本或预算造价} \div \left(\text{已竣工成本对象直接成本或预算造价} \times 100\% + \text{未竣工成本对象直接成本或预算造价} \times \text{未竣工成本对象开发进度} \right)$$

四、预提费用的扣除

企业在结算计税成本时其实际发生的支出应当取得但未取得合法凭据的，不得计入计税成本，待实际取得合法凭据时，再按规定计入计税成本。

除以下几项预提（应付）费用外，计税成本均应为实际发生的成本。

出包工程未最终办理结算而未取得全额发票的，在证明资料充分的前提下，其发票不足金额可以预提，但最高不得超过合同总金额的10%。

公共配套设施尚未建造或尚未完工的，可按预算造价合理预提建造费用。此类公共配套设施必须符合已在售房合同、协议或广告、模型中明确承诺建造且不可撤销，或按照法律法规规定必须配套建造的条件。

应向政府上交但尚未上交的报批报建费用、物业完善费用可以按规定预提。物业完善费用是指按规定应由企业承担的物业管理基金、公建维修基金或其他专项基金。

五、预缴土地增值税的扣除

[案例] 某房地产开发公司2009年取得商品房预售收入8 000万元，按税法规定计税毛利率为20%。另外，全年期间费用1 000万元，缴纳营业税及附加共440万元，并按预缴率2%预缴土地增值税160万元。该公司计算应纳税所得额为零（8 000×20%－1 000－440－160），因此，未缴纳企业所得税。

当地税务机关在年终所得税清查时，认为该公司预缴的160万元土地增值税不应该在企业所得税税前进行扣除，要求该公司补交税款52.8万元（160×33%）。而该公司则认为预缴的土地增值税也是企业的一项税款支出，应该允许在税前列支。

解析：我国企业所得税税法遵循的是权责发生制原则，成本是否可以税前列支不是看是否已经支付了款项。按此原则，预缴的土地增值税是预付款的性质，应该不允许在企业所得税税前列支。

但在《房地产开发经营业务企业所得税处理办法》（国税发〔2009〕31号）第十二条明确规定：企业发生的期间费用、已销开发产品计税成本、营业税金及附加、土地增值税准予当期按规定扣除。这里单独列示了土地增值税，实际上已经确定土地增值税的预缴金额是可以在税前扣除的。因此，该公司预缴的土地增值税可以在税前进行扣除，税务机关要求补税是错误的。

第八章
土地增值税政策解析与涉税处理

第一节 土地增值税的基本规定

一、土地增值税的征收目的

土地增值税是对转让国有土地使用权、地上建筑物及其附着物并取得收入的单位和个人，就其转让房地产所取得的增值额征收的一种税。现行土地增值税基本规范，是1993年12月13日国务院颁布的《中华人民共和国土地增值税暂行条例》（以下简称《土地增值税暂行条例》），从1994年1月1日起施行。

我国开征土地增值税的目的，概括起来主要有以下三点：

（1）开征土地增值税，是进一步改革和完善税制，增强国家对房地产开发和房地产市场调控力度的客观需要。1993年前后，我国房地产开发过热，度炒买炒卖房地产的投机行为盛行，房地产价格上涨过快，基本建设投资规模过大，土地资源浪费严重，国家为了兴利抑弊，需要发挥税收经济杠杆的调控作用，确保经济健康发展。

（2）开征土地增值税，主要是为了抑制炒买炒卖土地，获取暴利的行为。1993年前后出现的房地产投资过热，主要是一些投资者钻空子，炒买炒卖牟取暴利。房地产投机收益的主要来源是土地的增值收益，包括自然增值和投资增值。随着经济的发展和土地资源的相对短缺，土地的自然增值会越来越大，土地资源属于国家，国家为整治土地和开发土地投入了大量资金，应当对土地的增值取得较多份额。开征土地增值税，通过对转让房地产中过高的收益进行调节，一方面维护了国家的利益，同时也保护了正当开发者的合法权益。另一方面要使投机者不能再获取暴利，土地增值税是对转让房地产的增值收益征税，在房地产转让环节计征，增值多的多征，增值少的少征，无增值的不征。重点调节房地产转让环节的过高收益,抑制炒买炒卖房地产的现象,客观上保护购房者的利益。

(3) 开征土地增值税,是为了规范国家参与国有土地增值收益的分配方式,增加国家财政收入。1994 年 1 月 1 日前,我国涉及房地产交易市场的税收,主要有营业税、企业所得税、个人所得税、契税等。这些税对转让房地产收益可以起到一般调节作用,但对土地增值所获得的过高收入起不到特殊调节作用。在土地增值税未开征前,有些地区已通过征收土地增值费的办法,对土地增值过高收益进行调控,既增加了财政收入,也抑制了炒买炒卖房地产的投机行为。但各地办法不统一,收取标准差别也比较大,开征土地增值税可以统一和规范国家参与土地增值收益分配的方式。

二、土地增值税的纳税人与征税范围

(一) 纳税人

土地增值税的纳税义务人为转让国有土地使用权、地上的建筑及其附着物(以下简称转让房地产)并取得收入的单位和个人。单位包括各类企业、事业单位、国家机关和社会团体及其他组织。个人包括自然人和个体经营者。

概括起来,土地增值税的纳税人具有以下四个特点:

(1) 不论是企业、事业单位、国家机关、社会团体及其他组织,还是个人,只要有偿转让房地产,都是土地增值税的纳税人。

(2) 不论是全民所有制企业、集体企业、私营企业、个体经营者,还是联营企业、合资企业、合作企业、外商独资企业等,只要有偿转让房地产,都是土地增值税的纳税人。

(3) 不论是工业、农业、商业、学校、医院、机关等哪个行业或部门,只要有偿转让房地产,都是土地增值税的纳税人。

(4) 不论是外资企业、外商投资企业、外国驻华机构,不论是中国公民、港澳台同胞,还是外国公民,只要有偿转让房地产,都是土地增值税的纳税人。

(二) 征税范围

根据《土地增值税暂行条例》及其实施细则的规定,土地增值税的征税范围包括:有偿转让国有土地使用权及地上建筑物和其他附着物产权所取得的增值额。

(1) 转让国有土地使用权:是指纳税人在取得按国家法律规定属于国家所有的土地的使用权之后,再次转让的行为。

(2) 地上的建筑物及其附着物连同国有土地使用权一并转让:"地上建筑物"是指建于土地上的一切建筑物,包括地上地下的各种附属设施。"附着物"是指附着于土地上的不能移动或一经移动即遭损坏的物品。

准确界定土地增值税的征税范围十分重要，在实际工作中可以通过以下几条标准来判定：

（1）土地增值税是对转让国有土地使用权及其地上建筑物和附着物的行为征税。

转让的土地，其使用权是否为国家所有，是判定是否属于土地增值税征税范围的标准之一。

根据《中华人民共和国宪法》和《中华人民共和国土地管理法》（以下简称《土地管理法》）的规定，城市的土地属于国家所有。农村和城市郊区的土地除由法律规定属于国家所有的以外，属于集体所有。国家为了公共利益，可以依照法律规定对集体土地实行征用，依法被征用后的土地属于国家所有。对于上述法律规定属于国家所有的土地其土地使用权在转让时，按照《土地增值税暂行条例》规定，属于土地增值税的征税范围。而农村集体所有的土地，根据《土地管理法》、《城市房地产管理法》及国家其他有关规定，是不得自行转让的，只有根据有关法律规定，由国家征用以后变为国家所有时，才能进行转让。故集体土地的自行转让是一种违法行为，应由有关部门来处理。对于目前违法将集体土地转让给其他单位和个人的情况，应在有关部门处理、补办土地征用或出让手续变为国家所有之后，再纳入土地增值税的征税范围。

土地增值税只对转让国有土地使用权的行为课税，转让非国有土地和出让国有土地的行为均不征税。

（2）土地增值税是对国有土地使用权及其地上的建筑物和附着物的转让行为征税。

土地使用权、地上的建筑物及其附着物的产权是否发生转让是判定是否属于土地增值税征税范围的标准之二。该标准有两层含义：

第一，土地增值税的征税范围不包括国有土地使用权出让所取得的收入。国有土地出让是指国家以土地所有者的身份将土地使用权在一定年限内让与土地使用者，并由土地使用者向国家支付土地出让金的行为。由于土地使用权的出让方是国家，出让收入在性质上属于政府凭借所有权在土地一级市场上收取的租金，故政府出让土地的行为及取得的收入也不在土地增值税的征税之列。而国有土地使用权的转让是指土地使用者通过出让等形式取得土地使用权后，将土地使用权再转让的行为，包括出售、交换和赠与，它属于土地买卖的二级市场。土地使用权转让，其地上的建筑物、其他附着物的所有权随之转让。土地使用权的转让，属于土地增值税的征税范围。

第二，土地增值税的征税范围不包括未转让土地使用权、房产产权的行为。是否发生房地产权属（指土地使用权和房产产权）的变更，是确定是否纳入征税范围的一个标准,凡土地使用权、房产产权未转让的(如房地产的出租、自建自用房产),不征收土地增值税。

(3) 土地增值税是对转让房地产并取得收入的行为征税。

这里,是否取得收入是判定是否属于土地增值税征税范围的标准之三。

土地增值税的征税范围不包括房地产的权属虽转让但未取得收入的行为。如以继承、赠与等方式无偿转让的房地产,尽管房地产的权属发生了变更,但权属人并没有取得收入,因此也不征收土地增值税。

不征土地增值税的房地产赠与行为包括以下两种情况：一是房产所有人、土地使用权所有人将房屋产权、土地使用权赠与直系亲属或承担直接赡养义务人的行为；二是房产所有人、土地使用权所有人通过中国境内非营利的社会团体、国家机关将房屋产权、土地使用权赠与教育、民政和其他社会福利、公益事业的行为。

需要强调的是,无论是单独转让国有土地使用权,还是房屋产权与国有土地使用权一并转让的,只要取得收入,均属于土地增值税的征税范围,应对之征收土地增值税。

(三) 具体情况的判定

根据以上三条征税范围的判定标准,我们就可对以下若干具体情况是否属于土地增值税的征税范围进行判定:

1. 以出售方式转让国有土地使用权、地上的建筑物及附着物的

这种情况属于土地增值税的征税范围。这里又分为三种情况:

其一,出售国有土地使用权的。这种情况是指土地使用者通过出让方式,向政府缴纳了土地出让金,有偿受让土地使用权后,仅对土地进行通水、通电、通路和平整地面等土地开发,不进行房产开发,即所谓"将生地变熟地",然后直接将空地出售出去。这属于国有土地使用权的有偿转让,应纳入土地增值税的征税范围。

其二,取得国有土地使用权后进行房屋开发建造然后出售的。这种情况即是一般所说的房地产开发。虽然这种行为通常被称作卖房,但按照国家有关房地产法律和法规的规定,卖房的同时,土地使用权也随之发生转让。由于这种情况既发生了产权的转让又取得了收入,所以应纳入土地增值税的征税范围。

其三,存量房地产的买卖。这种情况是指已经建成并已投入使用的房地产,其房屋所有人将房屋产权和土地使用权一并转让给其他单位和个人。这种行为按照国家有关的房地产法律和法规,应当到有关部门办理房产产权和土地使用权的转移变更手续；原土地使用权属于无偿划拨的,还应到土地管理部门补交土地出让金。这种情况既发生了产权的转让又取得了收入,应纳入土地增值税的征税

范围。

2. 以继承、赠与方式转让房地产

这种情况因其只发生房地产产权的转让，没有取得相应的收入，属于无偿转让房地产的行为，所以不能将其纳入土地增值税的征税范围。这里又可分为两种情况：

一是房地产的继承。房地产的继承是指房产的原产权所有人、依照法律规定取得土地使用权的土地使用人死亡以后，由其继承人依法承受死者房产产权和土地使用权的民事法律行为。这种行为虽然发生了房地产的权属变更，但作为房产产权、土地使用权的原所有人（即被继承人）并没有因为权属的转让而取得任何收入。因此，这种房地产的继承不属于土地增值税的征税范围。

二是房地产的赠与。房地产的赠与是指房产所有人、土地使用权所有人将自己所拥有的房地产无偿地交给其他单位或个人的民事法律行为。但这里的"赠与"仅指以下情况：

第一，房产所有人、土地使用权所有人将房屋产权、土地使用权赠与直系亲属或承担直接赡养义务人的。

第二，房产所有人、土地使用权所有人通过中国境内非营利的社会团体、国家机关将房屋产权、土地使用权赠与教育、民政和其他社会福利、公益事业的。

上述社会团体是指中国青少年发展基金会、希望工程基金会、宋庆龄基金会、减灾委员会、中国红十字会、中国残疾人联合会、全国老年基金会、老区促进会以及经民政部门批准成立的其他非营利的公益性组织。

房地产的赠与虽发生了房地产的权属变更，但作为房产所有人、土地使用权的所有人并没有因为权属的转让而取得任何收入。因此，房地产的赠与不属于土地增值税的征税范围。

3. *房地产的出租*

房地产的出租是指房产的产权所有人、依照法律规定取得土地使用权的土地使用人，将房产、土地使用权租赁给承租人使用，由承租人向出租人支付租金的行为。房地产的出租，出租人虽取得收入，但没有发生房产产权、土地使用权的转让。因此。不属于土地增值税的征税范围。

4. *房地产的抵押*

房地产的抵押是指房地产的产权所有人、依法取得土地使用权的土地使用人作为债务人或第三人向债权人提供不动产作为清偿债务的担保而不转移权属的法律行为。这种情况由于房产的产权、土地使用权在抵押期间产权并没有发生权属的变更，房产的产权所有人、土地使用权人仍能对房地产行使占有、使用、收益等权利，房产的产权所有人、土地使用权人虽然在抵押期间取得了一定的抵押贷款，但实际上这些贷款在抵押期满后是要连本带利偿还给债权人的。因此，对房地产的抵押，在抵押期间不征收土地增值税。待抵押期满后，视该房地产是否转移占有来确定是否征收土地增值税。对于以房地产抵债而发生房地产权属转让的，应列入土地增值税的征税范围。

5. 房地产的交换

这种情况是指一方以房地产与另一方的房地产进行交换的行为。由于这种行为既发生了房产产权、土地使用权的转移，交换双方又取得了实物形态的收入，按《土地增值税暂行条例》规定，它属于土地增值税的征税范围。但对个人之间互换自有居住用房地产的，经当地税务机关核实，可以免征土地增值税。

6. 以房地产进行投资、联营

对于以房地产进行投资、联营的，投资、联营的一方以土地（房地产）作价入股进行投资或作为联营条件，将房地产转让到所投资、联营的企业中时，暂免征收土地增值税。对投资、联营企业将上述房地产再转让的，应征收土地增值税。

7. 合作建房

对于一方出地、一方出资金，双方合作建房，建成后按比例分房自用的，暂免征收土地增值税；建成后转让的，应征收土地增值税。

8. 企业兼并转让房地产

在企业兼并中，对被兼并企业将房地产转让到兼并企业中的，暂免征收土地增值税。

9. 房地产的代建房行为

这种情况是指房地产开发公司代客户进行房地产的开发，开发完成后向客户收取代建收入的行为。对于房地产开发公司而言，虽然取得了收入，但没有发生房地产权属的转移，其收入属于劳务收入性质，故不属于土地增值税的征税范围。

10. 房地产的重新评估

这主要是指国有企业在清产核资时对房地产进行重新评估而使其升值的情况。这种情况下，房地产虽然有增值，但其既没有发生房地产权属的转移，房产产权人、土地使用权人也未取得收入，所以不属于土地增值税的征税范围。

三、土地增值税的税率

土地增值税税率设计的基本原则是增值多的多征，增值少的少征，无增值的不征，对建造普通标准住房的适当照顾。

土地增值税实行四级超率累进税率：
（1）增值额未超过扣除项目金额50％的部分，税率为30％；
（2）增值额超过扣除项目金额50％、未超过扣除项目金额100％的部分，税率为40％；
（3）增值额超过扣除项目金额100％、未超过扣除项目金额200％的部分，税率为50％；
（4）增值额超过扣除项目金额200％的部分，税率为60％。

上述所列四级超率累进税率，每级"增值额未超过扣除项目金额"的比例，均包括本比例数。超率累进税率见表8-1所示。

表8-1　　　　　　　　土地增值税四级超率累进税率表

级数	增值额与扣除项目金额的比率	税率（％）	速算扣除系数（％）
1	不超过50％的部分	30	0
2	超过50％至100％的部分	40	5
3	超过100％至200％的部分	50	15
4	超过200％的部分	60	35

第二节　土地增值税应税收入和扣除项目的确定

一、土地增值税应税收入的确定

纳税人转让房地产取得的应税收入，应包括转让房地产的全部价款及有关的经济收益。从收入的形式来看，包括货币收入、实物收入和其他收入。

（一）货币收入

货币收入是指纳税人转让房地产而取得的现金、银行存款、银行支票、银行本票、汇票等各种信用票据和国库券、金融债券、企业债券、股票等有价证券。

对取得的外币收入，应按取得收入当天或当月1日国家公布的外汇汇率折合人民币计算应税收入。

（二）实物收入

实物收入是指纳税人转让房地产而取得的各种实物形态的收入，如钢材、水泥等建材，房屋、土地等不动产等。实物收入的价值不太容易确定，一般要对这些实物形态的财产按公允价值进行估价确认。

（三）其他收入

其他收入是指纳税人转让房地产而取得的无形资产收入或具有财产价值的权利，如专利权、商标权、著作权、专有技术使用权、土地使用权、商誉权等。这种类型的收入比较少见，其价值需要进行专门的评估。

二、土地增值税扣除项目的确定

土地增值税的税基是增值额，因此，要计算增值额，首先必须确定扣除项目。房地产开发企业办理土地增值税清算时计算与清算项目有关的扣除项目金额，应根据《土地增值税暂行条例》第六条及其实施细则第七条的规定执行。除另有规定外，扣除取得土地使用权所支付的金额、房地产开发成本、费用及与转让房地产有关税金，须提供合法有效凭证；不能提供合法有效凭证的，不予扣除。

税法准予纳税人从转让收入额中减除的扣除项目包括如下几项：

（一）取得土地使用权所支付的金额

取得土地使用权所支付的金额包括两方面的内容：

1. 纳税人为取得土地使用权所支付的地价款

（1）如果是以协议、招标、拍卖等出让方式取得土地使用权的，地价款为纳税人所支付的土地出让金；

（2）如果是以行政划拨方式取得土地使用权的，地价款为按照国家有关规定补交的土地出让金；

（3）如果是以转让方式取得土地使用权的，地价款为向原土地使用权人实际支付的地价款。

2. 纳税人在取得土地使用权时按国家统一规定缴纳的有关费用

指纳税人在取得土地使用权过程中为办理有关手续，按国家统一规定缴纳的有关登记、过户手续费。

（二）房地产开发成本

房地产开发成本是指纳税人房地产开发项目实际发生的成本，包括土地的征用及拆迁补偿费、前期工程费、建筑安装工程费、基础设施费、公共配套设施费、开发间接费用等。

（1）土地征用及拆迁补偿费：指为取得土地开发使用权（或开发权）而发生的各项费用，主要包括土地买价或出让金、大市政配套费、契税、耕地占用税、土地使用费、土地闲置费、土地变更用途和超面积补交的地价及相关税费、拆迁补偿支出、安置及动迁支出、回迁房建造支出、农作物补偿费、危房补偿费等。

（2）前期工程费：指项目开发前期发生的水文地质勘察、测绘、规划、设计、可行性研究、筹建、场地通平等前期费用。

（3）建筑安装工程费：指开发项目开发过程中发生的各项建筑安装费用。主要包括开发项目建筑工程费和开发项目安装工程费等。

属于多个房地产项目共同的成本费用，应按清算项目可售建筑面积占多个项目可售总建筑面积的比例或其他合理的方法,计算确定清算项目的扣除金额。

$$\begin{matrix}清算项目\\可扣除金额\end{matrix} = \left(\begin{matrix}多个项目\\共同成本费用\end{matrix} \div \begin{matrix}多个项目\\可售总面积\end{matrix} \right) \times \begin{matrix}清算项目\\可售面积\end{matrix}$$

(4) 基础设施建设费:指开发项目在开发过程中所发生的各项基础设施支出,主要包括开发项目内道路、供水、供电、供气、排污、排洪、通信、照明等社区管网工程费和环境卫生、园林绿化等园林环境工程费。

(5) 公共配套设施费:包括不能有偿转让的开发小区内公共配套设施发生的支出。

房地产开发企业开发建造的与清算项目配套的居委会和派出所用房、会所、停车场(库)、物业管理场所、变电站、热力站、水厂、文体场馆、学校、幼儿园、托儿所、医院、邮电通信等公共设施,按以下原则处理:

第一,建成后产权属于全体业主所有的,其成本、费用可以扣除;

第二,建成后无偿移交给政府、公用事业单位用于非营利性社会公共事业的,其成本、费用可以扣除;

第三,建成后有偿转让的,应计算收入,并准予扣除成本、费用。

(6) 开发间接费:指企业为直接组织和管理开发项目所发生的,且不能将其归属于特定成本对象的成本费用性支出。主要包括管理人员工资、职工福利费、折旧费、修理费、办公费、水电费、劳动保护费、工程管理费、周转房摊销以及项目营销设施建造费等。

(三) 房地产开发费用

房地产开发费用是指与房地产开发项目有关的销售费用、管理费用和财务费用。根据现行会计制度的规定,财务费用、销售费用、管理费用等三项费用作为期间费用,直接计入当期损益,不按成本核算对象进行分摊。需要强调的是,作为土地增值税扣除项目的房地产开发费用,不是按纳税人房地产开发项目实际发生的费用进行扣除,而是依据《土地增值税暂行条例实施细则》的规定标准,按照取得土地使用权所支付的金额和房地产开发成本之和的一定比例扣除。

《土地增值税暂行条例实施细则》规定,财务费用中的利息支出,凡能够按转让房地产项目计算分摊并提供金融机构证明的,允许据实扣除,但最高不能超过按商业银行同类同期贷款利率计算的金额。其他房地产开发费用,按《实施细则》第七条(一)、(二)项规定(即取得土地使用权所支付的金额和房地产开发成本,下同)计算的金额之和的5%以内计算扣除。凡不能按转让房地产项目计算分摊利息支出或不能提供金融机构证明的,房地产开发费用按《实施细则》第七条(一)、(二)项规定计算的金额之和的10%以内计算扣除。房地产开发费用计算扣除的具体比例,由各省、自治区、直辖市人民政府规定。

上述规定的具体含义是:

(1) 纳税人能够按转让房地产项目计算分摊利息支出,并能提供金融机构的贷款利息证明的,其允许扣除的房地产开发费用为:

实际支付利息+(取得土地使用权所支付的金额+房地产开发成本)×5%以内

(注:利息最高不能超过按商业银行同类同期贷款利率计算的金额)

(2) 纳税人不能按转让房地产项目计算分摊利息支出或不能提供金融机构贷款利息证明的,其允许扣除的房地产开发费用为:

(取得土地使用权所支付的金额+房地产开发成本)×10%以内

这里隐含着实际支付利息只要能够按转让房地产项目计算分摊,并能提供金融机构贷款证明的,可以超过《土地增值税暂行条例实施细则》第七条(一)、(二)项规定计算的金额之和的5%。

此外,财政部、国家税务总局还对扣除项目金额中利息支出的计算问题作了两点专门规定:一是利息的上浮幅度按国家的有关规定执行,超过上浮幅度的部分不允许扣除;二是对于超过贷款期限的利息部分和加罚的利息不允许扣除,此项规定与企业所得税扣除规定明显不同,应引起注意。

还要提醒大家的是:《关于土地增值税清算有关问题的通知(国税函〔2010〕220号)规定》:土地增值税清算时,已经计入房地产开发成本的利息支出,应调整至财务费用中计算扣除。

[案例] 某企业开发房地产取得土地使用权所支付的金额1 000万元;房地产开发成本6 000万元;向金融机构借入资金利息支出400万元(能提供贷款证明),其中超过国家规定上浮幅度的金额为100万元;该企业所在省规定能提供贷款证明的其他房地产开发费用为5%。则该企业允许扣除的房地产开发费用为:(400-100)+(1 000+6 000)×5%=650(万元)。

(四) 与转让房地产有关的税金

与转让房地产有关的税金是指在转让房地产时缴纳的营业税、城市维护建设税、印花税。因转让房地产缴纳的教育费附加,也可视同税金予以扣除。

需要明确的是,财税字〔1995〕048号文件规定,房地产开发企业按照《施工、房地产开发企业财务制度》有关规定,其在转让时缴纳的印花税因列入管理费用中,故在此不允许单独再扣除。其他纳税人缴纳的印花税(按产权转移书据所载金额的万分之五贴花)允许在此扣除。

国税函〔2010〕220号文件第五条规定,房地产开发企业为取得土地使用权所支付的契税,应视同"按国家统一规定交纳的有关费用",计入"取得土地使用权所支付的金额"中扣除。

财税字〔1995〕048号文件第十一条规定，对于个人购入房地产再转让的，其在购入时已缴纳的契税，在旧房及建筑物的评估价中已包括了此项因素，在计征土地增值税时，不另作为"与转让房地产有关的税金"予以扣除。

(五) 财政部规定的其他扣除项目

对从事房地产开发的纳税人可按《土地增值税暂行条例实施细则》第七条（一）、（二）项规定计算的金额之和，加计20%的扣除。在此，应特别指出的是：此条优惠只适用于从事房地产开发的纳税人，除此之外的其他纳税人不适用。这样规定，目的是为了抑制炒买炒卖房地产的投机行为，保护正常开发投资者的积极性。

(六) 旧房及建筑物的评估价格

根据财税字〔1995〕061号、国税发〔1996〕4号和国税发〔1996〕48号的规定，需要根据房地产的评估价格计税的，可委托经政府批准设立的资产评估机构对有关房地产进行评估。

旧房及建筑物的评估价格是指在转让已使用的房屋及建筑物时，由政府批准设立的房地产评估机构评定的重置成本价乘以成新度折扣率后的价格。评估价格须经当地税务机关确认。

重置成本价的含义是：对旧房及建筑物，按转让时的建材价格及人工费用计算，建造同样面积、同样层次、同样结构、同样建设标准的新房及建筑物所需花费的成本费用。成新度折扣率的含义是：按旧房的新旧程度作一定比例的折扣。

［案例］ 一栋房屋已使用近8年，建造时的造价为1 000万元，按转让时的建材及人工费用计算，建同样的新房需花费2 000万元，该房屋有六成新。

解析：该房屋的评估价格为：2 000×60%＝1 200（万元）。

此外，转让旧房的，应按房屋及建筑物的评估价格、取得土地使用权所支付的地价款和按国家统一规定缴纳的有关费用及在转让环节缴纳的税金作为扣除项目金额计征土地增值税。对取得土地使用权时未支付地价款或不能提供已支付的地价款凭据的，在计征土地增值税时不允许扣除。

(七) 关于转让旧房准予扣除项目的计算问题

财政部、国家税务总局《关于土地增值税若干问题的通知》（财税〔2006〕21号）规定：纳税人转让旧房及建筑物，凡不能取得评估价格，但能提供购房发票的，经当地税务部门确认，《土地增值税暂行条例》第六条第（一）、（三）项规定的扣除项目的金额，可按发票所载金额并从购买年度起至转让年度止每年加计5%计算。对纳税人购房时缴纳的契税，凡能提供契税完税凭证的，准予作为"与转让房地产有关的税金"予以扣除，但不作为加计5%的基数。

对于转让旧房及建筑物，既没有评估价格，又不能提供购房发票的，地方税务机关可以根据《中华人民共和国税收征收管理法》（以下简称《税收征管法》）

第三十五条的规定，实行核定征收。

上述《土地增值税暂行条例》第六条计算增值额的扣除项目包括：第（一）项规定是取得土地使用权所支付的金额；第（三）项规定是新建房及配套设施的成本、费用，或者旧房及建筑物的评估价格。

第三节　土地增值税应纳税额的计算

一、土地增值税增值额的确定

土地增值税纳税人转让房地产所取得的收入减除规定的扣除项目金额后的余额，为增值额。

增值额是计算土地增值税的本质所在。增值额与扣除项目金额的比值称作增值率，土地增值税实行四级超率累进税率，增值率越大适用税率越高。

税法规定，纳税人有下列情形之一的，按照房地产评估价格[1]计算征收土地增值税：

（1）隐瞒、虚报房地产成交价格的。是指纳税人不报或有意低报转让土地使用权、地上建筑物及其附着物价款的行为。

（2）提供扣除项目金额不实的。是指纳税人在纳税申报时不据实提供扣除项目金额的行为。

（3）转让房地产的成交价格低于房地产评估价格、又无正当理由的。是指纳税人申报的转让房地产的实际成交价低于房地产评估机构评定的交易价，纳税人又不能提供凭据或无正当理由的行为。

隐瞒、虚报房地产成交价格，应由评估机构参照同类房地产的市场交易价格进行评估。税务机关根据评估价格确定转让房地产的收入。

提供扣除项目金额不实的，应由评估机构按照房屋重置成本价乘以成新度折扣率计算的房屋成本价和取得土地使用权时的基准地价进行评估。税务机关根据评估价格确定扣除项目金额。

转让房地产的成交价格低于房地产评估价格，又无正当理由的，由税务机关参照房地产评估价格确定转让房地产的收入。

二、土地增值税应纳税额的计算方法

土地增值税按照纳税人转让房地产所取得的增值额和规定的税率计算征收。

---

[1]"房地产评估价格"是指由政府批准设立的房地产评估机构根据相同地段、同类房地产进行综合评定的价格。

土地增值税的计算公式是：

$$应纳税额 = \sum(每级距的土地增值额 \times 适用税率)$$

但在实际工作中，分步计算比较繁琐，一般可以采用速算扣除法计算。即：计算土地增值税税额，可按增值额乘以适用的税率减去扣除项目金额乘以速算扣除系数的简便方法计算，具体公式如下：

(1) 增值额未超过扣除项目金额的50%：

$$土地增值税税额 = 增值额 \times 30\%$$

(2) 增值额超过扣除项目金额50%，未超过100%：

$$土地增值税税额 = 增值额 \times 40\% - 扣除项目金额 \times 5\%$$

(3) 增值额超过扣除项目金额100%，未超过200%：

$$土地增值税税额 = 增值额 \times 50\% - 扣除项目金额 \times 15\%$$

(4) 增值额超过扣除项目金额200%：

$$土地增值税税额 = 增值额 \times 60\% - 扣除项目金额 \times 35\%$$

公式中的5%、15%、35%分别为二、三、四级的速算扣除系数。

[案例] 某纳税人转让房地产所取得的收入为1 200万元，其扣除项目金额为300万元，请计算其应纳土地增值税的税额。

解析：第一种方法（按《土地增值税暂行条例》规定的方法计算）：

第一步，先计算增值额。

$$增值额为：1\ 200 - 300 = 900(万元)$$

第二步，再计算增值额与扣除项目金额之比。

$$增值额与扣除项目金额之比为：900 \div 300 = 300\%$$

由此可见，增值额超过扣除项目金额200%，分别适用30%、40%、50%和60%四档税率。

第三步，分别计算各级次土地增值税税额。

(1) 增值额未超过扣除项目金额50%的部分，适用30%的税率。

$$这部分增值额为：300 \times 50\% = 150(万元)$$

$$这部分增值额应纳的土地增值税税额为：150 \times 30\% = 45(万元)$$

(2) 增值额超过扣除项目金额50%，未超过扣除项目金额100%的部分，适用40%的税率。

这部分增值额为：300×(100%－50%)＝150(万元)

这部分增值额应纳的土地增税税额为：150×40%＝60(万元)

(3) 增值额超过扣除项目金额100%，未超过扣除项目金额200%的部分，适用50%的税率。

这部分的增值额为：300×(200%－100%)＝300(万元)

这部分增值额应纳的土地增值税税额为：300×50%＝150(万元)

(4) 增值额超过扣除项目金额200%的部分，适用60%的税率。

这部分的增值额为：900－(300×200%)＝300(万元)

这部分增值额应纳的土地增值税税额为：300×60%＝180(万元)

第四步，将各级的税额相加，得出总税额。

土地增值税税额为：45＋60＋150＋180＝435(万元)

第二种方法（按《土地增值税暂行条例实施细则》规定的速算扣除法计算）：
第一步，先计算增值额。

增值额为：1 200－300＝900(万元)

第二步，再计算增值额与扣除项目金额之比。

增值额与扣除项目金额之比为：900÷300＝300%

由此可见，增值额超过扣除项目金额200%，其适用的简单计算公式为：

土地增值税税额＝增值额×60%－扣除项目金额×35%

第三步，计算土地增值税税额。

土地增值税税额为：900×60%－300×35%＝435(万元)

不难看出，两种计算方法所得出的结果是一样的。

[案例] 位于市区的某国有工业企业利用厂区空地建造写字楼，2007年发生的相关业务如下：

(1) 按照国家有关规定补交土地出让金4 000万元，缴纳相关税费160万元；

(2) 写字楼开发成本3 000万元，其中装修费用500万元；

(3) 写字楼开发费用中的利息支出为300万元（不能提供金融机构证明）；

(4) 写字楼竣工验收，将总建筑面积的1/2销售，签订销售合同，取得销售收入6 500万元；将另外1/2的建筑面积出租，当年取得租金收入15万元。

其他相关资料：该企业所在省规定，按《土地增值税暂行条例》规定的高限计算扣除房地产开发费用。

要求：根据上述资料，计算并回答下列问题：
(1) 企业计算土地增值税时应扣除的取得土地使用权所支付的金额；
(2) 企业计算土地增值税时应扣除的开发成本的金额；
(3) 企业计算土地增值税时应扣除的开发费用的金额；
(4) 企业计算土地增值税时应扣除的有关税金；
(5) 企业应缴纳的土地增值税；
(6) 企业应缴纳的营业税、城市维护建设税和教育费附加；
(7) 企业应缴纳的房产税。

解析：
(1) 应扣除的土地使用权扣除额＝(4 000＋160)×1/2＝2 080（万元）
(2) 应扣除的开发成本扣除额＝3 000×1/2＝1500（万元）
(3) 应扣除的开发费用扣除额＝(4 160＋3 000)×10％×1/2＝358（万元）
(4) 应扣除的相关税金＝6 500×5％×(1＋7％＋3％)＋6 500×0.5‰＝357.5＋3.25＝360.75（万元）
(5) 应扣除的费用总额＝2 080＋1 500＋358＋360.75＝4 298.75（万元）

$$增值比例＝(6 500－4 298.75)÷4 298.75×100\%$$
$$＝2 201.25/4 298.75×100\%＝51.21\%$$

适用40％的税率，速算扣除系数5％。

应纳土地增值税额＝2 201.25×40％－4 298.75×5％＝665.56（万元）

(6) 企业应缴纳的营业税、城市维护建设税和教育费附加＝(6 500＋15)×5％×(1＋7％＋3％)＝358.33(万元)
(7) 应纳房产税＝15×12％＝1.8（万元）。

第四节 土地增值税的优惠政策

一、普通标准住宅的税收优惠

（一）普通标准住宅的标准

纳税人建造普通标准住宅出售，增值额未超过扣除项目金额20％的，免征土地增值税。

2005年国务院发布《国务院办公厅转发建设部等部门关于做好稳定住房价格工作的意见》（国办发〔2005〕26号），明确了普通标准住宅原则上应同时满足以下条件：

(1) 住宅小区建筑容积率在1.0以上；

(2) 单套建筑面积在 120 平方米以下；
(3) 实际成交价格低于同级别土地上住房平均交易价格 1.2 倍以下。

各省、自治区、直辖市要根据实际情况，制定本地区享受优惠政策普通住房的具体标准。允许单套建筑面积和价格标准适当浮动，但向上浮动的比例不得超过上述标准的 20%。

财政部、国家税务总局印发的《关于土地增值税普通标准住宅有关政策的通知》(财税〔2006〕141 号) 中进一步强调："普通标准住宅"的认定，可在各省级人民政府根据国办发〔2005〕26 号制定的"普通住房标准"的范围内从严掌握。

(二) 界定普通标准住宅的作用

(1) 有利于国土资源的充分利用。我国是一个土地资源极度匮乏的国家，13 亿多人口生活在 960 万平方公里的土地上，而且，人口还会增长，土地不可能增加。这就要求房地产企业在建造房屋时，应当充分利用土地，提高建筑的容积率。

(2) 合理选择建造户型。在改革开放之前，由于多种原因造成我国居民的住房条件普遍较差。我们现在要解决的首要问题是让广大人民有房住，在此基础上适当改善居住条件。国务院规定建筑面积在 90 平方米以下的小户型房屋，要占总面积的 70% 以上，把普通标准住宅的单套建筑面积控制在 120 平方米以下，除对房地产公司在税收上有区别之外，对购房人的税收也区别对待，这就可以解决大多数人的住房问题。

(3) 可以有效控制房价。为了抑制房价，国务院在房价上做出限制性规定，在税收上，建造普通标准住宅出售，增值额未超过扣除项目金额 20% 的，免征土地增值税。超过 20% 的，就全部增值额征收土地增值税。这样的政策对房价的控制作用是非常明显的。而且，《土地增值税暂行条例》规定有四档税率，开发项目的销售利润率越高，使得增值率越大，适用较高税率，多征税，从而引导企业不要盲目提高售价。

[案例] 2010 年，某城市为了解决居民住房问题，经过市政府办公会议决定建造一个"和谐乐园"小区，占地面积 10 万平方米，建造经济适用房和普通标准住宅。经过竞标，富达房地产开发公司中标，支付土地出让金 10 000 万元，规划办要求容积率不得低于 1.1；富达公司经过两年开发建设，建造总面积 120 000 平方米，房产开发成本 26 400 万元。经过市场预测，并征得市政府同意，每平方米售价为 5 100 元。当地规定城市维护建设税 7%，教育费附加 3%，计算应交的土地增值税。

解析：

　　开发总成本 = 10 000 + 26 400 = 36 400(万元)
　　销售收入总额 = 5 100 × 120 000 = 612 000 000(元) = 61 200(万元)
　　扣除项目金额 = 61 200 × 5% × (1 + 7% + 3%) + 36 400 × 130%

$$=50\,686(万元)$$
$$增值额=61\,200-50\,686=10\,514(万元)$$
$$增值率=10\,514\div 50\,686\times 100\%=20.74\%$$
$$应交土地增值税=10\,514\times 30\%=3\,154.2(万元)$$

如果富达房地产公司降低售价,假设每平方米售价降到 5 000 元,土地增值税的缴纳就会发生较大变化。

$$销售收入总额=5\,000\times 120\,000=600\,000\,000(元)=60\,000(万元)$$
$$扣除项目金额=60\,000\times 5\%\times(1+7\%+3\%)+36\,400\times 130\%$$
$$=50\,620(万元)$$
$$增值额=60\,000-50\,620=9\,380(万元)$$
$$增值率=9\,380\div 50\,620\times 100\%=18.53\%$$

增值率小于20%,根据《土地增值税暂行条例》的规定,免征土地增值税。这样一来,富达公司减少销售收入1 200万元,减少土地增值税3 154.2万元,两项相抵后提高效益1 954.2万元。

很明显,通过税收政策可以鼓励开发企业降低房屋的售价。同样道理,如果开发企业在设计规划中,容积率小于1.0,或者单套建筑面积在120平方米(另加浮动)以上,开发企业不能享受优惠政策,同样要交土地增值税。

从纳税人角度,购买非普通标准住宅,全额征收契税;购买普通标准住宅,契税可以减半。

房地产开发企业如果想享受此项税收优惠,一方面,要按政策规定建造普通标准住宅;另一方面,对纳税人既建造普通标准住宅又搞其他房地产开发的,应分别计算增值额。不分别计算增值额或不能准确计算增值额的,其建造的普通标准住宅不能适用免税规定。

二、国家征用、收回房地产的税收优惠

税法规定,因国家建设需要依法征用、收回的房地产免征土地增值税。因国家建设需要依法征用、收回的房地产,是指因城市实施规划、国家建设的需要而被政府批准征用的房产或收回的土地使用权。

《关于土地增值税若干问题的通知》(财税〔2006〕21号)又对"城市实施规划"和"国家建设的需要"进一步解释为:

(1) 因"城市实施规划"而搬迁,是指因旧城改造或因企业污染、扰民(指产生过量废气、废水、废渣和噪声,使城市居民生活受到一定危害),而由政府或政府有关主管部门根据已审批通过的城市规划确定进行搬迁的情况;

(2) 因"国家建设的需要"而搬迁,是指因实施国务院、省级人民政府、国

务院有关部委批准的建设项目而进行搬迁的情况。

现在，一些城市在旧城改造过程中，将一些工业企业迁出市区，安排在工业园区、高新技术开发区或者城市郊区，都属于因"城市实施规划"需要而搬迁，可以免征土地增值税。企业搬迁是否符合"国家建设需要"，应当注意建设项目的级次，除因实施省级、部级和国务院批准的建设项目需要而搬迁可以享受免税外，因其他建设项目需要而搬迁的一律不得享受土地增值税的免税政策。

实际上，因城市实施规划、国家建设的需要而被政府批准征用的房地产，不仅仅涉及土地增值税，还涉及营业税、城市维护建设税、教育费附加、企业所得税等。

关于企业或居民动迁收入是否征收营业税的问题，广东省地税局在1999年曾经请示过国家税务总局，根据国家税务总局的答复精神，广东省地方税务局下发了《关于旧城拆迁改造有关营业税问题的批复》（粤地税函〔1999〕295号），专门对"被拆迁户取得拆迁补偿收入不征税问题"作出规定：为支持城市改造建设，经请示国家税务总局同意，凡经县级以上政府批准，国土局及有关房地产管理部门发出公告，限期拆（搬）迁的地（路）段的，被拆迁户取得的拆迁补偿收入（包括货币、货物或其他经济利益）暂不征收营业税。

该文件在广东省执行，广东省无论是企业或者居民被拆迁，只要符合上述规定就可以免征营业税。为了公平税负，其他省市也纷纷借鉴粤地税函〔1999〕295号的规定。

居民拆迁补偿收入是否征收个人所得税，《财政部、国家税务总局关于城镇房屋拆迁有关税收政策的通知》（财税〔2005〕45号）规定：对被拆迁人按照国家有关城镇房屋拆迁管理办法规定的标准取得的拆迁补偿款，免征个人所得税。

企业因当地政府城市规划、基础设施建设等原因，搬迁企业按规定标准从政府取得的搬迁补偿收入，以及搬迁企业通过市场（招标、拍卖、挂牌等形式）取得的土地转让收入属于"企业政策性搬迁收入"，可以享受企业所得税的优惠待遇。

三、个人转让房地产的税收优惠

（一）关于个人转让住房免征土地增值税的免税优惠

《土地增值税暂行条例实施细则》第十二条规定：个人因工作调动或改善居住条件而转让原自用住房，经向税务机关申报核准，凡居住满五年或五年以上的，免予征收土地增值税；居住满三年未满五年的，减半征收土地增值税；居住未满三年的，按规定计征土地增值税。

税收政策对个人转让住房是否征收土地增值税，首先要区分是消费性购买还是投资性购买。为了限制炒买炒卖房地产，对投资性购买房地产的行为要征收土地增值税，而消费性购买房地产则可以不征收土地增值税。税法按照居住年限来区分消费性购买或投资性购买，是否征收土地增值税以五年为限，居住满五年或五年以上的，免予征收土地增值税；居住满三年未满五年的，减半征收土地增值税。

依据《财政部、国家税务总局关于调整房地产交易环节税收政策的通知》（财税〔2008〕137号）规定，自2008年11月1日起，对个人销售住房暂免征收土地增值税。

（二）关于个人互换住房的免税优惠

《关于土地增值税一些具体问题规定的通知》（财税字〔1995〕048号）第五条规定：对个人之间互换自有居住用房地产的，经当地税务机关核实，可以免征土地增值税。

这里要强调的是，个人互换住房应当报给住房所在地的主管税务机关核实，而不应拒不申报。

四、企业兼并、投资联营的税收优惠

（一）企业以房地产投资联营的税收优惠

财政部、国家税务总局《关于土地增值税一些具体问题规定的通知》（财税字〔1995〕048号）第一条规定：对于以房地产进行投资联营的，投资联营一方以土地（房地产）作价入股或作为联营条件，将房地产转让到投资、联营的企业中时，暂免征收土地增值税。对投资、联营企业将上述房地产再转让的，应征土地增值税。

鼓励投资、联营发挥企业现有资源的作用，减少下岗人员是我国的一项重要政策，对以房地产作价入股或投资联营，在投资联营过程中因为资产评估而发生的增值额，暂免征收土地增值税，接受投资联营企业再转让这些房地产时，应当就"增值额"征收土地增值税。这里有一个接受投资联营企业再转让房地产时，如何计算扣除金额的问题。笔者认为，投资方在投资过程中，对于投资资产评估价与会计账面价的差额已经计入当期损益，征收了企业所得税，接受投资企业可以按照评估价入账，计算资产的成本。但是，由于房地产的增值额免征了土地增值税，没有完成土地增值税的计税基础，所以，接受投资联营企业再转让房地产时只能按照房地产在投资方的账面原值作为扣除基数，不得按评估价作为扣除基数。

为了控制房地产行业投资的过快增长，对于以房地产作价入股投资到房地产开发企业的，财税〔2006〕21号文件规定：对于以土地（房地产）作价入股进行投资或联营的，凡所投资、联营的企业从事房地产开发的，或者房地产开发企业以其建造的商品房进行投资和联营的，均不适用财税字〔1995〕48号第一条暂免征收土地增值税的规定。

（二）企业兼并的税收优惠

财税字〔1995〕048号第三条规定：在企业兼并中，对被兼并企业将房地产转让到兼并企业中的，暂免征土地增值税。

企业兼并是指一个企业购买其他企业的产权，使其他企业失去法人资格或改变法人实体的一种交易行为。兼并企业在购买被兼并企业的过程中，被购买企业可能发生房地产转让价值大于原值的增值额，按照土地增值税的立法原则，应当征收土地增值税。但是，为了鼓励企业改制，使得被兼并企业的职工由兼并方负责安置，这无疑减少了下岗人员，使社会更加和谐。企业采用购买法兼并其他企业资产产权，其中包含的房地产增值额，财税字〔1995〕048号文件规定暂免征土地增值税，以促进企业的兼并。

五、合作建房的税收优惠

（一）合作建房的税收优惠

财税字〔1995〕048号第二条规定：对于一方出土地，一方出资金，双方合作建房，建成后按比例分房自用的，暂免征收土地增值税；建成后转让的，应征收土地增值税。

《营业税问题解答（一）》（国税函发〔1955〕156号）规定：合作建房是指一方提供土地使用权（以下简称甲方），另一方提供资金（以下简称乙方）的合作建房。建成后按比例分房自用的属于土地使用权和房屋所有权的互换。甲方转让了部分土地使用权，换取的是房屋所有权，应当征收营业税。乙方以转让部分房屋的所有权为代价（没有土地），换取部分土地使用权，也应当征收营业税。由于双方没有进行货币结算，因此应当按照《营业税条例实施细则》的规定分别核算双方各自的营业额。

甲方转让了国有土地使用权，如果有增值额，依照《土地增值税暂行条例》的规定，应当征收土地增值税。财税字〔1995〕048号文件作了暂免征收土地增值税的规定，免征土地增值税。乙方以转让部分房屋的所有权为代价，换取的是土地使用权，乙方转让的房产中不包含土地使用权，简言之，乙方只是转让房产，没有发生"转让国有土地使用权的行为"，不属于土地增值税暂行条例规定的征税范围，也不应当征收土地增值税。甲方、乙方在房产建成分配之后再次转让，就符合土地增值税暂行条例规定的征税范围，应当征收土地增值税。

（二）旧房转为廉租住房、经济适用住房的税收优惠

为贯彻落实《国务院关于解决城市低收入家庭住房困难的若干意见》（国发〔2007〕24号）精神，促进廉租住房、经济适用住房制度建设和住房租赁市场的健康发展，财政部、国家税务总局印发的《关于廉租住房经济适用住房和住房租赁有关税收政策的通知》（财税〔2008〕24号）第一条（三）项规定：企事业单位、社会团体以及其他组织转让旧房转作为廉租住房、经济适用住房房源，且增值额未超过扣除项目金额20%的，免征土地增值税。

根据这项规定，企业在转让闲置的旧房时，应当选择购房单位，如果购房单位是专门从事廉租住房、经济适用房管理的部门，把旧房转让给他们，则可以享受免征土地增值税的待遇。

第五节　土地增值税的征收管理

一、土地增值税的征管要求

2002年7月10日，《国家税务总局关于认真做好土地增值税征收管理工作的通知》(国税函〔2002〕615号)指出："土地增值税自开征以来，经各级地方税务局共同努力，在加强征收管理和组织收入方面做了大量的工作，并且取得了一定成效。但由于房地产开发与转入周期较长，造成土地增值税征管难度大，某些地区对土地增值税征收管理产生了畏难情绪，还有一些地区误信土地增值税要停征，而放松了征管工作，造成了应收税款的流失。"为保证税收任务的完成，对认真做好土地增值税的征收管理工作，规定如下：

(1) 要进一步完善土地增值税的征收管理制度和操作规程，建立健全土地增值税的纳税申报制度、房地产评估规程、委托代征办法等。

(2) 对在1994年1月1日以前已签订房地产开发合同或立项并已按规定投入资金进行开发，其首次转让房地产的，免征土地增值税的税收优惠政策已到期，应按规定恢复征税。

(3) 针对当前房地产市场逐步规范，房地产投资商的投资回报趋于正常情况，各地要进一步完善土地增税的预征办法，预征率的确定要科学、合理。对已经实行预征办法的地区，可根据实际情况，适当调减预征率。

(4) 要继续加强与房地产有关部门的配合，严格按照财政部、国家税务总局、国家国有资产管理局《关于转让国有房地产征收土地增值税中有关房地产价格评估问题的通知》(财税字〔1995〕61号)、国家税务总局和国家土地管理局《关于土地增值税若干征管问题的通知》(国税发〔1996〕4号)、国家税务总局和建设部《关于土地增值税征收管理有关问题的通知》(国税发〔1996〕48号)等联合发文的要求，加强部门之间的配合和协作，共同搞好土地增值税的征管工作。

二、土地增值税的纳税地点

土地增值税的纳税人应向房地产所在地主管税务机关办理纳税申报，并在税务机关核定的期限内缴纳土地增值税。

"房地产所在地"，是指房地产的坐落地。纳税人转让的房地产坐落在两个或两个以上地区的，应按房地产所在地分别申报纳税。

在实际工作中，纳税地点的确定又可分为以下两种情况：

(1) 纳税人是法人的。当转让的房地产坐落地与其机构所在地或经营所在地一致时，则在办理税务登记的原管辖税务机关申报纳税即可；如果转让的房地产坐落地与其机构所在地或经营所在地不一致时，则应在房地产坐落地所管辖的税务机关申报纳税。

(2) 纳税人是自然人的。当转让的房地产坐落地与其居住所在地一致时，则在住所所在地税务机关申报纳税；当转让的房地产坐落地与其居住所在地不一致时，在办理过户手续所在地的税务机关申报纳税。

三、土地增值税的纳税申报时间

(一) 一次性付款转让房地产的

土地增值税的纳税人应在转让房地产合同签订后的 7 日内，到房地产所在地主管税务机关办理纳税申报，并向税务机关提交房屋及建筑物产权、土地使用权证书，土地转让、房产买卖合同，房地产评估报告及其他与转让房地产有关的资料。

(二) 以分期收款方式转让房地产的

对于以分期收款方式转让房地产的，主管税务机关可根据合同规定的收款日期来确定具体的纳税期限。纳税人按照合同约定的收款日期和当地规定的预征率先预交，全部售房款收完后进行清算，多退少补。

(三) 项目全部竣工结算前转让房地产的

纳税人在项目全部竣工结算前转让房地产取得的收入，由于涉及成本核算或其他原因，无法据实计算土地增值税的，可以预征土地增值税，待该项目全部竣工、办理结算后再进行结算，多退少补。主要涉及以下两种情况：

1. 预售

纳税人以预售方式转让房地产的，对在办理结算和转交手续前就取得的收入，税务机关也可以预征土地增值税。具体办法由省级地方税务局根据当地情况制定。

对纳税人预售房地产所取得的收入，当地税务机关规定预征土地增值税的，纳税人应当到主管税务机关办理纳税申报，并按规定预征率预交土地增值税，待办理决算后，进行清算，多退少补；当地税务机关规定不预征土地增值税的，也应在取得预售收入时先到税务机关登记或备案。

2. 部分转让

纳税人进行小区开发建设的，其中一部分房地产项目因先行开发并已转让出去，但小区内的部分配套设施往往在转让后才建成。在这种情况下，税务机关可以对先行转让的项目,在取得收入时预征土地增值税。

(四) 房地产开发企业因经常发生房地产转让而难以在每次转让后申报的

国税函〔2004〕938号文件规定:

(1) 取消《土地增值税暂行条例实施细则》第十五条第一款对土地增值税纳税人因经常发生房地产转让而难以在每次转让后申报的,定期进行纳税申报须经税务机关审核同意的规定。

(2) 纳税人因经常发生房地产转让而难以在每次转让后申报,是指房地产开发企业开发建造的房地产因分次转让而频繁发生纳税义务且难以在每次转让后申报纳税的情况,土地增值税可按月或按各省、自治区、直辖市和计划单列市地方税务局规定的期限申报缴纳。

(3) 纳税人选择定期申报方式的,应向纳税所在地的地方税务机关备案。定期申报方式确定后,一年之内不得变更。

四、房地产开发企业土地增值税的清算

(一) 清算基本政策

由于房地产项目开发周期较长,成本与费用的确认与收入难以及时配比,土地增值税采用的是先预征后清算的征收模式。开征以来,由于种种原因,多数房地产企业长期不进行土地增值税的清算。为加强土地增值税的征收管理,搞好已完工项目的清算工作,财政部、国家税务总局于2006年3月2日下发了《关于土地增值税若干问题的通知》(财税〔2006〕21号),该文件规定:

(1) 各地要进一步完善土地增值税预征办法,根据本地区房地产业增值水平和市场发展情况,区别普通住房、非普通住房和商用房等不同类型,科学合理地确定预征率,并适时调整。工程项目竣工结算后,应及时进行清算,多退少补。

(2) 对未按预征规定期限预缴税款的,应根据《税收征管法》及其实施细则的有关规定,从限定的缴纳税款期限届满的次日起,加收滞纳金。

(3) 对已竣工验收的房地产项目,凡转让的房地产的建筑面积占整个项目可售建筑面积的比例在85%以上的,税务机关可以要求纳税人按照转让房地产的收入与扣除项目金额配比的原则,对已转让的房地产进行土地增值税的清算。具体清算办法由各省、自治区、直辖市和计划单列市地方税务局规定。

2006年12月28日,国家税务总局再次下发《关于房地产开发企业土地增值税清算管理有关问题的通知》(国税发〔2006〕187号),决定自2007年2月1日起在全国范围内对房地产开发企业的土地增值税开展全面清算工作,并将对房地产企业的纳税情况适时开展税收专项检查。

为加强和规范对不动产、建筑业的税收征管,贯彻"以票控税、网络比对、税源监控、综合管理"的治税方针,实现对不动产、建筑业税收的精细化管理,

国家税务总局颁布《不动产、建筑业营业税项目管理及发票使用管理暂行办法》（国税发〔2006〕128号），针对房地产开发企业严格制定一系列诸如项目登记和预征、年度结算、竣工决算和全面清算等具体管理办法。

（二）土地增值税的清算单位

（1）以国家有关部门审批的房地产开发项目为单位进行清算；

（2）对分期开发的项目，以分期项目为单位清算；

（3）开发项目中同时包含普通标准住宅和非普通标准住宅的，应分别计算增值额。

土地增值税以纳税人房地产会计核算的最基本的核算项目或核算对象为单位计算。在这里需要首先研究什么是土地增值税的成本核算对象。《房地产开发企业会计制度》规定，企业应根据本企业的经营特点，选择本企业的成本核算对象。房地产开发企业一般以每一独立编制设计概算和施工图预算的单位工程作为成本核算对象，即以每栋独立的房屋作为成本核算对象；对同一开发地点、结构类型相同、开竣工时间相近，并由同一施工队伍施工的群体开发项目，也可合并作为一个成本对象。如果房地产企业以每栋独立的房屋作为成本核算对象的话，结合国税发〔2006〕187号文件的规定"开发项目中同时包含普通住宅和非普通住宅的，应分别计算增值额"。如果房地产企业以开发小区作为成本核算对象，同样也适用该文件的规定。这一点非常重要，因为，只要能把普通标准住宅和非普通标准住宅分别计算增值额，就可以执行《土地增值税暂行条例》对普通标准住宅的优惠政策，增值率不大于20%的免征土地增值税。

（三）土地增值税的清算条件

1. 应当进行土地增值税清算的项目

第一，房地产开发项目全部竣工、完成销售的。

第二，整体转让未竣工决算房地产开发项目的。

本项规定适用于房地产企业转让在建项目的情况，转让已进入建筑物施工阶段的"在建项目"应当按"销售不动产"计算缴纳土地增值税。

第三，直接转让土地使用权的。

转让土地使用权包括转让已完成土地前期开发或正在进行土地前期开发，但尚未进入施工阶段的在建项目，都要进行土地增值税的清算。

第四，纳税人申请注销税务登记但未办理土地增值税清算手续的。这是一项常规政策，企业在向工商行政机关办理注销登记之前，应当先与税务机关结清所涉及的所有税款，注销税务登记。

凡符合应办理土地增值税清算条件的纳税人，应在规定日期内向主管地方税务机关提出清算税款申请，并据实填写《土地增值税清算申请表》，经主管地方税务机关核准后，即可办理税款清算手续。纳税人清算土地增值税申请不符合受理条件的，税务机关不予核准，将有关资料退回纳税人，并说明理由。

2. 可要求纳税人进行土地增值税清算的项目

第一，已竣工验收的房地产开发项目，已转让的房地产建筑面积占整个项目可售建筑面积的比例在85%以上，或该比例虽未超过85%，但剩余的可售建筑面积已经出租或自用的。

开发项目达到上述标准的，税务机关可以要求纳税人按照转让房地产的收入与扣除项目金额配比的原则，对已转让的房地产进行土地增值税的清算，未转让的部分在实际转让时再进行土地增值税的清算。

第二，取得销售（预售）许可证满三年仍未销售完毕的。此项规定主要是针对有的房地产企业借口整个项目未销售完毕而不进行土地增值税清算的情况，当取得销售（预售）许可证满三年时，税务机关可以要求企业对已经销售的部分进行清算。

第三，省税务机关规定的其他情况。

凡主管地方税务机关要求纳税人办理土地增值税清算手续的房地产开发项目，主管地方税务机关应签发《土地增值税清算通知书》送达纳税人。纳税人在接到《土地增值税清算通知书》之后，在规定时间内，填写《土地增值税清算申请表》报送主管地方税务机关，进入清算程序。

（四）视同销售和自用房地产的收入确定

（1）房地产开发企业将开发产品用于职工福利、奖励、对外投资、分配给股东或投资人、债务重组、非货币性资产交换等，发生土地使用权及地上建筑物转移的，应视同销售房地产，缴纳土地增值税。其收入额按下列方法和顺序确认：

第一，按本企业在同一地区、同一年度销售的同类房地产的平均价格确定。

第二，由主管税务机关参照当地、当年、同类房地产的市场价格或评估价值确定。

应当注意的是，对于开发产品的视同销售，企业所得税与土地增值税的规定有所区别，国税发〔2006〕187号文件，没有把开发产品转作企业自用或对外捐赠赞助列为视同销售。这是因为，企业把开发产品转作自用，没有发生土地使用权和地上建筑物的转让行为，不征土地增值税。企业把开发产品对外捐赠或赞助，虽然发生了土地使用权和地上建筑物的转让，但是，开发企业并没有取得收入，也不属于土地增值税的征收范围。

开发企业将开发产品用于职工福利列为视同销售，征收土地增值税。是因为开发产品用于职工福利之后，已经不再是企业生产经营所使用的资产，脱离了企业这个会计主体，不是企业会计核算的范围。同时，开发产品用于职工福利，如用于托儿所、职工浴池等，资产的管理权属于工会，费用应由职工福利费来支付，所以应视同销售处理。

(2) 房地产开发企业将开发的部分房地产用于出租等商业用途时，如果产权未发生转移，不征收土地增值税，在税款清算时不列收入，也不扣除相应的成本和费用。

按照条例和细则的规定，土地增值税是对转让国有土地使用权、地上建筑物及其附着物并取得的收入征税。企业将开发产品出租，没发生出售或者其他方式有偿转让房地产的行为，不征税。这项规定明确了企业出租开发产品在征收土地增值税时不作为视同销售处理，在土地增值税的税款清算时不列收入，也不扣除相应的成本和费用，即不需要填报《土地增值税纳税申报表》。

（五）土地增值税清算应报送的资料

（1）房地产开发企业清算土地增值税书面申请、土地增值税纳税申报表。

（2）辅助及证明材料：项目竣工决算报表；取得土地使用权所支付的地价款凭证；国有土地使用权出让合同；银行贷款利息结算通知单；项目工程合同结算单；商品房购销合同统计表等与转让房地产的收入、成本和费用有关的证明资料。

（3）纳税人委托税务中介机构审核鉴证的清算项目，还应报送中介机构出具的《土地增值税清算税款鉴证报告》。

（4）主管税务机关要求报送的其他与土地增值税清算有关的证明资料等。

（六）土地增值税清算项目的审核鉴证

土地增值税清算鉴证，是指税务师事务所接受委托对纳税人土地增值税清算税款申报的信息实施必要审核程序，提出鉴证结论或鉴证意见，并出具鉴证报告，增强税务机关对该项信息信任程度的一种鉴证业务。

税务师事务所从事土地增值税清算鉴证业务，应当遵从国家税务总局印发的《土地增值税清算鉴证业务准则》（以下称《鉴证业务准则》）。以法律、法规为依据，按照独立、客观、公正原则，在获取充分、适当、真实证据基础上，根据审核鉴证的具体情况，出具真实、合法的鉴证报告。

税务师事务所按照《鉴证业务准则》的规定出具的鉴证报告，税务机关应当受理。对符合要求的鉴证报告，税务机关可以采信。

（七）土地增值税的核定征收

核定应纳税额是针对纳税人的某些违法行为导致税务机关难以查账征收税款，而采取的一种补救措施。它也是一种征收税款的方式，是在正常的税款征收方式难以准确合理地征收税款的前提下而采取的一种征税方法，对于保证国家税收及时足额入库、促使纳税人遵守税法规定正确纳税，具有一定的作用。根据《税收征管法》的有关规定，国税发〔2006〕187号文件对房地产开发企业有下列情形之一的，税务机关按不低于预征率的征收率核定征收土地增值税：

（1）依照法律、行政法规的规定应当设置但未设置账簿的。

指该建账不建账，又不报经批准，擅自不设账簿的，属于违规行为，因此，除限期改正、逾期不改予以处罚外，还要采取核定征收。

(2) 擅自销毁账簿或者拒不提供纳税资料的。

我国会计法、税法及其他经济法规对账簿等会计资料的保管、销毁有明确规定，纳税人擅自销毁账簿或者拒不提供纳税资料，属于严重的违法行为，除按规定处理外，税务机关有权核定其应纳税额。

(3) 虽设置账簿，但账目混乱或者成本资料、收入凭证、费用凭证残缺不全，难以确定转让收入或扣除项目金额的。

(4) 符合土地增值税清算条件，未按照规定的期限办理清算手续，经税务机关责令限期清算，逾期仍不清算的。

(5) 申报的计税依据明显偏低，又无正当理由的。此种情况是纳税人在纳税申报时，通过少报收入，多列成本、费用，减少计税金额，达到少纳税的目的，属于虚假申报，偷逃税款，税务机关应当根据情况核定征收，并予以处理。

实际上核定征收是一柄双刃剑。一方面要求企业加强会计核算，及时准确地申报纳税，如果企业违反了《税收征管法》的有关规定，税务机关可以按规定对土地增值税采取核定征收；另一方面，也要求税务机关不得事先规定对企业的土地增值税搞核定征收。

此项规定强调企业出现上述情况之一的，"税务机关按不低于预征率的征收率核定征收土地增值税"。假设企业所在地区预征率明显偏低，如果开发项目利润率很高，土地增值税清算时实行查账征收，就会出现适用税率明显高于预征率的情况。在这种情况下，企业可以争取按当地规定的预征率进行核定征收。

(八) 清算后再转让房地产的处理

在土地增值税清算时未转让的房地产，清算后销售或有偿转让的，纳税人应按规定进行土地增值税的纳税申报，扣除项目金额按清算时的单位建筑面积成本费用乘以销售或转让面积计算。

单位建筑面积成本费用＝清算时的扣除项目总金额÷清算的总建筑面积

[案例] 某房地产公司从事普通标准住宅开发，2009年，出售一栋普通住宅楼，总面积12 000平方米，单位平均售价2 000元/平方米，销售收入总额2 400万元，该楼支付土地出让金324万元，房屋开发成本1200万元，含利息支出100万元，但不能提供金融机构借款费用证明，城建税率7%，教育费附加率3%，印花税率0.5‰，当地政府规定房地产开发费用允许扣除比例为10%。计算该公司应交土地增值税和获利金额。

解析：

(1) 转让房地产收入总额为2 400万元；

(2) 扣除项目金额：

①取得土地使用权支付的金额为 324 万元
②扣除利息支出的房地产开发成本＝1 200－100＝1 100（万元）
③房地产开发费用：(324＋1 100)×10％＝142.4（万元）
④加计 20％扣除数：(324＋1 100)×20％＝284.8（万元）
⑤允许扣除的税金，包括营业税、城建税、教育费附加：

$$2\,400\times5\%\times(1+7\%+3\%)=132(万元)$$

扣除项目合计：

$$324+1\,100+142.4+284.8+132=1\,983.2(万元)$$

(3) 增值额＝2 400－1 983.2＝416.8（万元）
(4) 增值率＝416.8÷1 983.2＝21.02％
(5) 应交土地增值税额＝416.8×30％－0＝125.04（万元）
(6) 获利金额＝收入－成本－费用－利息－税金
　　　　　＝2 400－324－1 100－100－132－125.04
　　　　　＝618.96（万元）

该公司建造的普通标准住宅之所以要交纳土地增值税，是因为增值率超过了20％。经过筹划，是否可以免交土地增值税呢？其方法就是降低增值率，降低增值率的方法可采用降低售价。假设该房地产公司把每平方米售价调低到 1 975 元，总售价为 2 370 万元，其他情况不变，其纳税效果为：

(1) 转让房地产扣除项目金额＝1 424×130％＋2 370×5.5％
　　　　　　　　　　　　　＝1 851.2＋130.4＝1 981.6（万元）
(2) 增值额：2 370－1 981.6＝388.4（万元）
(3) 增值率：388.4÷1 981.6＝19.6％

该公司开发普通标准住宅出售，其增值额未超过扣除项目金额的 20％，依据《土地增值税暂行条例》的规定，免征土地增值税。

(4) 获利金额：2 370－324－1 100－100－130.4＝715.6（万元）

降价之后，虽然销售收入减少了 30 万元，但是，由于免征土地增值税，获利金额反而增加了 715.6－618.6＝97（万元）。

所以，只要税收筹划得当，低售价也可以获取高收益。

第六节　土地增值税的会计处理与纳税申报

一、土地增值税纳税申报表

土地增值税的纳税申报表包括两种：一是适用于从事房地产开发纳税人的土

地增值税项目登记表（见表8-2）和土地增值税纳税申报表（一）（见表8-3），二是适用于非从事房地产开发纳税人的土地增值税纳税申报表（二）（见表8-4）。税法规定，纳税人必须按照税法规定，向房地产所在地主管税务机关如实申报转让房地产取得的收入、扣除项目金额以及应纳土地增值税税额，应按期缴纳。

表8-2　　　　　　　　　　　土地增值税项目登记表
（从事房地产开发的纳税人适用）

纳税人编码：　　　填表日期：　年　月　日　　金额单位：人民币元　面积单位：平方米

纳税人名称		项目名称		项目地址	
行业类别		经济性质		主管部门	
开户银行			银行账号		
地址			邮政编码		电话	
土地使用权受让（行政划拨）合同号				受让（行政划拨）时间	
建设项目起讫时间		总预算成本		单位预算成本	
项目详细坐落地点					
开发土地总面积		开发建筑总面积		房地产转让合同名称	
转让土地面积（按次填写）		转让建筑面积（按次填写）		转让合同签订日期（按次填写）	
第1次					
第2次					
……					
纳税人盖章		法人代表签章		经办人员（代理申报人）签章	备注
（以下部分由主管税务机关负责填写）					
税务机关受理登记日期			税务机关受理登记意见：		
主管税务人员签字					
主管税务机关（公章）					

填表说明：

1. 本表适用于从事房地产开发与建设的纳税人，在立项后及每次转让时填报。

2. 凡从事新建房及配套设施开发的纳税人，均应在规定的期限内，据实向主管税务机关填报本表所列内容。

3. 本表栏目的内容如果没有，可以空置不填。

4. 纳税人在填报土地增值税项目登记表时，应同时向主管税务机关提交土地使用权受让合同、房地产转让合同等有关资料。

5. 本表一式三份，送主管税务机关审核盖章后，两份由地方税务机关留存，一份退纳税单位。

表 8-3　　　　　　　　土地增值税纳税申报表（一）
　　　　　　　　　　　　（从事房地产开发的纳税人适用）

纳税人识别号 □□□□□□□□□□□□□□□

填表日期：2009 年 11 月 5 日　　　金额单位：元（列至角分）　　　面积单位：平方米

纳税人名称	银河房地产开发公司	税款所属时期	2009 年 10 月
项目		行次	金额
一、转让房地产收入总额 1＝2＋3		1	100 000 000.00
其中	货币收入	2	100 000 000.00
	实物收入及其他收入	3	
二、扣除项目金额合计 4＝5＋6＋13＋16＋20		4	58 200 000.00
1. 取得土地使用权所支付的金额		5	10 000 000
2. 房地产开发成本 6＝7＋8＋9＋10＋11＋12		6	30 000 000
其中	土地征用及拆迁补偿费	7	75 000 000.00
	前期工程费	8	15 000 000.00
	建筑安装工程费	9	17 000 000.00
	基础设施费	10	2 500 000.00
	公共配套设施费	11	600 000.00
	开发间接费用	12	900 000.00
3. 房地产开发费用 13＝14＋15		13	4 700 000.00
其中	利息支出	14	2 700 000.00
	其他房地产开发费用	15	2 000 000.00
4. 与转让房地产有关的税金 16＝17＋18＋19		16	5 500 000.00
其中	营业税	17	5 000 000.00
	城市维护建设税	18	350 000.00
	教育费附加	19	150 000.00
5. 财政部规定的其他扣除项目		20	8 000 000.00
三、增值额 21＝1－4		21	41 800 000.00
四、增值额与扣除项目金额之比（％）22＝21÷4		22	71.82％
五、适用税率（％）		23	40％
六、速算扣除系数（％）		24	5％
七、应缴土地增值税额 25＝21×23－4×24		25	13 810 000.00
八、已缴土地增值税额		26	0.00
九、应补（退）土地增值税额 27＝25－26		27	13 810 000.00

如纳税人填报，由纳税人填写以下各栏			如委托代理人填报，由代理人填写以下各栏		备注	
会计主管（签章）	经办人（签章）	纳税人（签章）	代理人名称		代理人（签章）	
			代理人地址			
			经办人	电话		
以下由税务机关填写						
收到申报日期			接收人		主管地方税务机关签章	

填写说明：

在填写该纳税申报表时，其各主要项目内容应根据土地增值税的基本计税单位作为填报对象。纳税人如果在规定的申报期内转让两个或两个以上计税单位的房地产，应对每个计税单位分别填写一份申报表。纳税人如果既从事普通标准住宅开发，又进其他房地产开发的，应分别填写纳税申报表（一）。应按下列要求填写《土地增值税申报表（一）》：

1. 第1栏"转让房地产收入总额"，填写纳税人在转让房地产开发项目所取得的全部收入额填写。

2. 第2栏"货币收入"，填写纳税人转让房地产开发项目所取得的货币形态的收入额。

3. 第3栏"实物收入及其他收入"，填写纳税人转让房地产开发项目所取得的实物形态的收入和无形资产等其他形式的收入额。

4. 第5栏"取得土地使用权所支付的金额"，填写纳税人为取得该房地产开发项目所需要的土地使用权而实际支付（补交）的土地出让金（地价款）及按国家统一规定交纳的有关费用的数额。

5. 第7栏至表第12栏，应根据《细则》规定的从事房地产开发所实际发生的各项开发成本的具体数额填写。要注意，如果有些房地产开发成本是属于整个房地产项目的，而该项目同时包含了两个或两个以上的计税单位的，要对该成本在各计税项目之间按一定比例进行分摊。

6. 第14栏"利息支出"，按纳税人进行房地产开发实际发生的利息支出中符合《细则》第七条（三）规定的数额填写。如果不单独计算利息支出的，则本栏数额填写"0"。

7. 第15栏"其他房地产开发费用"，应根据《细则》第七条（三）的规定填写。

8. 第17栏至表第19栏，按纳税人转让房地产时所实际缴纳的税金数额填写。

9. 第20栏"财政部规定的其他扣除项目"，是指根据《条例》和《细则》等有关规定所确定的财政部规定的扣除项目的合计数。

10. 第23栏"适用税率"，应根据《条例》规定的四级超率累进税率，按所适用的最高一级税率填写；如果纳税人建造普通标准住宅出售，增值额未超过扣除项目金额20%的，本栏填写"0"。

11. 第24栏"速算扣除系数"，应根据《细则》第十条的规定找出相关速算扣除系数填写。

12. 第26栏"已缴土地增值税税额"，按纳税人已经缴纳的土地增值税的数额填写。

13. 本表一式三联，第一联（黑色）纳税人留存；第二联（红色）用于税务会计核算；第三联（蓝色）主管税务机关存档。

表 8-4　　　　　　　　土地增值税纳税申报表（二）
（非从事房地产开发的纳税人适用）

纳税人识别号　□□□□□□□□□□
填表日期：　　　　　金额单位：元（列至角分）　　　面积单位：平方米

纳税人名称		天津某机械厂	税款所属时期	2009年9月
项目			行次	金额
一、转让房地产收入总额 1＝2＋3			1	15 000 000.00
其中	货币收入		2	15 000 000.00
	实物收入及其他收入		3	0.00
二、扣除项目金额合计 4＝5＋6＋9			4	10 110 000.00
1. 取得土地使用权所支付的金额			5	0.00
2. 旧房及建筑物的评估价格 6＝7×8			6	9 000 000.00

续表

项目		行次	金额
其中	旧房及建筑物的重置成本价	7	15 000 000.00
	成新度折旧率	8	60%
3. 与转让房地产有关的税金 9＝10＋11＋12＋13		9	1 110 000.00
其中	营业税	10	1 000 000.00
	城市维护建设税	11	70 000.00
	印花税	12	10 000.00
	教育费附加	13	30 000.00
三、增值额 14＝1－4		14	4 890 000.00
四、增值额与扣除项目金额之比（%）15＝14÷4		15	48.36%
五、适用税率（%）		16	30%
六、速算扣除系数（%）		17	0
七、应缴土地增值税额 18＝14×16－4×17		18	1 467 000.00

如纳税人填报，由纳税人填写以下各栏			如委托代理人填报，由代理人填写以下各栏		备注
会计主管（签章）	经办人（签章）	纳税人（签章）	代理人名称		代理人（签章）
			代理人地址		
			经办人	电话	
以下由税务机关填写					
收到申报日期		接收人		主管地方税务机关签章	

填写说明：

该表各主要项目内容，应根据纳税人转让的房地产项目作为填报对象。如果纳税人同时转让两个或两个以上房地产项目的，应分别填报。

1. 第1栏"转让房地产收入总额"，填写纳税人转让房地产所取得的全部收入额。

2. 第2栏"货币收入"，填写纳税人转让房地产所取得的货币形态的收入额。

3. 第3栏"实物收入及其他收入"，填写纳税人转让房地产所取得的实物形态的收入和无形资产等其他形式的收入额。

4. 第5栏"取得土地使用权所支付的金额"，填写纳税人为取得该转让房地产项目的土地使用权而实际支付（补交）的土地出让金（地价款）数额及按国家统一规定交纳的有关费用。

5. 第6栏"旧房及建筑物的评估价格"，是指根据《条例》和《细则》等有关规定，按重置成本法评估旧房及建筑物并经当地税务机关确认的评估价格的数额。本栏由第7与第8栏相乘得出。如果本栏数额能够直接根据评估报告填报，则本表第7、8栏可以不必再填报。

6. 第7栏"旧房及建筑物的重置成本价"，是指按照《条例》和《细则》规定，由政府批准设立的房地产评估机构评定的重置成本价。

7. 第8栏"成新度折扣率"，是指按照《条例》和《细则》规定，由政府批准设立的房地产评估机构评定的旧房及建筑物的新旧程度折扣率。

8. 第10栏至表第13栏，按纳税人转让房地产时实际缴纳的有关税金的数额填写。

9. 第16栏"适用税率"，应根据《条例》规定的四级超率累进税率，按所适用的最高一级税率填写。

10. 第17栏"速算扣除系数"，应根据《细则》第十条的规定找出相关速算扣除系数填写。

11. 本表一式三联，第一联（黑色）纳税人留存，第二联（红色）用于税务会计核算，第三联（蓝色）主管地税机关存档。

二、房地产开发企业土地增值税的会计处理与纳税申报

(一) 房地产开发企业土地增值税的会计处理

房地产开发企业应由当期营业收入负担的土地增值税,借记"营业税金及附加"科目,贷记"应交税费——应交土地增值税"科目;企业缴纳土地增值税时,借记"应交税费——应交土地增值税"科目,贷记"银行存款"等科目。

企业在项目全部竣工结算前转让房地产取得的收入,按税法规定预缴的土地增值税,借记"应交税费——应交土地增值税"科目,贷记"银行存款"等科目;待该房地产营业收入实现时,再按上述规定进行会计处理;该项目全部竣工、办理结算后进行清算,收到退回多缴的土地增值税,借记"银行存款"等科目,贷记"应交税费——应交土地增值税"科目。补缴的土地增值税作相反的会计分录。

(二) 房地产开发企业土地增值税的纳税申报

从事房地产开发的纳税人在办理土地增值税的纳税申报时,应填写《土地增值税申报表(一)》,并在转让房地产合同签订后的7日内,到房地产所在地主管税务机关办理纳税申报,向税务机关提交房屋及建筑物产权、土地使用权证书,土地转让、房产买卖合同,房地产评估报告及其他与转让房地产有关的资料。纳税人因经常发生房地产转让而难以在每次转让后申报的,经税务机关审核同意后,可以定期进行纳税申报,具体期限由税务机关根据情况确定。

对于纳税人预售房地产所取得的收入,凡当地税务机关规定预征土地增值税的,纳税人应当到主管税务机关办理纳税申报,并按规定比例预缴,待办理决算后,多退少补;凡当地税务机关规定不预征土地增值税的,也应在取得收入时先到税务机关登记或备案。

[案例] 北京市银河房地产开发公司(地处市区),在2009年12月转让一栋写字楼,取得收入10 000万元。为建该楼取得土地使用权而支付的地价款及有关费用1 000万元;房地产开发成本3 000万元,其中:土地征用及拆迁补偿费750万元,前期工程费150万元,建筑安装工程费1 700万元,基础设施费250万元,公共配套设施60万元,开发间接费用90万元;管理费用和财务费用共计1 000万元,其中该写字楼应分摊的借款利息支出300万元(含罚息30万元),并能提供金融机构证明。该地区规定其他费用扣除比例为5%。

该公司已与对方签订了房地产转让合同,并办理了房地产过户登记手续。税务机关为其核定的纳税期间为1个月。

请计算该企业应纳的土地增值税,做出土地增值税相应的会计分录,并计算填列《土地增值税纳税申报(一)》(见表8-3)。

解析：
(1) 计算应税收入、扣除项目金额、土地增值额
①转让房地产取得的收入 10 000 万元。
②扣除项目金额
　A. 取得土地使用权时所支付的价款及相关费用 1 000 万元；
　B. 房地产开发成本 3 000 万元；
　C. 按照税法规定，罚息支出不允许扣除。因此，计入扣除的房地产开发费用为：

$$(300-30)+(1\,000+3\,000)\times5\%=470(万元)$$

　D. 计入扣除项目的与房地产转让有关的税金为：

营业税：$10\,000\times5\%=500(万元)$
城市维护建设税：$500\times7\%=35(万元)$
教育费附加：$500\times3\%=15(万元)$

应计入扣除项目的税金共计为 550 万元，与"营业税金及附加"、"应交税费"等账户的有关记载核实相符。
　E. 财政部规定的其他扣除项目 = $(1\,000+3\,000)\times20\%=800$（万元）

准予扣除项目金额合计：$1\,000+3\,000+470+550+800=5\,820(万元)$

③增值额 = $10\,000-5\,820=4\,180$（万元）

(2) 确定增值额占扣除项目金额的比率，并确定适用税率和速算扣除系数。

增值额占扣除项目金额的比率 = $4\,180\div5\,820\times100\%=71.82\%$

适用的土地增值税税率为 40%，速算扣除系数为 5%。

(3) 计算土地增值税应纳税额

应纳税额 = $4\,180\times40\%-5\,820\times5\%=1\,381(万元)$

(4) 会计核算
计提土地增值税时：
　借：营业税金及附加　　　　　　　　　　　　　　　13 810 000
　　　贷：应交税费——应交土地增值税　　　　　　　13 810 000
下月初实际缴纳土地增值税时：
　借：应交税费——应交土地增值税　　　　　　　　　13 810 000
　　　贷：银行存款　　　　　　　　　　　　　　　　13 810 000

(5) 根据上述资料，填写《土地增值税纳税申报表（一）》（见表 8-3），并连同企业当期财务会计报表（如利润表、主要开发产品销售明细表、在建开发项目

成本表、已完工开发项目成本表)、银行贷款利息结算通知单、与转让房地产有关的资料（如商品房购销合同附本、项目工程合同结算单等）等资料在规定期限内向税务机关报送。

三、非房地产开发企业土地增值税的会计处理与纳税申报

（一）非房地产开发企业土地增值税的会计处理

非房地产开发企业转让的国有土地使用权连同地上建筑物及其附着物一并在"固定资产"或"在建工程"等科目核算的，转让时应缴的土地增值税，借记"固定资产清理"科目，贷记"应交税费——应交土地增值税"。缴纳的土地增值税，借记"应交税费——应交土地增值税"，贷记"银行存款"等科目。

（二）非房地产开发企业土地增值税的纳税申报

非房地产开发企业的纳税人在办理土地增值税的纳税申报时，应填写《土地增值税申报表（二）》，其他有关纳税义务发生时间和纳税地点的规定与房地产开发企业的规定相同。

[案例] 天津市某机械厂于2009年9月将一栋旧楼出售，取得收入1 500万元；该楼账面原值1 000万元，已提折旧500万元。经评估机构评估确认：该楼重置成本价1 500万元，成新度折扣率60%。该企业已于9月10日与购买方签订了房地产转让合同，并办理了房地产产权变更登记手续。请计算该企业应纳的土地增值税，做出相应的会计分录，并计算填列《土地增值税纳税申报表（二）》（见表8-4）。

解析：

(1) 计算应税收入、扣除项目金额、土地增值额

①转让房地产取得的收入1 500万元；

②计算扣除项目金额

A. 根据评估机构出具的评估资料，确定计入扣除的旧房及建筑物的评估价格：1 500×60%＝900（万元）

B. 核实应计入扣除的与转让房地产有关的税金：

营业税：2 000×5%＝100（万元）

城市维护建设税：100×7%＝7（万元）

教育费附加：100×3%＝3（万元）

印花税：2 000×0.5‰＝1（万元）

准予扣除项目的税金合计111万元。

准予扣除项目金额合计：900＋111＝1 011（万元）。

③计算增值额

增值额＝1 500－1 011＝489（万元）

(2) 确定增值额占扣除项目金额的比率，并确定适用税率和速算扣除系数

　　增值额占扣除项目金额的比率＝489÷1 011×100%＝48.37%

适用的土地增值税税率为30%，速算扣除系数为0。

(3) 计算土地增值税应纳税额

$$应纳税额＝489×30\%＝146.7(万元)$$

(4) 进行会计核算

计算土地增值税时：

　　借：固定资产清理　　　　　　　　　　　　　　　　1 467 000
　　　　贷：应交税费——应交土地增值税　　　　　　　　　　1 467 000

下月初实际缴纳土地增值税时：

　　借：应交税费——应交土地增值税　　　　　　　　　　1 467 000
　　　　贷：银行存款　　　　　　　　　　　　　　　　　　1 467 000

(5) 根据上述资料填列《土地增值税纳税申报表》(见表8-4)，连同房地产价格评估报告表、转让有关的房屋所有权证、房产买卖合同、委托书、公证书以及与转让房地产有关的税费缴纳资料等，在房地产转让合同签订后的7日内，向房地产所在地主管税务机关申报纳税。

CHAPTER 9

第九章
房产税政策解析与涉税处理

第一节 房产税的基本规定

一、房产税的纳税人与征税范围

(一) 房产税的概念

房产税是以房产为征税对象，依据房产的计税余额或房产租金收入向产权所有人或经营人征收的一种税；房产税法是指国家制定的调整房产税征收与缴纳之间权利及义务关系的法律规范。

新中国成立后，政务院于 1950 年公布《全国税收实施要则》，规定全国统一征收房产税和地产税。同年 6 月，为简并税种，将房产税和地产税合并为房地产税，于 1951 年 8 月政务院公布了《城市房地产税暂行条例》。1973 年工商税制改革，把对企业征收的城市房地产税并入工商税，只对有房产的个人、外商独资企业和房产管理部门继续征收城市房地产税。1984 年 10 月，国务院在对国有企业实行第二步利改税和改革工商税制时，确定恢复征收房产税，但是，在我国城市的土地属于国家所有，使用者没有所有权，因此，将城市房地产税分为房产税和城镇土地使用税两个税种，1986 年 9 月 15 日国务院颁布了《中华人民共和国房产税暂行条例》（国发〔1986〕90 号，以下简称《房产税暂行条例》），同年 10 月 1 日起施行。从此，对国内的单位和个人在全国范围内征收房产税。城市房地产税只对外商投资企业、外国企业和外籍人员征收。2008 年 12 月 31 日国务院发布第 546 号令，决定自 2009 年 1 月 1 日起，废止《中华人民共和国城市房地产税暂行条例》，外商投资企业、外国企业和组织以及外籍个人（包括港澳台资企业和组织以及华侨、港澳台同胞，以下统称外资企业及外籍个人）依照《中华人民共和国房产税暂行条例》缴纳房产税。

房产税的作用在于：房产税的税源稳定，是地方财政收入的重要来源之一，可以支持地方市政建设。房产税不容易转嫁，可以调节纳税人的收入水平；通过征税房产税加强对房产的管理，提高房产使用的社会效益。

(二) 房产税的纳税人

房产税以在征税范围内的房屋产权所有人为纳税人。房产税的纳税人具体规定如下：

(1) 产权属国家所有的，由经营管理单位纳税；产权属集体和个人所有的，由集体单位和个人纳税。

(2) 产权出典的，由承典人纳税。

所谓产权出典，是指产权所有人将房屋、生产资料等的产权，在一定期限内典当给他人使用，而取得资金的一种融资业务。这种业务大多发生于出典人急需用款，但又想保留产权回赎权的情况。承典人向出典人交付一定的典价之后，在质典期内即获抵押物品的支配权，并可转典。产权的典价一般要低于卖价。出典人在规定期间内须归还典价的本金和利息，方可赎回出典房屋等的产权。由于在房屋出典期间，产权所有人已无权支配房屋，因此，税法规定由对房屋具有支配权的承典人为纳税人。

(3) 产权所有人、承典人不在房屋所在地的，由房产代管人或者使用人纳税。

(4) 产权未确定及租典纠纷未解决的，亦由房产代管人或者使用人纳税。

所谓租典纠纷，是指产权所有人在房产出典和租赁关系上，与承典人、租赁人发生各种争议，特别是权利和义务的争议悬而未决的。此外还有一些产权归属不清的问题，也都属于租典纠纷。对租典纠纷尚未解决的房产，规定由代管人或使用人为纳税人，主要目的在于加强征收管理，保证房产税及时入库。

(5) 无租使用其他房产的问题。纳税单位和个人无租使用房产管理部门、免税单位及纳税单位的房产，应由使用人代为缴纳房产税。

自2009年1月1日起，外商投资企业、外国企业和组织以及外籍个人，依照《房产税暂行条例》缴纳房产税。

(三) 房产税的征税对象

房产税的征税对象是房产。所谓房产，是指有屋面和围护结构（有墙或两边有柱），能够遮风避雨，可供人们在其中生产、学习、工作、娱乐、居住或储藏物资的场所。

房地产开发企业建造的商品房，在出售前，不征收房产税；但对出售前房地产开发企业已使用或出租、出借的商品房应按规定征收房产税。

(四) 房产税的征税范围

房产税的征税范围为城市、县城、建制镇和工矿区。其中：

(1) 城市是指国务院批准设立的市。

(2) 县城是指县人民政府所在地的地区。

(3) 建制镇是指经省、自治区、直辖市人民政府批准设立的建制镇。

(4) 工矿区是指工商业比较发达、人口比较集中、符合国务院规定的建制镇标准但尚未设立建制镇的大中型工矿企业所在地。开征房产税的工矿区须经省、自治区、直辖市人民政府批准。

房产税的征税范围不包括农村，这主要是为了减轻农民的负担。因为农村的房屋，除农副业生产用房外，大部分是农民居住用房。对农村房屋不纳入房产税征税范围，有利于农业发展，繁荣农村经济，有利于社会稳定。

二、房产税的计税依据

房产税的计税依据是房产的计税价值或房产的租金收入。按照房产计税价值征税的，称为从价计征；按照房产租金收入计征的，称为从租计征。

(一) 从价计征

《房产税暂行条例》规定，房产税依照房产原值一次减除10%～30%后的余值计算缴纳。各地扣除比例由当地省、自治区、直辖市人民政府确定。

1. 按照房屋原价征收房产税

自2009年1月1日起，对依照房产原值计税的房产，不论是否记载在会计账簿"固定资产"科目中，均应按照房屋原价计算缴纳房产税。房屋原价应根据国家有关会计制度规定进行核算。对纳税人未按国家会计制度规定核算并记载的，应按规定予以调整或重新评估。

企业取得的土地使用权，在尚未开发或建造自用项目前，作为"无形资产"核算，企业利用土地建造自用项目时，将土地使用权的账面价值全部转入"在建工程"成本。在房产建成转入"固定资产"时，房产中包括了土地使用权的价值，这就造成土地使用权既缴纳房产税，又缴纳土地使用税的双重纳税结果。

这里讲的"国家有关会计制度规定"是指《企业会计准则第6条——无形资产》应用指南第六条的规定：(1) 自行开发厂房等建筑物，相关的土地使用权与建筑物应当分别进行处理；(2) 外购土地及建筑物支付的价款应当在建筑物与土地使用权之间进行分配。

按照《企业会计准则第6条——无形资产》的规定，把土地使用权作为"无形资产"核算，房产作为"固定资产"核算，就避免了房产税的重复缴纳。

房产原值是指纳税人按照会计制度规定，在账簿"固定资产"科目中记载的房屋原价。因此，凡按会计制度规定在账簿中记载有房屋原价的，应以房屋原价按规定减除一定比例后作为房产余值计征房产税；没有记载房屋原价的，按照上述原则，并参照同类房屋，确定房产原值，按规定计征房产税。

2. 房产原值的界定

房屋原值应包括与房屋不可分割的各种附属设备或一般不单独计算价值的配套设施。附属设施或配套设施主要有：暖气、卫生、通风、照明、煤气等设备；各种管线，如蒸气、压缩空气、石油、给水排水等管道及电力、电信、电缆导线；电梯、升降机、过道、晒台等。属于房屋附属设备的水管、下水道、暖气管、煤气管等应从最近的探视井或三通管起，计算原值；电灯网、照明线从进线盒连接管起，计算原值。

3. 改建支出不构成房产原值

企业对已经提足折旧的房屋及建筑物的改建支出，是指改变房屋及建筑物的结构、延长使用年限等发生的支出，根据《企业所得税法》的规定作为长期待摊费用，按照规定摊销在税前扣除，不增加房产原值。

4. 其他政策

对投资联营的房产，在计征房产税时应予以区别对待。对于以房产投资联营，投资者参与投资利润分红，共担风险的，按房产余值作为计税依据计征房产税，房产余值是房产的原值减除规定比例后的剩余价值。对以房产投资，收取固定收入，不承担联营风险的，实际是以联营名义取得房产租金，应根据《房产税暂行条例》的有关规定由出租方按租金收入计缴房产税。

对融资租赁房屋的情况，由于租赁费包括购进房屋的价款、手续费、借款利息等，与一般房屋出租的"租金"内涵不同，且租赁期满后，当承租方偿还最后一笔租赁费时，房屋产权要转移到承租方。这实际是一种变相的分期付款购买固定资产的形式，所以在计征房产税时应以房产余值计算征收，至于租赁期内房产税的纳税人，由当地税务机关根据实际情况确定。由承租人自融资租赁合同约定开始日的次月起依照房产余值缴纳房产税。合同未约定开始日的，由承租人自合同签订的次月起依照房产余值缴纳房产税。（财税〔2009〕128号）

无租使用其他单位房产的应税单位和个人，依照房产余值代缴纳房产税。（财税〔2009〕128号）

产权出典的房产，由承典人依照房产余值缴纳房产税。（财税〔2009〕128号）

5. 房屋附属设备和配套设施的计税规定

从2006年1月1日起，房屋附属设备和配套设施计征房产税按以下规定执行：

凡以房屋为载体，不可随意移动的附属设备和配套设施，如给排水、采暖、消防、中央空调、电气及智能化楼宇设备等，无论在会计核算中是否单独记账与核算，都应计入房产原值，计征房产税。

对于更换房屋附属设备和配套设施的,在将其价值计入房产原值时,可扣减原来相应设备和设施的价值;对附属设备和配套设施中易损坏、需要经常更换的零配件,更新后不再计入房产原值。

6. 居民住宅区内业主共有的经营性房产缴纳房产税

从2007年1月1日起,对居民住宅区内业主共有的经营性房产,由实际经营(包括自营和出租)的代管人或使用人缴纳房产税。其中自营的,依照房产原值减除10%~30%后的余值计征,没有房产原值或不能将业主共有房产与其他房产的原值准确划分开的,由房产所在地地方税务机关参照同类房产核定房产原值;出租的,依照租金收入计征。

(二)从租计征

《房产税暂行条例》规定,房产出租的,以房产租金收入为房产税的计税依据。

所谓房产的租金收入,是房屋产权所有人出租房产使用权所得的报酬,包括货币收入和实物收入。

如果是以劳务或者其他形式为报酬抵付房租收入的,应根据当地同类房产的租金水平,确定一个标准租金额从租计征。

纳税人对个人出租房屋的租金收入申报不实或申报数与同一地段同类房屋的租金收入相比明显不合理的,税务部门可以按照《税收征收管理法》的有关规定,采取科学合理的方法核定其应纳税款。具体办法由各省、自治区、直辖市地方税务机关结合当地实际情况制定。

三、房产税的税率与应纳税额的计算

(一)税率

我国现行房产税采用的是比例税率。由于房产税的计税依据分为从价计征和从租计征两种形式,所以房产税的税率也有两种:一种是按房产原值一次减除10%~30%后的余值计征的,税率为1.2%;另一种是按房产出租的租金收入计征的,税率为12%。从2008年3月1日起,对个人按市场价格出租的居民住房,不区分用途,按4%的税率征收房产税,免征城镇土地使用税。对企事业单位、社会团体以及其他组织按市场价格向个人出租用于居住的住房,减按4%的税率征收房产税。

(二)应纳税额的计算

房产税的计税依据有两种,与之相适应的应纳税额计算也分为两种:一是从价计征的计算;二是从租计征的计算。

1. 从价计征的计算

从价计征是按房产的原值减除一定比例后的余值计征,其公式为:

应纳税额＝应税房产原值×(1－扣除比例)×1.2%

如前所述，房产原值是"固定资产"科目中记载的房屋原值；减除一定比例是省、自治区、直辖市人民政府规定的10%～30%的减除比例；计征的适用税率为1.2%。

[案例] 某企业的经营用房原值为3 000万元，按照当地规定允许减除20%后余值计税，适用税率为1.2%，请计算其应纳房产税税额。

应纳税额＝3 000×(1－20%)×1.2%＝28.8(万元)

2. 从租计征的计算

从租计征是按房产的租金收入计征，其计算公式为：

应纳税额＝租金收入×12%(或4%)

[案例] 赵某将自有市区的一处房产出租给别人居住，月租1 500元。请计算赵某当年应缴纳的房产税。

应交房产税＝1 500×4%×12＝720（元）。

[案例] 某公民出租自有房屋供他人经商，年租金收入20 000元，房产税适用税率为12%，该公民此项收入应纳房产税税额的计算方法为：

应纳税额＝20 000×12%＝2 400（元）。

第二节　房产税的优惠政策与税收征管

一、房产税的优惠政策

房产税的税收优惠政策是根据国家政策需要和纳税人的负担能力制定的。由于房产税属地方税，因此给予地方一定的减免权限，有利于地方因地制宜处理问题。

（1）国家机关、人民团体、军队自用的房产免征房产税。但上述免税单位的出租房产以及非自身业务使用的生产、营业用房，不属于免税范围。

"人民团体"，是指经国务院授权的政府部门批准设立或登记备案并由国家拨付行政事业费的各种社会团体。"自用的房产"，是指这些单位本身的办公用房和公务用房。

（2）由国家财政部门拨付事业经费的单位，如学校、医疗卫生单位、托儿所、幼儿园、敬老院、文化、体育、艺术这些实行全额或差额预算管理的事业单位所有的，本身业务范围内使用的房产免征房产税。

为了鼓励事业单位经济自立，由国家财政部门拨付事业经费的单位，其经费来源实行自收自支后,从事业单位实行自收自支的年度起,免征房产税3年。事业单位自用的房产,是指这些单位本身的业务用房。

(3) 宗教寺庙、公园、名胜古迹自用的房产免征房产税。

宗教寺庙自用的房产,是指举行宗教仪式等的房屋和宗教人员使用的生活用房屋。

公园、名胜古迹自用的房产,是指供公共参观游览的房屋及其管理单位的办公用房屋。

宗教寺庙、公园、名胜古迹中附设的营业单位,如影剧院、饮食部、茶社、照相馆等所使用的房产及出租的房产,不属于免税范围,应照章纳税。

(4) 个人所有非营业用的房产免征房产税。

个人所有的非营业用房,主要是指居民住房,不分面积多少,一律免征房产税。

对个人拥有的营业用房或者出租的房产,不属于免税房产,应照章纳税。

(5) 对行使国家行政管理职能的中国人民银行总行(含国家外汇管理局)所属分支机构自用的房产,免征房产税。

(6) 经财政部批准免税的其他房产。

这类免税房产,情况特殊,范围较小,是根据实际情况确定的,主要涉及以下情形:

其一,损坏不堪使用的房屋和危险房屋,经有关部门鉴定,在停止使用后,可免征房产税。

其二,纳税人因房屋大修导致连续停用半年以上的,在房屋大修期间免征房产税,免征税额由纳税人在申报缴纳房产税时自行计算扣除,并在申报表附表或备注栏中作相应说明。

纳税人房屋大修停用半年以上需要免征房产税的,应在房屋大修前向主管税务机关报送相关的证明材料,包括大修房屋的名称、坐落地点、产权证编号、房产原值、用途、房屋大修的原因、大修合同及大修的起止时间等信息和资料,以备税务机关查验。具体报送材料由各省、自治区、直辖市和计划单列市地方税务局确定。

其三,在基建工地为基建工地服务的各种工棚、材料棚、休息棚和办公室、食堂、茶炉房、汽车房等临时性房屋,在施工期间,一律免征房产税。但工程结束后,施工企业将这种临时性房屋交还或估价转让给基建单位的,应从基建单位接收的次月起,照章纳税。

其四,从1988年1月1日起,对房管部门经租的居民住房,在房租调整改革之前收取租金偏低的,可暂缓征收房产税。对房管部门经租的其他非营业用房,是否给予照顾,由各省、自治区、直辖市根据当地具体情况按税收管理体制的规定办理。

其五，对高校后勤实体免征房产税。

其六，对非营利性医疗机构、疾病控制机构和妇幼保健机构等卫生机构自用的房产，免征房产税。

其七，老年服务机构自用的房产免征房产税。老年服务机构是指专门为老年人提供生活照料、文化、护理、健身等多方面服务的福利性、非营利性的机构，主要包括老年社会福利院、敬老院（养老院）、老年服务中心、老年公寓（含老年护理院、康复中心、托老所）等。

其八，财税〔2000〕125号文件规定：从2001年1月1日起，对按政府规定价格出租的公有住房和廉租住房，包括企业和自收自支事业单位向职工出租的单位自有住房、房管部门向居民出租的公有住房、落实私房政策中带户发还产权并以政府规定租金标准向居民出租的私有住房等，暂免征收房产税、营业税。

其九，对邮政部门坐落在城市、县城、建制镇、工矿区范围内的房产，应当依法征收房产税；对坐落在城市、县城、建制镇、工矿区范围以外的尚在县邮政局内核算的房产，在单位财务账中划分清楚的，从2001年1月1日起不再征收房产税。

除上面提到的可以免纳房产税的情况以外，如纳税人确有困难的，可由省、自治区、直辖市人民政府确定，定期减征或者免征房产税。

其十，向居民供热并向居民收取采暖费的供热企业暂免征收房产税。"供热企业"包括专业供热企业、兼营供热企业、单位自供热及为小区居民供热的物业公司等，不包括从事热力生产但不直接向居民供热的企业。

对于免征房产税的"生产用房"，是指上述企业为居民供热所使用的厂房。对既向居民供热，又向非居民供热的企业，可按向居民供热收取的收入占其总供热收入的比例划分征免税界限；对于兼营供热的企业，可按向居民供热收取的收入占其生产经营总收入的比例划分征免税界限。

其十一，为鼓励利用人防设施，暂不征收房产税。

二、房产税的征收管理

（一）纳税义务发生时间

（1）纳税人将原有房产用于生产经营，从生产经营之月起，缴纳房产税。

（2）纳税人自行新建房屋用于生产经营，从建成之次月起，缴纳房产税。

（3）纳税人委托施工企业建设的房屋，从办理验收手续之次月起，缴纳房产税。

（4）纳税人购置新建商品房，自房屋交付使用之次月起，缴纳房产税。

(5) 纳税人购置存量房,自办理房屋权属转移、变更登记手续,房地产权属登记机关签发房屋权属证书之次月起,缴纳房产税。

(6) 纳税人出租、出借房产,自交付出租、出借房产之次月起,缴纳房产税。

(7) 房地产开发企业自用、出租、出借本企业建造的商品房,自房屋使用或交付之次月起,缴纳房产税。

(8) 自2009年1月1起,纳税人因房产的实物或权利状态发生变化而依法终止房产税纳税义务的,其应纳税款的计算应截止到房产的实物或权利状态发生变化的当月末。

(二) 纳税期限

房产税实行按年计算、分期缴纳的征收方法,具体纳税期限由省、自治区、直辖市人民政府确定。目前各地一般规定每个季节缴纳一次或者半年缴纳一次,并在规定的期限以内缴纳。例如,北京市规定,纳税人全年应当缴纳的房产税分为两次缴纳,纳税期限分别为4月1日至4月15日和10月1日至10月15日。

(三) 纳税地点

房产税在房产所在地缴纳。房产不在同一地方的纳税人,应按房产的坐落地点分别向房产所在地的税务机关纳税。

第三节 房产税的会计处理与纳税申报

一、房产税的会计处理

企业经营自用的房屋,按规定计算应缴的房产税,借记"管理费用"科目,贷记"应交税费——应交房产税";缴纳的房产税,借记"应交税费——应交房产税",贷记"银行存款"等科目。

企业出租的房屋,按规定计算应缴的房产税,借记"其他业务支出"科目,贷记"应交税费——应交房产税";缴纳的房产税,借记"应交税费——应交房产税",贷记"银行存款"等科目。

二、房产税的纳税申报

房产税实行按年征收,分期缴纳。纳税期限由省、自治区、直辖市人民政府规定。各地一般规定按季或按半年征收一次。

纳税人应根据税法要求,将现有房屋的坐落地点、结构、面积、原值、出租收入等情况,据实向房产所在地税务机关办理纳税申报,并按规定纳税,如果纳税人住址发生变更、产权发生转移,以及出现新建、改建、拆除房屋等情况,而引起房屋原值发生变化或者租金收入变化的,都要按规定及时向税务机关办理变更登记,以使税务机关及时掌握纳税人的房产变动情况。

[案例] 某企业的经营用房原值为1 000万元,按照当地规定允许减除20%以后计税,房产税适用税率为1.2%,计算该企业全年应纳的房产税税额。

解析:应纳房产税额=1 000×(1-20%)×1.2%=9.6(万元)

账务处理:

  借:管理费用   96 000
    贷:应交税费——应交房产税   96 000

[案例] 洪福公司位于北京市朝阳区,2009年上半年共有房产原值30 000 000元。2009年1月1日起该企业将原值4 000 000元的一栋仓库出租给某企业存放货物,租期1年,每月收取租金20 000元,全年租金收入240 000元。9月5日对委托施工单位建设的生产车间办理验收手续,由在建工程转入固定资产原值6 000 000元。已知该地区规定计算房产余值时的扣除比例为30%,房产建筑面积为20 000平方米,房产为砖混结构。请计算该企业2009年7月1日至12月31日应该缴纳的房产税,做出相应的账务处理,并填写房产税纳税申报表。

解析:(1)计算该企业应纳的房产税

该企业经营自用的房产从价计征房产税;在建工程转入的房产从办理验收手续的次月起开始从价计征房产税;出租的房屋不再从价计征,而是改为从租计征房产税。

  从价计征房产税=从价计税的房产原值×(1-扣除比例)×适用税率
        =(30 000 000-4 000 000)×(1-30%)×1.2%÷2
        +6 000 000×(1-30%)×1.2%÷12×3=121 800(元)
  从租计征房产税=租金收入×12%=240 000×12%÷2=14 400(元)
  应纳房产税=121 800+14 400=136 200(元)

(2)会计处理

计算应纳房产税时:

  借:管理费用   121 800
    其他业务支出   14 400
    贷:应交税费——应交房产税   136 200

缴纳房产税时:

  借:应交税费——应交房产税   136 200
    贷:银行存款   136 200

(3)房产税纳税申报表的填写如表9-1所示。

表 9-1

房产税纳税申报表

纳税人识别号 □□□□□□

填表日期： 年 月 日

金额单位：元（例至角分）

纳税人名称		洪福公司												
房产坐落地	北京市朝阳区					建筑面积 m³ 20 000m³				税款所属时间 2009年7月1日至2009年12月31日				
			其中			以房产余值计征房产税			以租金收入计征房产税			房屋结构 砖混		
	本期增减	本期实际房产原值	从价计税的房产原值	从租计税的房产原值	规定免税房产原值	扣除率%	房产余值	适用税率	应纳税额	租金收入	适用税率	应纳税额	全年应纳税额	缴纳次数	应纳税额	已纳税额	应补(退)税额
上期申报房产原值(评估值) 1	2	3=1+2	4=3-5-6	5=3-4-6	6	7	8=4-4×7	9	10=8×9	11	12	13=11×12	14=10+13	15	16=14÷15	17	18=16-17
30 000 000.00	0.00	30 000 000.00	26 000 000.00	4 000 000.00	0	30%	18 200 000.00	1.2%	218 400.00	240 000.00	12%	28 800.00	247 200.00	2	123 600.00	0.00	123 600.00
	6 000 000.00	6 000 000.00	6 000 000.00	0.00	0.00	30%	4 200 000.00	0.3%	12 600.00	0.00	0.00	0.00	12 600.00	2	12 600.00	0.00	12 600.00
合计	6 000 000.00	36 000 000.00	32 000 000.00	4 000 000.00	0.00	30%	22 400 000.00	—	231 000.00	240 000.00	—	28 800.00	259 800.00	—	136 200.00	0.00	136 200.00
如纳税人填报，由纳税人填写以下各栏										如委托代理人填报，由代理人填写以下各栏					备注		
纳税人(签章)		经办人(签章)								代理人名称 代理人地址 经办人							
收到申报表日期										以下由税务机关填写							
会计主管(签章)										接收人 电话							

《房产税纳税申报表》填写说明：

(1) 上期申报房产原值（评估值），填写上期申报的经税务机关审核认可的房产原值（评估值），或经税务机关评估认定的房产价值；
(2) 本期增减，填写申报期增加或减少的房屋原值；
(3) 本期实际房产原值，填写"上期申报房产原值（评估值）"与"本期增减"两者合计数；
(4) 从价计税的房产原值，填写自用的应税房产原值；从出租的房产原值，按税法规定填写；
(5) 扣除率，按省人民政府确定的扣除比例填写；
(6) 房产余值，按从价计税的房产原值减除扣除额后的余值填列，房产余值=房产原值×（1-扣除比例）；租金收入，按纳税人在纳税期内实现的房产租金收入额填写；
(7) 全年应纳税额，按税法规定，分别从价计税、从租计税两种情况计算填列；
(8) 应纳税额，按全年应纳税额和缴纳次数计算填列。

对增加或减少的房屋，应注意其纳税义务发生或终止的时间。

第十章
契税政策解析与涉税处理

第一节 契税的征税对象与纳税人

一、契税的概念

契税是以所有权发生转移变动的不动产为征税对象,向产权承受人征收的一种财产税。

契税在我国已有非常悠久的历史,1600年前的前东晋时期的"估税"就是契税的雏形。此后,历代封建王朝对不动产的买卖、典当等产权变动都要征收契税,但征收范围和税率不尽相同。新中国成立后,1950年政务院公布了《契税暂行条例》。1997年7月7日国务院发布并于同年10月1日开始施行《中华人民共和国契税暂行条例》(以下简称《契税暂行条例》)。契税一次性征收,并且普遍适用于内资、外资企业和中国公民、外籍人员。

开征契税有着重要的经济意义:契税属于地方税,开征契税可以增加地方财政收入,为地方建设积累资金;调控房地产市场,规范市场交易行为;保障财权人的合法权益,减少产权纠纷。

二、契税的特点

(一) 契税属于财产转移税
它以权属发生转移的土地和房屋为征税对象,具有对财产转移课税性质。

(二) 契税由财产承受人缴纳
一般税种在税制中确定纳税人,都确定销售者为纳税人,即买方纳税。对买方征税的主要目的,在于承认不动产转移生效,承受人纳税以后,便可以拥有转移过来的不动产的产权或使用权，法律保护纳税人的合法权益。

三、契税的作用

（一）广辟财源，增加地方财政收入

契税按财产转移价值征税，税源较为充足，可以弥补其他财产课税的不足，扩大其征税范围，为地方政府增加一部分财政收入。

（二）保护合法产权，避免产权纠纷

不动产所有权和使用权的转移，涉及转让者和承受者双方的利益。而且，由于产权转移形式多样化，如果产权的合法性得不到确认，事后必然会出现产权纠纷。契税规定对承受人征税，一方面是对承受人财富的调节，一方面有利于通过法律形式确定产权关系，维护公民的合法权益，避免产权纠纷。

四、契税的征税对象

契税的征税对象是境内转移土地、房屋权属，具有对财产转移课税性质。具体内容包括以下六项：

（一）国有土地使用权出让

国有土地使用权出让是指土地使用者向国家交付土地使用权出让费用，国家将国有土地使用权在一定年限内让与土地使用者的行为。对承受国有土地使用权所应支付的土地出让金，要计征契税。不得因减免土地出让金而减免契税。

（二）土地使用权的转让

土地使用权的转让是指土地使用者以出售、赠与、交换或者其他方式将土地使用权转移给其他单位和个人的行为。土地使用权的转让不包括农村集体土地承包经营权的转移。

（三）房屋买卖

房屋买卖即以货币为媒介，出卖者向购买者过渡房产所有权的交易行为，以下几种特殊情况，视同买卖房屋。

（1）以房产抵债或实物交换房屋，经当地政府和有关部门批准，以房抵债和实物交换房屋，均视同房屋买卖，应由产权承受人按房屋现值缴纳契税。例如，甲某因无力偿还乙某债务，而以自有的房产折价抵偿债务。经双方同意，有关部门批准，乙某取得甲某的房屋产权，在办理产权过户手续时，按房产折价款缴纳契税。如以实物（金银首饰等等价物品）交换房屋，应视同以货币购买房屋。

（2）以房产作投资或作股权转让，这种交易业务属房屋产权转移应根据国家房地产管理的有关规定，办理房屋产权交易和产权变更登记手续，视同房屋买卖，由产权承受方按契税税率计算缴纳契税。

例如，甲某以自有房产，投资于乙某企业。其房屋产权变为乙某企业所有，故产权所有人发生变化，因此，乙某企业在办理产权登记手续后，按甲某入股房产现值（国有企事业房产须经国有资产管理部门评估核价）缴纳契税。如丙某以股份方式购买乙某企业房屋产权，丙某在办理产权登记后，按取得房产买价缴纳契税。

以自有房产作股投入本人独资经营企业，免纳契税。因为以自有的房地产投入本人独资经营的企业，产权所有人和使用权使用人未发生变化，不需办理房产变更手续，也不办理契税手续。

（3）买房拆料或翻建新房，应照章征收契税。

例如，甲某购买乙某房产，不论其目的是取得该房产的建筑材料或是翻建新房，实际构成房屋买卖。甲某应首先办理房屋产权变更手续，并按买价缴纳契税。

（四）房屋赠与

房屋的赠与是指房屋产权所有人将房屋无偿转让给他人所有，其中，将自己的房屋转交给他人的法人和自然人，称作房屋赠与人，接受他人房屋的法人和自然人，称为受赠人。房屋赠与的前提必须是产权无纠纷，赠与人和受赠人双方自愿。

由于房屋是不动产，价值较大，故法律要求赠与房屋应有书面合同（契约），并到房产管理机关或农村基层政权机关办理登记过户手续才能生效。如果房屋赠与行为涉及涉外关系，还需公证处证明和外事部门认证才能生效。房屋的受赠人要按规定缴纳契税。

（五）房屋交换

房屋交换是指房屋所有者之间互相交换房屋的行为。

随着经济形势的发展，有些特殊方式转移土地、房屋权属的，也将视同土地使用权转让、房屋买卖或者房屋赠与。这些特殊方式主要有以下四种：一是以土地、房屋权属作价投资入股；二是以土地、房屋权属抵债；三是以获奖方式承受土地、房屋权属；四是以预购方式或者预付集资建房款方式承受土地、房屋权属。

（六）承受国有土地使用权支付的土地出让金

对承受国有土地使用权所应支付的土地出让金，要计征契税。不得因减免土地出让金而减免契税。

五、契税的纳税人

契税的纳税义务人是境内转移土地、房屋权属，承受的单位和个人。境内是指中华人民共和国实际税收行政管辖范围内。土地、房屋权属是指土地使用权和房屋所有权。单位是指企业单位、事业单位、国家机关、军事单位和社会团体以及其他组织。个人是指个体经营者及其他个人，包括中国公民和外籍人员。

第二节 契税的计算

一、契税的税率

契税实行3％～5％的幅度税率。实行幅度税率是考虑到我国经济发展的不平衡，各地经济差别较大的实际情况。因此，各省、自治区、直辖市人民政府可以在3％～5％的幅度税率规定范围内，按照本地区的实际情况决定。

二、契税应纳税额的计算

（一）计税依据

契税的计税依据为不动产的价格。由于土地、房屋权属转移方式不同，定价方法不同，因而具体计税依据视不同情况而决定。

（1）国有土地使用权出让、土地使用权出售、房屋买卖，以成交价格为计税依据。成交价格是指土地、房屋权属转移合同确定的价格，包括承受者应交付的货币、实物、无形资产或者其他经济利益。

《国家税务总局关于免征土地出让金出让国有土地使用权征收契税的批复》（国税函〔2005〕436号）规定：对承受国有土地使用权所应支付的土地出让金，要计征契税。不得因减免土地出让金，而减免契税。

国税函〔2009〕603号规定：出让国有土地使用权，契税计税价格为承受人为取得该土地使用权而支付的全部经济利益。对通过"招、拍、挂"程序承受国有土地使用权的，应按照土地成交总价款计征契税，其中的土地前期开发成本不得扣除。

（2）土地使用权赠与、房屋赠与，由征收机关参照土地使用权出售、房屋买卖的市场价格核定。

离婚后房屋权属发生变化是否征收契税？根据《婚姻法》规定，夫妻共有房屋属共同共有财产，因离婚财产分割引起房屋权属变化是房产共有权的变化，而不是契税法所规定的房屋产权转移，所以，对离婚后原共有房屋产权的归属人不征契税。

（3）土地使用权交换、房屋交换，为所交换的土地使用权、房屋的价格差额。就是说，交换价格相等时，免征契税；交换价格不等时，由多交付的货币、实物、无形资产或者其他经济利益的一方交纳契税。

（4）以划拨方式取得土地使用权，经批准转让房地产时，由房地产转让者补交契税。计税依据为补交的土地使用权出让费用或者土地收益。

为了避免偷、逃税款，税法规定，成交价格明显低于市场价格并且无正当理由的，或者所交换土地使用权，房屋的价格的差额明显不合理并且无正当理由的，征收机关可以参照市场价格核定计税依据。

(5) 房屋附属设施征收契税的依据。

第一，采取分期付款方式购买房屋附属设施土地使用权、房屋所有权的，应按合同规定的总价款计征契税。

第二，承受的房屋附属设施权属如为单独计价的，按照当地确定的适用税率征收契税；如与房屋统一计价的，适用与房屋相同的契税税率。

(6) 个人无偿赠与不动产行为（法定继承人除外），应对受赠人全额征收契税。在缴纳契税时，纳税人须提交税务机关审核并签字盖章的《个人无偿赠与不动产登记表》，税务机关（或其他征收机关）应在纳税人的契税完税凭证上加盖"个人无偿赠与"印章，在《个人无偿赠与不动产登记表》中签字并将该表格留存。

(二) 应纳税额的计算方法

契税采用比例税率。当计税依据确定以后，应纳税额的计算比较简单。应纳税额的计算公式为：

$$应纳税额＝计税依据\times税率$$

[案例] 居民刘某有两套住房，将一套出售给居民王某，面积80平方米，成交价格为600 000元；将另一套两室住房与居民李某交换成两处一室住房，并支付给李某换房差价款100 000元。试计算刘、王、李相关行为应缴纳的契税（假定税率为4%）。

解析：(1) 刘某应缴纳契税＝100 000×4%＝4 000（元）

(2) 王某应缴纳契税＝600 000×4%＝24 000（元）

(3) 李某不缴纳契税。

[案例] 居民甲某共有三套房产，2009年将第一套市价为80万元的房产与乙某交换，并支付给乙某15万元；将第二套市价为60万房产折价给丙某抵偿了50万元的债务；将第三套市价为30万元的房产作股投入本人经营的企业。若当地确定的契税税率为3%，计算甲、乙、丙应缴纳的契税。

解析：以房屋抵债的，承受房屋的丙某缴纳契税，甲某不纳税。以自有反房产作股投入本人独资经营企业，免纳契税。房屋交换的，支付补价的一方按照支付的差价纳税。

$$甲某应纳契税＝15\times3\%＝0.45(万元)$$

乙某不纳税；

丙某应纳契税＝60×3％＝1.8（万元）

[案例] 某中外合资企业2008年1月从当地政府手中取得某块土地使用权，支付土地使用权出让费1 300 000元，省政府规定契税的税率为3％，计算该合资企业应当缴纳的契税。

解析：应纳税额＝1 300 000×3％＝39 000（元）

会计处理如下：

借：无形资产——土地使用权	39 000
贷：应交税费——应交契税	39 000
借：应交税费——应交契税	39 000
贷：银行存款	39 000

第三节 契税的优惠政策

一、一般税收优惠

（1）国家机关、事业单位、社会团体、军事单位承受土地、房屋用于办公、教学、医疗、科研和军事设施的，免征契税。

（2）城镇职工按规定第一次购买公有住房的，免征契税。

《财政部、国家税务总局关于公有制单位职工首次购买住房免征契税的通知》（财税〔2000〕130号）规定：自2000年11月29日起，对各类公有制单位为解决职工住房而采取集资建房方式建成的普通住房或由单位购买的普通商品住房，经当地县以上人民政府房改部门批准，按照国家房改政策出售给本单位职工的，如属职工首次购买住房，均比照《契税暂行条例》第六条第二款"城镇职工按规定第一次购买公有住房的，免征"的规定，免征契税。

《财政部、国家税务总局关于调整房地产交易环节税收政策的通知》（财税〔2008〕137号）规定：自2008年11月1日起，对个人首次购买90平方米及以下普通住房的，契税税率暂统一下调到1％。对两个或两个以上个人共同购买90平方米及以下普通住房，其中一人或多人已有购房记录的，该套房的共同购买人均不适用购买普通住房的契税优惠政策。

（3）因不可抗力灭失住房而重新购买住房的，酌情准予减征或者免征契税。不可抗力是指自然灾害、战争等不能预见、不能避免并不能克服的客观情况。

（4）土地、房屋被县级以上人民政府征用、占用后，重新承受土地、房屋权属的，是否减征或者免征契税，由省、自治区、直辖市人民政府确定。

（5）纳税人承受荒山、荒沟、荒丘、荒滩土地使用权，用于农、林、牧、渔业生产的，免征契税。

(6) 经外交部确认，依照我国有关法律规定以及我国缔结或参加的双边和多边条约或协定的规定应当予以免税的外国驻华使馆、领事馆、联合国驻华机构及其外交代表、领事官员和其他外交人员承受土地、房屋权属的，可以免征契税。

二、特殊优惠规定

（一）改制重组契税优惠政策

为了支持企业改革，加快建立现代企业制度，促进国民经济持续、健康发展，自2009年1月1日至2011年12月31日，对企业改制重组中涉及的契税予以下列优惠：

1. 企业公司制改造

非公司制企业，按照《公司法》的规定，整体改建为有限责任公司（含国有独资公司）或股份有限公司，或者有限责任公司整体改建为股份有限公司的，对改建后的公司承受原企业土地、房屋权属，免征契税。上述所称整体改建是指不改变原企业的投资主体，并承继原企业权利、义务的行为。

非公司制国有独资企业或国有独资有限责任公司，以其部分资产与他人组建新公司，且该国有独资企业（公司）在新设公司中所占股份超过50%的，对新设公司承受该国有独资企业（公司）的土地、房屋权属，免征契税。

例如，原中国农业银行整体改制为中国农业银行股份有限公司所涉及契税的纳税义务发生时间为2008年10月21日。对中国农业银行股份有限公司承受原中国农业银行的土地、房屋权属，免征契税。对中国农业银行股份有限公司以国家作价出资方式承受原中国农业银行划拨用地，不征契税。

2. 企业股权转让

在股权转让中，单位、个人承受企业股权，企业土地、房屋权属不发生转移，不征收契税。

"股权转让"，仅包括股权转让后企业法人存续的情况，不包括企业法人注销的情况。在执行中，应根据工商管理部门对企业进行的登记认定，即企业不需办理变更和新设登记，或仅办理变更登记的，适用该情况；企业办理新设登记的，不适用该情况，对新设企业承受原企业的土地、房屋权属应征收契税。

国有、集体企业实施"企业股份合作制改造"，由职工买断企业产权，或向其职工转让部分产权，或者通过其职工投资增资扩股，将原企业改造为股份合作制企业的，对改造后的股份合作制企业承受原企业的土地、房屋权属，免征契税。

为进一步支持国有企业改制重组，国有控股公司组建新公司有关契税政策规定如下：

第一，国有控股公司以部分资产投资组建新公司，且该国有控股公司占新公司股份85%以上的，对新公司承受该国有控股公司土地、房屋权属免征契税。上述所称国有控股公司，是指国家出资额占有限责任公司资本总额50%以上，或国有股份占股份有限公司股本总额50%以上的国有控股公司。

第二，以出让方式承受原国有控股公司土地使用权的，不属于本规定的范围。

3. 企业合并

两个或两个以上的企业，依据法律规定、合同约定，合并改建为一个企业，且原投资主体存续的，对其合并后的企业承受原合并各方的土地、房屋权属，免征契税。

4. 企业分立

企业依照法律规定、合同约定分设为两个或两个以上投资主体相同的企业，对派生方、新设方承受原企业土地、房屋权属，不征收契税。

5. 企业出售

国有、集体企业出售，被出售企业法人予以注销，并且买受人按照《劳动法》等国家有关法律法规政策妥善安置原企业全部职工，其中与原企业30%以上职工签订服务年限不少于三年的劳动用工合同的，对其承受所购企业的土地、房屋权属，减半征收契税；与原企业全部职工签订服务年限不少于三年的劳动用工合同的，免征契税。

6. 企业注销、破产

企业依照有关法律、法规的规定实施注销、破产后，债权人（包括注销、破产企业职工）承受注销、破产企业土地、房屋权属以抵偿债务的，免征契税；对非债权人承受注销、破产企业土地、房屋权属，凡按照《劳动法》等国家有关法律法规政策妥善安置原企业全部职工，其中与原企业30%以上职工签订服务年限不少于三年的劳动用工合同的，对其承受所购企业的土地、房屋权属，减半征收契税；与原企业全部职工签订服务年限不少于三年的劳动用工合同的，免征契税。

（二）房屋的附属设施

对于承受与房屋相关的附属设施，包括停车位、汽车库、自行车库、顶层阁楼以及储藏室等（下同）所有权或土地使用权的行为，按照契税法律、法规的规定征收契税；对于不涉及土地使用权和房屋所有权转移变动的，不征收契税。

（三）继承土地、房屋权属

对于《中华人民共和国继承法》规定的法定继承人（包括配偶、子女、父母、兄弟姐妹、祖父母、外祖父母）继承土地、房屋权属，不征契税。

按照《中华人民共和国继承法》规定，非法定继承人根据遗嘱承受死者生前的土地、房屋权属，属于赠与行为，应征收契税。

(四) 其他

（1）经国务院批准实施债权转股权的企业，对债权转股权后新设立的公司承受原企业的土地、房屋权属，免征契税。

（2）政府主管部门对国有资产进行行政性调整和划转过程中发生的土地、房屋权属转移，不征收契税。

（3）企业改制重组过程中，同一投资主体内部所属企业之间土地、房屋权属的无偿划转，包括母公司与其全资子公司之间，同一公司所属全资子公司之间，同一自然人与其设立的个人独资企业、一人有限公司之间土地、房屋权属的无偿划转，不征收契税。

（4）对拆迁居民因拆迁重新购置住房的，对购房成交价格中相当于拆迁补偿款的部分免征契税，成交价格超过拆迁补偿款的，对超过部分征收契税。

（5）公司制企业在重组过程中，以名下土地、房屋权属对其全资子公司进行增资，属同一投资主体内部资产划转，对全资子公司承受母公司土地、房屋权属的行为，不征收契税。

（6）对中国电信集团公司收购 CDMA 网络资产和中国电信股份有限公司收购 CDMA 网络业务过程中涉及的土地、房屋权属转移的契税予以免征。

以上优惠政策可以总结为表 10-1：

表 10-1

特殊行为	具体情况	契税优惠
企业公司制改造	非公司改造成公司的公司制改造中，整体改建为有限责任公司或股份有限公司，承受原企业土地、房屋权属的	免征
	非公司制国有独资企业或国有独资有限责任公司股份占 50% 以上的新设公司，承受原国有企业（公司）的土地、房屋权属的	
企业股权重组	单位、个人承受企业股权，企业土地、房屋权属不发生转移的	不征
	国有控股公司以部分资产投资组建新公司，且该国有控股公司占新公司股份 85% 以上的，对新公司承受该国有控股公司土地、房屋权属	免征
	股份合作制改造，承受原土地、房屋权属的	
企业合并	合并后的企业承受各方的土地、房屋权属的	免征
企业分立	分设为两个或两个以上投资主体相同的企业，对派生方、新设方承受原土地、房屋权属的	不征
国有、集体企业出售	被售企业法人注销，且买受人与原企业 30% 以上职工签订服务年限不少于三年的劳动用工合同的，承受所购企业土地的	减半征收
	被售企业法人注销，且与原企业全部职工签订服务年限不少于三年的劳动用工合同的，承受所购企业土地房屋权属的	免征

续表

特殊行为	具体情况	契税优惠
房屋的附属设施	承受与房屋相关的附属设施（包括停车位、汽车库、自行车库、顶层阁楼以及储藏室）所有权或土地使用权的	征收契税
	不涉及土地使用权和房屋所有权变动的	
继承土地房屋权属的	法定继承人（包括配偶、子女、父母、兄弟姐妹、祖父母、外祖父母）继承土地房屋权属的	不征
	非法定继承人根据遗嘱承受死者生前土地房屋权属，属于赠与行为的	征收契税
其他	国务院批准债转股企业，债转股后新设公司承受原企业土地、房屋权属的	免征
	政府主管部门对国有资产进行政策性划拨中土地、房屋权属转移的	不征
	企业改制重组，同一投资主体内部企业之间土地、房屋权属的无偿划拨的	不征
拆迁居民新置住房	对购房成交价格中相当于拆迁补偿款部分的	免征
	超过拆迁补偿款部分的	征收契税

[案例] 居民甲某有四套住房，将第一套价值120万元的别墅折价给乙某抵偿了100万元的债务；用市场价值70万元的第二套、三套两室住房与丙某交换一套四居室住房，另取得丙某赠送价值12万元的小轿车一辆；将第四套市场价值50万元的公寓房折成股份投入本人独资经营的企业。当地确定的契税税率为3%，试计算甲、乙、丙应纳的契税。

解析：（1）甲不纳税；
（2）乙纳税＝1 000 000×3%＝30 000（元）
（3）丙纳税＝120 000×3%＝3 600（元）

三、契税的征收管理

（一）纳税义务发生时间

契税的纳税义务发生时间是纳税人签订土地、房屋权属转移合同的当天，或者纳税人取得其他具有土地、房屋权属转移合同性质凭证的当天。

（二）纳税期限

纳税人应当自纳税义务发生之日起10日内，向土地、房屋所在地的契税征收机关办理纳税申报，并在契税征收机关核定的期限内缴纳税款。

（三）纳税地点

契税在土地、房屋所在地的征收机关缴纳。

（四）征收管理

纳税人办理纳税事宜后，征收机关应向纳税人开具契税完税凭证。纳税人持契税完税凭证和其他规定的文件材料，依法向土地管理部门、房产管理部门办理有关土地、房屋的权属变更登记手续。土地管理部门和房产管理部门应向契税征收机关提供有关资料，并协助契税征收机关依法征收契税。

国税发〔2005〕82号文件规定，"以契税管理先缴纳税款，后办理产权证书（简称'先税后证'）为把手，全面掌控税源信息。充分利用契税征管信息，加强房地产各环节、各税种的税收管理"。

（五）纳税申报

纳税人应当自纳税义务发生之日起10日内，填写《契税纳税申报表》（如表10-2所示），向土地、房屋所在地的契税征收机关办理纳税申报，并在契税征收机关核定的期限内缴纳税款，索取完税凭证。

表10-2　　　　　　　　　　　契税纳税申报表

填表日期：年　月　日　　　　　　　　　　　　　　　　　　单位：元、平方米

承受方	名称		识别号	
	地址		联系电话	
转让方	名称		识别号	
	地址		联系电话	
土地、房屋权属转移	合同签订时间			
	土地、房屋地址			
	权属转移类别			
	权属转移面积			平方米
	成交价格			元
适用税率				
计征税额				元
减免税额				元
应纳税额				元
纳税人员签章			经办人员签章	

（以下部分由征收机关负责填写）

征收机关 收到日期		接收人		审核日期	
审　核 记　录					
审核人员 签　章			征收机关 签　章		

（本表 A4 竖式，一式两份：第一联为纳税人保存；第二联由主管征收机关留存。）

填表说明：

1. 本表依据《中华人民共和国税收征收管理法》、《中华人民共和国契税暂行条例》设计制定。

2. 本表适用于在中国境内承受土地、房屋权属的单位和个人。纳税人应当在签订土地、房屋权属转移合同或者取得其他具有土地、房屋权属转移合同性质凭证后 10 日内，向土地、房屋所在地契税征收机关填报契税纳税申报表，申报纳税。

3. 本表各栏的填写说明如下：

①承受方及转让方名称：承受方、转让方是单位的，应按照人事部门批准或者工商部门注册登记的全称填写；承受方、转让方是个人的，则填写本人姓名。

②承受方、转让方识别号：承受方、转让方是单位的，填写税务登记号；没有税务登记号的，填写组织机构代码。承受方、转让方是个人的，填写个人身份证号或护照号。

③合同签订时间：指承受方签订土地、房屋转移合同的当日，或其取得其他具有土地、房屋转移合同性质凭证的当日。

④权属转移类别：（土地）出让、买卖、赠与、交换、作价入股等行为。

⑤成交价格：土地、房屋权属转移合同确定的价格（包括承受者应交付的货币、实物、无形资产或者其他经济利益，折算成人民币金额）填写。计税价格，是指由征收机关按照《契税暂行条例》第四条确定的成交价格、差价或者核定价格。

⑥计征税额＝计税价格×税率，应纳税额＝计征税额－减免税额。

第十一章
城镇土地使用税政策解析与涉税处理

第一节 城镇土地使用税概述

一、城镇土地使用税的概念

城镇土地使用税是以城镇土地为征税对象，对拥有土地使用权的单位和个人征收的一种税。

现行城镇土地使用税的基本规范，是 2006 年 12 月 31 日《国务院关于修改〈中华人民共和国城镇土地使用税暂行条例〉的决定》（以下简称《城镇土地使用税暂行条例》）。国务院决定自 2007 年 1 月 1 日起实施新条例。

开征城镇土地使用税的意义：有利于通过经济手段加强对土地的管理，变土地的无偿使用为有偿使用，促进合理节约使用土地，提高土地使用效率；有利于适当调节不同地区、不同地段之间的土地级差收入，促进土地使用者加强经济核算，降低土地使用成本，理顺国家与土地使用者之间的分配关系。

二、城镇土地使用税的纳税人

（一）纳税人的范围

在城市、县城、建制镇、工矿区范围内使用土地的单位和个人，为城镇土地使用税（以下简称土地使用税）的纳税人。

所称单位，包括国有企业、集体企业、私营企业、股份制企业、外商投资企业、外国企业以及其他企业和事业单位、社会团体、国家机关、军队以及其他单位；所称个人，包括个体工商户以及其他个人。

（二）纳税人的分类

城镇土地使用税的纳税人通常包括以下几类：

(1) 拥有土地使用权的单位和个人。

(2) 拥有土地使用权的单位和个人不在土地所在地的,其土地的实际使用人和代管人为纳税人。

(3) 土地使用权未确定或权属纠纷未解决的,其实际使用人为纳税人。

(4) 土地使用权共有的,共有各方都是纳税人,由共有各方分别纳税。

几个人或几个单位共同拥有一块土地的使用权,这块土地的城镇土地使用税的纳税人应是对这块土地拥有使用权的每一个人或每一个单位。他们应以其实际使用的土地面积占总面积的比例,分别计算缴纳土地使用税。

例如,某城市的甲与乙共同拥有一块土地的使用权,这块土地面积为1 500平方米,甲实际使用1/3,乙实际使用2/3,则甲应是其所占的土地500平方米(1 500×1/3)的城镇土地使用税的纳税人,乙是其所占的土地1 000平方米(1 500×2/3)的城镇土地使用税的纳税人。

第二节 征税范围、计税依据及税率

一、城镇土地使用税的征税范围

城镇土地使用税的征税范围,包括在城市、县城、建制镇和工矿区内的国家所有和集体所有的土地。

上述城市、县城、建制镇和工矿区分别按以下标准确认:

(1) 城市是指经国务院批准设立的市。

(2) 县城是指县人民政府所在地。

(3) 建制镇是指经省、自治区、直辖市人民政府批准设立的建制镇。

(4) 工矿区是指工商业比较发达,人口比较集中,符合国务院规定的建制镇标准,但尚未设立建制镇的大中型工矿企业所在地,工矿区须经省、自治区、直辖市人民政府批准。

上述城镇土地使用税的征税范围中,城市的土地包括市区和郊区的土地,县城的土地是指县人民政府所在地的城镇的土地,建制镇的土地是指镇人民政府所在的土地。

建立在城市、县城、建制镇和工矿区以外的工矿企业则不需缴纳城镇土地使用税。

二、城镇土地使用税的计税依据

城镇土地使用税以纳税人实际占用的土地面积为计税依据,土地面积计量标准为每平方米。即税务机关根据纳税人实际占用的土地面积,按照规定的税额计

二、城镇土地使用税税收优惠

（一）免缴土地使用税的情况

（1）国家机关、人民团体、军队自用的土地。

这部分土地是指这些单位本身的办公用地和公务用地。如国家机关、人民团体的办公楼用地，军队的训练场用地等。

（2）由国家财政部门拨付事业经费的单位自用的土地。

这部分土地是指这些单位本身的业务用地。如学校的教学楼、操场、食堂等占用的土地。

（3）宗教寺庙、公园、名胜古迹自用的土地。

宗教寺庙自用的土地，是指举行宗教仪式等的用地和寺庙内的宗教人员生活用地。

公园、名胜古迹自用的土地，是指供公共参观游览的用地及其管理单位的办公用地。

以上单位的生产、经营用地和其他用地，不属于免税范围，应按规定缴纳土地使用税，如公园、名胜古迹中附设的营业单位如影剧院、饮食部、茶社、照相馆等使用的土地。

又如公园、名胜古迹内的索道公司经营用地，应按规定缴纳城镇土地使用税。

（4）市政街道、广场、绿化地带等公共用地。

（5）直接用于农、林、牧、渔业的生产用地。

这部分用地是指直接从事于种植养殖、饲养的专业用地，不包括农副产品加工场地和生活办公用地。

（6）经批准开山填海整治的土地和改造的废弃土地，从使用的月份起免缴土地使用税 5 年至 10 年。

具体免税期限由各省、自治区、直辖市地方税务局在《城镇土地使用税暂行条例》规定的期限内自行确定。

（7）对非营利性医疗机构、疾病控制机构和妇幼保健机构等卫生机构自用的土地，免征城镇土地使用税。对营利性医疗机构自用的土地自 2000 年起免征城镇土地使用税 3 年。

（8）企业办的学校、医院、托儿所、幼儿园，其用地能与企业其他用地明确区分的，免征城镇土地使用税。

（9）免税单位无偿使用纳税单位的土地（如公安、海关等单位使用铁路、民航等单位的土地），免征城镇土地使用税。纳税单位无偿使用免税单位的土地纳税单位应照章缴纳城镇土地使用税。纳税单位与免税单位共同使用、共有使用权土地上的多层建筑，对纳税单位可按其占用的建筑面积占建筑总面积的比例计征城镇土地使用税。

（10）对行使国家行政管理职能的中国人民银行总行（含国家外汇管理局）所属分支机构自用的土地，免征城镇土地使用税。

（11）为了体现国家的产业政策，支持重点产业的发展，对石油、电力、煤炭等能源用地，民用港口、铁路等交通用地和水利设施用地，三线调整企业、盐业、采石场、邮电等一些特殊用地划分了征免税界限和给予政策性减免税照顾。

（二）减免土地使用税的情况

下列土地由省、自治区、直辖市地方税务局确定减免土地使用税：

（1）个人所有的居住房屋及院落用地。

（2）房产管理部门在房租调整改革前经租的居民住房用地。

（3）免税单位职工家属的宿舍用地。

（4）民政部门举办的安置残疾人占一定比例的福利工厂用地。

（5）集体和个人办的各类学校、医院、托儿所、幼儿园用地。

（6）对基建项目在建期间使用的土地，原则上应照章征收城镇土地使用税。但对有些基建项目，特别是国家产业政策扶持发展的大型基建项目占地面积大，建设周期长，在建期间又没有经营收入，为照顾其实际情况，对纳税人纳税确有困难的，可由各省、自治区、直辖市地方税务局根据具体情况予以免征或减征土地使用税。

（7）城镇内的集贸市场（农贸市场）用地，按规定应征收城镇土地使用税。为了促进集贸市场的发展及照顾各地的不同情况，各省、自治区、直辖市地方税务局可根据具体情况自行确定对集贸市场用地征收或者免征城镇土地使用税。

（8）《国家税务局关于印发〈关于土地使用税若干具体问题的补充规定〉的通知》〔国家税务局（89）国税地字第140号〕规定：房地产开发公司建造商品房的用地，原则上应按规定计征城镇土地使用税。但在商品房出售之前纳税确有困难的，其用地是否给予缓征或减征、免征照顾，可由各省、自治区、直辖市地方税务局根据从严的原则结合具体情况确定。

《关于房产税、城镇土地使用税有关政策规定的通知》（国税发〔2003〕89号）明确规定"对房地产开发企业建造的商品房，在售出前，不征收房产税；但对售出前房地产开发企业已使用或出租、出借的商品房应按规定征收房产税"。这一原则亦适用于城镇土地使用税，该文件第二条第四项规定："房地产开发企业自用、出租、出借本企业建造的商品房，自房屋使用或交付之次月起计征房产税和城镇土地使用税。"据此，对于房地产开发企业正在开发建设的土地，不管是否办理了土地使用权证（按照法律规定应当办理），在房屋建设以及销售过程中，无须缴纳城镇土地使用税。但对房地产开发企业将本企业建造的商品房自用、出租、出借的，在建期间不用缴纳城镇土地使用税，应当自房屋使用或交付之次月起计算缴纳房产税和城镇土地使用税。

《关于进一步加强城镇土地使用税和土地增值税征收管理工作的通知》（国税发〔2004〕100号）规定："除经批准开发建设经济适用房的用地外，对各类房地产开发用地一律不得减免城镇土地使用税。"因此，对于非开发建设经济适用房的用地，应当缴纳城镇土地使用税。

（9）原房管部门代管的私房，落实政策后，有些私房产权已归还给房主，但由于各种原因，房屋仍由原住户居住，并且住户仍是按照房管部门在房租调整改革之前确定的租金标准向房主交纳租金。对这类房屋用地，房主缴纳土地使用税确有困难的，可由各省、自治区、直辖市地方税务局根据实际情况，给予定期减征或免征城镇土地使用税的照顾。

（10）对于各类危险品仓库、厂房所需的防火、防爆、防毒等安全防范用地，可由各省、自治区、直辖市地方税务局确定，暂免征收城镇土地使用税。

（11）企业搬迁后原场地不使用的、企业范围内荒山等尚未利用的土地，免征城镇土地使用税。免征税额由企业在申报缴纳城镇土地使用税时自行计算扣除，并在申报表附表或备注栏中作相应说明。

对搬迁后原场地不使用的和企业范围内荒山等尚未利用的土地，凡企业申报暂免征收城镇土地使用税的，应事先向土地所在地的主管税务机关报送有关部门的批准文件或认定书等相关证明材料，以备税务机关查验。具体报送材料由各省、自治区、直辖市和计划单列市地方税务局确定。

企业按上述规定暂免征收城镇土地使用税的土地开始使用时，应从使用的次月起自行计算和申报缴纳城镇土地使用税。

（12）经贸仓库、冷库均属于征税范围，因此不宜一律免征城镇土地使用税。对纳税确有困难的企业，可根据《城镇土地使用税暂行条例》第七条的规定，向企业所在地的地方税务机关提出减免税申请，由省、自治区、直辖市地方税务局审核后，报国家税务总局批准，享受减免城镇土地使用税的照顾。

（13）对房产管理部门在房租调整改革前经租的居民住房用地，考虑到在房租调整改革前，房产管理部门经租居民住房收取的租金标准一般较低，许多地方纳税确有困难的实际情况而确定的一项临时性照顾措施。房租调整改革后，房产管理部门经租的居民住房用地（不论是何时经租的），都应缴纳城镇土地使用税。至于房租调整改革后，有的房产管理部门按规定缴纳城镇土地使用税确有实际困难的，可按税收管理体制的规定，报经批准后再给予适当的减征或免征土地使用税的照顾。

（14）考虑到中国物资储运总公司所属物资储运企业的经营状况，对中国物资储运总公司所属的物资储运企业的露天货场、库区道路、铁路专用线等非建筑用地免城镇土地使用税问题，可由省、自治区、直辖市地方税务局按照下述原则处理；对经营情况好、有负税能力的企业，应恢复征收城镇土地使用税；对经营情况差、纳税确有困难的企业，可在授权范围内给予适当减免城镇土地使用税的照顾。

（15）自2009年1月1日起至2010年12月31日，对商品储备管理公司及其直属库承担商品储备业务自用的房产、土地，免征房产税、城镇土地使用税。

2009年1月1日以后已缴上述应予免税的税款，从企业应缴纳的相应税款中抵扣，2010年度内抵扣不完的，按有关规定予以退税。

（16）自2009年12月1日起，对在城镇土地使用税征税范围内单独建造的地下建筑用地，按规定征收城镇土地使用税。其中，已取得地下土地使用权证的，按土地使用权证确认的土地面积计算应征税款；未取得地下土地使用权证或地下土地使用权证上未标明土地面积的，按地下建筑垂直投影面积计算应征税款。

对上述地下建筑用地暂按应征税款的50%征收城镇土地使用税。

（17）对股改铁路运输企业及合资铁路运输公司自用的房产、土地暂免征收房产税和城镇土地使用税。

其中股改铁路运输企业是指铁路运输企业经国务院批准进行股份制改革成立的企业；合资铁路运输公司是指由铁道部及其所属铁路运输企业与地方政府、企业或其他投资者共同出资成立的铁路运输企业。

第四节 城镇土地使用税征收管理

一、城镇土地使用税的纳税期限

城镇土地使用税实行按年计算、分期缴纳的征收方法，具体纳税期限由省、自治区、直辖市人民政府确定。例如，北京市规定，土地使用税于每年4月、10月的前15日内交纳。

二、城镇土地使用税的纳税时间

使用城镇土地，一般是从次月起发生纳税义务，只有新征用耕地是在批准使用之日起满一年时开始纳税。

（1）纳税人购置新建商品房，自房屋交付使用之次月起，缴纳城镇土地使用税。

（2）纳税人购置存量房，自办理房屋权属转移、变更登记手续，房地产权属登记机关签发房屋权属证书之次月起，缴纳城镇土地使用税。

（3）纳税人出租、出借房产，自交付出租、出借房产之次月起，缴纳城镇土地使用税。

(4) 以出让或转让方式有偿取得土地使用权的，应由受让方从合同约定交付土地时间的次月起交纳城镇土地使用税；合同未约定交付时间的，由受让方从合同签订的次月起缴纳城镇土地使用税。

(5) 纳税人新征用的耕地，自批准征用之日起满一年时开始缴纳土地使用税。

(6) 纳税人新征用的非耕地，自批准征用次月起缴纳土地使用税。

(7) 自2009年1月1日起，纳税人因土地的权利发生变化而依法终止城镇土地使用税纳税义务的，其应纳税款的计算应截止到土地权利发生变化的当月末。

以上政策具体归纳如下表11-2：

表 11-2

情况	纳税义务发生时间
购置新建商品房	房屋交付使用之次月起
购置存量房	房地产权属登记机关签发房屋权属证书之次月起
出租、出借房地产	交付出租出借房产之次月起
以出让或转让方式有偿取得土地使用权的	应由受让方从合同约定交付土地时间的次月起缴纳城镇土地使用税；合同未约定交付土地时间的，由受让方从合同签订的次月起缴纳城镇土地使用税（新内容）
新征用的耕地	批准使用之日起满一年时
新征用的非耕地	批准征用次月起
纳税人因土地权利状态发生变化而依法终止土地使用税的纳税义务的	其应纳税款的计算应截止到房产的实物或权利发生变化的当月末（即次月免除纳税义务）

三、城镇土地使用税的纳税地点和征收机构

城镇土地使用税在土地所在地缴纳。

纳税人使用的土地不属于同一省、自治区、直辖市管辖的，由纳税人分别向土地所在地的税务机关缴纳土地使用税；在同一省、自治区、直辖市管辖范围内，纳税人跨地区使用的土地，其纳税地点由各省、自治区、直辖市地方税务局确定。

土地使用税由土地所在地的地方税务机关征收，其收入纳入地方财政预算管理。土地使用税征收工作涉及面广，政策性较强，在税务机关负责征收的同时，还必须注意加强同国土管理、测绘等有关部门的联系，及时取得土地的权属资料，沟通情况，共同协作把征收管理工作做好。

四、城镇土地使用税的纳税申报

纳税人应该按照有关规定及时办理纳税申报，并如实填写《城镇土地使用税

纳税申报表》（本章案例的纳税申报见表11-3）：

表 11-3　　　　　　　　城镇土地使用税纳税申报表

填表日期：　　年　月　日

纳税人认识号：　　　　　　金额单位：　元（列至角分）　　　　土地面积：　平方米

纳税人名称						税款所属时期							
坐落地点	上期占地面积	本期增减	本期实际占地面积	法定免税面积	应税面积	土地等级		适用税额		全年应缴税额	缴纳次数	本期		
						Ⅰ	Ⅱ	Ⅰ	Ⅱ			应纳税额	已纳税额	应补（退）税额
1	2	3	4=2+3	5	6=4-5	7	8	9	10	11=7×9+8×10	12	13=11÷12	14	15=13-14
	20 000	0	20 000	1 000	19 000	—		24		456 000.00	2	228 000.00	0.00	228 000.00
合计	20 000	0	20 000	1 000	19 000	—				456 000.00	2	228 000.00	0.00	228 000.00

如纳税人填报，由纳税人填写以下各栏			如委托代理人填报，由代理人填写以下各栏			备注
会计主管（签章）	经办人（签章）	纳税人（签章）	代理人名称			代理人（签章）
			代理人地址			
			经办人		电话	

以下由税务机关填写	
收到申报表日期	接收人

填写说明：

（1）本期实际占地面积，填列上期占地面积与本期增减数合计。占地面积是指土地管理部门测定的土地面积，或者土地使用证书或土地管理部门提供的土地权属资料所确认的土地面积。

（2）土地等级，按照纳税人占用的土地所在地、县、市人民政府划分的土地等级填列。

（3）全年应缴税额，按应税面积和适用税额计算汇总填列；本期应纳税额，按全年应缴税额和缴纳次数计算填列。

对新征用或发生权属变更的土地，应注意纳税义务发生或终止时间。

第十二章
耕地占用税政策解析与涉税处理

第一节 耕地占用税概述

一、耕地占用税的概念

耕地占用税是对占用耕地建房或从事其他非农业建设的单位和个人,就其实际占用的耕地面积征收的一种税,它属于对特定土地资源占用课税。

耕地是土地资源中最重要的组成部分,是农业生产最基本的生产资料。我国人口众多,耕地资源较少,要用占世界总量7%的耕地,养活占世界总量22%的人口,人多地少的矛盾十分突出。因此,我们必须十分注意保护耕地。但是,由于过去长期实行非农业用地无偿使用制度,助长了乱占耕地的行为,浪费了大量的耕地,加剧了地少人多的矛盾。为了遏制并逐步改变这种状况,政府决定开征耕地占用税,运用税收经济杠杆与法律、行政等手段配合,使占用耕地建房及从事其他非农业建设的单位和个人承担必要的经济责任,有利于政府运用税收经济杠杆调节它们的经济利益,引导它们节约、合理地使用耕地资源。这对于保护国土资源,促进农业可持续发展,以及强化耕地管理,保护农民的切身利益等,都具有十分重要的意义。

现行耕地占用税法的基本规范,是2007年12月1日国务院重新颁布的《中华人民共和国耕地占用税暂行条例》。

二、耕地占用税的特点

耕地占用税作为一个出于特定目的、对特定的土地资源课征的税种,与其他税种相比,具有鲜明的特点,主要表现在:

(一) 兼具资源税与特定行为税的特性

耕地占用税以占用农用耕地建房或从事其他非农业建设的行为为征税对象，以约束纳税人占用耕地的行为、促进土地资源的合理运用为课征目的，除具有资源占用税的属性外，还具有明显的特定行为税的特点。

(二) 采用地区差别税率

耕地占用税采用地区差别税率，根据不同地区的具体情况，分别制定差别税额，以适应我国地域辽阔、各地区之间耕地质量差别较大、人均占用耕地面积相差悬殊的具体情况，具有因地制宜的特点。

(三) 在占用耕地环节一次性课征

耕地占用税在纳税人获准占用耕地的环节征收，除对获准占用耕地后超过两年未使用者须加征耕地占用税外，此后不再征收耕地占用税。因而，耕地占用税具有一次性征收的特点。

(四) 税收收入专用于耕地开发与改良

耕地占用税收入按规定应用于建立发展农业专项基金，主要用于开展宜耕土地开发和改良现有耕地之用，因此，具有"取之于地、用之于地"的补偿性特点。

第二节　纳税人、征税范围与应纳税额

一、耕地占用税的纳税人

耕地占用税的纳税人，是占用耕地建房或从事非农业建设的单位和个人。

所称单位，包括国有企业、集体企业、私营企业、股份制企业、外商投资企业、外国企业以及其他企业和事业单位、社会团体、国家机关、军事以及其他单位；所称个人，包括个体工商户以及其他个人。

二、耕地占用税的征税范围

耕地占用税的征税范围包括纳税人为建房或从事其他非农业建设而占用的国家所有和集体所有的耕地。

所谓"耕地"是指种植农业作物的土地，包括菜地、园地。其中，园地包括花圃、苗圃、茶园、果园、桑园和其他种植经济林木的土地。

占用鱼塘及其他农用土地建房或从事其他非农业建设，也视同占用耕地，必须依法征收耕地占用税。占用已开发从事种植、养殖的滩涂、草原、水面和林地等从事非农业建设，由省、自治区、直辖市本着有利于保护土地资源和生态平衡的原则，结合具体情况确定是否征收耕地占用税。

此外，在占用之前三年内属于上述范围的耕地或农用土地，也视为耕地。

三、耕地占用税应纳税额的计算

（一）计税依据

耕地占用税以纳税人占用耕地的面积为计税依据，以每平方米为计量单位。

（二）税率

由于我国不同地区之间人口和耕地资源的分布极不均衡，有些地区人烟稠密，耕地资源相对匮乏；而有些地区则人烟稀少，耕地资源比较丰富。各地区之间的经济发展水平也有很大差异。考虑到不同地区之间客观条件的差别以及与此相关的税收调节力度和纳税人负担能力方面的差别，耕地占用税在税率设计上采用了地区差别定额税率。税率具体规定如下：

（1）人均耕地不超过1亩的地区（以县级行政区域为单位，下同），每平方米为10~50元；

（2）人均耕地超过1亩但不超过2亩的地区，每平方米为8~40元；

（3）人均耕地超过2亩但不超过3亩的地区，每平方米为6~30元；

（4）人均耕地超过3亩以上的地区，每平方米5~25元。

经济特区、经济技术开发区和经济发达、人均耕地特别少的地区，使用税额可以适当提高，但最多不得超过上述规定税额的50%（见表12-1）。

表12-1　　　　各省、自治区、直辖市耕地占用税平均税额

地 区	每平方米平均税额（元）
上海	45
北京	40
天津	35
江苏、浙江、福建、广州	30
辽宁、湖北、湖南	25
河北、安徽、江西、山东、河南、重庆、四川	22.5
广西、海南、贵州、云南、陕西	20
山西、吉林、黑龙江	17.5
内蒙古、西藏、甘肃、青海、宁夏、新疆	12.5

（三）税额计算

耕地占用税以纳税人实际占用的耕地面积为计税依据，以每平方米土地为计税单位，按适用的定额税率计税。其计算公式为：

$$应纳税额＝实际占用耕地面积(平方米)×适用定额税率$$

［案例］　某房地产开发企业经土地管理部门批准征用耕地15 000平方米用

于房地产开发，当地省级人民政府规定的耕地占用税适用税额为 20 元/平方米。

解析：该企业应该缴纳的耕地占用税为：

$$15\,000 \times 20 = 300\,000（元）$$

该企业实际向征收机关申报缴纳这笔税收时，应作如下会计分录：

借：开发成本	300 000
贷：银行存款	300 000

[案例]　某新建服装厂征用一块面积为 1 万平方米的耕地建厂，当地核定的单位税额时 20 元/平方米。计算该厂应纳耕地占用税并做会计分录。

解析：应纳税额 = 10 000 × 20 = 200 000（元）

在筹建期间计提税金时：

借：长期待摊费用——开办费	200 000
贷：应交税费——应交耕地占用税	200 000

开始生产经营当月：

借：管理费用	200 000
贷：长期待摊费用——开办费	200 000

若该厂不作为建设单位而作为生产企业时：

借：在建工程	200 000
贷：应交税费——应交耕地占用税	200 000

第四节　税收优惠与征收管理

一、免征耕地占用税

(1) 军事设施占用耕地。

(2) 学校、幼儿园、养老院、医院占用耕地。

二、减征耕地占用税

(1) 铁路线路、公路线路、飞机场跑道、停机坪、港口、航道占用耕地，减按每平方米 2 元的税额征收耕地占用税。飞机场内飞行区范围的其他建设用地，按照当地适用税额征收耕地占用税。

根据实际需要，国务院财政、税务主管部门商国务院有关部门并报国务院批准后，可以对前款规定的情形免征或者减征耕地占用税。

(2) 农村居民占用耕地新建住宅，按照当地适用税额减半征收耕地占用税。农村烈士家属、残疾军人、鳏寡孤独以及革命老根据地、少数民族聚居区和边远贫困山区生活困难的农村居民,在规定用地标准以内新建住宅缴纳耕地占用税确有困难的,经所在地乡(镇)人民政府审核,报经县级人民政府批准后,可以免征或者减征耕地占用税。

免征或者减征耕地占用税后,纳税人改变原占地用途,不再属于免征或者减征耕地占用税情形的,应当按照当地适用税额补缴耕地占用税。

对于未经批准占用耕地但已经完纳耕地占用税税款的,在补办占地手续时,不再征收耕地占用税。

三、耕地占用税的征收管理

耕地占用税由地方税务机关负责征收。土地管理部门在通知单位或者个人办理占用耕地手续时,应当同时通知耕地所在地同级地方税务机关。获准占用耕地的单位或者个人应当在收到土地管理部门的通知之日起 30 日内缴纳耕地占用税。土地管理部门凭耕地占用税完税凭证或者免税凭证和其他有关文件发放建设用地批准书。

纳税人临时占用耕地,应当依照本条例的规定缴纳耕地占用税。纳税人在批准临时占用耕地的期限内恢复所占用耕地原状的,全额退还已经缴纳的耕地占用税。

占用林地、牧草地、农田水利用地、养殖水面以及渔业水域滩涂等其他农用地建房或者从事非农业建设的,比照本条例的规定征收耕地占用税。建设直接为农业生产服务的生产设施占用前款规定的农用地的,不征收耕地占用税。

四、耕地占用税的纳税申报

纳税人应该按照有关规定及时办理纳税申报,并如实填写耕地占用税纳税申报表。(见表 12-2)

表 12-2　　　　　　　　耕地占用税纳税申报表

申报时间:　年　月　日　　　　单位:　元(列至角、分)、平方米(保留到小数点后两位)

纳税人全称		税务计算机代码	
详细地址		联系电话	
开户银行		银行账号	
建设项目名称			
批准占地文号		批准占地日期	
占地位置		批准占地面积	

续表

计税面积（M²）	适用税额	计征税额	减免面积（M²）	减免税额	应纳税额
纳税人签章：		法人代表签章：		税务机关同意受理盖章： 年　月　日	

填表说明：

1. 本申报表适用耕地占用税纳税人填报。此表一式两份，一份报送税务机关，一份纳税人留存。

2. 计税面积：纳税人实际占用的耕地面积，包括经批准占用的耕地面积和未经批准占用的耕地面积。

3. 此表为北京市地税局耕地占用税纳税申报表。本表的适用税额：按建设项目所在区县的适用税额。具体是：（一）朝阳区、海淀区、丰台区、石景山区每平方米为45元；（二）门头沟区、房山区、昌平区、怀柔区、平谷区为每平方米42元；（三）大兴区、通州区、顺义区、密云县为每平方米40元；（四）延庆县每平方米为35元；（五）占用基本农田的，适用税额在规定的当地适用税额的基础上提高50%；（六）农村居民占用耕地新建住宅，按照当地适用税额减半；（七）铁路线路、公路线路、飞机场跑道、停机坪、港口、航道占用耕地，减按每平方米2元的税额。

4. 计征税额＝计税面积×适用税额。

5. 减免面积：符合政策规定减免税范围的面积。

6. 减免税额＝减免面积×适用税额。

7. 应纳税额＝计征税额－减免税额。

8. 纳税人须报送用地批文复印件、市发展和改革委员会的批准立项文书复印件、项目建设平面图的复印件，税务机关须留存复印件。

第十三章
印花税政策解析与涉税处理

第一节 印花税概述

一、印花税的概念

印花税,是对经济活动和经济交往中书立、使用、领受具有法律效力的凭证的单位和个人征收的一种税。印花税是一种具有行为税性质的凭证税,凡发生书立、使用、领受应税凭证的行为,就必须依照印花税法的有关规定履行纳税义务。

印花税是世界各国普遍征收的一种税,是一个比较古老的税种。1624年创始于荷兰,后为许多国家所采用,现在已有90多个国家和地区开征印花税。我国现行印花税的基本规范是1988年8月6日国务院发布并于同年10月1日实施的《中华人民共和国印花税暂行条例》(以下简称《印花税暂行条例》)。

二、印花税的特点

(一)覆盖面广

改革开放以来,我国经济立法工作逐步建立和健全,经济活动和经济交往中依法书立各种凭证已经成为普遍现象,为印花税提供了广泛的税源。印花税规定的征税范围广泛,凡税法列举的合同或具有合同性质的凭证、产权转移书据、营业账簿、权力许可证照等都必须依法征税。印花税的应税凭证共有5大类13个税目,涉及经济活动的各个方面。

(二)税率低、税负轻

印花税的最高税率为千分之一(租赁、仓储合同),最低税率为万分之零点三（财产保险合同）；按定额税率征收的每件5元。与其他税种相比，税率确实要低得多，税负也轻得多。税负轻是印花税的一大特点，容易为纳税人所接受，因此在全世界广泛推行。

（三）纳税人自行完税

印花税与其他税种不同，实行"三自"的纳税办法。即纳税人在书立、使用、领受应税凭证、发生纳税义务时，先根据应税凭证所载计税金额和适用的税目税率，自行计算应纳税额；再由纳税人自行购买印花税票，并一次足额粘贴在应税凭证上；最后由纳税人按《印花税暂行条例》的规定，对已粘贴的印花税票自行注销或者划销。自此，纳税人的纳税义务才算履行完毕。而对于其他税种，一般都是先由纳税人申报纳税，再由税务机关审核确定其应纳税额，然后由纳税人办理缴纳税款手续。

（四）轻税重罚

印花税虽然税率较轻，但是，纳税人一旦违反税法，将会被处以不交或少缴税款50%以上5倍以下的罚款，构成犯罪的，依法追究刑事责任。以较重的罚则，来保证依法征税。

（五）多缴不退不抵

印花税条例规定，凡多贴印花税票者，不得申请退税或者抵用。这与其他税种多缴税款可以申请退税或抵缴的规定也不相同。

三、开征印花税的意义

（1）开征印花税，为国家积累建设资金。印花税虽然税负轻，但是征税面广，可以积少成多，成为财政收入很好的来源渠道，为国家积累建设资金。

（2）开征印花税，借以了解经济活动情况，可以促进社会主义市场经济新秩序的建立。开征印花税，通过对各种凭证贴花和检查，可以及时了解掌握经济活动的真实情况，使于对其他税种的征管，有利于配合其他经济管理部门贯彻实施各项经济法规，逐步提高各项经济合同的履约率，促进经济行为规范化，促进社会主义市场经济新秩序的建立。

（3）开征印花税，有利于培养纳税人的自觉纳税意识。印花税实行由纳税人根据税法规定自行计算应纳税额、自行购买印花税票的缴纳办法，并实行轻税重罚的措施，这些都有利于培养纳税人的自觉纳税意识。

第二节　印花税纳税人及税目税率

一、印花税的纳税人

印花税的纳税人，是在中国境内书立、使用、领受印花税法所列举的凭证并应依法履行纳税义务的单位和个人。

所称单位和个人，是指国内各类企业、事业、机关、团体、部队以及中外合资企业、合作企业、外资企业、外国公司和其他经济组织及其在华机构等单位和个人。

上述单位和个人，按照书立、使用、领受应税凭证的不同，可以分别确定为立合同人、立据人、立账簿人、领受人和使用人五种。

（一）立合同人

指合同的当事人。当事人是指对凭证有直接权利义务关系的单位和个人，但不包括合同的担保人、证人、鉴定人。各类合同的纳税人是立合同人。各类合同包括购销、加工承揽、建设工程承包、财产租赁、货物运输、仓储保管、借款、财产保险、技术合同或具有合同性质的凭证。

所称合同，是指根据《中华人民共和国合同法》及其他有关合同法规签订的合同。所指具有合同性质的凭证，是指具有合同效力的协议、契约、合约、单据、确认书及其他各种名称的凭证。

当事人的代理人有代理纳税的义务，他与纳税人负有同等的税收法律义务和责任。

（二）立据人

产权转移书据的纳税人是立据人。是指土地、房屋权属转移过程中买卖双方的当事人。

（三）立账簿人

营业账簿的纳税人是立账簿人。所谓立账簿人指设立并使用营业账簿的单位和个人。

（四）领受人

权利、许可证照的纳税人是领受人。领受人，是指领取或接受并持有该项凭证的单位和个人。

（五）使用人

在国外书立、领受，但在国内使用的应税凭证，其纳税人是使用人。

（六）各类电子应税凭证的签订人

即以电子形式签订的各类应税凭证的当事人。

值得注意的是，对应税凭证，凡由两方或两方以上当事人共同书立的，其当事人各方都是印花税的纳税人，应各就其所持凭证的计税金额履行纳税义务。

二、印花税的税目与税率

（一）税目

印花税的税目，指印花税法明确规定的应当纳税的项目，它具体划定了印花税的征税范围。一般地说，列入税目的就要征税，未列入税目的就不征税。印花税共有以下13个税目：

1. 购销合同

购销合同包括供应、预购、采购、购销结合及协作、调剂、补偿、贸易等合同。此外，还包括出版单位与发行单位之间订立的图书、报纸、期刊和音像制品的应税凭证，例如订购单、订数单等。还包括发电厂与电网之间、电网与电网之间签订的购售电合同。但是，电网与用户之间签订的供用电合同不属于印花税列举征税的凭证，不征收印花税。

2. 加工承揽合同

加工承揽合同包括加工、定做、修缮、修理、印刷、广告、测绘、测试等合同。

3. 建设工程勘察设计合同

建设工程勘察设计合同包括勘察、设计合同。

4. 建筑安装工程承包合同

建筑安装工程承包合同包括建筑、安装工程承包合同。承包合同，包括总承包合同、分包合同和转包合同。

5. 财产租赁合同

财产租赁合同包括租赁房屋、船舶、飞机、机动车辆、机械、器具、设备等合同，还包括企业、个人出租门店、柜台等签订的合同。

6. 货物运输合同

货物运输合同包括民用航空、铁路运输、海上运输、公路运输和联运合同，以及作为合同使用的单据。

7. 仓储保管合同

仓储保管合同包括仓储、保管合同，以及作为合同使用的仓单、栈单等。

8. 借款合同

借款合同包括银行及其他金融组织与借款人（不包括银行同业拆借）所签订的合同，以及只填开借据并作为合同使用、取得银行借款的借据。银行及其他金融机构因经营的融资租赁业务是一种以融物方式达到融资目的的业务，实际上是分期偿还的固定资金借款，因此，融资租赁合同也属于借款合同。

9. 财产保险合同

财产保险合同包括财产、责任、保证、信用保险合同，以及作为合同使用的单据。财产保险合同分为企业财产保险、机动车辆保险、货物运输保险、家庭财产保险和农牧业保险五大类。"家庭财产两全保险"属于家庭财产保险性质，其合同在财产保险合同之列，应照章纳税。

10. 技术合同

技术合同包括技术开发、转让、咨询、服务等合同，以及作为合同使用的单据。

技术转让合同，包括专利申请权转让、专利实施许可和非专利技术转让。

技术咨询合同，是当事人就有关项目的分析、论证、预测和调查订立的技术合同。但一般的法律、会计、审计等方面的咨询不属于技术咨询，其所立合同不贴印花。

技术服务合同，是当事人一方委托另一方就解决有关特定技术问题，如为改进产品结构、改良工艺流程、提高产品质量、降低产品成本、保护资源环境、实现安全操作、提高经济效益等提出实施方案，进行实施指导所订立的技术合同，包括技术服务合同、技术培训合同和技术中介合同。但不包括以常规手段或者为生产经营目的进行一般加工、修理、修缮、广告、印刷、测绘、标准化测试，以及勘察、设计等所书立的合同。

11. 产权转移书据

产权转移书据包括财产所有权和版权、商标专用权、专利权、专有技术使用权等转移书据和土地使用权出让合同、土地使用权转让合同、商品房销售合同等权利转移合同。

所称产权转移书据是指单位和个人产权的买卖、继承、赠与、交换、分割等所立的书据。"财产所有权"转换书据的征税范围，是指经政府管理机关登记注册的动产、不动产的所有权转移所立的书据，以及企业股权转让所立的书据，并包括个人无偿赠送不动产所签订的"个人无偿赠与不动产登记表"。当纳税人完税后，税务机关（或其他征收机关）应在纳税人印花税完税凭证上加盖"个人无偿赠与"印章。

12. 营业账簿

营业账簿指单位或者个人记载生产经营活动的财务会计核算账簿。营业账簿按其反映内容的不同，可分为记载资金的账簿和其他账簿。

记载资金的账簿，是指反映生产经营单位资本金数额增减变化的账簿。其他账簿，是指除上述账簿以外的有关其他生产经营活动内容的账簿，包括日记账簿和各明细分类账簿。

但是，对金融系统营业账簿，要结合金融系统财务会计核算的实际情况进行具体分析。凡银行用以反映资金存贷经营活动、记载经营资金增减变化、核算经营成果的账簿，如各种日记账、明细账和总账都属于营业账簿，应按照规定缴纳印花税；银行根据业务管理需要设置的各种登记簿，如空白重要凭证登记簿、有价单证登记簿、现金收付登记簿等，其记载的内容与资金活动无关，仅用于内部备查，属于非营业账簿，均不征收印花税。

13. 权利、许可证照

权利、许可证照包括政府部门发给的房屋产权证、工商营业执照、商标注册证、专利证、土地使用证。

(二) 税率

印花税的税率设计，遵循税负从轻、共同负担的原则。所以，税率比较低；凭证的当事人，即对凭证由直接权利与义务关系的单位和个人，均应就其所持凭证依法纳税。

印花税的税率有两种形式，即比例税率和定额税率。

1. 比例税率

在印花税的13个税目中，各类合同以及具有合同性质的凭证（含以电子形式签订的各类应税凭证）、产权转移书据、营业账簿中记载资金的账簿，适用比例税率。印花税的比例税率分为4个档次，分别是0.05‰、0.3‰、0.5‰、1‰。

自2007年5月30日起，调整证券（股票）交易印花税税率。对买卖、继承、赠与所书立的A股、B股股权转让书据，由立据双方当事人分别按3‰的税率缴纳证券（股票）交易印花税。（财税〔2007〕84号）

从2008年4月24日起，调整证券（股票）交易印花税税率，由3‰降至1‰。即对买卖、继承、赠与所书立的A股、B股股权转让书据，由立据双方当事人分别按1‰的税率缴纳证券（股票）交易印花税。

2008年9月19日起，对证券交易印花税政策进行调整，由双边征收改为单边征收，税率保持1‰。即对买卖、继承、赠与所书立的A股、B股股权转让书据，由立据双方当事人分别按1‰的税率缴纳股票交易印花税，改为由出让方按1‰的税率缴纳股票交易印花税，受让方不再征收。

2. 定额税率

在印花税的13个税目中，"权利、许可证照"和"营业账簿"税目中的其他账簿，适用定额税率，均为按件贴花，税额为5元。

印花税税目、税率如表13-1所示。

表13-1　　　　　　　　印花税税目税率表

税目	范围	税率	纳税义务人	说明
1. 购销合同	包括供应、预购、采购、购销结合及协作、调剂、补偿、易货等合同	按购销金额万分之三贴花	立合同人	
2. 加工承揽合同	包括加工、定作、修缮、修理、印刷、广告、测绘、测试等合同	按加工或承揽收入万分之五贴花	立合同人	
3. 建设工程设计合同	包括勘察、勘察设计合同	按收取费用万分之五贴花	立合同人	

续表

税目	范围	税率	纳税义务人	说明
4. 建筑安装合同	包括建筑、工程承包、安装工程承包合同	按承包金额万分之三贴花	立合同人	
5. 财产租赁合同	包括租赁房屋、船舶、飞机、机动车辆、机械、器具、设备等合同	按承租金额千分之一贴花。税额不足一元的按一元贴花	立合同人	
6. 货物运输合同	包括民用航空、铁路运输、海上运输、内河运输、公路运输和联运合同	按运输费用万分之五贴花。单据作为合同使用的按合同贴花	立合同人	单据作为合同适用的，按合同贴花
7. 仓储保管合同	包括仓储、保管合同	按仓储保管费用千分之一贴花。仓单或栈单作为合同使用的，按合同贴花	立合同人	仓单或栈单作为合同使用的，按合同贴花
8. 借款合同	银行及其他金融组织和借款人（不包括银行同业拆借）所签订的借款合同	按借款金额万分之零点五贴花。单据作为合同使用的按合同贴花	立合同人	单据作为合同适用的，按合同贴花
9. 财产保险合同	包括财产、责任、保证、信用等保险合同	按投保金额千分之一贴花。单据作为合同使用的，按合同贴花	立合同人	单据作为合同适用的，按合同贴花
10. 技术合同	包括技术开发转让、咨询、服务等合同	按所载金额万分之三贴花	立合同人	
11. 产权转移书据	包括财产、所有权和版权、商标专用权、专利权、专有技术使用权等转移书据	按所载金额万分之五贴花	立据人	
12. 营业账簿	生产经营用账册	记载资金的账簿，按固定资产原值与自有流动资金总额万分之五贴花，其他账簿按件贴花五元	立账簿人	
13. 权利许可证照	包括政府部门发给的房屋产权证、工商营业执照、商标注册证、专利证、土地使用证	按件贴花五元	领受人	

第三节　印花税应纳税额的计算

一、印花税计税依据的一般规定

印花税的计税依据为各种应税凭证上所记载的计税金额。具体规定为：

(1) 购销合同的计税依据为合同记载的购销金额。

(2) 加工承揽合同的计税依据是加工或承揽收入的金额。具体规定如下：

①对于由受托方提供原材料的加工、定做合同，凡在合同中分别记载加工费金额和原材料金额的，应分别按"加工承揽合同"、"购销合同"计税，两项税额相加数，即为合同应贴印花；若合同中未分别记载，则应就全部金额依照加工承揽合同计税贴花。

②对于由委托方提供主要材料或原料，受托方只提供辅助材料的加工合同，无论加工费和辅助材料金额是否分别记载，均以辅助材料与加工费的合计数，依照加工承揽合同计税贴花。对委托方提供的主要材料或原料金额不计税贴花。

(3) 建设工程勘察设计合同的计税依据为收取的费用。

(4) 建筑安装工程承包合同的计税依据为承包金额。

(5) 财产租赁合同的计税依据为租赁金额；经计算，税额不足1元的，按1元贴花。

(6) 货物运输合同的计税依据为取得的运输费金额（即运费收入），不包括所运货物的金额、装卸费和保险费等。

(7) 仓储保管合同的计税依据为收取的仓储保管费用。

(8) 借款合同的计税依据为借款金额。针对实际借贷活动中不同的借款形式，税法规定了不同的计税方法：

①凡是一项信贷业务既签订借款合同，又一次或分次填开借据的，只以借款合同所载金额为计税依据计税贴花；凡是只填开借据并作为合同使用的，应以借据所载金额为计税依据计税贴花。

②借贷双方签订的流动资金周转性借款合同，一般按年（期）签订，规定最高限额，借款人在规定的期限和最高限额内随借随还。为避免加重借贷双方的负担，对这类合同只以其规定的最高额为计税依据，在签订时贴花一次，在限额内随借随还不签订新合同的，不再另贴印花。

③对借款方以财产作抵押，从贷款方取得一定数量抵押贷款的合同，应按借款合同贴花；在借款方因无力偿还借款而将抵押财产转移给贷款方时，应再就双方书立的产权书据，按产权转移书据的有关规定计税贴花。

④对银行及其他金融组织经营的融资租赁业务签订的融资租赁合同，应按合同所载租金总额，暂按借款合同计税。

⑤在贷款业务中，如果贷方系由若干银行组成的银团，银团各方均承担一定的贷款数额。借款合同由借款方与银团各方共同书立，各执一份合同正本。对这类合同借款方与贷款银团各方应分别在所执的合同正本上，按各自的借款金额计税贴花。

⑥在基本建设贷款中，如果按年度用款计划分年签订借款合同，在最后一年按总概算签订借款总合同，且总合同的借款金额包括各个分合同的借款金额的，对这类基建借款合同，应按分合同分别贴花，最后签订的总合同，只就借款总额扣除分合同借款金额后的余额计税贴花。

（9）财产保险合同的计税依据为支付（收取）的保险费，不包括所保财产的金额。

（10）技术合同的计税依据为合同所载的价款、报酬或使用费。为了鼓励技术研究开发，对技术开发合同，只就合同所载的报酬金额计税，研究开发经费不作为计税依据。单对合同约定按研究开发经费一定比例作为报酬的，应按一定比例的报酬金额贴花。

（11）产权转移书据的计税依据为所载金额。

（12）营业账簿税目中记载资金的账簿的计税依据为"实收资本"与"资本公积"两项的合计金额。

实收资本，包括现金、实物、无形资产和材料物资。现金按实际收到或存入纳税人开户银行的金额确定。实物，指房产、机器等，按评估确认的价值或合同、协议约定的价格确定。无形资产和材料物资，按评估确认的价值确定。

资本公积，包括接受捐赠、法定财产重估增值、资本折算差额、资本溢价等。如果是实物捐赠，则按同类资产的市场价格或有关凭据确定。

其他账簿的计税依据为应税凭证件数。

（13）权利、许可证照的计税依据为应税凭证件数。

二、印花税计税依据的特殊规定

（1）凭证以"金额"、"收入"、"费用"作为计税依据的，应当全额计税，不得作任何扣除。

（2）同一凭证，载有两个或两个以上经济事项而适用不同税目税率，如分别记载金额的，应分别计算应纳税额，相加后按合计额贴花；如未分别记载金额的，按税率高的计税贴花。

（3）按金额比例贴花的应税凭证，未标明金额的，应按照凭证所载数量及国家牌价计算金额；没有国家牌价的，按市场价格计算金额，然后按规定税率计算应纳税额。

（4）应税凭证所载金额为外国货币的，应按照凭证书立当日国家外汇管理局公布的汇价折合成人民币，然后计算应纳税额。

（5）应纳税额不足1角的，免纳印花税；1角以上的，其税额尾数不满5分的不计，满5分的按1角计算。

（6）有些合同，在签订时无法确定计税金额，如技术转让合同中的转让收入，是按销售收入的一定比例收取或是按实现利润分成的；财产租赁合同，只是规定了月（天）租金标准而无租赁期限的。对这类合同，可在签订时先按定额5元贴花，以后结算时再按实际金额计税，补贴印花。

（7）应税合同在签订时纳税义务即已产生，应计算应纳税额并贴花。所以，不论合同是否兑现或是否按期兑现，均应贴花。

对已履行并贴花的合同，所载金额与合同履行后实际结算金额不一致的，只要双方未修改合同金额，一般不再办理完税手续。

（8）对有经营收入的事业单位，凡属由国家财政拨付事业经费，实行差额预算管理的单位，其记载经营业务的账簿，按其他账簿定额贴花，不记载经营业务的账簿不贴花；凡属经费来源实行自收自支的单位，其营业账簿，应对记载资金的账簿和其他账簿分别计算应纳税额。

跨地区经营的分支机构使用的营业账簿，应由各分支机构于其所在地计算贴花。对上级单位核拨资金的分支机构，其记载资金的账簿按核拨的账面资金额计税贴花，其他账簿按定额贴花；对上级单位不核拨资金的分支机构，只就其他账簿按件定额贴花。为避免对同一资金重复计税贴花，上级单位记载资金的账簿，应按扣除拨给下属机构资金数额后的其余部分计税贴花。

（9）商品购销活动中，采用以货换货方式进行商品交易签订的合同，是反映既购又销双重经济行为的合同。对此，应按合同所载的购、销合计金额计税贴花。合同未列明金额的，应按合同所载购、销数量依照国家外汇牌价或者市场价格计算应纳税额。

（10）施工单位将自己承包的建设项目，分包或者转包给其他施工单位所签订的分包合同或者转包合同，应按新的分包合同或转包合同所载金额计算应纳税额。这是因为印花税是一种具有行为税性质的凭证税，尽管总承包合同已依法计税贴花，但新的分包或转包合同是一种新的凭证，又发生了新的纳税义务。

（11）对国内各种形式的货物联运，凡在起运地统一结算全程运费的应以全程运费作为计税依据，由起运地运费结算双方缴纳印花税；凡分程结算运费的，应以分程的运费作为计税依据。分别由办理运费结算的各方缴纳印花税。

对国际货运，凡由我国运输企业运输的，不论在我国境内、境外起运或中转分程运输，我国运输企业所持的一份运费结算凭证，均按本程运费计算应纳税额；托运方所持的一份运费结算凭证，按全程运费计算应纳税额。由外国运输企业运输进出口货物的，外国运输企业所持的一份运费结算凭证免纳印花税；托运方所持的一份运费结算凭证应缴纳印花税。国际货运运费结算凭证在国外办理的，应在凭证转回我国境内时按规定缴纳印花税。

应当明确的是，印花税票为有价证券，其票面金额以人民币为单位，分为一角、二角、五角、一元、二元、五元、十元、五十元、一百元共九种。

三、印花税应纳税额的计算

纳税人的应纳税额，根据应纳税凭证的性质，分别按比例税率或者定额税率计算，其计算公式是：

$$应纳税额 = 应税凭证计税金额（或应税凭证件数）\times 适用税率$$

[案例] 某公司于2009年3月开业，全年发生下列有关业务：领受房屋产权证、工商营业执照各1件；与其他企业签订转让技术使用权书1份，所载金额100万元；签订产品购销合同4份，合同金额300万元；与银行签订借款合同1份，借款金额200万元；租赁仓库2间，年租金10万元；记载资金的账簿"实收资本"600万元；各类经营账簿8本。计算本年应缴纳印花税税额。

解析：(1) 领受权力、许可证照应纳税额为：2×5＝10（元）

(2) 订立产权转移书据应纳税额为：1 000 000×0.5‰＝500（元）

(3) 订立购销合同应纳税额为：3 000 000×0.3‰＝900（元）

(4) 签订借款合同应纳税额为：2 000 000×0.05‰＝100（元）

(5) 记载资金的账簿应纳税额应纳税额：6 000 000×0.5‰＝3 000（元）

(6) 仓库租赁合同应纳税额为：100 000×1‰＝100（元）

(7) 营业账簿应纳税额为：8×5＝40（元）

(8) 本年应纳印花税额＝10＋500＋900＋100＋3 000＋100＋40＝4 650（元）

[案例] 甲公司与乙公司分别签了了两份合同：一是以货易货合同，甲公司的货物价格为200万元，乙公司的货物价格为150万元；二是采购合同，甲公司购买乙公司50万元货物，但因故合同未能兑现。甲公司应缴纳印花税为多少？

解析：商品购销活动中，采用易货以货方式进行商品交易签订的合同，是反映既购又销双重经济行为的合同，应按合同所载的购、销合计金额计税贴花。甲公司以货易货按购、销金额计算贴花：(2 000 000＋1 500 000)×0.3‰＝1 050（元）

签订合同即发生印花税纳税义务，未兑现也要贴花且不能因采购取消而要求退税或抵交。甲采购合同应贴花为：500 000×0.3‰＝150（元），甲公司共缴纳印花税为1 050＋150＝1 200（元）。

[案例]　某企业2010年度有关资料如下：
(1) 实收资本比上增加200万元；
(2) 与银行签订1年期借款合同，借款金额600万元，年利率5%；
(3) 与甲公司签订以货易货合同，本企业的货物价值450万元，甲公司的货物价值550万元；
(4) 与乙公司签订受托加工合同，乙公司提供价值80万元的原材料，本企业提供价值15万元的辅助材料并收取加工费20万元；
(5) 与丙公司签订转让技术合同，转让收入由丙公司按2008—2012年实现利润的30%支付；
(6) 与货运公司签订运输合同，载明运费8万元（其中含装卸费0.5万元）；
(7) 与铁路部门签订运输合同，载明运费及保管费共计20万元。

请逐项计算该企业2010年应缴纳的印花税

解析：(1) 实收资本增加部分按万分之五贴花：2 000 000×0.5‰＝1 000（元）
(2) 借款合同按借款金额的万分之零点五贴花：6 000 000×0.05‰＝300（元）
(3) 以货易货属于既销又购，按购销合同适用万分之三税率，将换入换出货物价值金额合计贴花：(4 500 000＋5 500 000)×0.3‰＝3 000（元）
(4) 受托加工合同按收取加工费和提供的辅助材料费金额合计以万分之五贴花：

$$(150\ 000＋200\ 000)×0.5‰＝175(元)$$

(5) 技术合同所载金额不定，暂按5元贴花。
(6) 货运合同扣减装卸费金额按万分之五贴花：(80 000－5 000)×0.5‰＝37.5（元）
(7) 铁路运输合同运费和保管费未分别列明，从高适用税率，按仓储保管合同适用千分之一的税率贴花：200 000×1‰＝200（元）

该企业2010年应纳印花税＝1 000＋300＋3 000＋175＋5＋37.5＋200＝4 717.5（元）

[案例]　某高新技术企业2010年8月开业，注册资金300万元，当年发生经营活动如下：
(1) 领受工商营业执照、房屋产权证、土地使用证各一份；
(2) 建账时共设8个账簿，其中资金账簿中记载实收资本300万元；
(3) 签订购销合同4份，共记载金额560万元；

(4) 签订借款合同 1 份，共记载金额 100 万元，当年取得借款利息 0.8 万元；

(5) 与广告公司签订广告制作合同 1 份，分别记载加工费 3 万元，广告公司提供的原材料 7 万元；

(6) 签订技术服务合同 1 份，记载金额 120 万元；

(7) 签订租赁合同 1 份，记载支付租赁费 100 万元；

(8) 签订转让专有技术使用权合同 1 份，记载金额 300 万元。

计算该企业应缴纳的印花税金额。

解析：(1) 领受权利许可证照应缴纳的印花税＝3×5＝15（元）

(2) 设置账簿应缴纳印花税＝7×5＋3 000 000×0.5‰＝1 535（元）

(3) 签订购销合同应缴纳印花税＝5 600 000×0.3‰＝1 680（元）

(4) 签订借款合同应缴纳印花税＝1 000 000×0.05‰＝50（元）

注意借款合同的计税依据是借款金额不是利息金额。

(5) 签订广告制作合同应缴纳印花税＝30 000×0.5‰＋70 000×0.3‰＝36（元）

(6) 签订技术服务合同应缴纳印花税＝1 200 000×0.3‰＝360（元）

(7) 签订租赁合同应缴纳印花税＝1 000 000×1‰＝1000（元）

(8) 签订转让专有技术使用权合同应缴纳印花税＝3 000 000×0.5‰＝1 500（元）

该企业应缴纳印花税金额合计为：15＋1 535＋1 680＋50＋36＋360＋1 000＋1 500＝6 176（元）

第四节　印花税的税收优惠与征收管理

一、印花税的税收优惠

(1) 对已缴纳印花税的凭证副本或者抄本免税。

凭证的正式签署本已按规定交纳了印花税，其副本或者抄本对外不发生权利义务关系，只是留存备查，其副本或者抄本免税；但以副本或者抄本视同正本使用的，则应另贴印花。

(2) 对财产所有人将财产赠给政府、社会福利单位、学校所立的书据免税。

社会福利单位是指抚养孤老伤残的社会福利单位。对上述书据免税，旨在鼓励财产所有人这种有利于发展文化教育事业，造福社会的捐赠行为。

(3) 对国家指定的收购部门与村民委员会、农民个人书立的农副产品收购合同免税。

由于我国农产品种类繁多，地区之间差异很大，随着经济发展，国家制定的收购部门也会有所变化。对此，印花税法授权省、自治区、直辖市主管税务机关根据当地实际情况，具体划分本地区"农产品"和"收购部门"的范围。

（4）对无息、贴息贷款合同免税。

无息、贴息贷款合同，是指我国的各商业银行按照国家金融政策发放的无息贷款，以及由各商业银行发放并按有关规定由财政部门或中国人民银行给予贴息的贷款项目所签订的贷款合同。

一般情况下，无息、贴息贷款体现国家政策，满足特定时期的某种需要，其利息全部或部分由国家负担的，对这类合同征收印花税没有意义。

（5）对外国政府或者国际金融组织向我国政府及国家金融机构提供优惠贷款所书立的合同免税。

该类合同是就具有援助性质的优惠贷款而成立的政府间协议，对其免税有利于引进和利用外资，以推动我国经济与社会的发展。

（6）对房地产管理部门与个人签订的用于生活居住的租赁合同免税。

房地产管理部门出租给个人的生活住房，有着历史渊源，现在住的一般都是收入偏低者，租金较低。对其免税有利于解决城镇低收入家庭的住房困难。

（7）对农牧业保险合同免税。

对该类合同免税，是为了支持农村保险事业的发展，减轻农牧业生产的负担。

（8）对特殊货运凭证免税。

①军事物资运输凭证，即附有军事运输命令或适用专用的军事物资运费结算凭证。

②抢险救灾物资运输凭证，即附有县级以上（含县级）人民政府抢险救灾物资运输证明文件的运费结算凭证。

③新建铁路的工程临管线运输凭证，即为新建铁路运输施工所需物料，使用工程临管线专用的运费结算凭证。

（9）企业改制过程中有关印花税征免的规定。

《财政部、国家税务总局关于企业改制过程中有关印花税政策的通知》（财税〔2003〕183号）规定了企业改制过程中的有关印花税政策，分述如下：

①资金账簿的印花税。

第一，实行公司制改造的企业在改制过程中成立的新企业（重新办理法人登记的），其新启用的资金账簿记载的资金或因企业建立资本纽带关系而增加的资金，凡原已贴花的部分可不再贴花，未贴花的部分和以后新增加的资金按规定贴花。

第二，以合并或分立方式成立的新企业，其新启用的资金账簿记载的资金，凡原已贴花的部分可不再贴花，未贴花的部分和以后新增加的资金按规定贴花。

第三，企业债权转股权新增加的资金按规定贴花。

第四，企业改制中经评估增加的资金按规定贴花。

第五，企业其他会计科目记载的资金转为实收资本或资本公积的资金按规定贴花。

②各类应税合同的印花税。

企业改制前签订但尚未履行完的各类应税合同，改制后需要变更执行主体的，对仅改变执行主体、其余条款未作变动且改制前已贴花的，不再贴花。

③产权转移书据的印花税。

企业因改制签订的产权转移书据免予贴花。

④股权分置试点改革转让的印花税。

股权分置改革过程中，因非流通股股东向流通股股东支付对价而发生的股权转让，暂免征收印花税。

(10) 对国有上市公司的国有股权无偿转让免税。

对经国务院和省级人民政府决定或批准进行的国有（含国有控股）企业改组改制而发生的上市公司国有股权无偿转让行为，暂不征收证券（股票）交易印花税。

(11) 自2009年1月1日至2010年12月31日，对与高校学生签订的高校学生公寓租赁合同，免征印花税。高校学生公寓，是指为高校学生提供住宿服务，按照国家规定的收费标准收取住宿费的学生公寓。高校学生食堂，是指依照《学校食堂与学生集体用餐卫生管理规定》（中华人民共和国教育部令第14号）管理的高校学生食堂。

2009年1月1日至文到之日（2009年12月24日）的已征房产税、印花税、营业税税款分别在纳税人以后的应纳房产税、印花税、营业税税额中抵减或者予以退税。《财政部 国家税务总局关于经营高校学生公寓及高校后勤社会化改革有关税收政策的通知》（财税〔2006〕100号）相应废止。（财税〔2009〕155号）

(12) 从2008年11月1日起，对个人销售或购买住房暂免征收印花税。

(13) 对于企业集团内具有平等法律地位的主体之间自愿订立、明确双方购销关系、据以供货和结算、具有合同性质的凭证，应按规定征收印花税。对于企业集团内部执行计划使用的、不具有合同性质的凭证，不征收印花税。（国税函〔2009〕9号）

(14) 自2009年1月1日起至2010年12月31日，对商品储备管理公司及其直属库资金账簿免征印花税，对其承担商品储备业务过程中书立的购销合同免征印花税，对合同其他各方当事人应缴纳的印花税照章征收。商品储备管理公司及其直属库，是指接受中央、省、市、县四级政府有关部门委托，承担粮（含大豆）、食用油、棉、糖、肉、盐（限于中央储备）等6种商品储备任务，取得财政储备经费或补贴的商品储备企业。2009年1月1日以后已缴上述应予免税的税款，从企业应缴纳的相应税款中抵扣，2010年度内抵扣不完的，按有关规定予以退税。（财税〔2009〕151号）

(15) 对中国投资有限责任公司资金账簿记载的15 500亿元人民币注册资金免征印花税。（财税〔2009〕73号）

(16) 经国务院批准，对2010年广州第16届亚洲运动会（以下简称亚运会）、2011年深圳第26届世界大学生夏季运动会（以下简称大运会）和2009年哈尔滨第24届世界大学生冬季运动会（以下简称大冬会）的组委会使用的营业账簿和签订的各类合同等应税凭证，免征组委会应缴纳的印花税。对财产所有人将财产（物品）捐赠给亚运会、大运会和大冬会组委会所书立的产权转移书据免征应缴纳的印花税。（财税〔2009〕94号）

(17) 对期货保障基金公司新设立的资金账簿、期货保障基金参加被处置期货公司的财产清算而签订的产权转移书据以及期货保障基金以自有财产和接受的受偿资产与保险公司签订的财产保险合同等免征印花税。对上述应税合同和产权转移书据的其他当事人照章征收印花税。（财税〔2009〕68号）

(18) 自2008年1月1日起至2010年12月31日，经国务院批准，对有关国有股东按照《境内证券市场转持部分国有股充实全国社会保障基金实施办法》（财企〔2009〕94号）向全国社会保障基金理事会转持国有股，免征证券（股票）交易印花税。

二、印花税的征收管理

（一）纳税方法

印花税的纳税办法，根据税额大小、贴花次数以及税收征收管理的需要，分别采用以下三种纳税办法。

1. 自行贴花办法

这种办法，一般适用于应税凭证较少或者贴花次数较少的纳税人。纳税人书立、领受或者使用印花税法列举的应税凭证的同时，纳税义务即已产生，应当根据应纳税凭证的性质和适用的税目税率，自行计算应纳税额，自行购买印花税票，自行一次贴足印花税票并加以注销或划销，纳税义务人才算全部履行完毕。值得注意的是，纳税人购买了印花税票，支付了税款，国家就取得了财政收入。但就印花税来说，纳税人支付了税款并不等于已履行了纳税义务。纳税人必须自行贴花并注销或划销，这样才算完整地完成了纳税义务。这也就是通常所说的

"三自"纳税办法。

对已贴花的凭证，修改后所载金额增加的，其增加部分应当补贴印花税票。凡多贴印花税票者，不得申请退税或者抵用。

2. 汇贴或汇缴办法

这种办法，一般适用于因纳税额较大或者贴花次数频繁的纳税人。

一份凭证应纳税额超过 500 元的，应向当地税务机关申请填写缴款书或者完税证，将其中一联粘贴在凭证上或者由税务机关在凭证上加注完税标记代替贴花。这就是通常所说的"汇贴"办法。

同一种类应纳税凭证，需频繁贴花的，纳税人可以根据实际情况自行决定是否采用按期汇总缴纳印花税的方式，汇总缴纳的期限为一个月。采用按期汇总缴纳方式的纳税人，应事先告知主管税务机关。缴纳方式一经选定，一年内不得改变。

实行印花税按期汇总缴纳的单位，对征税凭证和免税凭证汇总时，凡分别汇总的，按本期征税凭证的汇总金额计算缴纳印花税；凡确属不能分别汇总的，应按本期全部凭证的实际汇总金额计算缴纳印花税。

3. 委托代征办法

这一办法主要是通过税务机关的委托，经由发放或者办理应纳税凭证的单位代为征收印花税税款。税务机关应与代征单位签订代征委托书。所谓发放或者办理应纳税凭证的单位，是指发放权利、许可证照的单位和办理凭证的鉴证、公证及其他有关事项的单位。按照印花税法的规定，工商行政管理机关核发各类营业执照和商标注册权的同时，负责代售印花税票，征收印花税款，并监督领受单位或个人负责贴花。税务机关委托工商行政管理机关代售印花税票，按代售金额的 5% 支付代售手续费。

印花税法规定，发放或者办理应纳税凭证的单位，负有监督纳税人依法纳税的义务，具体是指对以下纳税事项监督：

第一，应纳税凭证是否已贴印花；

第二，粘贴的印花是否足额；

第三，粘贴的印花是否按规定注销。

对未完成以上纳税手续的，应督促纳税人当场完成。

(二) 纳税环节

印花税应当在书立或领受时贴花。具体是指，在合同签订时、账簿启用时和证照领受时贴花。如果合同是在国外签订，并且不便在国外贴花的，应在将合同带入境时办理贴花纳税手续。

(三) 纳税地点

印花税一般实行就地纳税。对于全国性商品物资订货会（包括展销会、交易会等）上所签订合同应纳的印花税，由纳税人回其所在地后及时办理贴花完税手续；对地方主办、不涉及省际关系的订货会、展销会上所签合同的印花税，其纳税地点由各省、自治区、直辖市人民政府自行确定。

（四）违章处罚

自2004年1月29日起，印花税纳税人有下列行为之一的，由税务机关根据情节轻重予以处罚：

（1）在应纳税凭证上未贴或者少贴印花税票的或者已粘贴在应税凭证上的印花税票未注销或者未划销的，由税务机关追缴其不缴或者少缴的税款、滞纳金，并处不缴或者少缴的税款百分之五十以上五倍以下的罚款。

（2）已贴用的印花税票揭下重用造成未缴或少缴印花税的，由税务机关追缴其不缴或者少缴的税款、滞纳金，并处不缴或者少缴的税款百分之五十以上五倍以下的罚款；构成犯罪的，依法追究刑事责任。

（3）伪造印花税票的，由税务机关责令改正，处以2 000元以上1万元以下的罚款；情节严重的，处以1万元以上5万元以下的罚款；构成犯罪的，依法追究刑事责任。

（4）按期汇总缴纳印花税的纳税人，超过税务机关核定的纳税期限，未缴或少缴印花税款的，由税务机关追缴其不缴或者少缴的税款、滞纳金，并处不缴或者少缴的税款百分之五十以上五倍以下的罚款；情节严重的，同时撤销其汇缴许可证；构成犯罪的，依法追究刑事责任。

（5）纳税人违反以下规定的，由税务机关责令限期改正，可处以2 000元以下的罚款；情节严重的，处以2 000元以上1万元以下的罚款。

第一，凡汇总缴纳印花税的凭证，应加注税务机关指定的汇缴戳记，编号并装订成册后，将已贴印花或者缴款书的一联粘附册后，盖章注销，保存备查。

第二，纳税人对纳税凭证应妥善保存。凭证的保存期限，凡国家已有明确规定的，按规定办；没有明确规定的其余凭证均应在履行完毕后保存一年。

（6）代售户对取得的税款逾期不缴或者挪作他用，或者违反合同将所领印花税票转托他人代售或者转至其他地区销售，或者未按规定详细提供领、售印花税票情况的，税务机关可视其情节轻重，给予警告或者取消其代售资格的处罚。

（五）纳税申报

印花税应当在书立或领受时贴花。印花税的纳税人在发生应税行为后，应按照印花税暂行条例的有关规定及时办理纳税申报，并如实填写《印花税纳税申报表》（如表13-2所示）。

表 13-2   印花税纳税申报表

税务计算机代码：
税款所属日期：　　年　月　日—　月　日　　　　　　　单位：　元（列至角分）

单位名称				
税目	份数	计税金额	税率	已纳税额
购销合同	1	500 000.00	0.3‰	150.00
加工承揽合同	0	0.00	0.5‰	0.00
建设工程勘察设计合同	0	0.00	0.5‰	0.00
建筑安装工程承包合同	0	0.00	0.3‰	0.00
财产租赁合同	0	0.00	1‰	0.00
货物运输合同	0	0.00	0.5‰	0.00
仓储保管合同	0	0.00	1‰	0.00
借款合同	0	0.00	0.05‰	0.00
财产保险合同	1	50 000.00	1‰	50.00
技术合同	0	0.00	0.3‰	0.00
产权转移书据		0.00		0.5‰	0.00
账簿	资金账簿	1	5 000 000.00	0.5‰	2 500.00
	其他账簿	6件		5元	30.00
权利许可证照	4件		5元	20.00
其他				
合计	—	—	—	2 750.00

根据《印花税暂行条例》规定应缴纳印花税的凭证在书立和领受时贴花完税，我单位应纳税凭证均已按规定缴纳，本报表中已纳税额栏填写数字与应纳税额是一致的。

　　　　　　　　　　　　　　　　　　　　　　　经办人（章）：

登记申报单位： （盖章）	企业财务负责人： （盖章）	税务机关受理申报日期： 受理人（章）： 　年　月　日

[案例]　哈利公司2008年8月份开业。该公司8月份发生如下交易或事项：领受工商营业执照正副本各1件，税务登记证国税、地税正副本各1件，房屋产权证2件，商标注册证1件；实收资本5 000 000元，除记载资金的账簿外，还有6本营业账簿；签订财产保险合同1份，投保金额3 000 000元，缴纳保险费50 000元；签订货物买卖合同1份，所载金额为500 000元。请计算该公司2008年8月份应纳的印花税，做出相应的会计分录，并计算填列《印花税纳税申报表》。

解析：

(1) 计算应纳印花税：

税务登记证无需缴纳印花税，证件副本无需缴纳印花税，因此领受权利许可证照应纳印花税额＝(1＋2＋1)×5＝20（元）

$$资金账簿应纳印花税额＝5\,000\,000×0.5‰＝2\,500(元)$$
$$其他账簿应纳印花税额＝6×5＝30(元)$$
$$财产保险合同应纳印花税额＝50\,000×1‰＝50(元)$$
$$购销合同应纳印花税额＝500\,000×0.3‰＝150(元)$$
$$共计应纳印花税税额＝20＋2\,500＋30＋50＋150＝2\,750(元)$$

(2) 哈利公司2008年8月份购买印花税票时的会计分录为：

借：管理费用　　　　　　　　　　　　　　　　　　　2 750
　贷：银行存款　　　　　　　　　　　　　　　　　　2 750

(3)《印花税纳税申报表》的填写如表13-2所示。

第十四章
城建税与教育费附加政策解析与涉税处理

第一节 城市维护建设税

一、城建税概述

(一) 城市维护建设税的概念

城市维护建设税（简称"城建税"），是国家对缴纳增值税、消费税、营业税（简称"三税"）的单位和个人就其实际缴纳的"三税"税额为计税依据而征收的一种税。它属于特定目的税，是国家为加强城市的维护建设、扩大和稳定城市维护建设资金的来源而采取的一项税收措施。

城市维护建设税法，是指国家制定的用以调整城市维护建设税征收与缴纳权利及义务关系的法律规范。《中华人民共和国城市维护建设税暂行条例》是国务院于1985年2月8日公布的，于同年1月1日起在全国实施。

(二) 城市维护建设税的特点

(1) 具有附加税性质。它以纳税人实际缴纳的"三税"税额为计税依据，附加于"三税"税额，本身并没有特定的、独立的征税对象。

(2) 具有特定目的。城建税税款专门用于城市的公用事业和公共设施的维护建设。

(3) 根据城镇规模设计不同的比例税率。城镇维护建设税的负担水平，是根据纳税人所在城镇的规模及其资金需要设计的。

二、城建税的纳税义务人

城建税的纳税义务人，是指负有缴纳"三税"义务的单位和个人，包括国有企业、集体企业、私营企业、股份制企业、其他企业和行政单位、事业单位、军事单位、社会团体、其他单位,以及个体工商户及其他个人。但目前对外商投资企业和外国企业缴纳的"三税"不征收城建税。

> **小贴士**
>
> 负有缴纳"三税"义务,不是说同时交纳增值税、消费税和营业税三种税才涉及缴纳城建税,而是指除特殊企业(外商投资企业和外国企业)特殊环节(进口)外,只要交纳增值税、消费税和营业税中的任何一个税种,都会涉及城建税。

三、城建税的税率

城建税按纳税人所在地的不同,设置了三档地区差别比例税率,即:

(1) 纳税人所在地为市区的,税率为7%;
(2) 纳税人所在地为县城、镇的,税率为5%;
(3) 纳税人所在地不在市区、县城或者镇的,税率为1%。

城建税的适用税率,应当按纳税人所在地的规定税率执行。但是,对下列两种情况,可按缴纳"三税"所在地的规定税率就地缴纳城建税。

第一种情况:由受托方代扣代缴、代收代缴"三税"的单位和个人,其代扣代缴、代收代缴的城建税按受托方所在地适用税率执行;

第二种情况:流动经营等无固定纳税地点的单位和个人,在经营地缴纳"三税"的,其城建税的缴纳按经营地适用税率执行。

四、城建税的计税依据

城建税的计税依据,是指纳税人实际缴纳的"三税"税额。纳税人违反"三税"有关税法而加收的滞纳金和罚款,是税务机关对纳税人违法行为的经济制裁,不作为城建税的计税依据,但纳税人在被查补"三税"和被处以罚款时,应同时对其偷漏的城建税进行补税、征收滞纳金和罚款。

城建税以"三税"税额为计税依据并同时征收,如果要免征或者减征"三税",也就要同时免征或者减征城建税。

自1997年1月1日起,供货企业向出口企业和市、县外贸企业销售出口产品时,以增值税当期销项税额抵扣进项税额后的余额,计算缴纳城建税。

自2002年1月1日起,对出口产品退还增值税、消费税的,不退还已缴纳的城建税。

自2005年1月1日起,经国家税务总局正式审核批准的当期免抵的增值税税额应纳入城市维护建设税和教育费附加的计征范围,分别按规定的税(费)率征收城市维护建设税和教育费附加。2005年1月1日前,已按免抵的增值税税额征收的城市维护建设税和教育费附加不再退还，未征的不再补征。

五、城建税应纳税额的计算

城建税纳税人的应纳税额大小是由纳税人实际缴纳的"三税"税额决定的，其计算公式是：

应纳税额＝纳税人实际缴纳的增值税、消费税、营业税税额×适用税率

[案例] 某市区一企业 2009 年 8 月份实际缴纳增值税 300 000 元，缴纳消费税 400 000 元，缴纳营业税 200 000 元。计算该企业应纳的城建税税额。

应纳城建税税额＝(300 000＋400 000＋200 000)×7%
＝900 000×7%＝63 000(元)

由于城建税法实行纳税人所在地差别比例税率，所以在计算应纳税额时，应十分注意根据纳税人所在地来确定适用税率。

六、城建税的税收优惠

城建税原则上不单独减免，但因城建税又具附加税性质，当主税发生减免时，城建税相应发生税收减免。城建税的税收减免具体有以下几种情况：

（1）城建税按减免后实际缴纳的"三税"税额计征，即随"三税"的减免而减免。

（2）对于因减免税而需进行"三税"退库的城建税也可同时退库。

（3）海关对进口产品代征的增值税、消费税，不征收城建税。

（4）为支持三峡工程建设，对三峡工程建设基金，自 2004 年 1 月 1 日至 2009 年 12 月 31 日期间，免征城市维护建设税和教育费附加。

（5）对"三税"实行先征后返、先征后退、即征即退办法的，除另有规定外，对随"三税"附征的城市维护建设税和教育费附加，一律不予退（返）还。

七、城建税的征收管理与纳税申报

（一）纳税环节

城建税的纳税环节，实际就是纳税人缴纳"三税"的环节。纳税人只要发生"三税"的纳税义务，就要在同样的环节，分别计算缴纳城建税。

（二）纳税地点

城建税以纳税人实际缴纳的增值税、消费税、营业税税额为计税依据，分别与"三税"同时缴纳。所以，纳税人缴纳"三税"的地点，就是该纳税人缴纳城建税的地点。但是，属于下列情况的，纳税地点为：

(1) 代扣代缴、代收代缴"三税"的单位和个人，同时也是城市维护建设税的代扣代缴、代收代缴义务人，其城建税的纳税地点在代扣代收地。

(2) 跨省开采的油田，下属生产单位与核算单位不在一个省内的，其生产的原油，在油井所在地缴纳增值税，其应纳税款由核算单位按照各油井的产量和规定税率，计算汇拨各油井缴纳。所以，各油井应纳的城建税，应由核算单位计算，随同增值税一并汇拨油井所在地由油井在缴纳增值税的同时，一并缴纳城建税。

(3) 对管道局输油部分的收入，由取得收入的各管道局于所在地缴纳营业税。所以，其应纳城建税，也应由取得收入的各管道局于所在地缴纳营业税时一并缴纳。

(4) 对流动经营等无固定纳税地点的单位和个人，应随同"三税"在经营地按适用税率缴纳。

(三) 纳税期限

由于城建税是由纳税人在缴纳"三税"时同时缴纳的，所以其纳税期限分别与"三税"的纳税期限一致。根据增值税法和消费税法规定，增值税、消费税的纳税期限均分别为1日、3日、5日、10日、15日、1个月或一个季度；营业税的纳税期限分别为5日、10日、15日、1个月或一个季度。增值税、消费税、营业税的纳税人的具体纳税期限，由主管税务机关根据纳税人应纳税额大小分别核定；不能按照固定期限纳税的，可以按次纳税。

由于《城市维护建设税暂行条例》是在1994年分税制前制定的，1994年后，增值税、消费税由国家税务局征收管理，而城市维护建设税由地方税务局征收管理，因此，在缴税入库的时间上不一定完全一致。

第二节　教育费附加

一、教育费附加概述

教育费附加是对缴纳增值税、消费税、营业税的单位和个人，就其实际缴纳的税额为计算依据征收的一种附加费。

教育费附加是为加快地方教育事业，扩大地方教育经费的资金而征收的一项专用基金。国务院于1986年4月28日颁布了《征收教育费附加的暂行规定》，决定从同年7月1日开始在全国范围内征收教育费附加。

二、教育费附加的征收范围及计征依据

教育费附加对缴纳增值税、消费税、营业税的单位和个人征收，以其实际缴

纳的增值税、消费税和营业税为计征依据，分别与增值税、消费税和营业税同时缴纳。

三、教育费附加的计征比率

教育费附加计征比率曾几经变化：1986年开征时，规定为1%；1990年5月《国务院关于修改〈征收教育费附加的暂行规定〉的决定》中规定为2%。

按照1994年2月7日《国务院关于教育费附加征收问题的紧急通知》的规定，现行教育费附加征收比率为3%，但对生产卷烟和烟叶的单位减半征收教育费附加。

2005年9月28日国务院第448号令《国务院关于修改〈征收教育费附加的暂行规定〉的决定》，自2005年10月1日起，取消对卷烟企业减半征收教育费附加的条款。

四、教育费附加的计算

教育费附加的计算不再区分一般单位和个人与卷烟和烟叶生产单位。一律按下列公式计算：

$$应纳教育费附加 = 实纳增值税、消费税、营业税 \times 征收比率$$

[案例] 某市区一企业2009年10月份实际缴纳增值税200 000元，缴纳消费税300 000元，缴纳营业税100 000元，计算该企业应缴纳的教育费附加。

解析：应纳教育费附加＝(200 000＋300 000＋100 000)×3%＝600 000×3%＝18 000（元）

五、教育费附加的减免规定

（1）对海关进口的产品征收的增值税、消费税，不征收教育费附加。

（2）对由于减免增值税、消费税和营业税而发生退税的，可同时退还已征收的教育费附加。但对出口产品退还增值税、消费税的不退还已征的教育费附加。

第三节 城建税与教育费附加的会计处理和申报

一、城建税、教育费附加的会计处理

企业按规定计算应缴的城建税、教育费附加，借记"营业税金及附加"、"其他业务支出"、"固定资产清理"等科目，贷记"应交税费——应交城建税"、"应交税费——应交教育费附加"；缴纳的城建税、教育费附加，借记"应交税

费——应交城建税"、"应交税费——应交教育费附加",贷记"银行存款"等科目。

二、城建税、教育费附加的申报

城建税、教育费附加的申报缴纳环节,实际就是纳税人缴纳"三税"的环节。纳税人只要发生"三税"的纳税义务,就要在同样的环节,分别计算缴纳城建税和教育费附加。

[案例] 某房地产公司2010年10月发生以下业务:

(1) 10月份销售房地产共缴纳营业税45 200元。

(2) 10月28日,销售一座办公用房,获得1 050 000元销售收入,该房屋原值2 000 000元,已提折旧1 400 000元,在转让房屋过程中用银行存款支付了20 000元清理费用。请计算该企业本月应缴纳的城建税、教育费附加,并做出相应的账务处理。

解析:

(1) 月末计算营业收入应纳的城建税=45 200×7%=3 164(元)

营业收入应缴的教育费附加=45 200×3%=1 356(元)

会计分录为:

借:营业税金及附加　　　　　　　　　　　　　　4 520
　　贷:应交税费——应交城建税　　　　　　　　　3 164
　　　　　　　——应交教育费附加　　　　　　　　1 356

(2) 10月28日,销售办公用房时的账务处理为:

①转销固定资产时:

借:固定资产清理　　　　　　　　　　　　　　600 000
　　累计折旧　　　　　　　　　　　　　　　1 400 000
　　贷:固定资产　　　　　　　　　　　　　　2 000 000

②支付费用时:

借:固定资产清理　　　　　　　　　　　　　　20 000
　　贷:银行存款　　　　　　　　　　　　　　　20 000

③取得收入时:

借:银行存款　　　　　　　　　　　　　　　1 050 000
　　贷:固定资产清理　　　　　　　　　　　　1 050 000

④计算应缴纳的营业税、城建税、教育费附加:

营业税=1 050 000×5%=52 500(元)

城建税=52 500×7%=3 675(元)

教育费附加=52 500×3%=1 575(元)

账务处理为：

　　借：固定资产清理　　　　　　　　　　　　　　　　　　57 750
　　　　贷：应交税费——应交营业税　　　　　　　　　　　52 500
　　　　　　　　　　　——应交城建税　　　　　　　　　　 3 675
　　　　　　　　　　　——应交教育费附加　　　　　　　　 1 575
⑤结转固定资产清理损益
　　借：固定资产清理　　　　　　　　　　　　　　　　　　372 250
　　　　贷：营业外收入　　　　　　　　　　　　　　　　　372 250
（3）下月初缴纳城建税、教育费附加时，账务处理为：
　　借：应交税费——应交城建税　　　　　　　　　　　　　6 839
　　　　　　　　——应交教育费附加　　　　　　　　　　　2 931
　　　　贷：银行存款　　　　　　　　　　　　　　　　　　9 770
（4）申报表的填列。如表14-1、14-2所示。

表 14-1　　　　　　　　城市维护建设税纳税申报表

填表日期：2010 年 11 月 8 日

纳税人识别号：　　　　　　　　　　　　　金额单位：元（列至角分）

纳税人名称		税款所属期间		2010 年 10 月	
计税依据	计税金额	税率	应纳税额	已纳税额	应补（退）税额
1	2	3	4＝2×3	5	6＝4－5
增值税	10 200.00	7%	714.00	0.00	714.00
消费税	35 000.00	7%	2 450.00	0.00	2 450.00
营业税	52 500.00	7%	3 675.00	0.00	3 675.00
合计	97 700.00	—	6 839.00	0.00	6 839.00
如纳税人填报，由纳税人填写以下各栏		如委托代理人填报，由代理人填写以下各栏		备注	
会计主管（签章）	纳税人（公章）	代理人名称		代理人（公章）	
		代理人地址			
		经办人		电话	
以下由税务机关填写					
收到申报表日期			接收人		

表 14-2　　　　　　　　　　　　教育费附加申报表

填表日期：2010 年 11 月 8 日

纳税人识别号：　　　　　　　　　　　　　　　　金额单位：元（列至角分）

纳税人名称		所属期间		2010 年 10 月	
计征依据	计税金额	附加率	应征额	已纳额	应缴（退）费
1	2	3	4＝2×3	5	6＝4－5
增值税	10 200.00	3%	306.00	0.00	306.00
消费税	35 000.00	3%	1 050.00	0.00	1 050.00
营业税	52 500.00	3%	2 625.00	0.00	2 625.00
合计	97 700.00	—	3 981.00	0.00	3 981.00
如纳税人填报，由纳税人填写以下各栏		如委托代理人填报，由代理人填写以下各栏		备注	
会计主管（签章）	纳税人（公章）	代理人名称		代理人（公章）	
		代理人地址			
		经办人		电话	
以下由税务机关填写					
收到申报表日期		接收人			

附录

附录1 房地产业重要税收政策

关于企业处置资产所得税处理问题的通知

国税函〔2008〕828号　2008-10-09

各省、自治区、直辖市和计划单列市国家税务局、地方税务局：

根据《中华人民共和国企业所得税法实施条例》第二十五条规定，现就企业处置资产的所得税处理问题通知如下：

一、企业发生下列情形的处置资产，除将资产转移至境外以外，由于资产所有权属在形式和实质上均不发生改变，可作为内部处置资产，不视同销售确认收入，相关资产的计税基础延续计算。

（一）将资产用于生产、制造、加工另一产品；

（二）改变资产形状、结构或性能；

（三）改变资产用途（如，自建商品房转为自用或经营）；

（四）将资产在总机构及其分支机构之间转移；

（五）上述两种或两种以上情形的混合；

（六）其他不改变资产所有权属的用途。

二、企业将资产移送他人的下列情形，因资产所有权属已发生改变而不属于内部处置资产，应按规定视同销售确定收入。

（一）用于市场推广或销售；

（二）用于交际应酬；

（三）用于职工奖励或福利；

（四）用于股息分配；

（五）用于对外捐赠；

（六）其他改变资产所有权属的用途。

三、企业发生本通知第二条规定情形时，属于企业自制的资产，应按企业同类资产同期对外销售价格确定销售收入；属于外购的资产，可按购入时的价格确定销售收入。

四、本通知自2008年1月1日起执行。对2008年1月1日以前发生的处置资产，2008年1月1日以后尚未进行税务处理的，按本通知规定执行。

关于印发《房地产开发经营业务企业所得税处理办法》的通知

国税发〔2009〕31号　2009-03-06

各省、自治区、直辖市和计划单列市国家税务局、地方税务局：

为了加强从事房地产开发经营企业的企业所得税征收管理，规范从事房地产开发经营业务企业的纳税行为，根据《中华人民共和国企业所得税法》及其实施条例、《中华人民共和国税收征收管理法》及其实施细则等有关税收法律、行政法规的规定，结合房地产开发经营业务的特点，国家税务总局制定了《房地产开发经营业务企业所得税处理办法》，现印发给你们，请遵照执行。

二〇〇九年三月六日

房地产开发经营业务企业所得税处理办法

国税发〔2009〕31号

第一章　总　则

第一条　根据《中华人民共和国企业所得税法》及其实施条例、《中华人民共和国税收征收管理法》及其实施细则等有关税收法律、行政法规的规定，制定本办法。

第二条　本办法适用于中国境内从事房地产开发经营业务的企业（以下简称企业）。

第三条　企业房地产开发经营业务包括土地的开发，建造、销售住宅、商业用房以及其他建筑物、附着物、配套设施等开发产品。除土地开发之外，其他开发产品符合下列条件之一的，应视为已经完工：

（一）开发产品竣工证明材料已报房地产管理部门备案。

（二）开发产品已开始投入使用。

（三）开发产品已取得了初始产权证明。

第四条　企业出现《中华人民共和国税收征收管理法》第三十五条规定的情形，税务机关可对其以往应缴的企业所得税按核定征收方式进行征收管理，并逐步规范，同时按《中华人民共和国税收征收管理法》等税收法律、行政法规的规定进行处理，但不得事先确定企业的所得税按核定征收方式进行征收、管理。

第二章　收入的税务处理

第五条　开发产品销售收入的范围为销售开发产品过程中取得的全部价款，包括现金、现金等价物及其他经济利益。企业代有关部门、单位和企业收取的各种基金、费用和附加等，凡纳入开发产品价内或由企业开具发票的，应按规定全部确认为销售收入；未纳入开发产品价内并由企业之外的其他收取部门、单位开具发票的，可作为代收代缴款项进行管理。

第六条 企业通过正式签订《房地产销售合同》或《房地产预售合同》所取得的收入，应确认为销售收入的实现，具体按以下规定确认：

（一）采取一次性全额收款方式销售开发产品的，应于实际收讫价款或取得索取价款凭据（权利）之日，确认收入的实现。

（二）采取分期收款方式销售开发产品的，应按销售合同或协议约定的价款和付款日确认收入的实现。付款方提前付款的，在实际付款日确认收入的实现。

（三）采取银行按揭方式销售开发产品的，应按销售合同或协议约定的价款确定收入额，其首付款应于实际收到日确认收入的实现，余款在银行按揭贷款办理转账之日确认收入的实现。

（四）采取委托方式销售开发产品的，应按以下原则确认收入的实现：

1. 采取支付手续费方式委托销售开发产品的，应按销售合同或协议中约定的价款于收到受托方已销开发产品清单之日确认收入的实现。

2. 采取视同买断方式委托销售开发产品的，属于企业与购买方签订销售合同或协议，或企业、受托方、购买方三方共同签订销售合同或协议的，如果销售合同或协议中约定的价格高于买断价格，则应按销售合同或协议中约定的价格计算的价款于收到受托方已销开发产品清单之日确认收入的实现；如果属于前两种情况中销售合同或协议中约定的价格低于买断价格，以及属于受托方与购买方签订销售合同或协议的，则应按买断价格计算的价款于收到受托方已销开发产品清单之日确认收入的实现。

3. 采取基价（保底价）并实行超基价双方分成方式委托销售开发产品的，属于由企业与购买方签订销售合同或协议，或企业、受托方、购买方三方共同签订销售合同或协议的，如果销售合同或协议中约定的价格高于基价，则应按销售合同或协议中约定的价格计算的价款于收到受托方已销开发产品清单之日确认收入的实现，企业按规定支付受托方的分成额，不得直接从销售收入中减除；如果销售合同或协议约定的价格低于基价的，则应按基价计算的价款于收到受托方已销开发产品清单之日确认收入的实现。属于由受托方与购买方直接签订销售合同的，则应按基价加上按规定取得的分成额于收到受托方已销开发产品清单之日确认收入的实现。

4. 采取包销方式委托销售开发产品的，包销期内可根据包销合同的有关约定，参照上述1至3项规定确认收入的实现；包销期满后尚未出售的开发产品，企业应根据包销合同或协议约定的价款和付款方式确认收入的实现。

第七条 企业将开发产品用于捐赠、赞助、职工福利、奖励、对外投资、分配给股东或投资人、抵偿债务、换取其他企事业单位和个人的非货币性资产等行为,应视同销售,于开发产品所有权或使用权转移,或于实际取得利益权利时确认收入(或利润)的实现。确认收入(或利润)的方法和顺序为:

(一)按本企业近期或本年度最近月份同类开发产品市场销售价格确定;

(二)由主管税务机关参照当地同类开发产品市场公允价值确定;

(三)按开发产品的成本利润率确定。开发产品的成本利润率不得低于15%,具体比例由主管税务机关确定。

第八条 企业销售未完工开发产品的计税毛利率由各省、自治、直辖市国家税务局、地方税务局按下列规定进行确定:

(一)开发项目位于省、自治区、直辖市和计划单列市人民政府所在地城市城区和郊区的,不得低于15%。

(二)开发项目位于地及地级市城区及郊区的,不得低于10%。

(三)开发项目位于其他地区的,不得低于5%。

(四)属于经济适用房、限价房和危改房的,不得低于3%。

第九条 企业销售未完工开发产品取得的收入,应先按预计计税毛利率分季(或月)计算出预计毛利额,计入当期应纳税所得额。开发产品完工后,企业应及时结算其计税成本并计算此前销售收入的实际毛利额,同时将其实际毛利额与其对应的预计毛利额之间的差额,计入当年度企业本项目与其他项目合并计算的应纳税所得额。

在年度纳税申报时,企业须出具对该项开发产品实际毛利额与预计毛利额之间差异调整情况的报告以及税务机关需要的其他相关资料。

第十条 企业新建的开发产品在尚未完工或办理房地产初始登记、取得产权证前,与承租人签订租赁预约协议的,自开发产品交付承租人使用之日起,出租方取得的预租价款按租金确认收入的实现。

第三章 成本、费用扣除的税务处理

第十一条 企业在进行成本、费用的核算与扣除时,必须按规定区分期间费用和开发产品计税成本、已销开发产品计税成本与未销开发产品计税成本。

第十二条 企业发生的期间费用、已销开发产品计税成本、营业税金及附加、土地增值税准予当期按规定扣除。

第十三条 开发产品计税成本的核算应按第四章的规定进行处理。

第十四条 已销开发产品的计税成本,按当期已实现销售的可售面积和可售面积单位工程成本确认。可售面积单位工程成本和已销开发产品的计税成本按下列公式计算确定:

$$可售面积单位工程成本 = 成本对象总成本 \div 成本对象总可售面积$$

$$已销开发产品的计税成本 = 已实现销售的可售面积 \times 可售面积单位工程成本$$

第十五条　企业对尚未出售的已完工开发产品和按照有关法律、法规或合同规定对已售开发产品（包括共用部位、共用设施设备）进行日常维护、保养、修理等实际发生的维修费用，准予在当期据实扣除。

第十六条　企业将已计入销售收入的共用部位、共用设施设备维修基金按规定移交给有关部门、单位的，应于移交时扣除。

第十七条　企业在开发区内建造的会所、物业管理场所、电站、热力站、水厂、文体场馆、幼儿园等配套设施，按以下规定进行处理：

（一）属于非营利性且产权属于全体业主的，或无偿赠与地方政府、公用事业单位的，可将其视为公共配套设施，其建造费用按公共配套设施费的有关规定进行处理。

（二）属于营利性的，或产权归企业所有的，或未明确产权归属的，或无偿赠与地方政府、公用事业单位以外其他单位的，应当单独核算其成本。除企业自用应按建造固定资产进行处理外，其他一律按建造开发产品进行处理。

第十八条　企业在开发区内建造的邮电通讯、学校、医疗设施应单独核算成本，其中，由企业与国家有关业务管理部门、单位合资建设，完工后有偿移交的，国家有关业务管理部门、单位给予的经济补偿可直接抵扣该项目的建造成本，抵扣后的差额应调整当期应纳税所得额。

第十九条　企业采取银行按揭方式销售开发产品的，凡约定企业为购买方的按揭贷款提供担保的，其销售开发产品时向银行提供的保证金（担保金）不得从销售收入中减除，也不得作为费用在当期税前扣除，但实际发生损失时可据实扣除。

第二十条　企业委托境外机构销售开发产品的，其支付境外机构的销售费用（含佣金或手续费）不超过委托销售收入10％的部分，准予据实扣除。

第二十一条　企业的利息支出按以下规定进行处理：

（一）企业为建造开发产品借入资金而发生的符合税收规定的借款费用，可按企业会计准则的规定进行归集和分配，其中属于财务费用性质的借款费用，可直接在税前扣除。

（二）企业集团或其成员企业统一向金融机构借款分摊集团内部其他成员企业使用的，借入方凡能出具从金融机构取得借款的证明文件，可以在使用借款的企业间合理的分摊利息费用，使用借款的企业分摊的合理利息准予在税前扣除。

第二十二条　企业因国家无偿收回土地使用权而形成的损失，可作为财产损失按有关规定在税前扣除。

第二十三条　企业开发产品（以成本对象为计量单位）整体报废或毁损，其净损失按有关规定审核确认后准予在税前扣除。

第二十四条　企业开发产品转为自用的，其实际使用时间累计未超过12个月又销售的，不得在税前扣除折旧费用。

第四章 计税成本的核算

第二十五条 计税成本是指企业在开发、建造开发产品（包括固定资产，下同）过程中所发生的按照税收规定进行核算与计量的应归入某项成本对象的各项费用。

第二十六条 成本对象是指为归集和分配开发产品开发、建造过程中的各项耗费而确定的费用承担项目。计税成本对象的确定原则如下：

（一）可否销售原则。开发产品能够对外经营销售的，应作为独立的计税成本对象进行成本核算；不能对外经营销售的，可先作为过渡性成本对象进行归集，然后再将其相关成本摊入能够对外经营销售的成本对象。

（二）分类归集原则。对同一开发地点、竣工时间相近、产品结构类型没有明显差异的群体开发的项目，可作为一个成本对象进行核算。

（三）功能区分原则。开发项目某组成部分相对独立，且具有不同使用功能时，可以作为独立的成本对象进行核算。

（四）定价差异原则。开发产品因其产品类型或功能不同等而导致其预期售价存在较大差异的，应分别作为成本对象进行核算。

（五）成本差异原则。开发产品因建筑上存在明显差异可能导致其建造成本出现较大差异的，要分别作为成本对象进行核算。

（六）权益区分原则。开发项目属于受托代建的或多方合作开发的，应结合上述原则分别划分成本对象进行核算。

成本对象由企业在开工之前合理确定，并报主管税务机关备案。成本对象一经确定，不能随意更改或相互混淆，如确需改变成本对象的，应征得主管税务机关同意。

第二十七条 开发产品计税成本支出的内容如下：

（一）土地征用费及拆迁补偿费。指为取得土地开发使用权（或开发权）而发生的各项费用，主要包括土地买价或出让金、大市政配套费、契税、耕地占用税、土地使用费、土地闲置费、土地变更用途和超面积补交的地价及相关税费、拆迁补偿支出、安置及动迁支出、回迁房建造支出、农作物补偿费、危房补偿费等。

（二）前期工程费。指项目开发前期发生的水文地质勘察、测绘、规划、设计、可行性研究、筹建、场地通平等前期费用。

（三）建筑安装工程费。指开发项目开发过程中发生的各项建筑安装费用。主要包括开发项目建筑工程费和开发项目安装工程费等。

（四）基础设施建设费。指开发项目在开发过程中所发生的各项基础设施支出，主要包括开发项目内道路、供水、供电、供气、排污、排洪、通讯、照明等社区管网工程费和环境卫生、园林绿化等园林环境工程费。

（五）公共配套设施费：指开发项目内发生的、独立的、非营利性的，且产权属于全体业主的，或无偿赠与地方政府、政府公用事业单位的公共配套设施支出。

（六）开发间接费。指企业为直接组织和管理开发项目所发生的，且不能将其归属于特定成本对象的成本费用性支出。主要包括管理人员工资、职工福利费、折旧费、修理费、办公费、水电费、劳动保护费、工程管理费、周转房摊销以及项目营销设施建造费等。

第二十八条 企业计税成本核算的一般程序如下：

（一）对当期实际发生的各项支出，按其性质、经济用途及发生的地点、时间区进行整理、归类，并将其区分为应计入成本对象的成本和应在当期税前扣除的期间费用。同时还应按规定对在有关预提费用和待摊费用进行计量与确认。

（二）对应计入成本对象中的各项实际支出、预提费用、待摊费用等合理的划分为直接成本、间接成本和共同成本，并按规定将其合理的归集、分配至已完工成本对象、在建成本对象和未建成本对象。

（三）对期前已完工成本对象应负担的成本费用按已销开发产品、未销开发产品和固定资产进行分配，其中应由已销开发产品负担的部分，在当期纳税申报时进行扣除，未销开发产品应负担的成本费用待其实际销售时再予扣除。

（四）对本期已完工成本对象分类为开发产品和固定资产并对其计税成本进行结算。其中属于开发产品的，应按可售面积计算其单位工程成本，据此再计算已销开发产品计税成本和未销开发产品计税成本。对本期已销开发产品的计税成本，准予在当期扣除，未销开发产品计税成本待其实际销售时再予扣除。

（五）对本期未完工和尚未建造的成本对象应当负担的成本费用，应按分别建立明细台账，待开发产品完工后再予结算。

第二十九条 企业开发、建造的开发产品应按制造成本法进行计量与核算。其中，应计入开发产品成本中的费用属于直接成本和能够分清成本对象的间接成本，直接计入成本对象，共同成本和不能分清负担对象的间接成本，应按受益的原则和配比的原则分配至各成本对象，具体分配方法可按以下规定选择其一：

（一）占地面积法。指按已动工开发成本对象占地面积占开发用地总面积的比例进行分配。

1. 一次性开发的，按某一成本对象占地面积占全部成本对象占地总面积的比例进行分配。

2. 分期开发的，首先按本期全部成本对象占地面积占开发用地总面积的比例进行分配，然后再按某一成本对象占地面积占期内全部成本对象占地总面积的比例进行分配。

期内全部成本对象应负担的占地面积为期内开发用地占地面积减除应由各期成本对象共同负担的占地面积。

（二）建筑面积法。指按已动工开发成本对象建筑面积占开发用地总建筑面积的比例进行分配。

1. 一次性开发的，按某一成本对象建筑面积占全部成本对象建筑面积的比例进行分配。

2. 分期开发的，首先按期内成本对象建筑面积占开发用地计划建筑面积的比例进行分配，然后再按某一成本对象建筑面积占期内成本对象总建筑面积的比例进行分配。

（三）直接成本法。指按期内某一成本对象的直接开发成本占期内全部成本对象直接开发成本的比例进行分配。

（四）预算造价法。指按期内某一成本对象预算造价占期内全部成本对象预算造价的比例进行分配。

第三十条 企业下列成本应按以下方法进行分配：

（一）土地成本，一般按占地面积法进行分配。如果确需结合其他方法进行分配的，应商税务机关同意。

土地开发同时连结房地产开发的，属于一次性取得土地分期开发房地产的情况，其土地开发成本经商税务机关同意后可先按土地整体预算成本进行分配，待土地整体开发完毕再行调整。

（二）单独作为过渡性成本对象核算的公共配套设施开发成本，应按建筑面积法进行分配。

（三）借款费用属于不同成本对象共同负担的，按直接成本法或按预算造价法进行分配。

（四）其他成本项目的分配法由企业自行确定。

第三十一条 企业以非货币交易方式取得土地使用权的，应按下列规定确定其成本：

（一）企业、单位以换取开发产品为目的，将土地使用权投资企业的，按下列规定进行处理：

1. 换取的开发产品如为该项土地开发、建造的，接受投资的企业在接受土地使用权时暂不确认其成本，待首次分出开发产品时，再按应分出开发产品（包括首次分出的和以后应分出的）的市场公允价值和土地使用权转移过程中应支付的相关税费计算确认该项土地使用权的成本。如涉及补价，土地使用权的取得成本还应加上应支付的补价款或减除应收到的补价款。

2. 换取的开发产品如为其他土地开发、建造的，接受投资的企业在投资交易发生时，按应付出开发产品市场公允价值和土地使用权转移过程中应支付的相关税费计算确认该项土地使用权的成本。如涉及补价，土地使用权的取得成本还应加上应支付的补价款或减除应收到的补价款。

（二）企业、单位以股权的形式，将土地使用权投资企业的，接受投资的企业应在投资交易发生时，按该项土地使用权的市场公允价值和土地使用权转移过程中应支付的相关税费计算确认该项土地使用权的取得成本。如涉及补价，土地使用权的取得成本还应加上应支付的补价款或减除应收到的补价款。

第三十二条 除以下几项预提（应付）费用外，计税成本均应为实际发生的成本。

（一）出包工程未最终办理结算而未取得全额发票的，在证明资料充分的前提下，其发票不足金额可以预提，但最高不得超过合同总金额的10%。

（二）公共配套设施尚未建造或尚未完工的，可按预算造价合理预提建造费用。此类公共配套设施必须符合已在售房合同、协议或广告、模型中明确承诺建造且不可撤销，或按照法律法规规定必须配套建造的条件。

（三）应向政府上交但尚未上交的报批报建费用、物业完善费用可以按规定预提。物业完善费用是指按规定应由企业承担的物业管理基金、公建维修基金或其他专项基金。

第三十三条 企业单独建造的停车场所，应作为成本对象单独核算。利用地下基础设施形成的停车场所，作为公共配套设施进行处理。

第三十四条 企业在结算计税成本时其实际发生的支出应当取得但未取得合法凭据的，不得计入计税成本，待实际取得合法凭据时，再按规定计入计税成本。

第三十五条 开发产品完工以后，企业可在完工年度企业所得税汇算清缴前选择确定计税成本核算的终止日，不得滞后。凡已完工开发产品在完工年度未按规定结算计税成本，主管税务机关有权确定或核定其计税成本，据此进行纳税调整，并按《中华人民共和国税收征收管理法》的有关规定对其进行处理。

第五章 特定事项的税务处理

第三十六条 企业以本企业为主体联合其他企业、单位、个人合作或合资开发房地产项目，且该项目未成立独立法人公司的，按下列规定进行处理：

（一）凡开发合同或协议中约定向投资各方（即合作、合资方，下同）分配开发产品的，企业在首次分配开发产品时，如该项目已经结算计税成本，其应分配给投资方开发产品的计税成本与其投资额之间的差额计入当期应纳税所得额；如未结算计税成本，则将投资方的投资额视同销售收入进行相关的税务处理。

（二）凡开发合同或协议中约定分配项目利润的，应按以下规定进行处理：

1. 企业应将该项目形成的营业利润额并入当期应纳税所得额统一申报缴纳企业所得税，不得在税前分配该项目的利润。同时不能因接受投资方投资额而在成本中摊销或在税前扣除相关的利息支出。

2. 投资方取得该项目的营业利润应视同股息、红利进行相关的税务处理。

第三十七条 企业以换取开发产品为目的,将土地使用权投资其他企业房地产开发项目的,按以下规定进行处理:

企业应在首次取得开发产品时,将其分解为转让土地使用权和购入开发产品两项经济业务进行所得税处理,并按应从该项目取得的开发产品(包括首次取得的和以后应取得的)的市场公允价值计算确认土地使用权转让所得或损失。

第六章 附 则

第三十八条 从事房地产开发经营业务的外商投资企业在 2007 年 12 月 31 日前存有销售未完工开发产品取得的收入,至该项开发产品完工后,一律按本办法第九条规定的办法进行税务处理。

第三十九条 本通知自 2008 年 1 月 1 日起执行。

关于企业重组业务企业所得税处理若干问题的通知

财税〔2009〕59 号 2009-04-30

各省、自治区、直辖市、计划单列市财政厅(局)、国家税务局、地方税务局,新疆生产建设兵团财务局:

根据《中华人民共和国企业所得税法》第二十条和《中华人民共和国企业所得税法实施条例》(国务院令第 512 号)第七十五条规定,现就企业重组所涉及的企业所得税具体处理问题通知如下:

一、本通知所称企业重组,是指企业在日常经营活动以外发生的法律结构或经济结构重大改变的交易,包括企业法律形式改变、债务重组、股权收购、资产收购、合并、分立等。

(一)企业法律形式改变,是指企业注册名称、住所以及企业组织形式等的简单改变,但符合本通知规定其他重组的类型除外。

(二)债务重组,是指在债务人发生财务困难的情况下,债权人按照其与债务人达成的书面协议或者法院裁定书,就其债务人的债务作出让步的事项。

(三)股权收购,是指一家企业(以下称为收购企业)购买另一家企业(以下称为被收购企业)的股权,以实现对被收购企业控制的交易。收购企业支付对价的形式包括股权支付、非股权支付或两者的组合。

(四)资产收购,是指一家企业(以下称为受让企业)购买另一家企业(以下称为转让企业)实质经营性资产的交易。受让企业支付对价的形式包括股权支付、非股权支付或两者的组合。

（五）合并，是指一家或多家企业（以下称为被合并企业）将其全部资产和负债转让给另一家现存或新设企业（以下称为合并企业），被合并企业股东换取合并企业的股权或非股权支付，实现两个或两个以上企业的依法合并。

（六）分立，是指一家企业（以下称为被分立企业）将部分或全部资产分离转让给现存或新设的企业（以下称为分立企业），被分立企业股东换取分立企业的股权或非股权支付，实现企业的依法分立。

二、本通知所称股权支付，是指企业重组中购买、换取资产的一方支付的对价中，以本企业或其控股企业的股权、股份作为支付的形式；所称非股权支付，是指以本企业的现金、银行存款、应收款项、本企业或其控股企业股权和股份以外的有价证券、存货、固定资产、其他资产以及承担债务等作为支付的形式。

三、企业重组的税务处理区分不同条件分别适用一般性税务处理规定和特殊性税务处理规定。

四、企业重组，除符合本通知规定适用特殊性税务处理规定的外，按以下规定进行税务处理：

（一）企业由法人转变为个人独资企业、合伙企业等非法人组织，或将登记注册地转移至中华人民共和国境外（包括港澳台地区），应视同企业进行清算、分配，股东重新投资成立新企业。企业的全部资产以及股东投资的计税基础均应以公允价值为基础确定。

企业发生其他法律形式简单改变的，可直接变更税务登记，除另有规定外，有关企业所得税纳税事项（包括亏损结转、税收优惠等权益和义务）由变更后企业承继，但因住所发生变化而不符合税收优惠条件的除外。

（二）企业债务重组，相关交易应按以下规定处理：

1. 以非货币资产清偿债务，应当分解为转让相关非货币性资产、按非货币性资产公允价值清偿债务两项业务，确认相关资产的所得或损失。

2. 发生债权转股权的，应当分解为债务清偿和股权投资两项业务，确认有关债务清偿所得或损失。

3. 债务人应当按照支付的债务清偿额低于债务计税基础的差额，确认债务重组所得；债权人应当按照收到的债务清偿额低于债权计税基础的差额，确认债务重组损失。

4. 债务人的相关所得税纳税事项原则上保持不变。

（三）企业股权收购、资产收购重组交易，相关交易应按以下规定处理：

1. 被收购方应确认股权、资产转让所得或损失。

2. 收购方取得股权或资产的计税基础应以公允价值为基础确定。

3. 被收购企业的相关所得税事项原则上保持不变。

（四）企业合并，当事各方应按下列规定处理：

1. 合并企业应按公允价值确定接受被合并企业各项资产和负债的计税基础。

2. 被合并企业及其股东都应按清算进行所得税处理。

3. 被合并企业的亏损不得在合并企业结转弥补。

（五）企业分立，当事各方应按下列规定处理：

1. 被分立企业对分立出去资产应按公允价值确认资产转让所得或损失。

2. 分立企业应按公允价值确认接受资产的计税基础。

3. 被分立企业继续存在时，其股东取得的对价应视同被分立企业分配进行处理。

4. 被分立企业不再继续存在时，被分立企业及其股东都应按清算进行所得税处理。

5. 企业分立相关企业的亏损不得相互结转弥补。

五、企业重组同时符合下列条件的，适用特殊性税务处理规定：

（一）具有合理的商业目的，且不以减少、免除或者推迟缴纳税款为主要目的。

（二）被收购、合并或分立部分的资产或股权比例符合本通知规定的比例。

（三）企业重组后的连续12个月内不改变重组资产原来的实质性经营活动。

（四）重组交易对价中涉及股权支付金额符合本通知规定比例。

（五）企业重组中取得股权支付的原主要股东，在重组后连续12个月内，不得转让所取得的股权。

六、企业重组符合本通知第五条规定条件的，交易各方对其交易中的股权支付部分，可以按以下规定进行特殊性税务处理：

（一）企业债务重组确认的应纳税所得额占该企业当年应纳税所得额50%以上，可以在5个纳税年度的期间内，均匀计入各年度的应纳税所得额。

企业发生债权转股权业务，对债务清偿和股权投资两项业务暂不确认有关债务清偿所得或损失，股权投资的计税基础以原债权的计税基础确定。企业的其他相关所得税事项保持不变。

（二）股权收购，收购企业购买的股权不低于被收购企业全部股权的75%，且收购企业在该股权收购发生时的股权支付金额不低于其交易支付总额的85%，可以选择按以下规定处理：

1. 被收购企业的股东取得收购企业股权的计税基础，以被收购股权的原有计税基础确定。

2. 收购企业取得被收购企业股权的计税基础，以被收购股权的原有计税基础确定。

3. 收购企业、被收购企业的原有各项资产和负债的计税基础和其他相关所得税事项保持不变。

（三）资产收购，受让企业收购的资产不低于转让企业全部资产的 75%，且受让企业在该资产收购发生时的股权支付金额不低于其交易支付总额的 85%，可以选择按以下规定处理：

1. 转让企业取得受让企业股权的计税基础，以被转让资产的原有计税基础确定。

2. 受让企业取得转让企业资产的计税基础，以被转让资产的原有计税基础确定。

（四）企业合并，企业股东在该企业合并发生时取得的股权支付金额不低于其交易支付总额的 85%，以及同一控制下且不需要支付对价的企业合并，可以选择按以下规定处理：

1. 合并企业接受被合并企业资产和负债的计税基础，以被合并企业的原有计税基础确定。

2. 被合并企业合并前的相关所得税事项由合并企业承继。

3. 可由合并企业弥补的被合并企业亏损的限额＝被合并企业净资产公允价值×截至合并业务发生当年年末国家发行的最长期限的国债利率。

4. 被合并企业股东取得合并企业股权的计税基础，以其原持有的被合并企业股权的计税基础确定。

（五）企业分立，被分立企业所有股东按原持股比例取得分立企业的股权，分立企业和被分立企业均不改变原来的实质经营活动，且被分立企业股东在该企业分立发生时取得的股权支付金额不低于其交易支付总额的 85%，可以选择按以下规定处理：

1. 分立企业接受被分立企业资产和负债的计税基础，以被分立企业的原有计税基础确定。

2. 被分立企业已分立出去资产相应的所得税事项由分立企业承继。

3. 被分立企业未超过法定弥补期限的亏损额可按分立资产占全部资产的比例进行分配，由分立企业继续弥补。

4. 被分立企业的股东取得分立企业的股权（以下简称"新股"），如需部分或全部放弃原持有的被分立企业的股权（以下简称"旧股"），"新股"的计税基础应以放弃"旧股"的计税基础确定。如不需放弃"旧股"，则其取得"新股"的计税基础可从以下两种方法中选择确定：直接将"新股"的计税基础确定为零；或者以被分立企业分立出去的净资产占被分立企业全部净资产的比例先调减原持有的"旧股"的计税基础，再将调减的计税基础平均分配到"新股"上。

（六）重组交易各方按本条（一）至（五）项规定对交易中股权支付暂不确

认有关资产的转让所得或损失的,其非股权支付仍应在交易当期确认相应的资产转让所得或损失,并调整相应资产的计税基础。

$$\text{非股权支付对应的资产转让所得或损失} = \left(\text{被转让资产的公允价值} - \text{被转让资产的计税基础}\right) \times \left(\text{非股权支付金额} \div \text{被转让资产的公允价值}\right)$$

七、企业发生涉及中国境内与境外之间(包括港澳台地区)的股权和资产收购交易,除应符合本通知第五条规定的条件外,还应同时符合下列条件,才可选择适用特殊性税务处理规定:

(一)非居民企业向其100%直接控股的另一非居民企业转让其拥有的居民企业股权,没有因此造成以后该项股权转让所得预提税负担变化,且转让方非居民企业向主管税务机关书面承诺在3年(含3年)内不转让其拥有受让方非居民企业的股权;

(二)非居民企业向与其具有100%直接控股关系的居民企业转让其拥有的另一居民企业股权;

(三)居民企业以其拥有的资产或股权向其100%直接控股的非居民企业进行投资;

(四)财政部、国家税务总局核准的其他情形。

八、本通知第七条第(三)项所指的居民企业以其拥有的资产或股权向其100%直接控股关系的非居民企业进行投资,其资产或股权转让收益如选择特殊性税务处理,可以在10个纳税年度内均匀计入各年度应纳税所得额。

九、在企业吸收合并中,合并后的存续企业性质及适用税收优惠的条件未发生改变的,可以继续享受合并前该企业剩余期限的税收优惠,其优惠金额按存续企业合并前一年的应纳税所得额(亏损计为零)计算。

在企业存续分立中,分立后的存续企业性质及适用税收优惠的条件未发生改变的,可以继续享受分立前该企业剩余期限的税收优惠,其优惠金额按该企业分立前一年的应纳税所得额(亏损计为零)乘以分立后存续企业资产占分立前该企业全部资产的比例计算。

十、企业在重组发生前后连续12个月内分步对其资产、股权进行交易,应根据实质重于形式原则将上述交易作为一项企业重组交易进行处理。

十一、企业发生符合本通知规定的特殊性重组条件并选择特殊性税务处理的,当事各方应在该重组业务完成当年企业所得税年度申报时,向主管税务机关提交书面备案资料,证明其符合各类特殊性重组规定的条件。企业未按规定书面备案的,一律不得按特殊重组业务进行税务处理。

十二、对企业在重组过程中涉及的需要特别处理的企业所得税事项,由国务院财政、税务主管部门另行规定。

十三、本通知自2008年1月1日起执行。

国家税务总局关于房地产开发企业
土地增值税清算管理有关问题的通知

国税发〔2006〕187号　2006-12-28

各省、自治区、直辖市和计划单列市地方税务局，西藏、宁夏自治区国家税务局：

为进一步加强房地产开发企业土地增值税清算管理工作，根据《中华人民共和国税收征收管理法》、《中华人民共和国土地增值税暂行条例》及有关规定，现就有关问题通知如下：

一、土地增值税的清算单位

土地增值税以国家有关部门审批的房地产开发项目为单位进行清算，对于分期开发的项目，以分期项目为单位清算。

开发项目中同时包含普通住宅和非普通住宅的，应分别计算增值额。

二、土地增值税的清算条件

（一）符合下列情形之一的，纳税人应进行土地增值税的清算：

1. 房地产开发项目全部竣工、完成销售的；
2. 整体转让未竣工决算房地产开发项目的；
3. 直接转让土地使用权的。

（二）符合下列情形之一的，主管税务机关可要求纳税人进行土地增值税清算：

1. 已竣工验收的房地产开发项目，已转让的房地产建筑面积占整个项目可售建筑面积的比例在85%以上，或该比例虽未超过85%，但剩余的可售建筑面积已经出租或自用的；
2. 取得销售（预售）许可证满三年仍未销售完毕的；
3. 纳税人申请注销税务登记但未办理土地增值税清算手续的；
4. 省税务机关规定的其他情况。

三、非直接销售和自用房地产的收入确定

（一）房地产开发企业将开发产品用于职工福利、奖励、对外投资、分配给股东或投资人、抵偿债务、换取其他单位和个人的非货币性资产等，发生所有权转移时应视同销售房地产，其收入按下列方法和顺序确认：

1. 按本企业在同一地区、同一年度销售的同类房地产的平均价格确定；
2. 由主管税务机关参照当地当年、同类房地产的市场价格或评估价值确定。

（二）房地产开发企业将开发的部分房地产转为企业自用或用于出租等商业用途时，如果产权未发生转移，不征收土地增值税，在税款清算时不列收入，不扣除相应的成本和费用。

四、土地增值税的扣除项目

（一）房地产开发企业办理土地增值税清算时计算与清算项目有关的扣除项目金额，应根据土地增值税暂行条例第六条及其实施细则第七条的规定执行。除另有规定外，扣除取得土地使用权所支付的金额、房地产开发成本、费用及与转让房地产有关税金，须提供合法有效凭证；不能提供合法有效凭证的，不予扣除。

（二）房地产开发企业办理土地增值税清算所附送的前期工程费、建筑安装工程费、基础设施费、开发间接费用的凭证或资料不符合清算要求或不实的，地方税务机关可参照当地建设工程造价管理部门公布的建安造价定额资料，结合房屋结构、用途、区位等因素，核定上述四项开发成本的单位面积金额标准，并据以计算扣除。具体核定方法由省税务机关确定。

（三）房地产开发企业开发建造的与清算项目配套的居委会和派出所用房、会所、停车场（库）、物业管理场所、变电站、热力站、水厂、文体场馆、学校、幼儿园、托儿所、医院、邮电通讯等公共设施，按以下原则处理：

1. 建成后产权属于全体业主所有的，其成本、费用可以扣除；

2. 建成后无偿移交给政府、公用事业单位用于非营利性社会公共事业的，其成本、费用可以扣除；

3. 建成后有偿转让的，应计算收入，并准予扣除成本、费用。

（四）房地产开发企业销售已装修的房屋，其装修费用可以计入房地产开发成本。

房地产开发企业的预提费用，除另有规定外，不得扣除。

（五）属于多个房地产项目共同的成本费用，应按清算项目可售建筑面积占多个项目可售总建筑面积的比例或其他合理的方法，计算确定清算项目的扣除金额。

五、土地增值税清算应报送的资料

符合本通知第二条第（一）项规定的纳税人，须在满足清算条件之日起 90 日内到主管税务机关办理清算手续；符合本通知第二条第（二）项规定的纳税人，须在主管税务机关限定的期限内办理清算手续。

纳税人办理土地增值税清算应报送以下资料：

（一）房地产开发企业清算土地增值税书面申请、土地增值税纳税申报表；

（二）项目竣工决算报表、取得土地使用权所支付的地价款凭证、国有土地使用权出让合同、银行贷款利息结算通知单、项目工程合同结算单、商品房购销合同统计表等与转让房地产的收入、成本和费用有关的证明资料；

（三）主管税务机关要求报送的其他与土地增值税清算有关的证明资料等。

纳税人委托税务中介机构审核鉴证的清算项目，还应报送中介机构出具的

《土地增值税清算税款鉴证报告》。

六、土地增值税清算项目的审核鉴证

税务中介机构受托对清算项目审核鉴证时,应按税务机关规定的格式对审核鉴证情况出具鉴证报告。对符合要求的鉴证报告,税务机关可以采信。

税务机关要对从事土地增值税清算鉴证工作的税务中介机构在准入条件、工作程序、鉴证内容、法律责任等方面提出明确要求,并做好必要的指导和管理工作。

七、土地增值税的核定征收

房地产开发企业有下列情形之一的,税务机关可以参照与其开发规模和收入水平相近的当地企业的土地增值税税负情况,按不低于预征率的征收率核定征收土地增值税:

(一)依照法律、行政法规的规定应当设置但未设置账簿的;

(二)擅自销毁账簿或者拒不提供纳税资料的;

(三)虽设置账簿,但账目混乱或者成本资料、收入凭证、费用凭证残缺不全,难以确定转让收入或扣除项目金额的;

(四)符合土地增值税清算条件,未按照规定的期限办理清算手续,经税务机关责令限期清算,逾期仍不清算的;

(五)申报的计税依据明显偏低,又无正当理由的。

八、清算后再转让房地产的处理

在土地增值税清算时未转让的房地产,清算后销售或有偿转让的,纳税人应按规定进行土地增值税的纳税申报,扣除项目金额按清算时的单位建筑面积成本费用乘以销售或转让面积计算。

单位建筑面积成本费用=清算时的扣除项目总金额÷清算的总建筑面积

本通知自 2007 年 2 月 1 日起执行。各省税务机关可依据本通知的规定并结合当地实际情况制定具体清算管理办法。

国家税务总局
二〇〇六年十二月二十八日

北京市地方税务局关于印发
《房地产开发企业土地增值税清算管理办法》的通知

京地税地〔2007〕134 号　2007-05-21

各区、县地方税务局、各分局:

为了进一步加强土地增值税清算的管理工作,根据《中华人民共和国土地增值税暂行条例》、《中华人民共和国土地增值税暂行条例实施细则》和《国家税务总局关于房地产开发企业土地增值税清算管理有关问题的通知》（国税发〔2006〕187号）及土地增值税相关政策文件，市局制定了《房地产开发企业土地增值税清算管理办法》（以下简称《管理办法》），现印发给你们，并就有关问题通知如下，请一并依照执行。

一、土地增值税清算工作是土地增值税征收管理的重要环节，是依法行政，确保国家足额入库的重要保证。各局在强化土地增值税税款预征工作的同时，要认真贯彻落实《管理办法》的精神，做好土地增值税清算的各项管理工作。

二、为了更好地开展清算工作，各局应依照《管理办法》，结合本地区土地增值税征管的实际情况，制定本局清算工作的具体工作流程，落实岗位责任，确保清算土地增值税税款工作的顺利实施。

房地产开发企业土地增值税清算管理办法

第一章 总 则

第一条 为了规范房地产开发企业土地增值税清算管理工作，根据《中华人民共和国税收征收管理法》、《中华人民共和国土地增值税暂行条例》、《中华人民共和国土地增值税暂行条例实施细则》和《国家税务总局关于房地产开发企业土地增值税清算管理有关问题的通知》及有关文件的规定，制定本办法。

第二条 凡从事房地产开发的企业应办理清算土地增值税手续的房地产开发项目，包括未预征土地增值税税款的房地产开发项目，均适用本办法。

第三条 土地增值税清算以纳税人初始填报的《土地增值税项目登记表》中房地产开发项目为对象，对一个清算项目中既有普通标准住宅工程又有其他商品房工程的，应分别核算增值额。

第四条 纳税人在办理土地增值税清算税款手续时应在报送有关资料的同时附送中介机构出具的《土地增值税清算鉴证报告》（以下简称《鉴证报告》，标准格式见附件1，略）。

第二章 清算条件

第五条 符合下列情况之一的，纳税人应到主管地方税务机关办理土地增值税清算手续：

（一）全部竣工并销售完毕的房地产开发项目。

（二）整体转让未竣工的房地产开发项目。

（三）直接转让土地使用权的项目。

（四）纳税人申请注销税务登记的房地产开发项目。

第六条 符合下列情况之一的，主管地方税务机关可要求纳税人进行土地增值税清算：

（一）纳税人开发的房地产开发项目已通过竣工验收，在整个预（销）售的房地产开发建筑面积达到可销售总建筑面积的比例85％（含）以上的。

（二）取得销售（预售）许可证满三年仍未销售完毕的。

（三）经主管地方税务机关进行纳税评估发现问题后，认为需要办理土地增值税清算的房地产开发项目。

第七条 房地产开发企业纳税人建造商品房，已自用或出租使用年限在一年以上再出售的，应按照转让旧房及建筑物的政策规定缴纳土地增值税，不再列入土地增值税清算的范围。

第三章 清算申请与受理

第八条 凡符合应办理土地增值税清算条件的纳税人，应在90日内向主管地方税务机关提出清算税款申请，并据实填写《土地增值税清算申请表》（附件2，略），经主管地方税务机关核准后，即可办理竣工清算税款手续。对纳税人清算土地增值税申请不符合受理条件的，应将不予核准的理由在《土地增值税清算申请表》中注明并退回纳税人。

第九条 凡主管地方税务机关要求纳税人办理土地增值税清算手续的房地产开发项目，主管地方税务机关应出具《土地增值税清算通知书》（附件3，略）并送达纳税人。纳税人应在接到《土地增值税清算通知书》之日起30日内，填写《土地增值税清算申请表》报送主管地方税务机关。经主管地方税务机关核准后，在90日内办理清算税款手续。

第十条 纳税人在办理土地增值税清算申报手续时，应向主管税务机关提交有关清税项目资料，并填写《土地增值税清算材料清单》（附件4，略）。须提交的有关资料如下：

（一）项目竣工清算报表，当期财务会计报表（包括：损益表、主要开发产品（工程）销售明细表、已完工开发项目成本表）等。

（二）国有土地使用权证书。

（三）取得土地使用权时所支付的地价款有关证明凭证及国有土地使用权出让或转让合同。

（四）清算项目的预算、概算书、项目工程合同结算单。

（五）能够按清算项目支付贷款利息的有关证明及借款合同。

（六）销售商品房有关证明资料，以商品房购销合同统计表并加盖公章的形式，包含：销售项目栋号、房间号、销售面积、销售收入、用途等。

（七）清算项目的工程竣工验收报告。

（八）清算项目的销售许可证。

（九）与转让房地产有关的完税凭证，包括：已缴纳的营业税、城建税、教育费附加等。

（十）《土地增值税清算鉴证报告》。

（十一）《土地增值税纳税申报表（一）》。

（十二）税务机关要求报送的其他与土地增值税清算有关的证明资料等。

第十一条 纳税人应准确、据实填写各类清算申报表和相关表格；纳税人委托中介机构代理进行清算鉴证的，在《鉴证报告》中应详细列举清算项目的收入、扣除项目和进行土地增值税清算的相关鉴证信息。

第十二条 主管地方税务机关在收取纳税人提交的申请材料和《鉴证报告》时，应认真核对纳税人提供的资料，并严格按照《鉴证报告》标准格式进行验收，对纳税人提交的申请材料齐全的，主管税务机关应予以受理，并向纳税人开具《土地增值税清算受理通知书》（附件5，略）交纳税人转入审核程序。对纳税人提交的清税资料不完整、《鉴证报告》内容不规范、审计事项情况不清楚的，应退回纳税人重新修改《鉴证报告》或补充资料，并向纳税人开具《土地增值税清算补充材料通知书》（附件6，略）交纳税人，待清算资料补充完整后，重新办理税款清算手续。

第四章 清算审核

第十三条 主管地方税务机关应自受理纳税人清算申请之日起90日内完成清算审核工作，不含纳税人应税务机关要求的补正资料时间。

第十四条 主管地方税务机关应认真审核纳税人提供的证明凭证、资料是否真实有效；审核《鉴证报告》的真实性；格式的规范性；内容的齐全性，内容应包含开发项目总建筑面积、批准总销售面积、企业总自用面积、总配套设施面积、项目分类用途情况、允许分摊的配套设施面积、本次土地增值税清算面积，审核各表格扣除项目内容与相关资料的关系等。主管地方税务机关有权对《鉴证报告》的工作底稿进行抽查和检查。

第十五条 清算项目销售收入的确定。销售收入是指销售商品房所取得的全部价款及有关的经济收益。收入的确认重点审核企业预售款和相关的经济收益是否全部结转为销售收入，同时应审核向购买方收取的房价款中是否包含代收费用。

对房地产开发企业将开发的商品房用于赞助、职工福利、奖励、对外投资、分配给股东或投资人、抵偿债务、换取其他单位和个人的非货币性资产等行为，发生所有权属转移时应视同销售房地产，取得其收入确定由主管地方税务机关按照当期同类区域、同类房地产的市场价格核定。

对纳税人转让房地产无法提供收入资料或提供收入资料不实造成成交价格明显偏低的，收入确定由主管地方税务机关依照上述方法的市场价格核定。

第十六条 对清算项目扣除项目金额的确定，按照《中华人民共和国土地增值税暂行条例》和《中华人民共和国土地增值税暂行条例实施细则》的规定计算，发生的各项成本和费用应按实际发生额确认扣除；对纳税人无法提供合法有效凭证的，不予扣除；各项预提（或应付）费用不得包括在扣除项目金额中。

　　第十七条　纳税人应向税务机关提供合法有效凭证，方可据实扣除项目金额的范围如下：

　　（一）纳税人为取得土地使用权所支付的地价款和按国家统一规定交纳的有关费用。

　　（二）纳税人在房地产开发过程中实际发生的土地征用费用、耕地占用税、拆迁地上地下建筑物和附着物的拆迁费用、解决拆迁户住房和安置被拆迁者工作的安置及补偿费用等支出。

　　（三）纳税人在销售房地产过程中缴纳的营业税、城市维护建设税和教育费附加。

　　第十八条　对开发土地和新建房及配套设施的成本（简称开发成本）中的前期工程费、建筑安装工程费、基础设施费、开发间接费用等，按实际发生额据实扣除。对纳税人进行土地增值税清算时，有下列情况之一的，税务机关应按核定办法扣除：

　　（一）无法按清算要求提供开发成本核算资料的；

　　（二）提供的开发成本资料不实的；

　　（三）发现《鉴证报告》内容有问题的；

　　（四）虚报房地产开发成本的；

　　（五）清算项目中的前期工程费、建筑安装工程费、基础设施费、开发间接费用的每平方米建安成本扣除额，明显高于北京市地方税务局制定的《分类房产单位面积建安造价表》中公布的每平方米工程造价金额，又无正当理由的。

　　第十九条　地方税务机关根据建设部门定期公布的建安指导价格，结合商品房用途、结构等因素制定《分类房产单位面积建安造价表》，并据此核定第十八条所列四项开发成本的扣除额。《分类房产单位面积建安造价表》及核算方法，由市地方税务局另行制定下发。

　　第二十条　公共配套设施费的扣除范围确认，以房地产开发中必须建造、但不能有偿转让的非营利性的社会公共事业设施所发生的支出确定。非营利性的社会公共事业设施主要是指：物业办公场所、变电站、热力站、水厂、居委会、派出所、托儿所、幼儿园、学校、医院、邮电通讯、自行车棚、公共厕所等。由于各开发项目配套设施情况不同，必须先确定允许扣除的配套设施面积后再计算分摊。

　　对于成片开发分期清算项目的公共配套设施费用，在先期清算时应按实际发生的费用进行分摊。

对于后期清算时实际支付的公共配套设施费用分摊比例大于前期的金额时，允许在整体项目全部清算时，按照整体项目重新进行调整分摊。

第二十一条 对开发土地和新建房及配套设施的费用（销售费用、管理费用、财务费用）扣除的确定，对财务费用中的利息支出凡能够按清算项目计算分摊并提供金融机构证明的，允许据实扣除，但最高不能超过按商业银行同类同期贷款利率计算的金额。其他房地产开发费用，按取得土地使用权所支付的金额和房地产开发成本计算的金额之和的5%计算扣除。

对财务费用中的利息支出凡不能按清算项目计算分摊或提供金融机构利息证明的，利息不能单独扣除，房地产开发费用采用按率扣除的方法，以取得土地使用权所支付的金额和房地产开发成本计算的金额之和的10%进行计算扣除。

第五章 清算管理

第二十二条 各区县地方税务局要做好土地增值税的清算管理工作，认真查验和审核清算企业报送的《鉴证报告》内容及相关资料，在审查清算项目过程中因鉴证事项或其他问题需要纳税人进一步补充与清算项目相关的证明资料时，决定暂停清算，应向纳税人开具《土地增值税清算中止核准通知书》（附件7，略），待纳税人重新补充证明资料后，再办理税款清算手续。对纳税人不能按主管税务机关规定期限提交补正材料的，应将清算项目资料移交给税务稽查部门，由稽查部门进行清算工作。

第二十三条 主管地方税务机关经过清算审核后，对清算项目需要进行纳税评估的，应将全部资料移交纳税评估部门进行清算评估工作，经过纳税评估后，决定对纳税人申请的清税项目不予核准，需转入检查程序进行检查的，应向纳税人开具《土地增值税清算终止核准通知书》（见附件8，略）送达纳税人，并将全部清税资料移交稽查部门，按照有关规定进行稽查检查工作。

第二十四条 主管地方税务机关在清算项目审核中，发现有下列情况的之一的，应将全部资料移交纳税评估或稽查部门进行清算工作。

（一）纳税人办理清税时，报送的《鉴证报告》内容不规范，退回重报后，《鉴证报告》仍不符合要求的；

（二）纳税人办理清税时，提供《鉴证报告》需要退税的；

（三）纳税人未按土地增值税政策规定预缴税款的。

第二十五条 地方税务机关在清算审核、纳税评估、稽查检查工作中，发现纳税人有下列情况之一的，可以按确定的销售收入进行核定征收土地增值税（征收率另行制定）。

（一）依照法律、行政法规的规定应当设置财务账簿未设置的；或虽设置财务账簿，但账目混乱，销售收入、成本材料凭证残缺不齐，难以确定销售收入或扣除项目金额的；

（二）擅自销毁账簿的或者拒不提供纳税资料的；

（三）符合土地增值税清算条件，未按照规定期限办理清算手续，经税务机关责令限期改正，逾期仍不清算的；

（四）纳税人未如实进行土地增值税清算申报，计税依据明显偏低，又无正当理由的。

第二十六条 主管地方税务机关通过清算审核对清算项目需要进行核定征收的，应向纳税人开具《土地增值税清算终止核准通知书》和《土地增值税核定征收通知书》（见附件9，略）送达纳税人。

地方税务机关通过对房地产开发项目纳税评估或稽查检查需要进行核定征收的，应向纳税人开具《土地增值税核定征收通知书》送达纳税人。

第二十七条 经地方主管税务机关清算审核后，需办理退还土地增值税手续的，依照《北京市地方税务局退税管理暂行办法》（京地税征〔2003〕686号）规定的程序办理退税手续。

第二十八条 主管税务机关负责将清算工作中形成的资料与原保存的该项目税务资料按照《北京市地方税务局税务档案管理办法》（京地税档〔2004〕73号）的有关规定合并立卷。对于成片开发分批清算土地增值税的项目，应在全部办理清算土地增值税税款工作后再进行归档。

第六章 对中介机构的管理

第二十九条 房地产开发企业土地增值税清算专项鉴证业务，可由纳税人委托具有主管部门批准资质的中介机构进行。

第三十条 中介机构应对不同用途的房地产开发清算项目所涉及的收入、成本、费用等情况加以区分并说明情况。

第三十一条 中介机构对清算项目的总体基本情况、不同用途的面积划分情况、销售收入、成本及费用等情况进行鉴证。中介机构应按税务机关规定的《鉴证报告》范本和内容对鉴证情况出具《鉴证报告》，供税务部门参考，并接受税务机关要求提供清算项目鉴证工作底稿的查验核实工作。

第三十二条 对中介机构出具的《鉴证报告》，经税务机关审核退回后，仍未达到清算要求的，将不允许再从事土地增值税清算鉴证业务工作。

第七章 清算处罚

第三十三条 对房地产开发企业纳税人存在未及时、如实进行土地增值税清算申报、提供虚假纳税资料、偷税等税收违法行为的，按照《中华人民共和国税收征收管理法》第六十二条、六十三条、六十四条等有关规定进行处罚。

第三十四条 税务机关在土地增值税清算审核工作中，一经发现中介机构违反有关税收法律、法规出具虚假鉴证报告，造成纳税人少缴、未缴土地增值税的，除按照《中华人民共和国税收征收管理法实施细则》第九十八条规定进行处罚外，还应对违纪单位进行通报，凡对被通报的中介机构出具的鉴证报告，在办理土地增值税清算工作时均不予认可。

第八章 附 则

第三十五条 本办法所涉及各文书和表格均列举在附件中。

第三十六条 此前规定与本办法不一致的，按本办法执行。

第三十七条 本办法自下发之日起开始执行。

第三十八条 自本通知生效之日起，原《北京市地方税务局关于印发北京市地方税务局清算土地增值税税款管理工作规程的通知》（京地税地〔2004〕628号）和《北京市地方税务局印发关于房地产开发企业清算土地增值税附送专项审计报告的管理办法的通知》（京地税地〔2002〕305号）废止。

国家税务总局关于印发《土地增值税清算鉴证业务准则》的通知

国税发〔2007〕132号　2007-12-29

各省、自治区、直辖市和计划单列市国家税务局、地方税务局：

现将《土地增值税清算鉴证业务准则》印发给你们，请你们依此监督指导税务师事务所和注册税务师开展土地增值税清算鉴证业务，执行过程中如有问题，请及时上报税务总局（注册税务师管理中心）。

本准则自2008年1月1日起施行。

国家税务总局
二〇〇七年十二月二十九日

土地增值税清算鉴证业务准则

第一章 总 则

第一条 为了规范土地增值税清算鉴证业务，根据《中华人民共和国土地增值税暂行条例》及其实施细则和《国家税务总局关于房地产开发企业土地增值税清算管理有关问题的通知》（国税发〔2006〕187号）以及《注册税务师管理暂行办法》及其他有关规定，制定本准则。

第二条 本准则所称土地增值税清算鉴证，是指税务师事务所接受委托对纳税人土地增值税清算税款申报的信息实施必要审核程序，提出鉴证结论或鉴证意见，并出具鉴证报告，增强税务机关对该项信息信任程度的一种鉴证业务。

第三条 纳入税务机关行政监管并通过年检的税务师事务所，均可从事土地增值税清算鉴证工作。

第四条 在接受委托前，税务师事务所应当初步了解业务环境。业务环境包括：业务约定事项、鉴证对象特征、使用的标准、预期使用者的需求、责任方及其环境的相关特征，以及可能对鉴证业务产生重大影响的事项、交易、条件和惯例及其他事项。

第五条 承接土地增值税清算鉴证业务，应当具备下列条件：

（一）接受委托的清算项目符合土地增值税的清算条件。

（二）税务师事务所符合独立性和专业胜任能力等相关专业知识和职业道德规范的要求。

（三）税务师事务所能够获取充分、适当、真实的证据以支持其结论并出具书面鉴证报告。

（四）与委托人协商签订涉税鉴证业务约定书（见附件1，略）。

第六条 土地增值税清算鉴证的鉴证对象，是指与土地增值税纳税申报相关的会计资料和纳税资料等可以收集、识别和评价的证据及信息。具体包括：企业会计资料及会计处理、财务状况及财务报表、纳税资料及税务处理、有关文件及证明材料等。

第七条 税务师事务所运用职业判断对鉴证对象作出合理一致的评价或计量时，应当符合适当的标准。适当的评价标准应当具备相关性、完整性、可靠性、中立性和可理解性等特征。

第八条 税务师事务所从事土地增值税清算鉴证业务，应当以职业怀疑态度、有计划地实施必要的审核程序，获取与鉴证对象相关的充分、适当、真实的证据；并及时对制定的计划、实施的程序、获取的相关证据以及得出的结论作出记录。

在确定证据收集的性质、时间和范围时，应当体现重要性原则，评估鉴证业务风险以及可获取证据的数量和质量。

第九条 税务师事务所从事土地增值税清算鉴证业务，应当以法律、法规为依据，按照独立、客观、公正原则，在获取充分、适当、真实证据基础上，根据审核鉴证的具体情况，出具真实、合法的鉴证报告并承担相应的法律责任。

第十条 税务师事务所按照本准则的规定出具的鉴证报告，税务机关应当受理。

第十一条 税务师事务所执行土地增值税清算鉴证业务，应当遵守本准则。

第二章 一般规定

第十二条 税务师事务所应当要求委托人如实提供如下资料：

（一）土地增值税纳税（预缴）申报表及完税凭证。

（二）项目竣工决算报表和有关账簿。

（三）取得土地使用权所支付的地价款凭证、国有土地使用权出让或转让合同。

（四）银行贷款合同及贷款利息结算通知单。

（五）项目工程建设合同及其价款结算单。

（六）商品房购销合同统计表等与转让房地产的收入、成本和费用有关的其他证明资料。

（七）无偿移交给政府、公共事业单位用于非营利性社会公共事业的凭证。

（八）转让房地产项目成本费用、分期开发分摊依据。

（九）转让房地产有关税金的合法有效凭证。

（十）与土地增值税清算有关的其他证明资料。

第十三条 税务师事务所开展土地增值税清算鉴证业务时，应当对下列事项充分关注：

（一）明确清算项目及其范围。

（二）正确划分清算项目与非清算项目的收入和支出。

（三）正确划分清算项目中普通住宅与非普通住宅的收入和支出。

（四）正确划分不同时期的开发项目，对于分期开发的项目，以分期项目为单位清算。

（五）正确划分征税项目与免税项目，防止混淆两者的界限。

（六）明确清算项目的起止日期。

第十四条 纳税人能够准确核算清算项目收入总额或收入总额能够查实，但其成本费用支出不能准确核算的，税务师事务所应当按照本准则第三章的规定审核收入总额。

第十五条 纳税人能够准确核算成本费用支出或成本费用支出能够查实，但其收入总额不能准确核算的，税务师事务所应当先按照本准则第四章的规定审核扣除项目的金额。

第十六条 税务师事务所在审核鉴证过程中，有下列情形之一的，除符合本准则第十七条规定外，可以终止鉴证：

（一）依照法律、行政法规的规定应当设置但未设置账簿的。

（二）擅自销毁账簿或者拒不提供纳税资料的。

（三）虽设置账簿，但账目混乱或者成本资料、收入凭证、费用凭证残缺不全，难以确定转让收入或扣除项目金额的。

（四）符合土地增值税清算条件，未按照规定的期限办理清算手续，经税务机关责令限期清算，逾期仍不清算的。

（五）申报的计税依据明显偏低且无正当理由的。

（六）纳税人隐瞒房地产成交价格，其转让房地产成交价格低于房地产评估价格且无正当理由，经税务师事务所与委托人沟通，沟通无效的。

第十七条 纳税人虽有本准则第十六条所列情形，但如有下列委托人委托，税务师事务所仍然可以接受委托执行鉴证业务，但需与委托人签订涉税鉴证业务约定书：

（一）司法机关、税务机关或者其他国家机关。

（二）依法组成的清算组织。

（三）法律、行政法规规定的其他组织和个人。

第三章　清算项目收入的审核

第十八条 土地增值税清算项目收入审核的基本程序和方法包括：

（一）评价收入内部控制是否存在、有效且一贯遵守。

（二）获取或编制土地增值税清算项目收入明细表，复核加计正确，并与报表、总账、明细账及有关申报表等进行核对。

（三）了解纳税人与土地增值税清算项目相关的合同、协议及执行情况。

（四）查明收入的确认原则、方法，注意会计制度与税收规定以及不同税种在收入确认上的差异。

（五）正确划分预售收入与销售收入，防止影响清算数据的准确性。

（六）必要时，利用专家的工作审核清算项目的收入总额。

第十九条 本准则所称清算项目的收入，是指转让国有土地使用权、地上的建筑物及其附着物（以下简称房地产）并取得的全部价款及有关的经济收益，包括货币收入、实物收入和其他收入。

第二十条 税务师事务所应当按照税法及有关规定审核纳税人是否准确划分征税收入与不征税收入，确认土地增值税的应税收入。

第二十一条 土地增值税以人民币为计算单位。转让房地产所取得的收入为外国货币的，以取得收入当天或当月1日国家公布的市场汇价折合成人民币，据以计算应纳土地增值税税额。

对于以分期收款形式取得的外币收入，应当按实际收款日或收款当月1日国家公布的市场汇价折合人民币。

第二十二条 有本准则第十六条第（六）款情形，但按本准则第十七条规定接受委托执行鉴证业务的，税务师事务所应当获取具有法定资质的专业评估机构确认的同类房地产评估价格，以确认转让房地产的收入。

第二十三条 纳税人将开发的房地产用于职工福利、奖励、对外投资、分配给股东或投资人、抵偿债务、换取其他单位和个人的非货币性资产等，发生所有权转移时应视同销售房地产，其视同销售收入按下列方法和顺序审核确认：

（一）按本企业当月销售的同类房地产的平均价格核定。

（二）按本企业在同一地区、同一年度销售的同类房地产的平均价格确认。

（三）参照当地当年、同类房地产的市场价格或评估价值确认。

第二十四条 收入实现时间的确定，按国家税务总局有关规定执行。

第二十五条 对纳税人按县级以上人民政府的规定在售房时代收的各项费用，应区分不同情形分别处理：

（一）代收费用计入房价向购买方一并收取的，应将代收费用作为转让房地产所取得的收入计税。实际支付的代收费用，在计算扣除项目金额时，可予以扣除，但不允许作为加计扣除的基数。

（二）代收费用在房价之外单独收取且未计入房地产价格的，不作为转让房地产的收入，在计算增值额时不允许扣除代收费用。

第二十六条 必要时，注册税务师应当运用截止性测试确认收入的真实性和准确性。审核的主要内容包括：

（一）审核企业按照项目设立的"预售收入备查簿"的相关内容，观察项目合同签订日期、交付使用日期、预售款确认收入日期、收入金额和成本费用的处理情况。

（二）确认销售退回、销售折扣与折让业务是否真实，内容是否完整，相关手续是否符合规定，折扣与折让的计算和会计处理是否正确。重点审查给予关联方的销售折扣与折让是否合理，是否有利用销售折扣和折让转利于关联方等情况。

（三）审核企业对于以土地使用权投资开发的项目，是否按规定进行税务处理。

（四）审核按揭款收入有无申报纳税，有无挂在往来账，如"其他应付款"，不作销售收入申报纳税的情形。

（五）审核纳税人以房换地，在房产移交使用时是否视同销售不动产申报缴纳税款。

（六）审核纳税人采用"还本"方式销售商品房和以房产补偿给拆迁户时，是否按规定申报纳税。

（七）审核纳税人在销售不动产过程中收取的价外费用，如天然气初装费、有线电视初装费等收益，是否按规定申报纳税。

（八）审核将房地产抵债转让给其他单位和个人或被法院拍卖的房产，是否按规定申报纳税。

（九）审核纳税人转让在建项目是否按规定申报纳税。

（十）审核以房地产或土地作价入股投资或联营从事房地产开发，或者房地产开发企业以其建造的商品房进行投资或联营，是否按规定申报纳税。

第四章 扣除项目的审核

第二十七条 税务师事务所应当审核纳税人申报的扣除项目是否符合土地增值税暂行条例实施细则第七条规定的范围。审核的内容具体包括：

（一）取得土地使用权所支付的金额。

（二）房地产开发成本，包括：土地征用及拆迁补偿费、前期工程费、建筑安装工程费、基础设施费、公共配套设施费、开发间接费用。

（三）房地产开发费用。

（四）与转让房地产有关的税金。

（五）国家规定的其他扣除项目。

第二十八条 扣除项目审核的基本程序和方法包括：

（一）评价与扣除项目核算相关的内部控制是否存在、有效且一贯遵守。

（二）获取或编制扣除项目明细表，并与明细账、总账及有关申报表核对是否一致。

（三）审核相关合同、协议和项目预（概）算资料，并了解其执行情况，审核成本、费用支出项目。

（四）审核扣除项目的记录、归集是否正确，是否取得合法、有效的凭证，会计及税务处理是否正确，确认扣除项目的金额是否准确。

（五）实地查看、询问调查和核实。剔除不属于清算项目所发生的开发成本和费用。

（六）必要时，利用专家审核扣除项目。

第二十九条 审核各项扣除项目分配或分摊的顺序和标准是否符合下列规定，并确认扣除项目的具体金额：

（一）扣除项目能够直接认定的，审核是否取得合法、有效的凭证。

（二）扣除项目不能够直接认定的，审核当期扣除项目分配标准和口径是否一致，是否按照规定合理分摊。

（三）审核并确认房地产开发土地面积、建筑面积和可售面积，是否与权属证、房产证、预售证、房屋测绘所测量数据、销售记录、销售合同、有关主管部门的文件等载明的面积数据相一致，并确定各项扣除项目分摊所使用的分配标准。

如果上述性质相同的三类面积所获取的各项证据发生冲突、不能相互印证时，税务师事务所应当追加审核程序，并按照外部证据比内部证据更可靠的原则，确认适当的面积。

（四）审核并确认扣除项目的具体金额时，应当考虑总成本、单位成本、可售面积、累计已售面积、累计已售分摊成本、未售分摊成本（存货）等因素。

第三十条 取得土地使用权支付金额的审核，应当包括下列内容：

（一）审核取得土地使用权支付的金额是否获取合法有效的凭证，口径是否一致。

（二）如果同一土地有多个开发项目，审核取得土地使用权支付金额的分配比例和具体金额的计算是否正确。

（三）审核取得土地使用权支付金额是否含有关联方的费用。

（四）审核有无将期间费用记入取得土地使用权支付金额的情形。

（五）审核有无预提的取得土地使用权支付金额。

（六）比较、分析相同地段、相同期间、相同档次项目，判断其取得土地使用权支付金额是否存在明显异常。

第三十一条 土地征用及拆迁补偿费的审核，应当包括下列内容：

（一）审核征地费用、拆迁费用等实际支出与概预算是否存在明显异常。

（二）审核支付给个人的拆迁补偿款所需的拆迁（回迁）合同和签收花名册，并与相关账目核对。

（三）审核纳税人在由政府或者他人承担已征用和拆迁好的土地上进行开发的相关扣除项目，是否按税收规定扣除。

第三十二条 前期工程费的审核，应当包括下列内容：

（一）审核前期工程费的各项实际支出与概预算是否存在明显异常。

（二）审核纳税人是否虚列前期工程费，土地开发费用是否按税收规定扣除。

第三十三条 建筑安装工程费的审核，应当包括下列内容：

（一）出包方式。重点审核完工决算成本与工程概预算成本是否存在明显异常。当二者差异较大时，应当追加下列审核程序，以获取充分、适当、真实的证据：

1. 从合同管理部门获取施工单位与开发商签订的施工合同，并与相关账目进行核对；

2. 实地查看项目工程情况，必要时，向建筑监理公司取证；

3. 审核纳税人是否存在利用关联方（尤其是各企业适用不同的征收方式、不同税率、不同时段享受税收优惠时）承包或分包工程，增加或减少建筑安装成本造价的情形。

（二）自营方式。重点审核施工所发生的人工费、材料费、机械使用费、其他直接费和管理费支出是否取得合法有效的凭证，是否按规定进行会计处理和税务处理。

第三十四条 基础设施费和公共配套设施费的审核，应当包括下列内容：

（一）审核各项基础设施费和公共配套设施费用是否取得合法有效的凭证。

（二）如果有多个开发项目，基础设施费和公共配套设施费用是否分项目核算，是否将应记入其他项目的费用记入了清算项目。

（三）审核各项基础设施费和公共配套设施费用是否含有其他企业的费用。

（四）审核各项基础设施费和公共配套设施费用是否含有以明显不合理的金额开具的各类凭证。

（五）审核是否将期间费用记入基础设施费和公共配套设施费用。

（六）审核有无预提的基础设施费和公共配套设施费用。

（七）获取项目概预算资料，比较、分析概预算费用与实际费用是否存在明显异常。

（八）审核基础设施费和公共配套设施应负担各项开发成本是否已经按规定分摊。

（九）各项基础设施费和公共配套设施费的分摊和扣除是否符合有关税收规定。

第三十五条 开发间接费用的审核，应当包括下列内容：

（一）审核各项开发间接费用是否取得合法有效凭证。

（二）如果有多个开发项目，开发间接费用是否分项目核算，是否将应记入其他项目的费用记入了清算项目。

（三）审核各项开发间接费用是否含有其他企业的费用。

（四）审核各项开发间接费用是否含有以明显不合理的金额开具的各类凭证。

（五）审核是否将期间费用记入开发间接费用。

（六）审核有无预提的开发间接费用。

（七）审核纳税人的预提费用及为管理和组织经营活动而发生的管理费用，是否在本项目中予以剔除。

（八）在计算加计扣除项目基数时，审核是否剔除了已计入开发成本的借款费用。

第三十六条 房地产开发费用的审核，应当包括下列内容：

（一）审核应具实列支的财务费用是否取得合法有效的凭证，除具实列支的财务费用外的房地产开发费用是否按规定比例计算扣除。

（二）利息支出的审核。企业开发项目的利息支出不能够提供金融机构证明的，审核其利息支出是否按税收规定的比例计算扣除；开发项目的利息支出能够提供金融机构证明的，应按下列方法进行审核：

1. 审核各项利息费用是否取得合法有效的凭证；

2. 如果有多个开发项目，利息费用是否分项目核算，是否将应记入其他项目的利息费用记入了清算项目；

3. 审核各项借款合同，判断其相应条款是否符合有关规定；

4. 审核利息费用是否超过按商业银行同类同期贷款利率计算的金额。

第三十七条 与转让房地产有关的税金审核，应当确认与转让房地产有关的税金及附加扣除的范围是否符合税收有关规定，计算的扣除金额是否正确。

对于不属于清算范围或者不属于转让房地产时发生的税金及附加，或者按照预售收入（不包括已经结转销售收入部分）计算并缴纳的税金及附加，不应作为清算的扣除项目。

第三十八条 国家规定的加计扣除项目的审核，应当包括下列内容：

（一）对取得土地（不论是生地还是熟地）使用权后，未进行任何形式的开发即转让的，审核是否按税收规定计算扣除项目金额，核实有无违反税收规定加计扣除的情形。

（二）对于取得土地使用权后，仅进行土地开发（如"三通一平"等），不建造房屋即转让土地使用权的，审核是否按税收规定计算扣除项目金额，是否按取得土地使用权时支付的地价款和开发土地的成本之和计算加计扣除。

（三）对于取得了房地产产权后，未进行任何实质性的改良或开发即再行转让的，审核是否按税收规定计算扣除项目金额，核实有无违反税收规定加计扣除的情形。

（四）对于县级以上人民政府要求房地产开发企业在售房时代收的各项费用，审核其代收费用是否计入房价并向购买方一并收取，核实有无将代收费用作为加计扣除的基数的情形。

第三十九条 对于纳税人成片受让土地使用权后，分期分批开发、转让房地产的，审核其扣除项目金额是否按主管税务机关确定的分摊方法计算分摊扣除。

第五章 应纳税额的审核

第四十条 税务师事务所应按照税法规定审核清算项目的收入总额、扣除项目的金额，并确认其增值额及适用税率，正确计算应缴税款。审核程序通常包括：

（一）审核清算项目的收入总额是否符合税收规定，计算是否正确。

（二）审核清算项目的扣除金额及其增值额是否符合税收规定，计算是否正确。

1. 如果企业有多个开发项目，审核收入与扣除项目金额是否属于同一项目；

2. 如果同一个项目既有普通住宅，又有非普通住宅，审核其收入额与扣除项目金额是否分开核算；

3. 对于同一清算项目，一段时间免税、一段时间征税的，应当特别关注收入的实现时间及其扣除项目的配比。

（三）审核增值额与扣除项目之比的计算是否正确，并确认土地增值税的适用税率。

（四）审核并确认清算项目当期土地增值税应纳税额及应补或应退税额。

第六章 鉴证报告的出具

第四十一条 本准则所称的鉴证报告，是指税务师事务所按照相关法律、法规、规章及其他有关规定，在实施必要的审核程序后，出具含有鉴证结论或鉴证意见的书面报告。

第四十二条 鉴证报告的基本内容应当包括：

（一）标题。鉴证报告的标题应当统一规范为"土地增值税清算税款鉴证报告"。

（二）收件人。鉴证报告的收件人是指注册税务师按照业务约定书的要求致送鉴证报告的对象，一般是指鉴证业务的委托人。鉴证报告应当载明收件人的全称。

（三）引言段。鉴证报告的引言段应当表明委托人和受托人的责任，说明对委托事项已进行鉴证审核以及审核的原则和依据等。

（四）审核过程及实施情况。鉴证报告的审核过程及实施情况应当披露以下内容：

1. 简要评述与土地增值税清算有关的内部控制及其有效性；

2. 简要评述与土地增值税清算有关的各项内部证据和外部证据的相关性和可靠性；

3. 简要陈述对委托单位提供的会计资料及纳税资料等进行审核、验证、计算和进行职业推断的情况。

（五）鉴证结论或鉴证意见。注册税务师应当根据鉴证情况，提出鉴证结论或鉴证意见，并确认出具鉴证报告的种类。

（六）鉴证报告的要素还应当包括：

1. 税务师事务所所长和注册税务师签名或盖章；

2. 载明税务师事务所的名称和地址，并加盖税务师事务所公章；

3. 注明报告日期；

4. 注明鉴证报告的使用人；

5. 附送与土地增值税清算税款鉴证相关的审核表及有关资料。

第四十三条 税务师事务所经过审核鉴证，应当根据鉴证情况，出具真实、合法的鉴证报告。鉴证报告分为以下四种：

（一）无保留意见的鉴证报告（见附件2，略）。

（二）保留意见的鉴证报告（见附件3，略）。

（三）无法表明意见的鉴证报告（见附件4，略）。

（四）否定意见的鉴证报告（见附件5，略）。

上述鉴证报告应当附有《企业基本情况和土地增值税清算税款申报审核事项说明及有关附表》（见附件6，略）。

第四十四条 税务师事务所经过审核鉴证，确认涉税鉴证事项符合下列所有条件，应当出具无保留意见的鉴证报告：

（一）鉴证事项完全符合法定性标准，涉及的会计资料及纳税资料遵从了国家法律、法规及税收有关规定。

（二）注册税务师已经按本准则的规定实施了必要的审核程序，审核过程未受到限制。

（三）注册税务师获取了鉴证对象信息所需的充分、适当、真实的证据，完全可以确认土地增值税的具体纳税金额。

税务师事务所出具无保留意见的鉴证报告，可以作为办理土地增值税清算申报或审批事宜的依据。

第四十五条 税务师事务所经过审核鉴证，认为涉税鉴证事项总体上符合法定性标准，但还存在下列情形之一的，应当出具保留意见的鉴证报告：

（一）部分涉税事项因税收法律、法规及其具体政策规定或执行时间不够明确。

（二）经过咨询或询证，对鉴证事项所涉及的具体税收政策在理解上与税收执法人员存在分歧，需要提请税务机关裁定。

（三）部分涉税事项因审核范围受到限制，不能获取充分、适当、真实的证据，虽然影响较大，但不至于出具无法表明意见的鉴证报告。

税务师事务所应当对能够获取充分、适当、真实证据的部分涉税事项，确认其土地增值税的具体纳税金额，并对不能确认具体金额的保留事项予以说明，提请税务机关裁定。

税务师事务所出具的保留意见的鉴证报告，可以作为办理土地增值税清算申报或审批事宜的依据。

第四十六条 税务师事务所因审核范围受到限制，认为对企业土地增值税纳税申报可能产生的影响非常重大和广泛，以至于无法对土地增值税纳税申报发表意见，应当出具无法表明意见的鉴证报告。

税务师事务所出具的无法表明意见的鉴证报告，不能作为办理土地增值税清算申报或审批事宜的依据。

第四十七条 税务师事务所经过审核鉴证，发现涉税事项总体上没有遵从法定性标准，存在违反相关法律、法规或税收规定的情形，经与被审核单位的治理层、管理层沟通或磋商，在所有重大方面未能达成一致意见，不能真实、合法的反映鉴证结果的，应当出具否定意见的鉴证报告。

税务师事务所出具否定意见的鉴证报告，不能作为办理土地增值税清算申报或审批事宜的依据。

国家税务总局关于印发《土地增值税清算管理规程》的通知

各省、自治区、直辖市和计划单列市地方税务局：

为了加强房地产开发企业的土地增值税征收管理，规范土地增值税清算工作，根据《中华人民共和国土地增值税暂行条例》及其实施细则、《中华人民共和国税收征收管理法》及其实施细则等有关税收法律、行政法规的规定，结合房地产开发经营业务的特点，国家税务总局制定了《土地增值税清算管理规程》，现印发给你们，请遵照执行。

国家税务总局
二〇〇九年五月十二日

土地增值税清算管理规程

第一章 总 则

第一条 为了加强土地增值税征收管理，规范土地增值税清算工作，根据《中华人民共和国税收征收管理法》及其实施细则、《中华人民共和国土地增值税暂行条例》及其实施细则等规定，制定本规程（以下简称《规程》）。

第二条 《规程》适用于房地产开发项目土地增值税清算工作。

第三条 《规程》所称土地增值税清算，是指纳税人在符合土地增值税清算条件后，依照税收法律、法规及土地增值税有关政策规定，计算房地产开发项目应缴纳的土地增值税税额，并填写《土地增值税清算申报表》，向主管税务机关提供有关资料，办理土地增值税清算手续，结清该房地产项目应缴纳土地增值税税款的行为。

第四条 纳税人应当如实申报应缴纳的土地增值税税额，保证清算申报的真实性、准确性和完整性。

第五条 税务机关应当为纳税人提供优质纳税服务，加强土地增值税政策宣传辅导。

主管税务机关应及时对纳税人清算申报的收入、扣除项目金额、增值额、增值率以及税款计算等情况进行审核，依法征收土地增值税。

第二章 前期管理

第六条 主管税务机关应加强房地产开发项目的日常税收管理，实施项目管理。主管税务机关应从纳税人取得土地使用权开始，按项目分别建立档案、设置台账，对纳税人项目立项、规划设计、施工、预售、竣工验收、工程结算、项目清盘等房地产开发全过程情况实行跟踪监控，做到税务管理与纳税人项目开发同步。

第七条 主管税务机关对纳税人项目开发期间的会计核算工作应当积极关注，对纳税人分期开发项目或者同时开发多个项目的，应督促纳税人根据清算要求按不同期间和不同项目合理归集有关收入、成本、费用。

第八条 对纳税人分期开发项目或者同时开发多个项目的，有条件的地区，主管税务机关可结合发票管理规定,对纳税人实施项目专用票据管理措施。

第三章 清算受理

第九条 纳税人符合下列条件之一的,应进行土地增值税的清算。

(一)房地产开发项目全部竣工、完成销售的;

(二)整体转让未竣工决算房地产开发项目的;

(三)直接转让土地使用权的。

第十条 对符合以下条件之一的,主管税务机关可要求纳税人进行土地增值税清算。

(一)已竣工验收的房地产开发项目,已转让的房地产建筑面积占整个项目可售建筑面积的比例在85%以上,或该比例虽未超过85%,但剩余的可售建筑面积已经出租或自用的;

(二)取得销售(预售)许可证满三年仍未销售完毕的;

(三)纳税人申请注销税务登记但未办理土地增值税清算手续的;

(四)省(自治区、直辖市、计划单列市)税务机关规定的其他情况。

对前款所列第(三)项情形,应在办理注销登记前进行土地增值税清算。

第十一条 对于符合本规程第九条规定,应进行土地增值税清算的项目,纳税人应当在满足条件之日起90日内到主管税务机关办理清算手续。对于符合本规程第十条规定税务机关可要求纳税人进行土地增值税清算的项目,由主管税务机关确定是否进行清算;对于确定需要进行清算的项目,由主管税务机关下达清算通知,纳税人应当在收到清算通知之日起90日内办理清算手续。

应进行土地增值税清算的纳税人或经主管税务机关确定需要进行清算的纳税人,在上述规定的期限内拒不清算或不提供清算资料的,主管税务机关可依据《中华人民共和国税收征收管理法》有关规定处理。

第十二条 纳税人清算土地增值税时应提供的清算资料

(一)土地增值税清算表及其附表(参考表样见附件,各地可根据本地实际情况制定)。

(二)房地产开发项目清算说明,主要内容应包括房地产开发项目立项、用地、开发、销售、关联方交易、融资、税款缴纳等基本情况及主管税务机关需要了解的其他情况。

(三)项目竣工决算报表、取得土地使用权所支付的地价款凭证、国有土地使用权出让合同、银行贷款利息结算通知单、项目工程合同结算单、商品房购销合同统计表、销售明细表、预售许可证等与转让房地产的收入、成本和费用有关的证明资料。主管税务机关需要相应项目记账凭证的,纳税人还应提供记账凭证复印件。

(四)纳税人委托税务中介机构审核鉴证的清算项目,还应报送中介机构出具的《土地增值税清算税款鉴证报告》。

第十三条　主管税务机关收到纳税人清算资料后，对符合清算条件的项目，且报送的清算资料完备的，予以受理；对纳税人符合清算条件、但报送的清算资料不全的，应要求纳税人在规定限期内补报，纳税人在规定的期限内补齐清算资料后，予以受理；对不符合清算条件的项目，不予受理。上述具体期限由各省、自治区、直辖市、计划单列市税务机关确定。主管税务机关已受理的清算申请，纳税人无正当理由不得撤销。

第十四条　主管税务机关按照本规程第六条进行项目管理时，对符合税务机关可要求纳税人进行清算情形的，应当作出评估，并经分管领导批准，确定何时要求纳税人进行清算的时间。对确定暂不通知清算的，应继续做好项目管理，每年作出评估，及时确定清算时间并通知纳税人办理清算。

第十五条　主管税务机关受理纳税人清算资料后，应在一定期限内及时组织清算审核。具体期限由各省、自治区、直辖市、计划单列市税务机关确定。

第四章　清算审核

第十六条　清算审核包括案头审核、实地审核。

案头审核是指对纳税人报送的清算资料进行数据、逻辑审核，重点审核项目归集的一致性、数据计算准确性等。

实地审核是指在案头审核的基础上，通过对房地产开发项目实地查验等方式，对纳税人申报情况的客观性、真实性、合理性进行审核。

第十七条　清算审核时，应审核房地产开发项目是否以国家有关部门审批、备案的项目为单位进行清算；对于分期开发的项目，是否以分期项目为单位清算；对不同类型房地产是否分别计算增值额、增值率，缴纳土地增值税。

第十八条　审核收入情况时，应结合销售发票、销售合同（含房管部门网上备案登记资料）、商品房销售（预售）许可证、房产销售分户明细表及其他有关资料，重点审核销售明细表、房地产销售面积与项目可售面积的数据关联性，以核实计税收入；对销售合同所载商品房面积与有关部门实际测量面积不一致，而发生补、退房款的收入调整情况进行审核；对销售价格进行评估，审核有无价格明显偏低情况。

必要时，主管税务机关可通过实地查验，确认有无少计、漏计事项，确认有无将开发产品用于职工福利、奖励、对外投资、分配给股东或投资人、抵偿债务、换取其他单位和个人的非货币性资产等情况。

第十九条　非直接销售和自用房地产的收入确定

（一）房地产开发企业将开发产品用于职工福利、奖励、对外投资、分配给股东或投资人、抵偿债务、换取其他单位和个人的非货币性资产等，发生所有权转移时应视同销售房地产，其收入按下列方法和顺序确认：

1. 按本企业在同一地区、同一年度销售的同类房地产的平均价格确定；
2. 由主管税务机关参照当地当年、同类房地产的市场价格或评估价值确定。

（二）房地产开发企业将开发的部分房地产转为企业自用或用于出租等商业用途时，如果产权未发生转移，不征收土地增值税，在税款清算时不列收入，不扣除相应的成本和费用。

第二十条 土地增值税扣除项目审核的内容包括：

（一）取得土地使用权所支付的金额。

（二）房地产开发成本，包括：土地征用及拆迁补偿费、前期工程费、建筑安装工程费、基础设施费、公共配套设施费、开发间接费用。

（三）房地产开发费用。

（四）与转让房地产有关的税金。

（五）国家规定的其他扣除项目。

第二十一条 审核扣除项目是否符合下列要求：

（一）在土地增值税清算中，计算扣除项目金额时，其实际发生的支出应当取得但未取得合法凭据的不得扣除。

（二）扣除项目金额中所归集的各项成本和费用，必须是实际发生的。

（三）扣除项目金额应当准确地在各扣除项目中分别归集，不得混淆。

（四）扣除项目金额中所归集的各项成本和费用必须是在清算项目开发中直接发生的或应当分摊的。

（五）纳税人分期开发项目或者同时开发多个项目的，或者同一项目中建造不同类型房地产的，应按照受益对象，采用合理的分配方法，分摊共同的成本费用。

（六）对同一类事项，应当采取相同的会计政策或处理方法。会计核算与税务处理规定不一致的，以税务处理规定为准。

第二十二条 审核取得土地使用权支付金额和土地征用及拆迁补偿费时应当重点关注：

（一）同一宗土地有多个开发项目，是否予以分摊，分摊办法是否合理、合规，具体金额的计算是否正确。

（二）是否存在将房地产开发费用记入取得土地使用权支付金额以及土地征用及拆迁补偿费的情形。

（三）拆迁补偿费是否实际发生，尤其是支付给个人的拆迁补偿款、拆迁（回迁）合同和签收花名册或签收凭证是否一一对应。

第二十三条 审核前期工程费、基础设施费时应当重点关注：

（一）前期工程费、基础设施费是否真实发生，是否存在虚列情形。

（二）是否将房地产开发费用记入前期工程费、基础设施费。

（三）多个（或分期）项目共同发生的前期工程费、基础设施费，是否按项目合理分摊。

第二十四条 审核公共配套设施费时应当重点关注：

（一）公共配套设施的界定是否准确，公共配套设施费是否真实发生，有无预提的公共配套设施费情况。

（二）是否将房地产开发费用记入公共配套设施费。

（三）多个（或分期）项目共同发生的公共配套设施费，是否按项目合理分摊。

第二十五条 审核建筑安装工程费时应当重点关注：

（一）发生的费用是否与决算报告、审计报告、工程结算报告、工程施工合同记载的内容相符。

（二）房地产开发企业自购建筑材料时，自购建材费用是否重复计算扣除项目。

（三）参照当地当期同类开发项目单位平均建安成本或当地建设部门公布的单位定额成本，验证建筑安装工程费支出是否存在异常。

（四）房地产开发企业采用自营方式自行施工建设的，还应当关注有无虚列、多列施工人工费、材料费、机械使用费等情况。

（五）建筑安装发票是否在项目所在地税务机关开具。

第二十六条 审核开发间接费用时应当重点关注：

（一）是否存在将企业行政管理部门（总部）为组织和管理生产经营活动而发生的管理费用记入开发间接费用的情形。

（二）开发间接费用是否真实发生，有无预提开发间接费用的情况，取得的凭证是否合法有效。

第二十七条 审核利息支出时应当重点关注：

（一）是否将利息支出从房地产开发成本中调整至开发费用。

（二）分期开发项目或者同时开发多个项目的，其取得的一般性贷款的利息支出，是否按照项目合理分摊。

（三）利用闲置专项借款对外投资取得收益，其收益是否冲减利息支出。

第二十八条 代收费用的审核。

对于县级以上人民政府要求房地产开发企业在售房时代收的各项费用，审核其代收费用是否计入房价并向购买方一并收取；当代收费用计入房价时，审核有无将代收费用计入加计扣除以及房地产开发费用计算基数的情形。

第二十九条 关联方交易行为的审核。

在审核收入和扣除项目时，应重点关注关联企业交易是否按照公允价值和营业常规进行业务往来。

应当关注企业大额应付款余额，审核交易行为是否真实。

第三十条 纳税人委托中介机构审核鉴证的清算项目，主管税务机关应当采取适当方法对有关鉴证报告的合法性、真实性进行审核。

第三十一条 对纳税人委托中介机构审核鉴证的清算项目，主管税务机关未采信或部分未采信鉴证报告的，应当告知其理由。

第三十二条 土地增值税清算审核结束，主管税务机关应当将审核结果书面通知纳税人，并确定办理补、退税期限。

第五章 核定征收

第三十三条 在土地增值税清算过程中，发现纳税人符合核定征收条件的，应按核定征收方式对房地产项目进行清算。

第三十四条 在土地增值税清算中符合以下条件之一的，可实行核定征收。

（一）依照法律、行政法规的规定应当设置但未设置账簿的；

（二）擅自销毁账簿或者拒不提供纳税资料的；

（三）虽设置账簿，但账目混乱或者成本资料、收入凭证、费用凭证残缺不全，难以确定转让收入或扣除项目金额的；

（四）符合土地增值税清算条件，企业未按照规定的期限办理清算手续，经税务机关责令限期清算，逾期仍不清算的；

（五）申报的计税依据明显偏低，又无正当理由的。

第三十五条 符合上述核定征收条件的，由主管税务机关发出核定征收的税务事项告知书后，税务人员对房地产项目开展土地增值税核定征收核查，经主管税务机关审核合议，通知纳税人申报缴纳应补缴税款或办理退税。

第三十六条 对于分期开发的房地产项目，各期清算的方式应保持一致。

第六章 其 他

第三十七条 土地增值税清算资料应按照档案化管理的要求，妥善保存。

第三十八条 本规程自 2009 年 6 月 1 日起施行，各省（自治区、直辖市、计划单列市）税务机关可结合本地实际，对本规程进行进一步细化。

国家税务总局关于关于土地增值税清算有关问题的通知

国税函〔2010〕220号 2010-05-19

各省、自治区、直辖市地方税务局，宁夏、西藏、青海省（自治区）国家税务局：

为了进一步做好土地增值税清算工作，根据《中华人民共和国土地增值税暂行条例》及实施细则的规定，现将土地增值税清算工作中有关问题通知如下：

一、关于土地增值税清算时收入确认的问题

土地增值税清算时,已全额开具商品房销售发票的,按照发票所载金额确认收入;未开具发票或未全额开具发票的,以交易双方签订的销售合同所载的售房金额及其他收益确认收入。销售合同所载商品房面积与有关部门实际测量面积不一致,在清算前已发生补、退房款的,应在计算土地增值税时予以调整。

二、房地产开发企业未支付的质量保证金,其扣除项目金额的确定问题

房地产开发企业在工程竣工验收后,根据合同约定,扣留建筑安装施工企业一定比例的工程款,作为开发项目的质量保证金,在计算土地增值税时,建筑安装施工企业就质量保证金对房地产开发企业开具发票的,按发票所载金额予以扣除;未开具发票的,扣留的质保金不得计算扣除。

三、房地产开发费用的扣除问题

(一)财务费用中的利息支出,凡能够按转让房地产项目计算分摊并提供金融机构证明的,允许据实扣除,但最高不能超过按商业银行同类同期贷款利率计算的金额。其他房地产开发费用,在按照"取得土地使用权所支付的金额"与"房地产开发成本"金额之和的5%以内计算扣除。

(二)凡不能按转让房地产项目计算分摊利息支出或不能提供金融机构证明的,房地产开发费用在按"取得土地使用权所支付的金额"与"房地产开发成本"金额之和的10%以内计算扣除。

全部使用自有资金,没有利息支出的,按照以上方法扣除。

上述具体适用的比例按省级人民政府此前规定的比例执行。

(三)房地产开发企业既向金融机构借款,又有其他借款的,其房地产开发费用计算扣除时不能同时适用本条(一)、(二)项所述两种办法。

(四)土地增值税清算时,已经计入房地产开发成本的利息支出,应调整至财务费用中计算扣除。

四、房地产企业逾期开发缴纳的土地闲置费的扣除问题

房地产开发企业逾期开发缴纳的土地闲置费不得扣除。

五、房地产开发企业取得土地使用权时支付的契税的扣除问题

房地产开发企业为取得土地使用权所支付的契税,应视同"按国家统一规定交纳的有关费用",计入"取得土地使用权所支付的金额"中扣除。

六、关于拆迁安置土地增值税计算问题

(一)房地产企业用建造的本项目房地产安置回迁户的,安置用房视同销售处理,按《国家税务总局关于房地产开发企业土地增值税清算管理有关问题的通知》(国税发〔2006〕187号)第三条第(一)款规定确认收入,同时将此确认为房地产开发项目的拆迁补偿费。房地产开发企业支付给回迁户的补差价款,计入拆迁补偿费;回迁户支付给房地产开发企业的补差价款,应抵减本项目拆迁补

偿费。

（二）开发企业采取异地安置，异地安置的房屋属于自行开发建造的，房屋价值按国税发〔2006〕187号第三条第（一）款的规定计算，计入本项目的拆迁补偿费；异地安置的房屋属于购入的，以实际支付的购房支出计入拆迁补偿费。

（三）货币安置拆迁的，房地产开发企业凭合法有效凭据计入拆迁补偿费。

七、关于转让旧房准予扣除项目的加计问题

《财政部 国家税务总局关于土地增值税若干问题的通知》（财税〔2006〕21号）第二条第一款规定"纳税人转让旧房及建筑物，凡不能取得评估价格，但能提供购房发票的，经当地税务部门确认，《条例》第六条第（一）、（三）项规定的扣除项目的金额，可按发票所载金额并从购买年度起至转让年度止每年加计5％计算"。计算扣除项目时"每年"按购房发票所载日期起至售房发票开具之日止，每满12个月计一年；超过一年，未满12个月但超过6个月的，可以视同为一年。

八、土地增值税清算后应补缴的土地增值税加收滞纳金问题

纳税人按规定预缴土地增值税后，清算补缴的土地增值税，在主管税务机关规定的期限内补缴的，不加收滞纳金。

国家税务总局

二〇一〇年五月十九日

国家税务总局关于加强土地增值税征管工作的通知

国税发〔2010〕53号　2010-05-25

各省、自治区、直辖市和计划单列市地方税务局，西藏、宁夏、青海省（自治区）国家税务局：

为深入贯彻《国务院关于坚决遏制部分城市房价过快上涨的通知》（国发〔2010〕10号）精神，促进房地产行业健康发展，合理调节房地产开发收益，充分发挥土地增值税调控作用，现就加强土地增值税征收管理工作通知如下：

一、统一思想认识，全面加强土地增值税征管工作

土地增值税是保障收入公平分配、促进房地产市场健康发展的有力工具。各级税务机关要认真贯彻落实国务院通知精神，高度重视土地增值税征管工作，进一步加强土地增值税清算，强化税收调节作用。

各级税务机关要在当地政府支持下，与国土资源、住房建设等有关部门协调配合，进一步加强对土地增值税征收管理工作的组织领导，强化征管手段，配备业务骨干，集中精力加强管理。要组织开展督导检查，推进本地区土地增值税清算工作开展；摸清本地区土地增值税税源状况，健全和完善房地产项目管理制

度；完善土地增值税预征和清算制度，科学实施预征，全面组织清算，充分发挥土地增值税的调节作用。

还没有全面组织清算、管理比较松懈的地区，要转变观念、提高认识，将思想统一到国发〔2010〕10号文件精神上来，坚决、全面、深入的推进本地区土地增值税清算工作，不折不扣地将国发〔2010〕10号文件精神落到实处。

二、科学合理制定预征率，加强土地增值税预征工作

预征是土地增值税征收管理工作的基础，是实现土地增值税调节功能、保障税收收入均衡入库的重要手段。各级税务机关要全面加强土地增值税的预征工作，把土地增值税预征和房地产项目管理工作结合起来，把土地增值税预征和销售不动产营业税结合起来；把预征率的调整和土地增值税清算的实际税负结合起来；把预征率的调整与房价上涨的情况结合起来，使预征率更加接近实际税负水平，改变目前部分地区存在的预征率偏低，与房价快速上涨不匹配的情况。通过科学、精细的测算，研究预征率调整与房价上涨的挂钩机制。

为了发挥土地增值税在预征阶段的调节作用，各地须对目前的预征率进行调整。除保障性住房外，东部地区省份预征率不得低于2%，中部和东北地区省份不得低于1.5%，西部地区省份不得低于1%，各地要根据不同类型房地产确定适当的预征率（地区的划分按照国务院有关文件的规定执行）。对尚未预征或暂缓预征的地区，应切实按照税收法律法规开展预征，确保土地增值税在预征阶段及时、充分发挥调节作用。

三、深入贯彻《土地增值税清算管理规程》，提高清算工作水平

土地增值税清算是纳税人应尽的法定义务。组织土地增值税清算工作是实现土地增值税调控功能的关键环节。各级税务机关要克服畏难情绪，切实加强土地增值税清算工作。要按照《土地增值税清算管理规程》的要求，结合本地实际，进一步细化操作办法，完善清算流程，严格审核房地产开发项目的收入和扣除项目，提升清算水平。有条件的地区，要充分发挥中介机构作用，提高清算效率。各地税务师管理中心要配合当地税务机关加强对中介机构的管理，对清算中弄虚作假的中介机构进行严肃惩治。

各级税务机关要全面开展土地增值税清算审核工作。要对已经达到清算条件的项目，全面进行梳理、统计，制定切实可行的工作计划，提出清算进度的具体指标；要加强土地增值税税收法规和政策的宣传辅导，加强纳税服务，要求企业及时依法进行清算，按照《土地增值税清算管理规程》的规定和时限进行申报；对未按照税收法律法规要求及时进行清算的纳税人，要依法进行处罚；对审核中发现重大疑点的，要及时移交税务稽查部门进行稽查；对涉及偷逃土地增值税税款的重大稽查案件要及时向社会公布案件处理情况。

各级税务机关要将全面推进工作和重点清算审核结合起来，按照国发〔2010〕10号文件精神，有针对性地选择3~5个定价过高、涨幅过快的项目，作为重点清算审核对象，以点带面推动本地区清算工作。

各地要在6月底前将本地区的清算工作计划（包括本地区组织企业进行清算的具体措施和年内完成的目标等内容，具体数据见附表）和重点清算项目名单上报税务总局，税务总局将就各地对重点项目的清算情况进行抽查。

四、规范核定征收，堵塞税收征管漏洞

核定征收必须严格依照税收法律法规规定的条件进行，任何单位和个人不得擅自扩大核定征收范围，严禁在清算中出现"以核定为主、一核了之"、"求快图省"的做法。凡擅自将核定征收作为本地区土地增值税清算主要方式的，必须立即纠正。对确需核定征收的，要严格按照税收法律法规的要求，从严、从高确定核定征收率。为了规范核定工作，核定征收率原则上不得低于5%，各省级税务机关要结合本地实际，区分不同房地产类型制定核定征收率。

五、加强督导检查，建立问责机制

各级税务机关要按照国发〔2010〕10号文件关于建立考核问责机制的要求，把土地增值税清算工作列入年度考核内容，对清算工作开展情况和清算质量提出具体要求。要根据《国家税务总局关于进一步开展土地增值税清算工作的通知》（国税函〔2008〕318号）的要求，对清算工作开展情况进行有力的督导检查，积极推动土地增值税清算工作，提高土地增值税征管水平。国家税务总局将继续组织督导检查组，对各地土地增值税贯彻执行情况和清算工作开展情况进行系统深入的督导检查。国家税务总局已经督导检查过的地区，要针对检查中发现的问题，进行认真整改，督导检查组将对整改情况择时择地进行复查。

各省、自治区、直辖市和计划单列市地方税务局要在6月底前将本通知的贯彻落实情况向税务总局上报。

附录2　房地产开发流程八步曲与相关税费一览表

步骤	流　程	法律程序	相关税费
第一步	房地产开发公司的设立	一、内资房地产综合开发公司 1. 公司设立准备 2. 申请资质等级审批 3. 申请办理企业名称预先核准 4. 办理工商注册登记 5. 办理税务登记 二、外资房地产开发公司 6. 申请批准项目建议书 7. 办理企业名称登记 8. 送审合资或合作合同、章程 9. 申领外商投资企业批准证书 10. 办理企业登记	1. 企业法人开业登记费 2. 企业法人变更登记费 3. 企业法人年度检验费 4. 补、换、领证照费
第二步	房地产开发项目的立项和可行性研究	1. 选定项目，签订合作意向书 2. 初步确定开发方案 3. 申报规划要点 4. 申报、审批项目建议书 5. 编制项目可行性研究报告 6. 申报、审批项目可行性研究报告	1. 可行性研究费 2. 建设工程规划许可证执照费
第三步	房地产开发项目的规划设计和市政配套	一、房地产开发项目的规划设计 1. 申报选址定点 2. 申报规划设计条件 3. 委托作出规划设计方案 4. 办理人防审核 5. 办理消防审核 6. 审定规划设计方案 7. 住宅设计方案的专家组审查 8. 落实环保"三废"治理方案 9. 委托环境影响评价并报批 10. 建设工程勘察招、投标 11. 委托地质勘探 12. 委托初步设计 13. 申报、审定初步设计 二、房地产开发项目的市政配套 14. 征求主管部门审查意见 15. 落实市政公用设施配套方案 16. 报审市政配套方案 17. 市政各管理部门提出市政配套意见 18. 市政管线综合	1. 工程勘察（测量）费 2. 工程设计费 3. 建设工程规划许可证执照费 4. 竣工档案保证金 5. 临时用地费 6. 临时建设工程费 7. 建设工程勘察招标管理费 8. 勘察设计监督管理费 9. 古建园林工程设计费

续表

步骤	流程	法律程序	相关税费
第四步	房地产开发项目土地使用权的取得	一、国有土地使用权的出让 1. 办理建设用地规划许可证 2. 办理建设用地委托钉桩 3. 办理国有土地使用权出让申请 4. 主管部门实地勘察 5. 土地估价报告的预审 6. 委托地价评估 7. 办理核定地价手续 8. 办理土地出让审批 9. 签订国有土地使用权出让合同 10. 领取临时国有土地使用证 11. 领取正式国有土地使用证 12. 国有土地使用权出让金的返还 二、国有土地使用权的划拨 13. 国有土地使用权划拨用地申请 14. 主管部门现场勘察 15. 划拨用地申请的审核、报批 16. 取得划拨用地批准 三、集体土地的征用 17. 征用集体土地用地申请 18. 到拟征地所在区（县）房地局立案 19. 签订征地协议 20. 签订补偿安置协议 21. 确定劳动力安置方案 22. 区（县）房地局审核各项协议 23. 市政府下文征地 24. 交纳菜田基金、耕地占用税等税费 25. 办理批地文件、批地图 26. 办理冻结户口 27. 调查户口核实劳动力 28. 办理农转工工作 29. 办理农转居工作 30. 办理超转人员安置工作 31. 地上物作价补偿工作 32. 征地结案	1. 地价款（土地出让金） 2. 资金占用费 3. 滞纳金 4. 土地使用费 5. 外商投资企业土地使用费 6. 防洪工程建设维护管理费 7. 土地闲置费 8. 土地权属调查、地籍测绘费 9. 城镇土地使用税 10. 地价评估费 11. 出让土地预订金 12. 征地管理费 13. 土地补偿费 14. 青苗及树木补偿费 15. 地上物补偿费 16. 劳动力安置费 17. 超转人员安置费 18. 新菜田开发建设基金 19. 耕地占用税
第五步	房地产开发项目的拆迁安置	1. 委托进行拆迁工作 2. 办理拆迁申请 3. 审批、领取拆迁许可证 4. 签订房屋拆迁责任书 5. 办理拆迁公告与通知 6. 办理户口冻结 7. 暂停办理相关事项	1. 房屋拆迁补偿费 2. 搬家补助费 3. 提前搬家奖励费 4. 临时安置补助费（周转费） 5. 清理费 6. 停产停业综合补助费

续表

步 骤	流 程	法律程序	相关税费
		8. 确定拆迁安置方案 9. 签订拆迁补偿书面协议 10. 召开拆迁动员会，进行拆迁安置 11. 发放运作拆迁补偿款 12. 拆迁施工现场防尘污染管理 13. 移交拆迁档案资料 14. 房屋拆迁纠纷的裁决 15. 强制拆迁	7. 对从城区位置较好的地区迁往位置较差的地区或远郊区县的居民的补助费 8. 一次性异地安置补助费 9. 房屋拆迁管理费 10. 房屋拆迁服务费
第六步	房地产开发项目的开工、建设、竣工阶段	一、房地产开发项目开工前准备工作 1. 领取房地产开发项目手册 2. 项目转入正式计划 3. 交纳煤气（天然气）厂建设费 4. 交纳自来水厂建设费 5. 交纳污水处理厂建设费 6. 交纳供热厂建设费 7. 交纳供电贴费及电源建设集资费 8. 土地有偿出让项目办理"四源"接用手续 9. 设计单位出报批图 10. 出施工图 11. 编制、报送工程档案资料，交纳档案保证金 12. 办理消防审核意见表 13. 审批人防工程、办理人防许可证 14. 核发建设工程规划许可证 15. 领取开工审批表，办理开工登记 二、房地产开发项目的工程建设招投标 16. 办理招标登记、招标申请 17. 招标准备 18. 招标通告 19. 编制招标文件并核准 20. 编制招标工程标底 21. 标底送审合同预算审查处确认 22. 标底送市招标办核准，正式申请招标 23. 投标单位资格审批 24. 编制投标书并送达 25. 召开招标会，勘察现场 26. 召开开标会议，进行开标 27. 评标、决标 28. 发中标通知书 29. 签订工程承包合同 30. 工程承包合同的审查	1. 三通一平费 2. 自来水厂建设费 3. 污水处理厂建设费 4. 供热厂建设费 5. 煤气厂建设费 6. 地下水资源养蓄基金 7. 地下热水资源费 8. 市政、公用设施建设费（大市政费） 9. 开发管理费 10. 城建综合开发项目管理费 11. 建筑行业管理费 12. 绿化建设费 13. 公园建设费 14. 绿化补偿费 15. 路灯维护费 16. 环卫设施费 17. 生活服务设施配套建设费（小区配套费） 18. 电源建设集资费（用电权费） 19. 外部供电工程贴费（电贴费） 20. 建安工程费 21. 建设工程招投标管理费 22. 合同预算审查工本费 23. 质量管理监督费 24. 竣工图费 25. 建材发展补充基金 26. 实心黏土砖限制使用费 27. 工程监理费

续表

步骤	流 程	法律程序	相关税费
		三、房地产开发项目开工手续的办理 31. 办理质量监督注册登记手续 32. 建设工程监理 33. 办理开工统计登记 34. 交纳实心黏土砖限制使用费 35. 办理开工前审计 36. 交纳投资方向调节税 37. 领取固定资产投资许可证 38. 报装施工用水、电、路 39. 协调街道环卫部门 40. 协调交通管理部门 41. 交纳绿化建设费，签订绿化协议 42. 领取建设工程开工证	28. 工程标底编制管理费 29. 机电设备委托招标服务费 30. 超计划用水加价 31. 夜间施工噪声扰民补偿费 32. 占道费 33. 固定资产投资方向调节税
		四、房地产开发项目的工程施工 43. 施工场地的"三通一平" 44. 施工单位进场和施工暂设 45. 工程的基础、结构施工与设备安装 46. 施工过程中的工程质量监督	
		五、房地产开发项目的竣工验收 47. 办理单项工程验收手续 48. 办理开发项目的综合验收，领取《工程质量竣工核验证书》 49. 商品住宅性能认定 50. 竣工统计登记 51. 办理竣工房屋测绘 52. 办理产权登记	
第七步	房地产开发项目的经营阶段	一、外销商品房的销售 1. 办理《外销商品房预（销）售许可证》 2. 选定中介代理机构和律师事务所 3. 与购房者签订认购书 4. 签订正式买卖契约 5. 办理签约公证 6. 办理外销商品房预售契约公证 7. 办理外销商品房的预售登记 8. 外销商品房转让登记 9. 外销商品房抵押登记 10. 楼宇交付入住手续 11. 办理产权过户手续	1. 营业税 2. 城市维护建设税 3. 教育费附加 4. 印花税 5. 契税 6. 土地增值税 7. 企业所得税 8. 个人所得税 9. 房产税 10. 城市房地产税 11. 房屋产权登记费 12. 房屋所有权证工本费 13. 房产共有权执照费 14. 房屋他项权利执照费

续表

步骤	流 程	法律程序	相关税费
		二、内销商品房的销售 12. 提交完成建设项目投资证明 13. 签署预售内销商品房预售款监管协议 14. 办理《内销商品房预（销）售许可证》 15. 销售项目备案 16. 委托中介代理机构进行销售 17. 与购房者签订认购书 18. 与购房者签订买卖契约 19. 办理预售登记 20. 办理转让登记 21. 办理房地产抵押登记手续 22. 楼宇交付入住 23. 质量保证书和使用说明书 24. 办理产权立契过户手续 三、房地产出租的综合管理 25. 房屋出租权的确认 26. 申请房屋租赁许可证 27. 出租人与承租人签订书面承租协议 28. 租赁当事人办理租赁登记手续 29. 租赁房屋的转租 30. 房屋租赁关系的终止 四、房地产出租的专项管理 31. 房屋出租权的确认 32. 出租人办理房屋租赁许可证 33. 出租人办理《房屋租赁安全合格证》 34. 签订书面租赁协议 35. 租赁双方办理租赁登记备案手续 五、北京市房地产的抵押 36. 抵押权的设定 37. 签订抵押合同 38. 办理房地产抵押登记 39. 抵押房地产的占管 40. 抵押房地产的处分	15. 房屋买卖登记费 16. 房屋买卖手续费 17. 房屋租赁审核备案手续费 18. 向来京人员租赁房屋审核备案手续费 19. 租赁私房合同登记备案手续费 20. 房屋租赁登记费 21. 房屋估价手续费 22. 房屋公证估价手续费 23. 房地产价格评估费 24. 房地产中介服务费

续表

步骤	流程	法律程序	相关税费
第八步	房地产开发项目的物业管理阶段	1. 物业管理单位经营资质审批 2. 签署物业管理委托合同 3. 居住小区的物业接管综合验收 4. 物业使用、管理、维修公约的核准 5. 安排签订管理公约 6. 制定、提供质量保证书和使用说明书 7. 物业管理服务基本要求 8. 物业管理委员会的设立	1. 居住小区物业管理启动经费 2. 共用部位共用设施设备维修基金 3. 普通居住小区物业管理费 4. 高档住宅物业管理费 5. 经济适用住房小区物业管理费 6. 供暖费

附录3　房地产企业36项税务风险

风险源	风险表现
1. 收入方面	(1) 销售收入（包括预收收入）长期挂往来账，或隐匿收入，或不作/不及时作账务处理，或直接冲减开发成本。 (2) 分解售房款收入，将部分款项开具收款收据，隐匿收入。 (3) 在境外销售境内房产，隐匿销售收入。 (4) 私建违建阁楼、车库、仓库，对外销售使用权开具收款收据，隐匿收入。 (5) 价外收费等按合同约定应计入房产总值的未按规定合并收入。多以代收费用的形式挂往来账户；或者在代建工程、提供劳务过程中节约的材料、报废工程和产品的材料等留归企业所有，不确认实现收入。 (6) 无正当理由，以明显偏低价格将商品房销售给本公司股东及相关联企业及个人。 (7) 产品已完工或者已经投入使用，预收款不及时结转销售，不按完工产品进行税务处理，仍按预征率缴纳所得税。 (8) 将开发产品用于捐赠、赞助、职工福利、奖励、对外投资、分配给股东或投资人、以房抵偿债务、换取其他单位和个人的非货币性资产等。在开发产品所有权或使用权转移时，未按视同销售申报纳税。 (9) 开发的会所等产权不明确，就转给物业，不按开发产品进行税务处理，或者将不需要办理房地产证的停车位、地下室等公共配套设施对外出售不计收入。 (10) 整体转让"楼花"不作收入。即开发商将部分楼的开发权整体转让给其他具有开发资质的企业，按照约定收取转让费，却不按规定作收入，而是挂往来账，甚至私设账外账。 (11) 按揭销售，首付款实际收到时或余款在银行按揭贷款办理转账后不及时入账，形成账外收入，或将收到的按揭款项记入"其他应付款"等科目。 (12) 售后返租业务，以冲减租金后实际收取的款项计收入。 (13) 旧城改造中，房地产企业拆除居民住房后，补偿给搬迁户的新房，对偿还面积与拆迁面积相等的部分、超面积部分以及差价收入没有合并收入计算缴纳所得税。 (14) 以房抵工程款、以房抵广告费、以房抵银行贷款本息、以动迁补偿费抵顶购房款等业务，不记收入。 (15) 以房换地、以地换房业务未按非货币交易准则进行处理。 (16) 与部队、村委会等单位联建商品房，隐匿收入。 (17) 采取包销方式，未按包销合同约定的收款时间、金额确认收入。一些开发企业与包销商签定包销合同，约定一定的包销金额，包销商负责销售，开发商负责开票。有的包销商在销售过程中，采取部分房款由开发商开具发票、其余房款直接以现金收取或开具收款凭据，隐瞒销售收入。 (18) 签订精装修商品房购销合同，对装修部分的房款开据建筑业发票，少缴营业税。

续表

风险源	风险表现
2. 成本费用方面	(19) 发生销售退回业务，只冲记收入，不冲回已结转成本。 (20) 从外地虚开材料采购发票，或到税负较低的地区申请代开发票，或者使用假发票入账。 (21) 多预提工程费用，虚列开发成本。 (22) 在结转经营成本时，无依据低估销售单价，虚增销售面积，多摊经营成本。 (23) 滚动开发项目，故意混淆前后项目之间的成本，提前列支成本支出。如有的企业将正在开发的未完工项目应负担的成本费用记入已经决算或即将结算的项目，造成已完工项目成本费用增大，减少当期利润。 (24) 向关联企业支付高于银行同期利率的利息费用；或向关联企业支付借款金额超过其注册资金50%部分的利息费用，未按规定调增应纳税所得额。 (25) 将开发期间财务费用列入期间费用，多转当期经营成本。 (26) 有的开发企业将拥有土地使用权的土地进行评估，按增值巨大的评估价作为土地成本入账。 (27) 巧立名目虚列成本。如利用非拆迁人员的身份证，列支拆迁补偿费。 (28) 虚构施工合同，骗开建安发票。 (29) 白条列支成本现象比较严重。
3. 其他方面	(30) 故意拖延项目竣工决算和完工时间，少缴土地增值税。由于房地产企业利润率高，而土地增值税预征率相应较低，故意拖延项目竣工决算时间，躲避土地增值税结算，延迟纳税。 (31) 少计商业网点、公建收入，或错用预征率，少缴、不缴土地增值税。 (32) 虚列劳务用工人数，偷逃个人所得税。 (33) 未按规定缴纳开发期间的土地使用税。 (34) 将未出售的商品房转为自用、出租、出借，未缴纳房产税。 (35) 未按规定申报缴纳契税。 (36) 联建、集资建房、委托建房业务，不按相应政策规定缴纳营业税。

北京中经阳光税收筹划事务所
——国内第一家税收筹划事务所，国内知名的房地产财税培训机构

因为专注，所以专业。北京中经阳光税收筹划事务所（简称阳光财税）是国内第一家专业的税收筹划机构。

作为国内知名财税品牌，阳光财税拥有国内一批知名的财务、税务专家，拥有丰富的执业经验，专业致力于财税咨询培训。阳光财税能够以严谨务实的作风，新颖宏博的智慧创新，国际水准的服务品质，为各类商业团体、社会机构、企事业单位提供深层次全方位的财税咨询、培训与税收筹划。阳光财税已成功为国内多家企业提供个性化的纳税方案。

我们的服务面向全国，我们恪守诚信，崇尚持续学习，追求卓越，树立典范。

税务名家提醒您：
每个企业都至少存在15~30%的税收弹性空间！

如何降低企业税负？如何实现涉税零风险？
如何依法规划企业的各项经营管理活动？
阳光财税愿与您携手实现成功的税收筹划，挖掘最大的税收弹性空间，提升理财水准，汇聚更多的财富！

◇ 阳光财税专业服务

1. 税收筹划

国内顶级税收筹划专家组，以"依法筹划、最优纳税"为宗旨，结合企业发展战略、业务流程,量身定制最佳的税收筹划方案,帮助企业拓展新的利润空间。

2. 税务顾问

专业的顾问团队,具有深厚的专业知识及丰富的实践经验,为您及时解决各种财税疑难问题,化解财税风险,为企业发展保驾护航。

3. 财税内训

国内知名的财税专家、资深人士结合行业、企业实际情况开发卓越的财税培训课程,满足不同层次客户的需求,让您领略新的财税理念,提升企业财税管理水平。

4. 涉税管理制度设计

有针对性地进行涉税管理制度设计,完善企业内部涉税管理制度体系,提高企业自我检测涉税风险、解决涉税问题的能力。

5. 税务风险控制方案

通过现场调研,整体分析评价企业内部存在的税务风险,出具系统的《税务风险报告书》,并为企业构建起税务风险预警机制,提供税务风险解决方案。

6. 财税产品

针对不断变化的社会经济环境,为纳税人和各类机构提供高质量、高水平、专业化、智能化、系列化、实用高效的财税图书、财税讲座(VCD)及应用型财税管理软件。

◇ 成功案例

- ×××房地产开发公司,在合作建房过程中,聘请中经阳光税收筹划事务所为其税务顾问,为其量身定做的《×××财税优化方案》使其开发项目实现税负最小化,节省营业税、企业所得税 6 800 万元。
- ×××房地产开发公司,在土地增值税清算、所得税汇算阶段,聘请中经阳光税收筹划事务所为其整体筹划,挖掘土地增值税政策空间,科学运用所得税处理技巧,依法节税 5 000 多万元。
- ×××工程公司,承建高速公路及基础设施项目,聘请中经阳光税收筹划事务所为其筹划,在整个项目的实施中,依据《×××税收筹划方案》,仅所得税方面就合法节省 2 000 多万元。

● ×××商业地产集团，在商业地产租赁业务上，聘请中经阳光税收筹划事务所进行单项筹划，结果仅此租赁一项业务每年节税额就高达 3 800 万元。

● 某国有企业，在改制重组中，进行产权重组、资产剥离等业务调整，聘请中经阳光税收筹划事务所为其策划设计整体税收筹划方案。依据该筹划方案，企业整体降低税负 3 000 多万元。

● 某食品公司，从原料采购开始，直到产品出厂、回款全过程，聘请中经阳光税收筹划事务所为其进行整体税收筹划，在采购、委托加工、销售、回款等环节每年实现 1 600 万元的税款节约。

············

阳光财税，真诚为企业提供专业的财税服务，为了更及时进行沟通，请与我们联系。

电　话：010-58409666/13910093467　　传　真：010-84852876
E-mail：suntax@188.com　　　　　　　　http://www.suntax.com.cn
地　址：北京市朝阳区北苑路 172 号欧陆大厦 A 座 1508 室
邮　编：100101